Golang의 기초부터
네트워크 자

Go를 활용한 네트워크 자동화

니콜라스 레이바 · 마이클 카신 지음
엄진국 · 서태진 · 김우석 · 장기식 옮김

에이콘

에이콘출판의 기틀을 마련하신 故 정완재 선생님 (1935-2004)

이 책이 나올 수 있도록 끊임없는 지원과 격려를 아끼지 않은
아내 카탈리나Catalina와 딸 레나타Renata를 위해

- 니콜라스 레이바

사랑과 지원 그리고 영감을 주신 어머니를 기리며

- 마이클 카신

지은이 소개

니콜라스 레이바Nicolas Leiva

레드햇Red Hat의 스태프 솔루션 아키텍트staff solutions architect로, 사업 규모에 상관없이 IT 인프라와 서비스, 애플리케이션의 프로비저닝과 운영 자동화를 지원한다. 이전에는 15년 동안 네트워크 업계에서 일하면서 시스코 공인 설계 전문가CCDE, Cisco Certified Design Expert와 시스코 공인 인터네트워크 전문가CCIE, Cisco Certified Internetwork Expert 자격을 취득했다. 현재 클라우드 기술에 많은 관심을 갖고 Go 언어로 오픈소스 소프트웨어를 개발하는 데 열정을 바치고 있다.

오늘의 제가 있을 수 있도록 올바른 방향으로 이끌어 주신 부모님, 라파엘Rafael과 마리아 에스텔라Maria Estela에게 감사드린다.

마이클 카신Michael Kashin

현재 NVIDIA 네트워크 사업부의 클라우드 인프라 솔루션 아키텍트cloud infrastructure solutions architect로, 네트워크 운영부터 소프트웨어 개발 그리고 시스템 아키텍처와 설계에 이르기까지 다양한 역할을 수행했다. 다른 분야 간의 경계를 허물고 사업의 요구사항을 만족시키면서 가장 최적의 방법으로 기술적 문제를 해결하는 것을 즐긴다. 또한 클라우드 네이티브 인프라cloud-native infrastructure와 자동화, 오케스트레이션orchestration에 집중하는 오픈소스 기여자이자 저자로 활동하고 있다.

이 책을 집필하는 동안 꿋꿋하게 나와 함께하면서 아이들을 돌봐 준 아내에게 감사드린다.

기술 감수자 소개

존 맥거번John McGovern

글라스고 칼레도니언 대학교Glasgow Caledonian University의 사이버 보안과 네트워킹 분야에서 1등급 이학사 학위를 받았다. CBT 너겟CBT Nuggets의 기술 강사이면서 노르니르Nornir, Scrapli NAPALM과 같은 파이썬Python 기반 라이브러리를 비롯해 파이썬 프로그래밍에 중점을 두고 네트워크 자동화에 관한 광범위한 교육 라이브러리를 개발하고 있다. 또한 Network Automation Hangout 팟캐스트의 고정 패널이며, Cisco DevNet Code Exchange 프로그램에 적극적으로 기여하고 있다.

먼저 이런 환상적인 학습 자료를 만들어 준 니콜라스와 마이클에게 감사드린다. 두 사람 모두 대단하신 분들이다. 또한 지난 몇 년 동안 네트워크 자동화에 대해 큰 도움과 지도를 해 주면서 동지애를 보여 준 스테판 헨드리Stephen Hendry와 카밀 스타츄라Kamil Stachura에게도 감사드린다. 마지막으로 칼 몬타나리Carl Montanari와 드미트리 피골Dmitry Figol 그리고 로만 도딘Roman Dodin에게도 감사드린다. 여러분들은 최고다. 모든 분께 감사드린다.

크리스 루크Chris Luke

전화 접속 인터넷 초창기부터 네트워크 엔지니어링을 담당했으며 자체 개발한 소프트웨어를 도구로 사용해 서비스의 안전성을 개선했다. 현재 컴캐스트Comcast에서 핵심 네트워크의 설정 관리configuration management와 자동화 사례automation practice를 현대화하는 업무를 담당하고 있다. 또한 네트워크 엔지니어에게 일상 업무에 코드를 적용하는 방법을 가르치는 프로그램을 이끌고 있다.

현재 OpenConfig 프로젝트의 유지 관리자maintainer이며 FD.io VPP 프로젝트의 커미터committer이다. 이전에는 OpenDaylight Advisory Group의 의장을 역임했으며 FreeBSD와 리눅스Linux 그리고 Bird와 Quagga 라우팅 데몬 및 다른 많은 오픈소스 프로젝트의 네트워킹 코드에 기여했다.

옮긴이 소개

엄진국(umjinguk@gmail.com)

고려대학교 정보보호대학원에서 석사 학위를 취득했으며 20년간 CERT 업무 외 NW 보안 업무를 담당해왔다. 행정안전부 정부 종합 청사에서 국가망의 외부 공격들을 분석하면서 보안 업무를 시작했다. 이후 신한 금융 그룹에서 보안관제센터를 처음 만들 때 막내로 합류했으며 금융권 최초로 모든 계열 그룹사를 통합해 통합보안관제센터를 구축하면서 CERT를 운영했다. 이후 신한 금융 그룹에서 7년간 통합보안관제센터장을 역임하면서 여러 가지 침해 사고와 위협들을 경험했다. 이 경험을 바탕으로 현재는 SK하이닉스에서 보안관제센터를 업그레이드했고, SK 계열사 최초로 SOAR를 구축해 여러 가지 보안관제 업무 흐름을 자동화하는 플레이북Playbook을 만들었으며 지금은 NW 보안 총괄을 맡아 업무의 효율성을 높이고 있다. NW 보안과 침해 위협에 대한 예방 방법에 대해 많은 연구를 했고 SIEM을 이용한 침해 위협 탐지 방법론을 논문으로 작성했다. 또한 웹 공격을 선제적으로 방어하기 위해 세계에서 가장 빠르게 방어 패턴을 만들 수 있는 시스템을 만들어 특허를 출원(출원 번호: KR102048141B1)했다.

서태진(seotj@yahoo.com)

고려대학교 정보보호대학원에서 석사 학위를 취득했다. 국민은행 전산부를 시작으로 현재까지 30년간 IT 업무에 종사한 보안 및 개발 업무 전문가이다. 현재는 주식회사 크라비스커뮤니티 대표로, Opentext, 모바일 보안, Chinalaysis, TrustArc의 제품군을 취급하고 있으며 애플리케이션 보안 업무의 전문가로 활동하고 있다. 최근에는 금융사 클라우드 전환 시 전반적인 보안 업무를 맡아 성공적으로 오픈했고 암호화 화폐, AI 등 신기술에 대한 연구를 하고 있으며 보안, 개발 등의 업무를 책임지고 있다.

김우석(javaone@nate.com)

여러 개발 프로젝트를 수행하면서 광운대학교에서 공학 석사를 취득했고 정보 보안을 체계적으로 배우기 위해 고려대학교 정보보호대학원 박사 과정을 수료했다. 경찰청 사이버테러대응센터에서 사이버 수사를 지원하는 인터넷 추적 시스템을 개발했고 한전 KDN에서 운영하는 사이버안전센터에서 에너지 · 산업 · 무역의 보안관제 총괄 및 침해 사고 대응 업무와 보안 솔루션 개발에 참여해 해킹에 대응하는 기술을 연구했다. 현재는 전력 ICT 분야에서 전력 효율화를 위한 EMS^Energy Management System^

개발 담당으로서 전력 수요 예측 및 발전 예측 등에 인공지능 기술을 접목시키고 있다. 에이콘출판사에서 출간한 『적대적 머신러닝』(2020)과 『사이버 보안을 위한 머신러닝 쿡북』(2021)을 번역했다.

장기식(honors@nate.com)

경희대학교에서 대수학을 전공했으며 고려대학교 정보보호대학원에서 박사 학위를 취득했다. 이후 약 10년간 경찰청 사이버안전국 디지털포렌식센터에서 디지털포렌식 업무를 담당했다. 경찰대학 치안정책연구소에서 데이터 분석을 접한 이후 데이터 분석을 기반으로 한 머신러닝 기술을 연구했고 이 경험을 바탕으로 스타트업에서 인공지능 기반 데이터 분석 업무부터 CCTV용 영상 분석에 이르기까지 다양한 머신러닝 및 인공지능 업무를 수행했다. 현재 모빌리티 보안 전문 업체인 ㈜시옷의 CTO로서 자동차 사이버 보안 및 데이터 분석 솔루션 개발 및 연구를 책임지고 있다.

번역서로는 『보안을 위한 효율적인 방법 PKI』(인포북, 2003), 『머신러닝 리스크 관리 with 파이썬』(한빛미디어, 2024)을 비롯해 에이콘출판사에서 출간한 『EnCase 컴퓨터 포렌식』(2015), 『인텔리전스 기반 사고 대응』(2019), 『적대적 머신러닝』(2020), 『사이버 보안을 위한 머신러닝 쿡북』(2021), 『양자 암호 시스템의 시작』(2021), 『스크래치로 배워 보자! 머신러닝』(2022), 『Pandas를 이용한 데이터 분석 실습 2/e』(2022), 『그래프 머신러닝』(2023)이 있다.

옮긴이의 말

현대 사회의 필수 기반 시설인 네트워크 인프라를 안정적이고 효율적으로 운영하는 것은 매우 중요한 과제입니다. 그러나 과거의 수작업 기반 운영 방식은 인적 오류의 발생 가능성이 높았을 뿐만 아니라 비효율적이었습니다. 이에 프로그래밍 방식의 네트워크 자동화가 그 대안으로 주목받고 있습니다.

Go 언어는 간결한 구문, 뛰어난 성능, 강력한 동시성 지원 등과 같은 장점으로 네트워크 자동화 분야에서 각광받는 프로그래밍 언어입니다. 이 책은 Go를 활용한 실전 네트워크 자동화 지식과 기술을 상세히 다룹니다.

이 책은 Go 언어의 기본 문법과 주요 개념을 알려 주고 TCP/IP 모델 전반에 걸친 실제 프로그래밍 예제를 통해 네트워크 프로토콜에 대한 이해도를 높이는 데 도움을 줄 수 있습니다. 또한 SSH, HTTP 등 주요 프로토콜의 활용, 데이터 추출 및 파싱, 장치 구성 및 상태 관리 등 네트워크 자동화 실무에 필수적인 주제를 다양한 예제를 바탕으로 익힐 수 있습니다.

이 밖에도 앤서블Ansible과 테라폼Terraform 등 주요 자동화 프레임워크의 연동 방법과 OpenConfig 기반 gNMI/gNOI 활용법, 패킷 캡처 및 모니터링 자동화 기술 등 최신 네트워크 운영 트렌드를 심도 있게 다룹니다. 외부 시스템 연동, 프레임워크 직접 개발 등 실무 환경에 맞는 전략적 기술도 포함돼 있습니다.

저자를 비롯해 네트워크 자동화 분야에서 Go 언어를 사용하는 전문가들이 오랜 기간 실무를 통해 고민했던 문제와 해결 방안을 친절히 설명하고 있으므로 이 분야의 입문자와 전문가 모두에게 큰 도움이 될 것입니다. Go 기반 네트워크 자동화 역량을 한층 업그레이드하는 데에 도움이 되길 바랍니다.

차례

2장 Go의 기초 061

2부: 일반적인 도구와 프레임워크

5장 네트워크 자동화 235

6장 구성 관리 257

3부: API 활용하기

네트워크 운영의 효율성과 안정성을 높이기 위해 일관되고 반복적인 프로세스를 만드는 것을 목표로 하는 네트워크 자동화가 이 책의 주제이다. 내용을 따라하면서 Go 언어의 기초를 배우고 일상적인 네트워크 프로세스를 코딩하는 실습을 함으로써 네트워크 자동화를 배울 수 있을 것이다.

이 책의 대상 독자

네트워크 자동화가 무엇인지, Go 프로그래밍 언어가 네트워크 자동화 솔루션을 개발하는 데 어떤 도움이 되는지 알고자 하는 모든 네트워크 엔지니어, 관리자 그리고 기타 실무자를 위해 설계된 책이다. 전반부에서는 Go 언어의 주요 기능을 설명하므로 프로그래밍의 기본 지식을 갖춘 초보자에게 적합하다.

이 책에서 다루는 내용

1장, 소개에서는 네트워킹과 Go 언어, Go 언어의 장점 그리고 파이썬과의 차이점을 살펴본다.

2장, Go의 기초에서는 Go 언어를 정의하고 기본 원칙을 소개한다. 그리고 Go 소스 코드 파일 구조를 설명하고 Go 프로그램을 컴파일하는 방법을 알아본다.

3장, Go 시작하기에서는 제어 흐름, I/O 연산, 디코딩과 인코딩 그리고 동시성과 같은 네트워크 자동화와 관련된 Go의 다양한 특성을 소개한다.

4장, Go를 사용하는 네트워킹(TCP/IP)에서는 TCP/IP 모델의 각 계층에서 Go를 사용하는 실제 사용 사례를 살펴본다.

5장, 네트워크 자동화에서는 네트워크 자동화가 네트워크 운영에 미치는 영향 그리고 비즈니스에서의 장점에 대해 설명한다. 또한 개별 사용 사례를 네트워크 자동화 시스템으로 확장하는 방법도 알아본다.

6장, 구성 관리에서는 SSH와 HTTP를 통해 다양한 네트워킹 공급자의 네트워크 장치와 상호작용해서 네트워크 장치를 구성하고 운영 상태를 수집해 모든 변경 사항을 확인하는 실제 예를 알아본다.

7장, 자동화 프레임워크에서는 앤서블Ansible과 테라폼Terraform을 중심으로 자동화 프레임워크를 Go와 통합하는 방법을 설명한다.

8장, 네트워크 API에서는 네트워크 자동화를 가능하게 하는 네트워크 장치를 관리하기 위한 기기 간 인터페이스(RESTCONF와 OpenAPI부터 gRPC까지)를 살펴본다.

9장, OpenConfig에서는 장치 프로비저닝provisioning이나 원격 측정 스트림telemetry stream 그리고 라우팅 추적traceroute과 같은 행위를 실행하는 등 원격 OpenConfig gRPC 서비스로 일반적인 운영 작업을 수행하는 방법을 알아본다.

10장, 네트워크 모니터링에서는 Go를 사용해 네트워크 패킷을 캡처하거나, 데이터 평면 원격 측정data plane telemetry을 처리하거나, 네트워크 성능을 측정하기 위해 능동형 프로브active probe를 실행하고 측정 지표를 시각화하는 등 네트워크를 다양한 각도로 모니터링하는 방법을 자세히 알아본다.

11장, 전문가의 식견에서는 네트워크 자동화에 대한 실무 경험이 있거나 네트워크 관련 업무와 활동을 위해 Go를 사용하는 사람의 관점을 공유한다.

12장 부록: 테스트 환경 구축에서는 이 책의 모든 예제를 원활하게 실행할 수 있도록 호환되는 컨테이너랩Containerlab의 버전과 관련 종속성을 포함하는 테스트 환경을 구축하는 과정을 설명한다.

이 책을 최대한 활용하는 방법

이 책은 독자가 네트워킹과 프로그래밍의 기본 지식을 갖추고 있다고 가정한다. 소프트웨어 패키지를 설치하고, 제공된 명령어를 실행하고, 결과를 해석하려면 리눅스 운영체제에 익숙해야 한다. 대부분의 실습 예제는 컨테이너 환경에서 실행되므로 컨테이너에 관한 기본 지식을 갖추고 있으면 예제 프로그램을 살펴보고 수정하는 데 도움이 될 것이다.

이 책의 예제는 대부분의 리눅스 환경에서 재현할 수 있다. 모든 소프트웨어 요구사항과 종속성은 부록에서 자세히 설명한다.

이 책에서 사용하는 소프트웨어 및 하드웨어	필요한 운영체제
Go 1.18.1	Linux(Ubuntu 22.04, Fedora 35), Windows Subsystem for Linux(WSL2) 또는 macOS
Containerlab 0.28.1	Linux(Ubuntu 22.04, Fedora 35), Windows Subsystem for Linux(WSL2) 또는 macOS
Docker 20.10.14	Linux(Ubuntu 22.04, Fedora 35), Windows Subsystem for Linux(WSL2) 또는 macOS

예제 코드 다운로드

이 책의 예제 코드 파일은 깃허브GitHub(https://github.com/PacktPublishing/Network-Automation-with-Go)에서 다운로드할 수 있다. 코드가 업데이트되면 깃허브 저장소도 업데이트된다. 에이콘출판사의 도서 정보 페이지(http://www.acornpub.co.kr/book/network-automation-go)에서도 동일한 예제 코드를 다운로드할 수 있다.

컬러 이미지 다운로드

이 책에 사용된 스크린샷과 도표의 컬러 이미지가 포함된 PDF 파일이 별도로 제공된다. 팩트출판사의 웹 사이트(https://packt.link/h0gov)와 에이콘출판사의 도서 정보 페이지에서 컬러 이미지를 다운로드할 수 있다.

편집 규약

이 책에서는 몇 가지 유형의 텍스트를 사용한다.

텍스트 안의 코드: 텍스트, 데이터베이스 테이블 이름, 폴더 이름, 파일 이름, 파일 확장자, 경로 이름, 더미 URL, 사용자 입력 그리고 트위터 핸들을 코드 글꼴로 표시한다. 예를 들면 다음과 같다.

"`ch03/type-definition/main.go`의 코드를 테스트할 수 있다."

코드 블록은 다음과 같이 표시한다.

```
func main() {
    a := -1

    var b uint32
    b = 4294967295

    var c float32 = 42.1
}
```

코드 블록의 특정 부분을 강조해야 하는 경우, 관련 행이나 항목은 진하게 표시된다.

```
func main() {
    a := 4294967295

    b := uint32(a)

    c := float32(b)
}
```

참고

> 참고사항이나 팁은 이와 같이 표기한다.

고객 지원

독자의 의견은 언제나 환영한다.

일반적인 의견: 이 책과 관련해 문의 사항이 있다면 메일 제목에 책 제목을 적어서 customercare@packtpub.com으로 이메일을 보내 주길 바란다. 한국어판에 관한 질문은 에이콘출판사 편집 팀(editor@acornpub.co.kr)이나 옮긴이의 이메일로 문의할 수 있다.

정오표: 내용을 정확하게 전달하고자 최선을 다했지만, 그럼에도 실수가 있을 수 있다. 이 책에서 문제점을 발견했다면 팩트출판사 웹 사이트(www.packtpub.com/support/errata)를 방문해 책을 선택한 후 Errata Submission Form 링크를 클릭하고 세부 정보를 입력해 알려 주길 바란다. 한국어판의 정오표는 에이콘출판사 도서 정보 페이지(http://www.acornpub.co.kr/book/network-automation-go)에서 찾아볼 수 있다.

저작권 침해: 인터넷에서 어떤 형태로든 팩트출판사 서적의 불법 복제물을 발견하면 해당 주소나 웹 사이트의 이름을 알려 주길 바란다. 의심되는 불법 복제물의 링크를 copyright@packtpub.com으로 보내 주면 된다.

1부 : Go 프로그래밍 언어

1부에서는 이 책에서 다루는 주제 그리고 이 책에서 제공하는 코드 예제를 실행하는 방법을 설명한다. 이를 위해 개인용 컴퓨터나 가상 머신[VM, Virtual Machine]을 사용할 수 있다.

Go의 기초 단계를 마치면 Go 프로그램을 설치하고 실행할 수 있다.

또한 IP 주소, XML/YAML/JSON 문서와 같은 네트워크 데이터를 Go로 조작하고 Go를 사용해 네트워크 트랜잭션/프로토콜을 실행하는 방법도 배운다.

1부는 다음 네 개의 장으로 구성돼 있다.

- 1장, 소개
- 2장, Go의 기초
- 3장, Go 시작하기
- 4장, Go를 사용하는 네트워킹(TCP/IP)

01 소개

2021년 스택 오버플로 개발자 설문조사Stack Overflow Developer Survey 2021[1]에 따르면, Go가 가장 선호하는 프로그래밍 언어에서 상위 3대 언어 중 하나로 선정됐으며 쿠버네티스Kubernetes, 도커Docker, Istio, 프로메테우스Prometheus, 그라파나Grafana와 같이 클라우드 네이티브 애플리케이션cloud native application을 만들 때 많이 사용되고 있다.

이런 경향에도 불구하고 네트워크 엔지니어링 커뮤니티에서는 이런 추세가 아직 뚜렷하게 나타나지 않고 있다. NetDevOps 2020 설문조사[2]에 따르면, 네트워크 자동화 프로젝트에 Go를 사용하는 네트워크 엔지니어는 20% 미만이며 2020년 Go 개발자 설문조사Go Developer Survey 2020 Results[3]에 따르면, Go 개발자 중 41%가 네트워크 프로그래밍에 Go를 사용하고 있다.

이 책에서는 이런 격차를 줄이기 위해 Go를 사용해 네트워크 관리와 운영을 개선하려는 네트워크 엔지니어와 네트워크 인프라 자동화를 시작하려는 소프트웨어 엔지니어에게 Go와 네트워크 자동화를 설명한다. 또한 이 책은 파이썬을 사용하지만 다른 프로그래밍 언어로 기술을 확대하려는 네트워크 자동화 엔지니어에게도 도움이 될 것이다.

먼저 다양한 각도로 Go 언어의 장점을 살펴보고 네트워킹 분야에 Go 언어를 사용하는 방법을 알아본다. 1장이 끝나면 Go의 코드 예제를 따라 할 수 있도록 Go를 설치하는 방법을 알게 된다.

1장에서는 다음과 같은 주제를 다룬다.

- 네트워킹과 Go
- 왜 Go인가?
- Go의 미래
- Go와 파이썬
- Go 설치하기

기술 요구사항

명령어와 깃Git 그리고 깃허브Github에 익숙하다고 가정한다. 1장의 코드는 깃허브 저장소에서 다운로드할 수 있다.

다음 순서를 따라 예제를 실행한다.

1. 사용 중인 운영체제에 맞게 Go 1.20 이상의 버전을 설치한다. 1장의 'Go 설치하기' 절의 순서를 따르거나 `https://go.dev/doc/install`로 이동한다.
2. `git clone https://github.com/PacktPublishing/Network-Automation-with-Go.git` 명령어로 이 책의 깃허브 저장소를 복제한다.
3. `cd Network-Automation-with-Go/ch01/concurrency` 명령어로 디렉터리를 예제 디렉터리로 이동한다.
4. `go run main.go`를 실행한다.

네트워킹과 Go

Go는 워크로드workload[4], 오케스트레이션orchestration[5], 도커 및 쿠버네티스[6]부터 원격 측정telemetry[7] 및 프로메테우스, 그라파나와 같은 모니터링 도구 그리고 테라폼Terraform 및 베이그런트Vagrant와 같은 자동화 도구automation tooling에 이르기까지 일반적인 인프라 소프트웨어에서 널리 사용되고 있다.

네트워킹도 예외는 아니다. Go를 사용하는 주목할 만한 네트워킹 프로젝트로는 실리움Cilium, 칼리코Calico와 같은 컨테이너 네트워크 인터페이스CNI, Container Network Interface 플러그인plugin이나 GoBGP 및 Bio-RD와 같은 라우팅 프로토콜 데몬routing protocol daemons[8], 탈리스케일Taliscale과 같은 가상 사설망VPN, Virtual Private Network 소프트웨어 그리고 gRPC 네트워크 관리 인터페이스gNMI, gRPC Network Management Interface 및 고양goyang과 같은 프로젝트가 포함된 OpenConfig 생태계의 프로젝트를 들 수 있다.

다른 사용 사례use cases로는 클라우드 및 네트워크 서비스, 명령줄 인터페이스CLI, Command-Line Interface, 웹 개발, 데브옵스DevOps, Development-Operations 그리고 사이트 신뢰성site reliability[9] 등이 있다.

Go는 멀티코어 프로세싱multi-core processing이나 분산 시스템distributed system 그리고 대규모 소프트웨어 개발과 같은 현대적인 도전 과제를 해결하기 위해 만들어진 프로그래밍 언어이다.

Go에 내장built-in된 최고 수준의 동시성 메커니즘concurrency mechanism에 따라 네트워크 자동화 및 네트워크 운영 애플리케이션의 일반적인 요구사항인 오랜 시간 지속되는 저대역폭low-bandwidth 입출력I/O, Input/Output 작업에 이상적이다.

소프트웨어 개발자에게 Go 언어가 매력적인 이유는 무엇일까? 수많은 프로그래밍 언어 중에서 왜 Go를 배워야 할까? 다음 절에서 그 이유를 알아보자.

왜 Go인가?

다음으로 배울 프로그래밍 언어를 고를 때 많은 사람이 기술적인 이유에 집중한다. 우리는 선택이 좀 더 세심하게 이뤄질 수 있다고 생각하기 때문에 다양한 각도로 이 질문에 대한 답을 찾아보려고 한다. 종종 간과되고 있지만, 학습 과정과 일상적인 사용 모두에 큰 영향을 미칠 수 있으므로 중요하다고 생각하는 비기술적인 이유를 소개하면서 이 절을 시작한다.

이어서 경쟁이 치열한 현대 프로그래밍 언어 환경에서 Go를 돋보이게 만드는 일반적이고 기술적인 이유를 소개한다. 특히, 네트워킹과 네트워크 자동화 분야에서 사람들에게 도움이 될 수 있는 Go의 여러 측면을 소개하면서 이 절을 마무리한다.

비기술적인 이유

Go 언어를 처음 접하거나 어느 정도 경험이 있더라도 커뮤니티에서 Go 언어를 더 많이 배우려고 하는 사람들을 도와주려는, 경험이 많은 Go 개발자의 도움을 받을 수 있다. 커뮤니티 자원에 대한 몇 가지 조언을 하고 Go의 도입과 인기를 살펴본다.

마지막으로 Go 언어의 성숙도는 어떠한지, 아직도 개발 중인지 그리고 Go가 앞으로 나아갈 방향은 무엇인지를 설명한다.

커뮤니티

거의 모든 성공적인 프로젝트에는 활발하게 활동하는 커뮤니티가 존재한다. Go 프로그래밍 언어도 예외는 아니다. 러스 콕스Russ Cox의 〈How Many Go Developers Are There?〉[10]에 따르면, 전 세계에 약 200만 명에 달하는 Go 개발자의 커뮤니티인 Gopher가 빠르게 성장하고 있다. 그림 1.1은 르네 프렌치Renee French의 Go Gopher 마스코트이다.

그림 1.1 르네 프렌치의 Go Gopher 마스코트

Go 사용자 커뮤니티에는 다음과 같이 초보자가 질문하고 더 경험이 많은 Go 개발자로부터 도움을 받을 수 있는 곳이 많다.

- golang-nuts 메일링 리스트[11] - 일반적인 언어 토론을 위한 구글Google 그룹 메일링 리스트
- Go Forum[12] - 기술적인 토론과 릴리스 발표 그리고 커뮤니티를 업데이트하기 위한 독립적인 포럼
- Go Language Collective[13] - 스택 오버플로의 공식 쿼리 응답(Q&A) 채널
- Gophers Slack channel[14] - 전용 네트워킹 채널이 포함된 일반적이거나 주제별 토론을 위한 공간

더 많은 실시간 상호작용live interactions이 필요한 경우, 다음과 같은 옵션을 사용할 수도 있다.

- Go 개발자 네트워크GDN, Go Developers Network[15]를 통해 대면 모임도 가능하다.
- Go 커뮤니티의 주요 행사 중 하나인 GopherCon이 전 세계에서 정기적으로 개최되고 있다.
- 깃허브에 호스팅되는 공식 Go 위키 페이지[16]에서 과거 및 미래의 모든 Go 콘퍼런스

및 주요 행사를 확인할 수 있다.

인기

Go는 2000년대 후반에 만들어진 이후 개발을 주도한 사람들로 인해 개발자 커뮤니티로부터 많은 관심을 받았다. 구글에 고용된 최고의 컴퓨터 과학자들이 C/C++의 문제를 해결하기 위해 개발한 Go는 이전 언어와 거의 비슷하게 효율적이면서도 이해하기 쉬운 언어이다. Go가 성숙하는 데는 몇 년이 걸렸지만, 곧 새롭게 인기를 얻은 언어가 돼 도커, HashiCorp와 같이 많은 신생 소프트웨어 업체에서 사용하고 있다.

가장 최근에는 2021년 스택 오버플로 개발자 설문조사[1]에서 개발자가 가장 선호하는 3대 프로그래밍 언어 중 하나로 선정됐다. Go 개발자의 지속적인 지원과 쿠버네티스의 성공으로 인해 Istio, CoreDNS, 프로메테우스, 그라파나와 같이 주목할 만한 프로젝트에서 클라우드 네이티브 애플리케이션을 작성하기 위한 사실상의 표준de facto 언어가 됐다. 점점 더 많은 사용자가 이런 애플리케이션을 사용하고 있으므로 앞으로 Go의 인기는 쉽게 사그라들지 않을 것이다.

다음은 Go의 인기가 높아지는 몇 가지 요인이다.

- CNCF DevStats toolset[17]에 따르면, 클라우드 네이티브 컴퓨팅 재단CNCF, Cloud Native Computing Foundations의 291개 프로젝트 중 225개가 Go를 사용한다.
- GitHut 2.0[18]에 따르면, Go는 깃허브의 별을 가장 많이 받은 언어에서 3위를 차지했다.
- Go는 가장 인기 있는 네 개의 개발 도구 중 세 개(도커, 쿠버네티스, 테라폼)를 뒤쫓고 있다.[19]
- Go는 2022년 스택 오버플로 설문조사의 최고 유료 기술 순위 중 상위 10위 안에 들었다.[20]

성숙도

Go팀은 2012년 3월에 Go 버전 1[21]을 릴리스release한 이후 지속적으로 조금씩 개선하고 있다. 언어 설계자들은 기능에 영향을 미칠 수 있는 불필요한 기능 추가에 대해 엄격한 태도를 고수하고 있다.[22] 롭 파이크Rob Pike는 GopherCon 2014의 개막 기조 연설opening keynote에서 "언어는 끝났다"라고 분명하게 말했으며 러스 콕스도 기고문 〈Go, Open Source, Community〉[23]에서 Go 1을 구체적인 예로 들면서 이를 언급했다.

그렇다고 해서 Go에 문제점이 없는 것은 아니다. 예를 들어, 최근 Go팀은 종속성dependency 관리 문제를 해결하기 위해 함께 릴리스하는 Go 패키지를 그룹으로 관리할 수 있도록 Go 모듈module을 도입했다. 또한 제네릭generic도 지원하지 않았지만, Go 1.18부터 제네릭을 지원하기 시작했으며 이 기능은 Go 버전 1 릴리스 이후 가장 중요한 변경 사항이라고 할 수 있다. 이제 사용자는 함수와 데이터 구조data structure를 제네릭 타입generic type으로 표현할 수 있으므로 코드를 재사용할 수 있게 됐다. 이는 2020년 Go 개발자 설문조사의 결과[3]처럼 커뮤니티의 주된 요구 중 하나를 해결한 것이다.

그런데도 이런 몇 가지 변경은 매우 선별적으로 이뤄졌으며 개발자의 생산성을 획기적으로 개선하기 위해 설계된 것이다. 이제는 매년 새로운 언어 개념과 관용구를 배워야 하고 신기술 호환성forward compatibility을 위해 코드를 다시 작성해야 하는 불편한 상황은 발생하지 않을 것으로 본다. 〈GO 1 and the Future of Go Programs〉[24]에서 Go 1의 호환성 보장compability guarantee과 관련해 다음과 같은 내용이 명시돼 있다.

> Go 1의 사양으로 작성된 프로그램은 해당 사양의 생명주기 동안 변경 없이 계속 컴파일되고 제대로 실행되는 것을 목적으로 한다. …(중략)… Go 1.2에서 실행되는 코드는 Go 1.2.1이나 Go 1.3 또는 Go 1.4 등과 호환돼야 한다.

Go는 다른 프로그래밍 언어에서 배운 교훈을 활용한다. Pascal, Oberon, C Newsqueak 등의 언어가 Go에 영향을 미쳤다. 이 언어들의 영향은 2장에서 살펴본다.

Go는 6개월 릴리스 주기6-month release cycle[25]에 따른다. 각 버전의 Go 릴리스 노트release note[26] 최상단에서 언어의 변경 사항을 설명하고 있으며 일반적으로 매우 간략하거나 비어 있다. 지난 몇 년 동안 네 번의 작은 개선 사항만 보고됐으며 이는 언어가 성숙해졌다는 좋은 징조이다.

다음 절에서는 앞으로 Go가 얼마나 더 변할 것인지를 설명한다.

Go의 미래

Go 버전 1의 성공으로 많은 개발자가 주목했으며 개발자의 대부분은 이미 다른 언어에 대한 경험을 통해 프로그래밍 언어가 제공해야 하는 요구사항과 기댓값을 갖추고 있었다. Go팀은 새로운 기여자들이 의견을 제시하고 언어 설계에 영향을 미칠 수 있도록 Go에 대한 변경 사항에 목적과 문서화 그리고 구현하는 과정을 정의했다.[27] Go팀은 앞에서 설명한 언어 호환성 보장language-compability guarantee을 깨뜨리는 모든 제안을 버전 2로 정의할 것이다.

Go팀은 GopherCon 2017과 블로그 기사 〈Go 2, here we come!〉[28]에서 Go 버전 2의 개발 프로세스를 시작한다고 발표했다. 버전 2의 목적은 프로그래머가 대규모 시스템을 개발하고 여러 팀이 동시에 작업할 수 있는 코드 베이스code base로 확장할 수 있는 언어가 될 수 있도록 하는 것이다. 〈Toward Go 2〉[29]에서 러스 콕스는 다음과 같이 말했다.

> "Go 2의 목표는 Go가 확장에 실패하는 가장 중요한 방식을 수정하는 것이다."

모든 언어 변경 사항 제안language change proposal은 Go 2 언어 변경 사항 템플릿language change template[30]을 따라야 한다. Go 2에서는 Go 1의 구 기술과 호환backward-compatible되도록 모든 기능을 점진적으로 제공하고 있다.[31] 이 작업이 끝나면 큰 이점을 제공할 수 있으므로 Go 2.0에 구 기술과 호환되는 변경 사항을 도입할 수 있다.

제네릭 타입에 대한 지원은 개선된 에러 처리error handling 및 에러 값의 의미error-value semantics와 함께 Go 2 설계 초안 문서draft designs document[32]의 일부분이다. 제네릭의 첫 번째 구현은 이미 Go 1에 반영됐다. 목록의 다른 항목은 여전히 검증 중이며 2.0 릴리스는 계속 늦춰지고 있다.

기술적인 이유

2020년 Go 개발자 설문조사 결과[3]에 따르면, Go 개발자가 가장 만족해하는 것이 Go의 빌드 속도이고 그다음이 Go의 신뢰성이다.

빌드 속도 및 신뢰성 외에도 성능과 크로스 컴파일cross-compiling, 가독성readability 그리고 Go의 도구 지원tooling을 알아보자.

타입 안전성

대부분의 프로그래밍 언어는 크게 컴파일 시 변수 타입variable types을 검사하는 것처럼 정적으로 타입이 지정되는 방식statically typed이거나 프로그램이 실행될 때runtime 변수 타입을 검사하는 것처럼 동적으로 타입이 지정되는 방식dynamically typed으로 분류할 수 있다. Go는 첫 번째 타입인 정적으로 타입이 지정되는 방식에 속하므로 모든 변수 타입을 프로그램에서 명시적으로 선언해야 한다. 일부 초보자나 동적으로 타입이 지정되는 언어에 익숙한 사람은 이런 점을 단점으로 보기도 한다.

타입 선언type declaration으로 인해 작성해야 할 코드의 양이 많아졌지만, 성능상의 이점을 얻을 수 있을 뿐 아니라 실행 중에 발생하는 타입 에러type error를 막을 수 있는데, 타입 에러는 미묘하고 해결하기 어려운 버그의 원인이 될 수 있다. 예를 들어, 다음 예제 코드(https://github.com/PacktPublishing/Network-Automation-with-Go/blob/main/ch01/type-safety/main.go)를 살펴보자.

```
func process(s string) string {
    return "Hello " + s
}

func main() {
    result := process(42)
}
```

process 함수는 string 타입을 입력으로 받아 Hello와 입력 문자열의 값을 연결

concatenate한 다른 string을 반환한다. 타입이 동적으로 지정되는 프로그램에서 이 함수가 문자열이 아닌 다른 타입(예: 정수 타입)의 값을 받으면 해당 프로그램은 충돌할 수 있다.

이런 에러는 매우 일반적으로 발생하며, 네트워크 구성network configuration이나 상태state를 나타낼 수 있는 복잡한 데이터 구조를 다룰 때 흔히 발생한다. Go의 정적으로 타입을 검사하는 기능은 컴파일러가 다음과 같은 에러를 유발하는, 실행 가능한 바이너리 파일working binary을 만들지 못하게 만든다.

```
cannot use 42 (type untyped int) as type string in argument to process
```

타입을 정적으로 지정하는 Go의 기능은 가독성도 좋게 만든다. 개발자는 처음부터 코드를 작성할 때 전체 데이터 모델을 기억할 수 있겠지만, 프로젝트에 새로 참여하는 개발자가 필요에 따른 코드 변경에 필요한 로직logic을 이해하려면 가독성readability이 매우 중요하다. 이제 모든 것이 프로그램에서 명시적으로 정의되므로 변수가 어떤 타입의 값을 저장하는지 추측할 필요가 없다. 이 기능은 너무 중요하므로 일부 동적으로 타입을 지정하는 언어dynamically typed languages는 코드의 간결성을 포기하고 파이썬의 typing[33]처럼 타입 주석type annotation을 도입해 통합 개발 환경IDE, Integrated Development Environment과 정적 린터static linter[34]가 명확한 타입 에러를 잡아낼 수 있도록 지원한다.

Go의 빠른 빌드

Go는 컴파일 언어compiled language로, 몇 초 또는 몇 분 안에 작은 바이너리 파일을 만들 수 있다. 초기 빌드 시간initial build time은 종속성을 다운로드하거나, 추가 코드extra code를 만들거나, 다른 기타 작업을 수행하기 때문에 시간이 더 걸릴 수 있다. 따라서 이후의 빌드 시간은 훨씬 짧아진다. 다음은 120MB의 쿠버네티스 APIApplication Programming Interface 서버 바이너리를 다시 빌드하는 데 10초밖에 걸리지 않는다는 것을 보여 준다.

```
$ time make kube-apiserver
+++ [0914 21:46:32] Building go targets for linux/amd64:
    cmd/kube-apiserver
```

```
>
static build CGO_ENABLED=0: k8s.io/kubernetes/cmd/kube-
apiserver
make kube-apiserver 10.26s user 2.25s system 155% cpu 8.041
total
```

이를 통해 코드 재컴파일을 기다리는 데 몇 분을 소비하지 않고도 개발 프로세스를 빠르게 반복하고 집중력을 유지할 수 있다. Tilt와 같은 일부 개발자 생산성 도구는 개발 작업 흐름development workflow을 최적화하기 위해 추가 조치를 취해 개발자의 IDE에서 로컬 스테이징 환경local staging evironment[35]으로 변경 사항이 전파되는 데 몇 초가 걸리지 않도록 한다.

빠른 빌드로 인해 코드를 재컴파일할 때 몇 분 이상 걸리지 않으므로 개발 과정을 빠르게 반복하고 집중할 수 있다. Tilt와 같은 일부 개발자 생산성 도구development productivity tool는 개발 작업 흐름을 최적화하는 추가 작업을 수행해 개발자의 IDE에서 로컬 스테이징 환경으로 변경 사항이 전파하는 데 몇 초밖에 걸리지 않도록 한다.

신뢰성

카네기멜론대학교CMU, Carnegie Mellon University의 지안타오 판Jiantao Pan이 〈Software Reliability〉[36]에서 설명한 것처럼 우리는 신뢰성을 '개발자가 버그나 다른 장애 조건failure condition으로 인해 실패할 가능성이 적은 프로그램을 작성하는 데 도움이 되는 프로그래밍 언어의 속성 집합'으로 정의한다. 이는 다음과 같이 Go 웹 사이트에서 강조하는 것처럼 Go의 핵심 원칙 중 하나이다.

> 빠르고 신뢰성 있게 그리고 효율적인 소프트웨어를 대규모로 빌드한다.

2020년 Go 개발자 설문조사 결과[3]에 따르면, Go 개발자는 빌드 속도에 이어, 신뢰성에 만족해하고 있다.

소프트웨어의 안정성이 높다는 것은 버그를 찾아내는 데 소요되는 시간을 줄이고 추가 기능의 설계 및 개발에 더 많은 시간을 투자할 수 있다는 것을 의미한다. 우리는 프로그램 신뢰성 향상에 기여한다고 생각되는 기능들을 정리해 봤다. 하지만 이러한 기능에 대한 해석과 귀속은 매우 주관적일 수 있으므로 이 목록은 확정적이지 않다. 다음은 우리가 포함시킨 기능이다.

소프트웨어를 신뢰할 수 있다는 것은 버그를 찾는 데 걸리는 시간을 줄일 수 있으며 추가 기능을 설계하고 개발하는 데 더 많은 시간을 투자할 수 있다는 것을 의미한다. 프로그램의 신뢰성을 높이는 데 필요하다고 생각하는 기능을 다음과 같이 정리했다.

- **코드 복잡도**code complexity: Go는 설계상 최소주의를 표방하는 언어minimalistic language이다. 따라서 코드는 좀 더 간단하면서도 에러 가능성이 줄어든다.
- **언어 안정성**language stability: Go는 강력한 호환성을 보장하며 설계팀은 새롭게 추가되는 기능의 수와 영향을 제한한다.
- **메모리 안전성**memory safety: Go는 C나 C++처럼 포인터 산술 연산을 하는 언어에서 발생하는 일반적인 버그와 취약점exploit의 원인이 되는 안전하지 않은 메모리 액세스를 제한한다.
- **정적 타입 지정**static typing: 컴파일하는 동안 타입의 안전성 검사를 통해 동적으로 타입을 지정하는 언어에서는 발견하기 어려운 많은 일반적인 버그를 잡는다.
- **정적 분석**static analysis: 사용되지 않는 변수나 접근할 수 있는 코드 경로와 같은 여러 에러를 분석하고 보고하는 방법이 go vet가 포함된 언어 도구에 내장돼 있다.

성능

Go는 성능이 매우 좋은 언어이다. 컴퓨터 언어 벤치마크 게임Computer Language Benchmark Game[37]에 따르면, Go의 성능은 C/C++이나 Rust와 같이 수동 메모리 관리manual memory management가 가능한 언어와 비슷한 수준으로 파이썬이나 루비Ruby처럼 타입을 동적으로 지정하는 언어보다 훨씬 좋은 성능을 제공한다.

기본적으로 멀티코어 멀티스레드multi-core multi-threaded CPU 아키텍처를 지원하므로 싱글 스레드 이상으로 확장할 수 있으며 CPU 캐시cache의 사용을 최적화할 수 있다.

Go에 내장된 가비지 컬렉터garbage collector는 프로그램의 메모리 사용량을 적게 유지하며 Go의 명시적 타입 선언은 메모리 관리와 값 저장을 최적화한다.

Go의 런타임runtime은 데이터 프로파일링을 제공하며 이 데이터를 pprof로 시각화해 메모리 누수memory leak를 찾거나 프로그램의 병목 현상을 발견하고 코드를 미세 조정fine-tune해 자원 활용resource utilization을 최적화할 수 있다.

이 주제에 대한 자세한 내용은 데이브 체니Dave Cheney의 〈Five things that make Go fast〉[38]라는 블로그의 게시물을 참고하기 바란다.

크로스 플랫폼 컴파일

Go는 기본적으로 다양한 아키텍처와 운영체제용 바이너리를 만들 수 있다. 이 책을 쓰는 시점에서 `go tool dist list` 명령어는 안드로이드Android부터 윈도우에 이르기까지 다양한 운영체제와 PowerPC부터 ARM에 이르는 다양한 명령어 집합에 대한 45개의 고유한 조합을 반환한다. `GOOS`와 `GOARCH` 환경 변수를 사용하면 운영체제와 아키텍처의 기본값을 변경할 수 있다.

다음 코드 스니펫code snippet과 같이 현재 사용 중인 운영체제와 관계없이 Go로 작성한 도구를 운영체제별 버전으로 빌드할 수 있다.

```
ch01/hello-world$ GOOS=windows GOARCH=amd64 go build

ch01/hello-world$ ls hello-world*
hello-world.exe
```

위의 출력은 리눅스Linux에서 윈도우 실행 파일을 만드는 예를 보여 준다.

가독성

Go의 가독성은 C나 C++과 같이 다른 고성능 언어와 비교할 때 가장 큰 장점 중 하나이다. Go 프로그래밍 언어의 사양Go programming language specification[39]은 대략 90쪽 정도로, 1,000쪽이 넘는 다른 언어의 사양에 비해 상대적으로 짧다. Go에는 25개의 키워드만 있으며 반복문 키워드는 한 개(for)이다. Go는 코드를 명확하게 만들고 너무 많은 언어 관용구idiom[40]나 모범 사례best practice가 만들어지지 않도록 기능feature의 수를 의도적으로 적게 유지하고 있다.

코드 포맷팅code formatting은 다른 언어에서 활발하게 논쟁이 되고 있지만, Go는 go 명령어의 일부로 자동화된 포맷팅을 제공해 이 문제를 초기에 해결했다. 문법적으로는 맞지만, 포맷팅을 하지 않는 코드unformatted code에 go fmt를 실행하면 소스 파일이 적절한 들여쓰기와 줄 바꿈으로 업데이트된다. 이런 방식을 사용하면 코드에 개인이 선호하는 스타일이 줄어들고 모든 Go 프로그램은 비슷한 형태가 돼 가독성이 좋아진다.

명시적인 타입 선언만으로도 코드의 가독성이 좋아진다고 말할 수 있지만, Go는 한 단계 더 나아가 주석을 코드 문서code documentation의 일부로 만든다. go doc 도구 웹 사이트[41]나 IDE는 그림 1.2와 같이 함수나 타입 또는 변수 선언 앞에 주석이 달린 모든 줄을 파싱해 자동으로 코드 문서를 만든다.

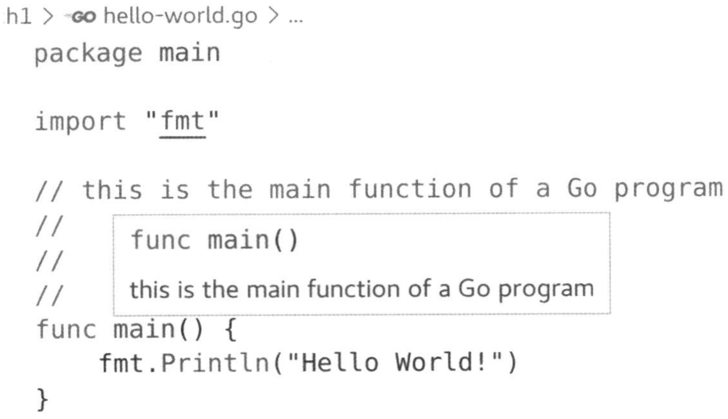

```
h1 > GO hello-world.go > ...
package main

import "fmt"

// this is the main function of a Go program
//      func main()
//
//      this is the main function of a Go program
func main() {
    fmt.Println("Hello World!")
}
```

그림 1.2 자동으로 생성된 코드 문서

대부분의 최신 IDE에는 `go fmt`와 코드 린팅code linting 및 자동 완성autocompletion, 디버깅 그리고 개발자가 타입과 변수, 함수 선언 그리고 참조reference를 오가며 코드를 탐색할 수 있는 도구인 언어 서버language server(`gopls`)[42]를 지원하는 플러그인이 있다. 마지막 기능을 사용하면 수동으로 `import`문을 해결하거나 텍스트에서 문자열 패턴을 검색하지 않고도 복잡한 코드 베이스를 탐색할 수 있을 뿐 아니라 프로그램을 컴파일하기 전에 타입 불일치와 같은 에러를 실시간으로 강조해 표시할 수 있다.

도구

새로운 환경을 설정할 때 일반적인 개발자가 가장 먼저 하는 일 중 하나는 테스트와 포맷팅, 종속성 관리 등에 도움이 되는 언어 도구와 라이브러리를 다운로드해 설치하는 것이다. Go는 기본적으로 이런 유틸리티를 `go` 명령어의 일부로 제공하고 있다. 표 1.1은 Go에 내장된 도구와 그 용도를 요약한 것이다.

표 1.1 GO 도구

도구	용도
`Doc`	코드 문서 표시하기
`Fmt`	소스 코드 파일 포맷팅
`Get`	Go 패키지 다운로드하기
`Mod`	프로그램 종속성으로 작업하기
`Test`	테스트 실행하기
`cover`	코드 테스트 커버리지 보고
`Vet`	코드 정적 분석 실행하기
`Pprof`	코드 프로파일링 보고서 만들기

이런 도구는 Go 바이너리와 함께 제공되는 가장 인기 있는 도구 중 일부에 불과하다. 이는 대부분의 일반 사용 사례use case에 적합한 기본 선택default choice을 개발자에게 제공해 도구 생태계tooling ecosystem에서 창의성을 발휘할 수 있는 여지를 확실히 줄여

준다. 이러한 인위적인 희소성의 또 다른 이점은 여러 Go 프로젝트를 전환할 때마다 도구를 다시 설치하거나 배우지 않아도 된다는 것이다.

네트워킹을 위한 Go

일부 네트워크 자동화 프로세스는 수천 개까지는 아니더라도 수백 개의 네트워크 장치를 동시에 연결할 수 있다. 우리가 Go로 할 수 있는 일 중 하나가 이를 대규모로 오케스트레이션하는 것이다.

그림 1.3은 에곤 엘브레Egon Elbre의 네트워크 고퍼Network Gopher 마스코트이다.

그림 1.3 에곤 엘브레의 네트워크 고퍼 마스코트

Go는 네트워크를 연결하는 데 필요한 모든 구성을 제공하는 강력한 네트워킹 패키지와 널리 사용되는 타입의 데이터를 인코딩하거나 디코딩하는 패키지 그리고 비트와 바이트로 작업할 수 있는 기본 요소primitive를 제공한다.

동시성

Go는 고루틴goroutine이라는 Go 런타임에서 관리하는 경량 스레드lightweight thread를 통해 동시성을 최고 수준으로 지원한다. 이 언어 구조로 인해 비동기 함수asynchronous function를 순차적 프로그램sequential program에 삽입할 수 있다.

go 키워드가 앞에 붙은 모든 함수 호출은 주 애플리케이션 고루틴main application goroutine과는 다른, 별도의 고루틴에서 실행되며 호출 프로그램calling program의 실행을 차단하지 않는다.

채널channel은 고루틴 간의 통신을 허용하는 또 다른 언어의 기능이다. 채널을 두 개의 다른 고루틴에 존재하는 송신과 수신 종료sending and receiving end가 있는 선입선출FIFO, First-In, First-Out로 생각할 수 있다.

이 두 가지 강력한 언어 구조language construct로 인해 각 고루틴에 대해 운영체제 스레드를 실행하는 부담 없이 네트워킹 장치에 동시에 연결할 수 있도록 안전safe하고 균일uniform한 방식으로 동시성 코드concurrent code를 작성할 수 있다. 다음 코드 예제(https://github.com/PacktPublishing/Network-Automation-with-Go/blob/main/ch01/concurrency/main.go)는 원격 네트워크 장치와의 상호작용interactive을 시뮬레이션하는 프로그램이다.

```
func main() {
    devices := []string{"leaf01", "leaf02", "spine01"}
    resultCh := make(chan string, len(devices))

    go connect(devices, resultCh)

    fmt.Println("Continuing execution")

    for msg := range resultCh {
        fmt.Println(msg)
    }
}
```

원격 장치에 연결하는 것은 시간이 오래 걸릴 수 있으며 일반적으로 프로그램의 나머지 부분 실행을 차단한다. 고루틴에서 connect 함수가 실행되고 있다면 다음 코드 스니펫처럼 프로그램은 계속 실행될 수 있으며 나중에 언제든지 응답response을 수집할 수 있다.

```
ch01\concurrency> go run main.go
Continuing execution
```

```
Connected to device "spine01"
Connected to device "leaf01"
Connected to device "leaf02"
```

원격 장치가 요청을 처리하고 응답을 반환하면 프로그램은 응답을 받은 순서대로 응답을 출력한다.

강력한 표준 라이브러리

Go에는 암호 시스템으로부터 데이터 인코딩에 이르기까지, 문자열 조작string manipulation부터 정규 표현식regexes, regular expression 및 템플릿에 이르기까지 네트워킹에 적용할 수 있는 다양한 영역을 다루는 다용도 표준 라이브러리가 있다.

- 인터넷 프로토콜IP, Internet Protocol 접두사prefix 파싱 및 비교 함수
- IP, 전송 제어 프로토콜TCP, Transmission Control Protocol/사용자 데이터그램 프로토콜UDP, User Datagram Protocol, 하이퍼텍스트 전송 프로토콜HTTP, HyperText Transfer Protocol 연결을 위한 클라이언트 및 서버 구현
- 도메인 이름 시스템DNS, Domain Name System 조회lookup 함수
- 인터넷 주소URL, Uniform Resource Locator 파싱 및 조작
- 저장 및 전송을 위한 확장성 마크업 언어XML, eXtensible Markup Language, 바이너리, JSONJavaScript Object Notation과 같은 데이터 타입 직렬화

특별한 성능 요구사항이 없는 한 대부분의 Go 개발자는 표준 라이브러리로 구현할 수 있는 로직에 외부 라이브러리를 사용하지 않아야 한다. 모든 표준 패키지는 릴리스될 때마다 철저하게 테스트되며 여러 대규모 프로젝트에서 널리 사용된다. 이로 인해 가장 자주 사용되는 데이터 구조와 함수가 이미 존재하므로 새로운 개발자에게 더 나은 학습 경험을 제공한다.

데이터 스트리밍

일반적으로 네트워크 서비스는 I/O 바운드[43]로 네트워크에서 바이트를 읽거나 쓰는 작업을 한다. Go에서의 데이터 스트리밍도 이와 동일한 방식으로 작동하기 때문에 네트워크 프로토콜을 파싱하기 위한 바이트 처리에 익숙한 네트워크 엔지니어에게 매력적일 수 있다.

Go의 I/O 작업은 Reader가 출발지source에서 데이터를 읽고 이 데이터를 목적지destination에 쓰는 Writer에게 바이트의 배열로 스트리밍하는 모델을 따른다. 그림 1.4는 이를 명확하게 보여 준다.

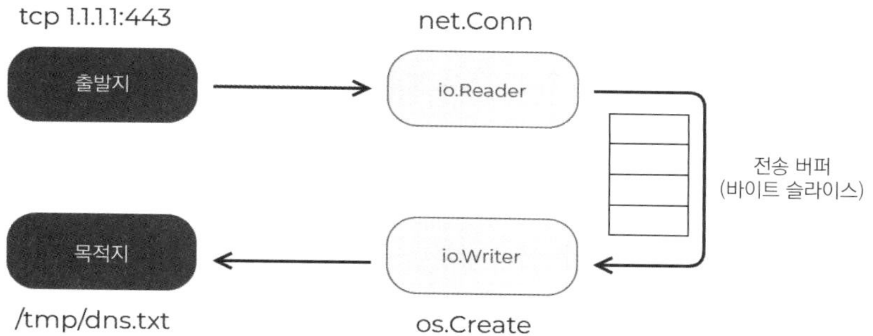

그림 1.4 네트워크 연결에서 파일로 스트리밍하는 예

`Reader`는 파일이나 암호cipher, 셸 명령어shell command 또는 네트워크 연결에서 데이터를 읽을 수 있는 인터페이스이다. 캡처한 데이터는 `Writer` 인터페이스를 통해 파일이나 다른 `Reader`의 예로 스트리밍할 수 있다.

Go 표준 라이브러리는 `net.Conn`과 같은 스트리밍 인터페이스를 제공하는데, 이 경우, 네트워크 연결에서 데이터를 읽고 쓰거나 인터페이스 간에 데이터를 전송하고 필요한 경우, 이 데이터를 변환할 수 있다. 이 주제는 3장에서 자세히 설명한다.

프로그래밍 언어를 선택할 때 회사에서 현재 사용 중인 언어나 개인적으로 편한 언어를 고려해야 하지만, 우리의 목표는 대규모 시스템 개발자에게 Go가 매력적인 이유를 설명하는 것이다. 익숙한 영역에서 시작할 수 있도록 Go와 파이썬을 비교해 본다. 파이썬은 오늘날 네트워크 자동화에서 가장 널리 사용되는 프로그래밍 언어이다.

Go와 파이썬

프로그래밍 언어를 비교하는 것은 아주 빠르게 열띤 논쟁으로 발전할 수 있다. 우리는 모든 언어마다 장점이 있다는 것을 알고 있으며 어떤 언어가 다른 언어보다 더 낫다고 주장하려는 것이 아니다. 하지만 네트워크 자동화에 관한 지식이 있는 대부분의 사람은 파이썬을 사용하고 있다는 것을 알고 있으므로 두 언어를 어떤 형태로든 비교하고 각자의 장점을 강조하는 것이 합리적일 것이다.

코드 실행

개발자의 경험에 영향을 미치는 가장 큰 차이점 중 하나는 코드를 배포하고 실행하는 방법이다.

파이썬 프로그램을 대상 시스템에서 실행하려면 인터프리터interpereter가 필요하고 모든 라이브러리 종속성에 액세스할 수 있어야 한다. Nuitka와 같은 프로젝트를 사용해 파이썬을 컴파일할 수는 있지만, 소스 코드를 난독화obfuscate하려면 상업적인 지원이 필요하다. 모든 소스 코드를 사용할 수 있다면 기능을 개발하고 버그를 해결할 때 빠르게 변경하고 반복할 수 있다.

Go 프로그램은 컴파일한 바이너리 파일로 배포하므로 인터프리터가 필요하지 않다. 머신 코드machine code[44]로 컴파일하는 것이 불필요한 장애물처럼 보일지는 몰라도 컴파일은 몇 초밖에 걸리지 않으며 결과 바이너리에는 필요한 모든 종속성이 포함돼 있으므로 대상 시스템에는 하나의 파일만 있으면 된다.

타입 시스템

Go에서는 모든 변수의 타입을 정적으로 정의해야 하며 초기 변수 선언 중에만 타입을 추론할 수 있다.

제네릭이 Go에 도입되고 있지만, 파이썬의 타입 시스템type system과 같은 수준의 자유도를 허용하지는 않는다. 명시적으로 타입을 선언하지 않으므로 파이썬은 초보자나 코드의 강건성robustness보다 개발 속도가 중요한 사용 사례에 좀 더 적합한 언어이다. 그러나 파이썬 프로젝트가 더 성숙해질수록 이런 초기 이점을 보완하기 위한 테스트에 더 집중해야 한다.

성능

Go 프로그램은 다양한 사용 사례에서 파이썬보다 성능이 더 좋다.[45] 이는 이미 앞에서 설명한 내용 일부로, Go팀이 언어를 최적화하기 위해 노력한 결과이기도 하다.

고루틴 및 타입 정의와 같은 기능은 Go 개발자에게 고성능 코드를 작성할 수 있도록 충분한 도구를 제공하지만, 각 Go 릴리스마다 메모리 관리와 컴파일러 최적화가 개선돼 백그라운드에서의 코드 실행이 더 빨라진다.

사용 편의성

파이썬은 교육과 프로토타입 개발에 사용하도록 설계된 언어이다. 이와 동시에 웹 서버(Flask, Django), 머신러닝ML, machine learning 프레임워크framework(PyTorch, TensorFlow) 그리고 인프라스트럭처 소프트웨어(RabbitMQ, 앤서블)와 같이 복잡한 프로그램을 작성할 수 있을 만큼 매우 다재다능하고 강력하다.

파이썬 프로젝트의 수가 늘어남에 따라 종속성과 환경 관리를 위해 다양한 가상 환경을 유지하는 것이 귀찮은 일일 수 있다. 이는 자체 호스팅 종속성 관리자와 정적으로 링크된 바이너리를 갖춘 Go가 빛을 발하는 분야이다.

그런데도 파이썬은 대규모 공개 오픈소스 커뮤니티에서 가장 접근하기 쉬운 언어로 지배적인 위치를 계속 유지하고 있으며 가까운 시일 내에 그 자리를 내 주지는 않을 것으로 보인다.

메모리 관리

두 언어 모두 자동 가비지 컬렉션을 하는 동적 메모리 관리를 사용한다. 대부분은 기본 설정을 변경할 필요가 없으며 변경하지 않는 것이 좋지만, 두 언어 모두 필요하다면 몇 가지 임곗값 변수threshold variable를 미세 조정할 수 있는 방법을 제공한다.

가장 큰 차이점은 Go가 좀 더 정확한 타입을 기반으로 메모리를 할당하고 고루틴과 함수에 대한 스택stack[46]에서 컴파일 시 정적으로 메모리를 할당하며 일부 변수만 힙heap으로 이동한다는 것이다. 반면, 파이썬은 모든 것을 객체로 취급하므로 `int`나 `string`처럼 가장 기본적인 타입도 매우 크며 런타임 시 힙에서 메모리에 동적으로 할당된다.

힙에서 메모리에 액세스하는 것은 속도가 느릴 뿐 아니라 가비지 컬렉션까지 해야 하므로 프로그램 실행 시 오버헤드overhead가 발생한다.

구문

파이썬은 경량 구문lightweight syntax을 갖고 있으며 들여쓰기를 사용해 코드 블록을 구분한다. 뒤에 나오는 세미콜론trailing semicolon과 과도한 중괄호가 없으므로 이해하기 쉽지만, 들여쓰기를 자동으로 관리해 주는 IDE 없이 코드를 작성하는 것은 어려운 일이다.

Go 언어 설계자는 보이지 않는 문자에 의미를 부여하는 것은 좋은 생각이 아니라고 생각했기 때문에 Go는 들여쓰기에 공백을 고려하지 않는다. 물론 이는 개인적인 선호도에 따라 달라질 수 있다. 예를 들어, YAMLYAML Ain't Markup Language와 같은 타입도 공백을 사용해 데이터를 구조화한다.

Go는 내장된 포맷팅 도구를 사용해 코드를 자동으로 들여쓰기하고 특정 위치에 빈 줄을 자동으로 삽입해 코드를 깔끔하게 만든다. 또한 Go 개발자는 빈 줄을 사용해 함수의 줄을 논리적으로 분리함으로써 최종 프로그램의 밀집도를 낮춰 읽기 쉽게 만든다.

장애 처리

또 다른 큰 차이점은 에러 처리 방식이다. 파이썬은 예외가 발생할 것으로 예상되는 코드의 일부분에 주의 깊게 처리할 수 있는 예외exception에 의존해 암시적 에러 처리를 규칙convention으로 사용한다. 이는 파이썬의 가독성 및 사용 편의성과 일치한다. Go는 명시적 에러 검사를 사용하고 대부분 함수는 에러를 마지막 위치 반환값last positional return value으로 가진다. 이에 따른 코드는 주로 다음과 같다.

```
config, err := buildConfig(deviceName)
if err != nil {
   return err
}

d, err := connect(deviceName)
if err != nil {
   return err
}

if err := configure(d, config); err != nil {
   return err
}
```

이렇게 하면 개발자는 항상 반환된 에러만 생각하고 에러가 발생하는 즉시 처리해 프로그램을 더욱 강건하게 만들 수 있지만, 시각적으로 방해를 많이 받아 사람들은 이를 무시하게 된다. 이는 Go 커뮤니티에서 반복적으로 논의되는 주제이며 Go 버전 2가 중점을 두고 있는 분야 중 하나이다. 에러를 처리하기 위한 Go 2 설계 문서 초안draft은 이 문제와 제안을 자세히 다루고 있다.

동시성

동시성concurrency은 처음부터 Go의 핵심 기능 중 하나였을 뿐 아니라 Go가 만들어지게 된 주된 이유 중 하나이다. Go는 프로세스 간의 통신과 공유 자원shared resource에 대한 액세스와 같이 대부분의 일반적인 동시성 문제를 처리할 수 있는 최고 수준의 언어 구조로 돼 있다.

반면, 파이썬 언어 설계자가 초기에 언어 일부로 만든 전역 인터프리터 잠금GIL, Global Interpreter Lock으로 인해 두 개 이상의 파이썬 스레드를 동시에 실행할 수 없다. 이는 프로그램이 스레딩 라이브러리threading library를 사용하도록 설계하지 않는 한 마찬가지이다. GIL은 단일 스레드 프로그램에서 성능상의 이점을 제공하며 파이썬에서 GIL을 제거하는 것에 대해 파이썬 커뮤니티에서 반복적으로 논의됐다.

파이썬에서 동시성을 구현하려면 사용 가능한 모든 CPU를 활용하기 위해 다중 프로세스를 실행(다중 처리(multiprocessing) 또는 동시성 풀(concurrency pools))해야 한다. 시간이 지남에 따라 파이썬의 여러 라이브러리가 동시성의 성능과 사용자 경험UX, User eXperience을 개선하기 위해 노력해 왔으며 가장 널리 사용되는 라이브러리는 `asyncio`이다.

2020년 파이썬 개발자 설문조사 결과Python Developers Survey 2020 Results[47]에 따르면, 더 나은 동시성과 병렬성parallelism은 파이썬에 추가돼야 할 기능 중 상위 세 가지 안에 들어 있다. 파이썬에서는 동시에 코드를 작성하기 어렵고 호환되는 라이브러리를 사용해야 하므로 대부분의 파이썬 개발자가 현재의 구현에 만족해하지 않는다.

커뮤니티

파이썬은 두 언어 중 더 널리 사용되고 있어 방대한 오픈소스 라이브러리와 프레임워크를 갖춘 대규모 커뮤니티가 있다. 주요 사용 사례로는 데이터 분석, 웹 개발 그리고 머신러닝Python Developers Survey 2020 Results[47]을 들 수 있지만, 지금은 게임 개발부터 데스크톱 플러그인까지 모든 것을 처리할 수 있는 라이브러리가 있다.

무엇보다 파이썬은 네트워크 자동화에 가장 많이 사용되는 언어이고 네트워크 장치에서 작동하는 많은 라이브러리와 프레임워크가 만들어져 있다. Go는 시스템과 성능에 중점을 두고 있으므로 네트워크 라이브러리와 도구는 많지 않다. 그러나 네트워크 엔지니어링 커뮤니티에서 Go를 많이 사용하는 것은 OpenConfig 생태계로, 현재 약 12개의 프로젝트가 Go로 작성돼 있다.

Go는 웹 규모의 기업에서 빠르게 채택하고 있어 앞으로 더 많은 네트워크 관련 프로젝트가 만들어질 것으로 보인다.

이 글이 Go 언어의 기능에 대한 관점과 이해를 높이는 데 도움이 됐기를 바란다. 다음 단계는 Go를 설치하는 것이다.

Go 설치하기

Go를 다운로드하고 설치하려면 `https://go.dev/`에서 파일을 다운로드한 후 몇 가지 절차를 따라야 한다(https://golang.org/doc/install#install). 여기서는 이 글을 쓰는 시점에서 가장 최신 버전인 1.20.4을 설치하는 방법을 설명한다. 설치 방법은 Go 1의 최신 버전에서도 적용될 것이다.

윈도우

윈도우에서는 다음 단계를 따라 Go를 설치한다.

1. `https://go.dev/dl/go1.20.4.windows-amd64.msi`를 다운로드한다.
2. `go1.20.4.windows-amd64.msi` 파일을 실행한 후 지침을 따른다.
3. 명령 프롬프트 윈도우(cmd)를 열고 `go version`을 실행해 설치 여부를 확인한다.

맥

Homebrew가 설치돼 있다면 `brew install go`를 실행하고, 설치돼 있지 않다면 다음 단계를 따라 설치한다.

1. `https://go.dev/dl/go1.20.4.darwin-amd64.pkg` 또는 `https://go.dev/dl/go1.20.4.darwin-arm64.pkg`를 다운로드한다.
2. `go1.20.4.darwin-amd64.pkg` 또는 `go1.20.4.darwin-arm64.pkg` 파일을 실행한 후 지침을 따른다.
3. 터미널을 연 후 `go version`을 실행해 설치 여부를 확인한다.

리눅스

Go는 리눅스 배포판에서 시스템 패키지로 제공되지만, 오래된 버전일 수 있다. 다음 단계를 따라 최신 버전을 설치한다.

1. `https://go.dev/dl/go1.20.4.linux-amd64.tar.gz`를 다운로드한다.
2. `rm -rf /usr/local/go` 명령어로 기존에 설치된 Go를 삭제한다.
3. `tar -C /usr/local -xzf go1.20.4.linux-amd64.tar.gz` 명령어로 다운로드한 압축 파일을 `/usr/local`에 푼다.
4. `export PATH=$PATH:/usr/local/go/bin` 명령어로 `/usr/local/go/bin` 경로를 `PATH` 환경 변수에 추가한다. 경로를 계속 유지하려면 이 줄을 `$HOME/.bash_profile`에도 추가한다. 이는 bash에 대해서만 유효하며 다른 셸을 사용한다면 이와 비슷한 작업을 수행해야 할 수도 있다.
5. 터미널을 열고 `go version`을 실행해 설치 여부를 확인한다.

이제 큰 어려움 없이 Go를 다운로드하고 설치할 수 있다. 다른 버전을 설치하려면 위 과정에서 1.20.4를 원하는 버전으로 바꾸면 된다.

요약

1장에서는 Go가 네트워킹 및 네트워크 자동화에 중요한 이유를 살펴봤다. 수백만 명의 개발자가 선호하는 Go의 다양한 측면을 알아봤다. 또한 Go를 설치하는 방법도 설명했다. 2장에서는 Go 프로그래밍 언어와 소스 파일 그리고 도구에 대해 좀 더 자세히 알아본다.

참고 자료

[1] https://insights.stackoverflow.com/survey/2021#most-loved-dreaded-and-wanted-language-want

[2] https://dgarros.github.io/netdevops-survey/reports/2020

[3] https://go.dev/blog/survey2020-results

[4] 주어진 기간에 시스템이 실행해야 할 작업의 할당량(출처: 정보통신용어사전) - 옮긴이

[5] 컴퓨터 시스템과 서비스, 애플리케이션 설정을 자동화해 컴퓨팅 자원을 관리하고 조정하는 것으로, '컨테이너 오케스트레이션'은 컨테이너의 배포, 관리, 확장을 자동화하는 것을 의미한다(출처: 정보통신용어사전). - 옮긴이

[6] 그리스어로 '키잡이'를 의미하며 클라우드 네이티브 애플리케이션을 빠르게 자동 배포하고 컨테이너들의 오케스트레이션, 스케일링 등을 제공하는 컨테이너 관리 시스템이다(출처: 정보통신용어사전). - 옮긴이

[7] 일반적으로 원격지에서 통신 회선을 통해 강우량, 사람의 맥박 등을 계측하는 것을 말한다. 위성 분야에서는 지상에서 궤도상의 위상 상태를 감시하는 것을 말한다. 위성은 상시 비컨파를 변조해 위성의 자세, 가속도, 통신 기기, 전원 등의 상태 정보를 지상에서 송신한다. 지상의 추적, 원격 측정, 지령을 하는 국(TT&C)은 이것들을 지상에서 감시해, 필요에 따라 원격 지령을 송신해 위성의 상태를 변경시킨다(출처: 정보통신용어사전). - 옮긴이

[8] 데몬은 컴퓨터 시스템의 운영에 관련된 작업을 후선(background) 상태로 동작하면서 실행하는 상주 프로그램이다. 처리해야 할 작업 조건이 발생하면 자동으로 기동해 필요한 작업을 실행한다. 예를 들면, 웹 서버는 인터넷 웹 서비스를 제공하는 주 컴퓨터 시스템에서 후선 상태로 동작하고 있다가 통신망상의 웹 브라우저로부터 자료 요청이 있으면 작업을 실행한다(출처: 정보통신용어사전). - 옮긴이

[9] 프로그램, 시스템 또는 하드웨어 장치가 얼마만큼 실패 없이 주어진 기능을 수행할 수 있는가?' 하는 능력의 측정 또는 장비가 총 운용 시간에 대해 정상적인 기능을 수행한 시간이 어느 정도인지를 나타내는 가동률을 의미한다(출처: 정보통신용어사전). - 옮긴이

[10] https://research.swtch.com/gophercount

[11] https://groups.google.com/forum/#!forum/golang-nuts

[12] https://forum.golangbridge.org/

[13] https://stackoverflow.com/collectives/go(https://stackoverflow.com/questions/tagged/go+or+go-gorm+or+goroutine - 옮긴이)

[14] https://invite.slack.golangbridge.org/

[15] https://www.meetup.com/pro/go

[16] https://github.com/golang/go/wiki/Conferences#go-conferences-and-major-events(https://go.dev/wiki/Conferences - 옮긴이)

[17] https://k8s.devstats.cncf.io/d/67/licenses-and-programming-languages?orgId=1

[18] https://madnight.github.io/githut/#/stars/2021/2

[19] https://insights.stackoverflow.com/survey/2021#most-loved-dreaded-and-wanted-tools-tech-love-dread

[20] https://insights.stackoverflow.com/survey/2021#technology-top-paying-technologies(https://survey.stackoverflow.co/2022#technology-top-paying-technologies - 옮긴이)

[21] https://go.dev/blog/go1

[22] https://golang.org/doc/faq#Why_doesnt_Go_have_feature_X

[23] https://go.dev/blog/open-source

[24] https://golang.org/doc/go1compat(https://go.dev/doc/go1compat - 옮긴이)

[25] https://github.com/golang/go/wiki/Go-Release-Cycle(https://go.dev/wiki/Go-Release-Cycle - 옮긴이)

[26] https://golang.org/doc/devel/release

[27] https://github.com/golang/proposal#proposing-changes-to-go

[28] https://go.dev/blog/go2-here-we-come

[29] https://go.dev/blog/toward-go2

[30] https://github.com/golang/proposal/blob/master/go2-language-changes.md

[31] https://github.com/golang/go/issues?utf8=%E2%9C%93&q=is%3Aissue+is%3Aopen+label%3AGo2+label%3AProposal(https://github.com/golang/proposal - 옮긴이)

[32] https://go.googlesource.com/proposal/+/master/design/go2draft.md

[33] https://docs.python.org/3/library/typing.html

[34] 린터 기능은 통합 개발 환경에서 코드 품질과 오류를 감지하고 식별하는 도구로, 코드 작성 중에 실시간으로 코드를 분석하고 잠재적인 오류, 스타일 가이드 위반, 일반적인 코딩 실수 등을 감지해 개발자에게 피드백을 제공한다. 이로 인해 개발자는 코드를 작성하는 동안 실시간으로 도움을 제공해 코드 품질을 향상하고 오류를 예방할 수 있다. 주요 기능은 문법 오류 감지, 타입 검사, 스타일 가이드 준수, 미사용 코드 감지, 최적화 제안이다. - 옮긴이

[35] 개발자가 코드를 테스트하고 디버깅할 수 있는 로컬 환경으로 개발자의 개발 컴퓨터에서 실행되며 실제 운영 환경과 비슷한 설정과 구성을 갖추고 있다. 로컬 스테이징 환경을 사용하면 개발자는 코드 변경 사항을 신속하게 테스트하거나, 버그를 찾아내거나, 원하는 결과를 확인할 수 있다. 따라서 로컬 스테이징 환경은 소프트웨어 개발의 일부로써 중요한 역할을 한다. 개발자는 실제 운영 환경과 비슷한 환경에서 코드를 테스트하고 문제를 해결할 수 있으며 원활한 개발과 디버깅을 위해 이러한 로컬 환경을 활용할 수 있다. - 옮긴이

[36] https://users.ece.cmu.edu/~koopman/des_s99/sw_reliability/

[37] https://benchmarksgame-team.pages.debian.net/benchmarksgame/fastest/go-gpp.html

[38] https://dave.cheney.net/2014/06/07/five-things-that-make-go-fast

[39] https://golang.org/ref/spec

[40] 일반적으로 사용되는 특정한 코딩 스타일이나 패턴을 의미한다. 관용구는 좀 더 간결하고 효율적인 코드를 작성하기 위한 관례적인 방법을 제공하기 위한 것으로, 언어의 특징과 기능을 최대한 활용한다. 예를 들어, 파이썬에서는 'list comprehension'이라는 관용구를 사용해 리스트를 간단하게 생성하거나 변형할 수 있다. 이는 반복문과 조건문을 결합해 한 줄의 코드로 작성할 수 있는 강력한 기능이다. 또 다른 예로, Go 언어에서는 defer라는 관용구를 사용해 함수가 반환되기 전에 특정 작업을 실행할 수 있다. 이렇게 하면 파일 핸들링이나 리소스 관리와 같은 작업에서 자주 사용할 수 있고 코드의 가독성과 유지보수성을 높일 수 있다. - 옮긴이

[41] https://pkg.go.dev/(https://pkg.go.dev/go/doc - 옮긴이)

[42] https://go.googlesource.com/tools/+/refs/heads/master/gopls/README.md#editors

[43] I/O 바운드는 입출력 작업에 의해 제한되는 상황을 나타낸다. 입출력 작업은 디스크, 네트워크, 파일, 데이터베이스 등과 같은 외부 리소스와의 데이터 교환을 의미한다. - 옮긴이

[44] 디지털 컴퓨터가 수행할 수 있는 명령을 기술하거나 표현하기 위한 인공 언어이다. 보통 수행할 연산을 명시하는 부분과 기억 장소의 특정한 위치를 구별하는 하나 이상의 주소를 포함한다. 때로는 명령의 주소 부분이 기억 장소의 위치를 명시하는 목적 외에 다른 목적에 사용되기도 한다(출처: 정보통신용어사전). - 옮긴이

[45] https://benchmarksgame-team.pages.debian.net/benchmarksgame/fastest/go-gpp.html

[46] 자료 구조의 하나로, 자료의 삽입과 삭제가 한쪽 끝에서만 일어나는 선형 목록으로 밑이 막힌 통을 세워 놓은 것으로 생각할 수 있다. 자료의 삽입, 삭제가 일어나는 곳을 스택의 톱(top), 자료를 스택에 넣는 것을 푸시(push), 스택에서 자료를 꺼내는 것을 팝(pop)이라고 한다. 스택에서는 나중에 들어간 자료가 먼저 꺼내지므로 후입선출(LIFO)이라고도 한다. 스택은 주로 어떤 내용을 기억시켰다가 다시 이용하고자 할 때 사용되며 컴퓨터 알고리듬에서 자주 쓰이는 중요한 자료 구조이다(출처: 정보통신용어사전). - 옮긴이

[47] https://www.jetbrains.com/lp/python-developers-survey-2020/

02

Go의 기초

많은 프로그래밍 언어가 존재하는 상황에서 왜 또 다른 프로그래밍 언어를 개발해야 하는지 궁금할 것이다. 2장에서는 Go를 개발한 사람들의 배경과 이들이 새로운 언어로 해결하려고 했던 문제에 대해 알아본다.

이런 주제는 오늘날 소프트웨어 개발자가 대규모 소프트웨어를 개발하는 데 있어 당면한 문제와 프로그래밍 언어와 같이 현대 기술이 계속 발전하는 이유를 이해하는 데 도움이 된다.

2장에서는 다음과 같은 주제를 다룬다. 2장을 마치고 나면 Go의 기원과 멀티코어 프로세서에서 실행되는 분산 시스템 개발에 있어서 Go의 역할을 더 잘 이해하게 될 것이다.

- Go란 무엇인가?
- Go의 기본 원칙
- Go 소스 코드 파일의 구조
- Go 패키지와 모듈

- Go 프로그램 컴파일하기
- 온라인에서 Go 프로그램 실행하기
- Go 소스 코드 관리를 위한 Go 도구

기술 요구사항

명령어와 깃 그리고 깃허브에 익숙하다고 가정한다. 2장의 코드는 깃허브 저장소에서 다운로드할 수 있다.

다음 순서를 따라 예제를 실행한다.

1. 사용 중인 운영체제에 맞게 Go 1.20 이상의 버전을 설치한다. 1장의 'Go 설치하기' 절의 순서를 따르거나 `https://go.dev/doc/install`로 이동한다.
2. `git clone https://github.com/PacktPublishing/Network-Automation-with-Go.git` 명령어로 이 책의 깃허브 저장소를 복제한다.
3. `cd Network-Automation-with-Go/ch02/pong` 명령어로 디렉터리를 예제 디렉터리로 이동한다.
4. `go run main.go`를 실행한다.

Go란 무엇인가?

2007년 하반기 로버트 그리즈머Robert Griesemer와 롭 파이크Rob Pike 그리고 켄 톰슨Ken Thompson은 일부 언어를 사용할 때 발생하는 복잡도 증가와 긴 컴파일 시간 그리고 멀티 프로세서 컴퓨터에서 효율적으로 프로그래밍을 할 수 없는 것과 같이 구글에서 소프트웨어를 작성할 때 겪었던 몇 가지 문제를 해결할 수 있는 새로운 프로그래밍 언어의 설계를 논의하기 시작했다.

롭 파이크는 〈Go: Ten years and climbing〉[1] 및 〈Less is exponentially more〉[2]에서 설명한 대로 1988년 뉴스퀴크Newsqueak 언어에 대한 초기 작업을 바탕으로 동시성과 통신 채널communicating channels 개념을 C++에 적용하려고 했다. 그러나 이 작업은 구현하기가 너무 어려웠다. 롭은 로버트 그리즈머, 톰 켄슨과 같은 사무실에서 일했다. 켄은 과거에 롭과 함께 UTF-8 문자열 인코딩을 만들었고 유닉스Unix 운영체제를 설계하고 구현했으며 C 프로그래밍 언어의 전신인 B 프로그래밍 언어를 개발했다.

이들은 Go라는 이름이 간결하다는 이유로 새로운 프로그래밍 언어의 이름으로 정했지만, DNS에서 go.com을 사용할 수 없었기 때문에 Go의 웹 사이트 주소는 golang.org가 됐다. 이에 따라 golang은 Go의 별칭이 됐다. golang은 검색 쿼리에 편리하지만, 언어의 이름은 아니다. 언어의 이름은 Go이다.

```
Subject: Re: prog lang discussion
From: Rob 'Commander' Pike
Date: Tue, Sep 25, 2007 at 3:12 PM
To: Robert Griesemer, Ken Thompson

i had a couple of thoughts on the drive home.

1. name

'go'. you can invent reasons for this name but it has nice properties.
it's short, easy to type. tools: goc, gol, goa. if there's an interactive
debugger/interpreter it could just be called 'go'. the suffix is .go
...
```

그림 2.1 초창기 Go 토론 이메일 스레드

처음에는 C/C++을 시작점으로 생각했고 이전 언어들과 비교했을 때 많은 부분을 단순화했지만, 더 많이 표현할 수 있는 언어를 정의하기 위해 처음부터 다시 시작했다. Go는 기본 타입, 표현식 구문expression syntax, 포인터pointer 그리고 머신 코드로의 컴파일 등 많은 기능을 C에서 가져왔지만, 다음과 같은 기능은 가져오지 않았다.

- 헤더 파일header file
- 예외 처리exception

- 포인터 산술 연산pointer arithmetic
- 하위 타입 상속subtype inheritance(서브클래스subclass 없음)
- 메서드에서의 `this`
- 상위 클래스superclass로의 상승promotion(대신 임베딩embedding을 사용)
- 순환 종속성[3]

Go에 영향을 미친 언어로는 파스칼Pascal과 오베론Oberon 그리고 뉴스퀴크Newsqueak를 들 수 있다. 특히 동시성 모델은 토니 호어Tony Hoare의 Communicating Sequential ProcessesCPSs[4] 백서white paper에서 비롯됐는데, 롭 파이크가 인터프리터 언어 뉴스퀴크에서 CPS를 구현했고 이후 필 윈터바텀Phil Winterbottom이 C와 비슷한 컴파일 언어인 알레프Alef에 CPS를 구현했다. 그림 2.2는 Go 언어의 계보를 보여 준다.

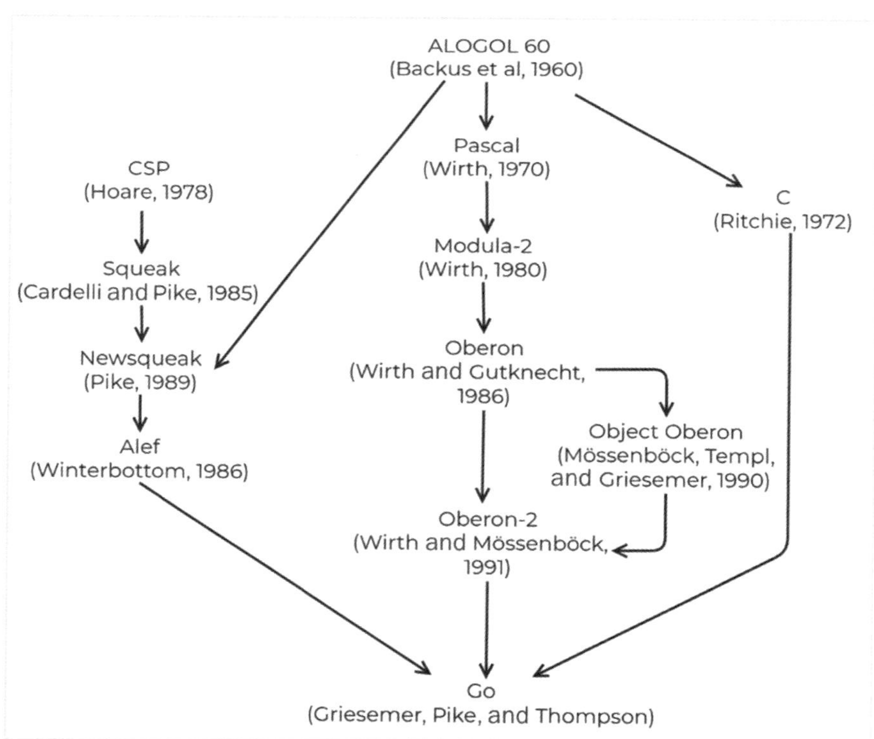

그림 2.2 Go의 계보

Go로 전환하는 C++ 프로그래머의 수는 Go 개발자들의 예상보다 작다. 실제로 대부분의 Go 프로그래머는 파이썬이나 루비 개발자 출신이다.

Go는 2009년 11월 10일 오픈소스 프로젝트로 시작했다. Go의 소스 코드는 `https://go.googlesource.com/go`에 호스팅돼 있고 코드의 미러 버전은 `https://github.com/golang/go`에 보관돼 있으므로 이곳에서 pull request를 할 수 있다. Go는 오픈소스 프로그래밍 언어이지만, 실제로는 구글이 지원하고 있다.

Go의 초기 컴파일러는 C로 작성됐지만, 나중에는 Go로 바뀌었다. 러스 콕스는 이에 대해 〈Go 1.3+ Compile Overhaul〉[5]에서 자세히 설명하고 있다. 놀랍게도 현재 Go의 소스 코드가 Go로 작성됐다.

2012년 3월 28일 Go 1이 출시됐다. 그림 2.3은 Go의 타임라인을 요약한 것으로, Go가 출시된 이후 몇 가지 주요 변경 사항을 확인할 수 있다.

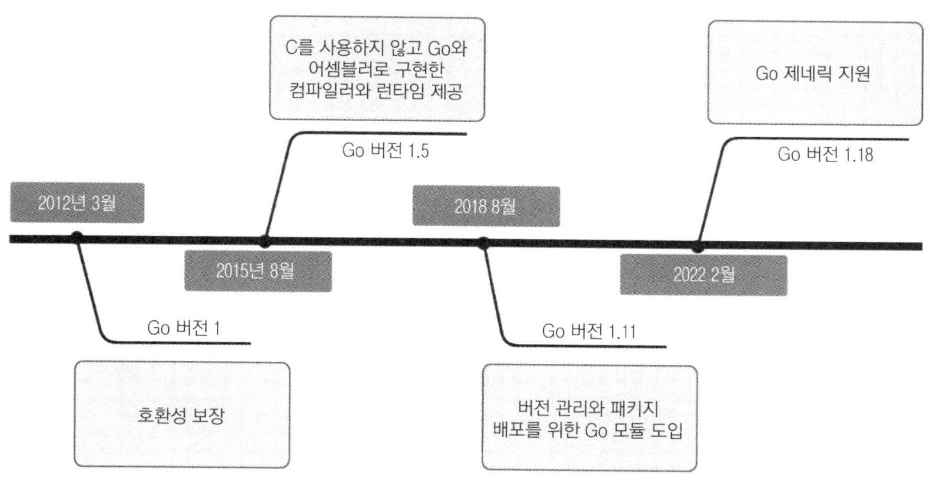

그림 2.3 Go의 타임라인 요약

Go는 안정된 언어이며 Go 2가 나오지 않는 한 의미론적인 변경은 없을 것이다. 현재 Go팀이 확인해 준 유일한 변경 사항은 〈Type Parameters Proposal〉[6]에 설명된 대로 2022년 초(Go 1.18)에 타입 매개변수type parameter를 사용하는 제네릭 프로그래밍generic programming이 추가된다는 것이다.

Go는 동적으로 타입을 지정하는 언어의 쉬운 프로그래밍과 정적으로 타입을 지정하는 언어의 효율성과 안전성을 결합하려는 프로그래밍 언어이다. Go는 몇 초 이내로 코드를 실행 파일로 빌드할 수 있으며 Go의 최고 수준 동시성 지원으로 멀티코어 CPU를 최대로 활용할 수 있다.

Go의 코드를 살펴보기 전에 Go의 격언proverb을 통해 Go를 특별하게 만들어 주는 몇 가지 기본 원칙을 살펴보자.

Go의 격언

롭 파이크는 2015년 Gopherfest에서 Go를 철학적으로 설명하거나 가르치기 위해 Go 언어의 격언을 소개했다. 이 격언은 Go 개발자가 준수하는 일반적인 지침guideline이다. 대부분의 격언은 언어의 정신을 전달하기 위한 좋은 관행이지만, 선택 사항option이다.

여기서는 저자들이 좋아하는 격언만 소개한다. 전체 격언은 Go Provebers[7]에서 확인할 수 있다.

- **gofmt의 스타일을 가장 좋아하는 사람은 없지만, gofmt는 모두가 선호한다**Gofmt's style is no one's favorite, yet gofmt is everyone's favorite.: Go로 코드를 작성하는 경우, 공백을 사용할 것인지, 탭을 사용할 것인지 또는 중괄호({ })를 어디에 둘 것인지에 관한 고민을 할 필요가 없다. gofmt는 규정된 스타일 지침에 따라 코드의 포맷을 자동으로 맞추므로 Go 코드의 포맷은 항상 일정하다. 따라서 Go 코드를 작성하거나 읽을 때 이를 고민할 필요가 없다.
- **똑똑한 것보다 명확한 것이 좋다**Clear is better than clever: Go는 분석하거나 설명하기 어려운 똑똑한 코드clever code보다 명확한 코드clear code를 선호한다. 다른 사람이 읽고 동작을 이해할 수 있도록 코드를 작성해야 한다.
- **에러는 값이다**Errors are values: Go에서 에러는 예외가 아니다. 프로그램 로직에서 사용할 수 있는 변수의 값이다.

- **에러를 확인만 해서는 안 되고 우아하게 처리한다**Don't just check errors; handle them gracefully: Go는 에러가 발생했을 때 에러를 반환만 하는 것이 아니라 해당 에러를 처리할 방법을 고민하게 만든다. 에러에 따라 다른 실행 경로를 따르거나, 추가 정보를 더하거나, 나중에 사용할 수 있도록 저장할 수도 있다.
- **적은 종속성보다는 적은 복사가 좋다**A little copying is better than a little dependency: 라이브러리에서 몇 줄만 필요한 경우, 전체 라이브러리를 가져오는 대신 해당하는 줄만 복사해 종속성을 유지하면서도 코드를 간결하게 만들 수 있다. 이렇게 하면 프로그램을 좀 더 빠르게 컴파일할 수 있을 뿐 아니라 코드를 더 잘 관리할 수 있고 이해하기도 쉽다.
- **메모리를 공유해 통신하지 말고 통신을 통해 메모리를 공유한다**Don't communicate by sharing memory; share memory by communicating: 이는 Go에서 동시 프로세스concurrent processes가 서로 협력하는 방법을 설명한다. 다른 언어에서는 동시 프로세스가 메모리를 공유하는 방식으로 통신하는데, 이렇게 하면 프로세스들이 동시에 메모리 위치에 액세스할 때 데이터 경쟁 상태data race condition[8]가 발생하는 것을 막기 위해 잠금lock[9]으로 보호해야 한다. 이와 대조적으로 Go에서는 프로세스 간에 데이터 참조references to data를 전달할 때 채널channel을 사용하므로 한 번에 하나의 프로세스만 데이터에 액세스할 수 있다.
- **동시성은 병렬성이 아니다**Concurrency is not parallelism: 동시성은 명령어instruction가 반드시 순차적으로 실행될 필요가 없는 독립 프로세스independent processes의 실행을 구조화하는 것이다. 이러한 명령어가 병렬적으로 실행될 것인지는 CPU 코어나 하드웨어 스레드hardware thread의 가용성에 따라 달라진다. 롭 파이크의 Concurrency is not Parallelism 강연[10]은 Go 개발자라면 반드시 들어야 한다.

Go의 격언은 Go 코드의 포맷부터 Go에서 동시성을 구현하는 것까지 Go의 다양한 주제에 대한 지침서 역할을 한다.

이제 Go 소스 코드 파일을 살펴보면서 실제로 작업해 보자.

Go 소스 코드 파일

Go 소스 코드 파일의 이름과 관련된 규칙은 없지만, 일반적으로 파일 이름은 모두 소문자인 한 단어이며 두 단어 이상이면 밑줄을 사용한다. 소스 코드의 확장자는 .go이다.

소스 코드 파일은 크게 세 부분으로 이뤄져 있다.

- 패키지 절package clause: 파일에 들어가는 패키지의 이름을 정의한다.
- 임포트 선언import declaration: 임포트해야 할 패키지의 목록이다.
- 최상위 선언top-level declaration: 패키지 범위 안의 상수constant와 변수variable, 함수function, 타입type 그리고 메서드method 선언이다. 모든 선언은 키워드(const, var, type, func)로 시작한다.

```
// 패키지 절
package main

// 임포트 선언
import "fmt"

// 최상위 선언
const s = "Hello, 世界"
func main() {
    fmt.Println(s)
}
```

위 코드에서는 가장 먼저 main 패키지에 대한 패키지 선언을 한다. 이어서 fmt 패키지를 임포트해 이 파일에서 해당 패키지를 사용할 수 있도록 한다. 그런 다음 코드에서 모든 선언을 한다. 위 예에서는 상수 s와 함수 main을 선언했다.

패키지

패키지는 관련된 상수와 타입, 변수 그리고 함수를 선언하는 하나 이상의 `.go` 파일로, 같은 디렉터리에 있다. 이런 선언은 같은 패키지의 모든 파일에 액세스할 수 있으므로 코드를 여러 파일로 나누는 것은 선택 사항이다. 코드를 정리하는 방법은 개인적인 취향이다.

표준 라이브러리에서 큰 패키지의 코드는 여러 파일로 나뉜다. `encoding/base64` 패키지에는 테스트와 예제 파일을 제외하면 다음과 같이 한 개의 `.go` 파일만 있다.

```
$ ls -1 /usr/local/go/src/encoding/base64/ | grep -v _test.go base64.go
```

반면, `encoding/json` 패키지에는 아홉 개의 `.go` 소스 파일이 있다.

```
$ ls -1 /usr/local/go/src/encoding/json/ | grep -v _test.go decode.go
encode.go
fold.go
fuzz.go
indent.go
scanner.go
stream.go
tables.go
tags.go
```

패키지 이름은 짧고 의미가 있어야 하며 밑줄은 사용하지 않는다. 패키지 사용자는 해당 패키지에서 어떤 것을 임포트할 때 패키지 이름을 참조한다. 예를 들어 `Decode` 메서드는 `json`과 `xml` 패키지에 들어 있다. 따라서 사용자는 `json.Decode`, `xml.Decode`와 같은 타입으로 `Decode` 메서드를 호출할 수 있다.

한 가지 특별한 패키지는 `main`이다. 이 패키지는 다른 패키지를 임포트하는 모든 프로그램의 진입점entry point이다. 이 패키지에는 앞에서 예로 든 코드처럼 인수를 받지 않고 값을 반환하지 않는 `main` 함수가 있어야 한다.

Go 모듈

Go 모듈module은 Go 1.16부터 패키지를 릴리스하는 기본 방법이 됐다. 모듈은 Go의 종속성 관리를 개선하기 전인 2018년 Go 1.11에 처음 도입됐다. 모듈을 사용하면 패키지나 패키지 모음에 대한 임포트 경로와 종속성을 정의할 수 있다.

단어 pong이 포함된 문자열을 반환하는 Send 함수가 있는 ping 패키지를 정의해 보자.

```
package ping
func Send() string {
    return "pong"
}
```

이 패키지는 이 책의 깃허브 저장소에 있는 https://github.com/PacktPublishing/Network-Automation-with-Go/blob/main/ch02/ping/code.go 파일이다. 이 예제 코드의 최상의 디렉터리(ch02/ping)에서 go mod init 명령어로 패키지에 대한 모듈을 만들 수 있다. 이 명령어에 대한 인수는 사용자가 액세스할 수 있는 모듈의 위치여야 한다. 결과는 임포트 경로와 외부 패키지 종속성 목록이 들어 있는 go.mod 파일이다.

```
ch02/ping$ go mod init github.com/PacktPublishing/Network-
Automation-with-Go/ch02/ping
go: creating new go.mod: module github.com/PacktPublishing/
Network-Automation-with-Go/ch02/ping
```

이제 이 패키지를 누구든지 임포트할 수 있다. 다음 프로그램[11]은 이 패키지를 임포트하고 pong을 출력한다.

```
package main

import (
    "fmt"
    "github.com/PacktPublishing/Network-Automation-with-Go/ch02/ping"
)

func main() {
```

```
    s := ping.Send()
    fmt.Println(s)
}
```

Go Playground[12]에서 방금 만든 모듈을 임포트하는 위 프로그램을 실행할 수 있다. 이 프로그램은 패킷 임포팅을 설명할 다음 절로 이어지는 좋은 연결고리가 되며 뒤의 'Go Playground'에서 설명할 내용을 간략히 보여 준다.

패키지 임포트하기

`import` 키워드는 소스 파일에서 임포할 패키지를 나열한다. 임포트 경로는 모듈이 저장된 경로이고 모듈 안에 패키지가 위치한 디렉터리를 나타낸다. 표준 라이브러리에 있는 패키지의 경우, 디렉터리만 참조하면 된다.

예를 들어, `google.golang.org/grpc` 모듈에는 `credentials` 디렉터리에 패키지가 있다. 이 패키지를 임포트하기 위한 임포트 경로는 `google.golang.org/grpc/credentials`이다. 경로의 마지막 부분은 패키지의 타입package type과 함수인 `credentials.TransportCredentials`, `credentials.NewClientTLSFromFile`에 접두사를 붙이는 방법이다.

`go/src`의 Go 표준 라이브러리[13]는 `std` 모듈의 패키지 모음이다. `fmt` 디렉터리에는 입력과 출력의 포맷을 지정하는 함수를 구현하는 패키지가 있다. 이 패키지를 임포트하는 경로는 `fmt`이다.

```
package xrgrpc
import (
    "fmt"
    /* ... < 생략 > ... */
    "google.golang.org/grpc/credentials"
)

func newClientTLS(c client) (credentials.TransportCredentials, error) {
    if c.Cert != "" {
```

```
        return credentials.NewClientTLSFromFile(...)
    }
    /* ... < 생략 > ... */
    fmt.Printf("%s", 'test')
    /* ... < 생략 > ... */
}
```

패키지는 maven, pip, npm과 같은 중앙 저장소central repository에 저장되지 않는다. 코드를 공유하기 위해 버전 관리 시스템version control system에 올리고 패키지의 위치를 공유하는 식으로 배포할 수 있다. 사용자는 go 명령어(go install 또는 go get)[14]를 사용해 패키지를 다운로드할 수 있다.

개발 및 테스트 목적으로 go.mod 파일의 로컬 경로local path를 가리키는 방식으로 로컬 패키지local package를 참조할 수 있다.

```
module github.com/PacktPublishing/Network-Automation-with-Go/
ch02/pong

go 1.17

require github.com/PacktPublishing/Network-Automation-with-Go/
ch02/ping v0.0.0-20220223180011-2e4e63479343

replace github.com/PacktPublishing/Network-Automation-with-Go/
ch02/ping v1.0.0 => ../ping
```

ch02/pong 예제에서 go 도구는 이 책의 깃허브 저장소에서 ping 모듈을 참조해 자동으로 go.mod 파일의 처음 세 줄을 만들었다. 나중에 해당 모듈을 모듈의 로컬 버전(../ping)으로 대체하기 위해 네 번째 줄을 추가했다.

주석

Go에서 코드 주석code comment은 패키지의 문서 역할을 한다. go doc 도구는 패키지에서 내보내는export 타입이나 상수, 함수 또는 메서드 앞에 있는 주석을 해당 선언에 대한 문서 문자열document string로 가져와 HTML 파일을 만들고 도구는 이 문서를 웹 페이지로 제공한다.

예를 들어, 모든 공개 Go 패키지[13]에는 자동으로 생성된 문서가 있다.

Go에서는 두 가지 방식으로 주석을 만들 수 있다.

- C++-스타일의 // 한 줄 주석line comment은 가장 일반적인 타입이다.

```
// IsPrivate reports whether ip is a private address, according to
// RFC 1918 (IPv4 addresses) and RFC 4193 (IPv6 addresses).
func (ip IP) IsPrivate() bool {
    if ip4 := ip.To4(); ip4 != nil {
        return ip4[0] == 10 ||
            (ip4[0] == 172 && ip4[1]&0xf0 == 16) ||
            (ip4[0] == 192 && ip4[1] == 168)
    }
    return len(ip) == IPv6len && ip[0]&0xfe == 0xfc
}
```

- C-스타일의 /* */ 블록 주석block comment은 주로 패키지 설명이나 포맷팅한/들여쓰기한 큰 코드 블록에 사용된다.

```
/*
Copyright 2014 The Kubernetes Authors.
Licensed under the Apache License, Version 2.0 (the
"License");
...
See the License for the specific language governing
permissions and
limitations under the License.
*/
package kubectl
```

데이브 체니는 〈Practical Go: Real-world advice for writing maintainable Go programs〉[15]에서 코드 주석은 다음 세 가지 중 하나를 설명해야 한다고 제안했다.

- 주석은 해당 항목이 무엇을 하는지 설명해야 한다.
- 주석은 해당 항목이 어떻게 작동하는지 설명해야 한다.
- 주석은 해당 항목이 왜 그런지 그 이유를 설명해야 한다.

변수에 관한 주석을 만드는 경우, 변수의 목적보다는 변수의 내용을 설명하는 주석을 만드는 것이 좋다. 변수의 이름으로 목적을 설명할 수 있다. 이제 변수의 명명 스타일naming style에 대해 알아보자.

이름

Go에서 이름을 선언하는 규칙은 함수나 변수에 두 단어 이상의 이름을 붙일 때 줄표(dash, -)나 밑줄(underscore, _)을 사용하지 않고 MixedCaps나 mixedCaps와 같이 대소문자를 섞어서(camel case) 사용하는 것이다. 이 규칙에서의 예외는 ServeHttp가 아니라 ServeHTTP와 같이 일관되게 사용하는 것이다.

```
package net

// IsMulticast reports whether ip is a multicast address.
func (ip IP) IsMulticast() bool {
    if ip4 := ip.To4(); ip4 != nil {
        return ip4[0]&0xf0 == 0xe0
    }
    return len(ip) == IPv6len && ip[0] == 0xff
}
```

이름의 첫 글자는 패키지가 이 최상위 선언top-level declaration을 내보내는지에 따라 결정된다. 패키지는 대문자로 시작하는 이름을 내보낸다. 이는 외부 사용자가 패키지를 임포트할 때 참조할 수 있는 유일한 이름이다. 예를 들어, 위 코드 예제에서는 `net.IsMulticast`와 같이 다른 패키지에서 `IsMulticast`를 참조할 수 있다.

```
package net
```

```
func allFF(b []byte) bool {
    for _, c := range b {
        if c != 0xff {
                return false
        }
    }
    return true
}
```

첫 글자가 소문자라면 다른 패키지에서 이 자원에 액세스할 수 있다. 패키지에서는 내부에서 사용하는 선언만 할 수 있다. 위 코드 예제에서 `allFF` 함수는 `net` 패키지의 함수이다. 이는 `net` 패키지의 함수, `allFF` 함수만 호출할 수 있다는 것을 의미한다.

자바Java, C++와 같은 언어는 `public` 및 `private`와 같은 명시적인 키워드를 사용해 타입과 메서드에 액세스를 제어한다. 파이썬은 내부에서 사용할 변수나 메서드는 이름의 맨 앞에 밑줄을 붙이는 규칙을 사용한다. Go에서 소문자로 시작하는 변수나 메서드는 패키지 내의 모든 소스 코드 파일에서 액세스할 수 있지만, 다른 패키지에서는 액세스할 수 없다.

Go 코드 실행하기

Go 컴파일러는 Go 프로그램을 머신 코드로 변환해 바이너리 파일을 만든다. 바이너리 파일에는 프로그램 외에도 가비지 컬렉션[16], 동시성과 같은 서비스를 제공하는 Go 런타임이 포함돼 있다. 다양한 플랫폼에서 동작하는 바이너리 파일에 액세스할 수 있으므로 Go 프로그램의 이식성이 높아진다.

이 책의 깃허브 저장소에 있는 `https://github.com/PacktPublishing/Network-Automationwith-Go/blob/main/ch02/pong/code.go` 파일을 `go build` 명령으로 컴파일해 보자. `time` 명령어[17]로 컴파일 시간을 측정하면 Go 빌드에 걸리는 시간을 측정할 수 있다.

```
ch02/pong$ time go build

real  0m0.154s
user  0m0.190s
sys   0m0.070s
```

이제 바이너리 파일을 실행할 수 있다. 기본 파일 이름은 패키지 이름인 pong이다. go build 명령어에 -o 옵션을 사용하면 파일의 이름을 바꿀 수 있다. 자세한 내용은 go 도구 절에서 설명한다.

```
ch02/pong$ ./pong
pong
```

바이너리 파일이나 실행 파일을 만들지 않고 코드만 실행하려면 go run 명령어를 사용한다.

```
ch02/pong$ go run main.go
pong
```

어떤 옵션을 사용하든 상관없으며 개인적인 취향이나 컴파일된 파일을 다른 사람과 공유할 것인지, 서버에 배포할 것인지에 따라 사용할 옵션이 달라진다.

Go 파일은 크게 세 부분으로 돼 있으며 패키지와 모듈로 구성돼 있다.

Go를 설치한 컴퓨터에서 모든 예제를 실행하거나 다음 절에서 설명하는 것처럼 온라인에서 실행할 수도 있다.

온라인에서 Go 프로그램 실행하기

어떤 코드를 빠르게 테스트하거나 컴퓨터에 Go를 설치하지 않은 사람과 예제 코드를 공유해야 하는 경우도 있다. 이런 상황에서 무료로 Go 코드를 실행하고 공유할 수 있는 웹 사이트는 적어도 세 곳 있다.

- Go Playground
- Go Play Space
- Gotip Playground

모두 백엔드 인프라backend infrastructure를 공유하지만, 약간의 차이가 있다.

Go Playground

Go팀은 golang.org 서버에서 Go Playground(https://play.golang.org)를 운영한다. 〈Inside the Go Playground〉[18]라는 블로그 기사에서 몇 가지 통찰과 아키텍처를 소개했으며 최근에는 브래드 피츠패트릭Brad Fitzpatrick이 Go Playground의 역사와 최신 버전의 구현 세부 정보를 공유[19]했다.

이 서비스는 프로그램을 받아 샌드박스에서 실행한 결과를 반환한다. 예를 들어 이 서비스는 휴대폰에서 함수의 구문 등을 확인해야 할 때 매우 유용하다.

The Go Playground | Run | Format | Imports | Share | Hello, playground | About

```
package main

import (
	"fmt"
)

func main() {
	fmt.Println("Hello, playground")
}
```

```
Hello, playground

Program exited.
```

그림 2.4 Go Playground

이 서비스를 구축하는 방법을 알고 싶거나 여러분의 환경에서 로컬로 실행하려면 Playground의 소스 코드[12]를 확인하기 바란다.

Go Play Space

구문 강조가 필요하면 Go Play Space[20]를 사용하는 것이 좋다. Go Play Space는 Go Playground 프론트엔드의 실험적인 대안experimental alternative이다. Go Play Space는 코드 실행을 공식 Go Playground를 프록시proxy[21]하므로 프로그램을 똑같이 작동하게 만든다.

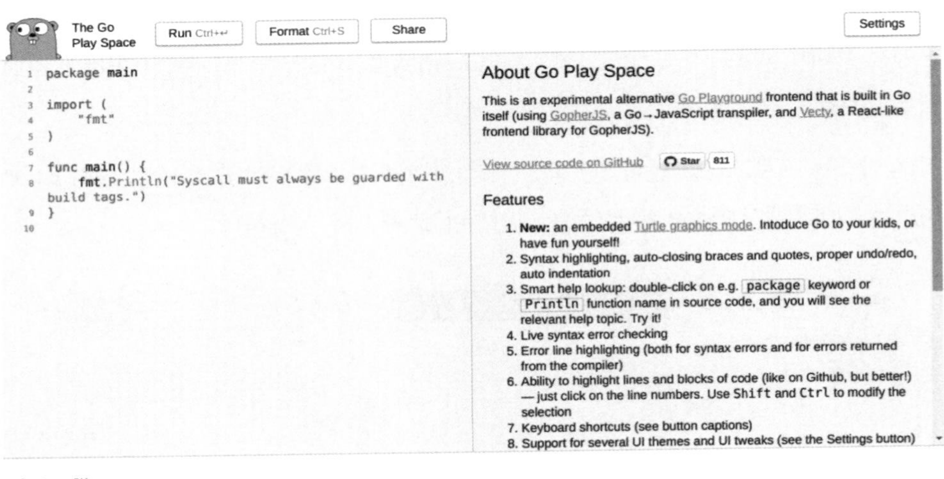

그림 2.5 Go Play Space

그림 2.5는 구문 강조 기능 외에 자동으로 괄호를 닫거나, 문서에 액세스하거나, 다양한 사용자 인터페이스UI, User Interface 테마를 제공하는 등 몇 가지 추가 기능을 보여 준다.

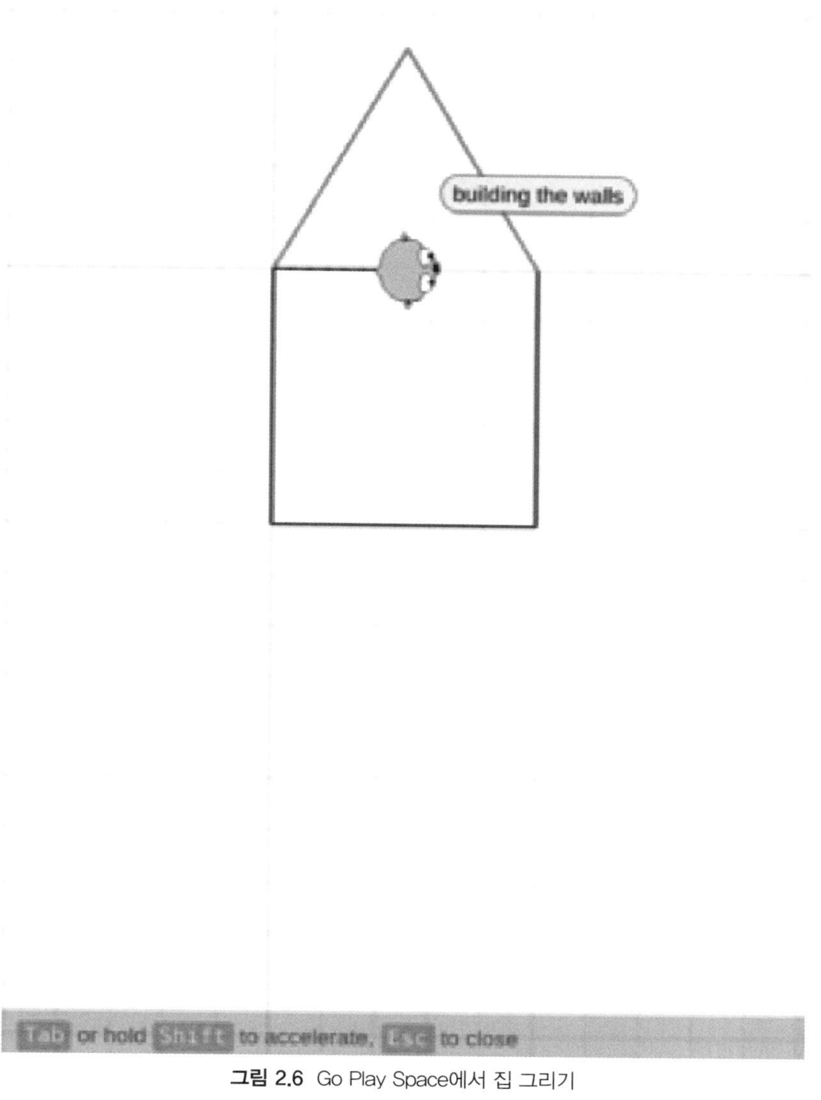

그림 2.6 Go Play Space에서 집 그리기

그림 2.6과 같이 고퍼가 집을 그리는 것처럼 알고리듬을 재미있게 시각화하기 위해 Turtle 그래픽 모드도 제공한다.

미래 엿보기

Gotip Playground도 golang.org 서버에서 실행된다. Go playground의 인스턴스인 Gotip Playground는 Go의 최신 개발 브랜치latest development branch를 실행하므로 〈Type Parameters Proposal〉[6]에 설명된 구문이나 새로운 `net/netip` 패키지와 같이 현재 개발 중인 기능을 테스트해 볼 수 있다.

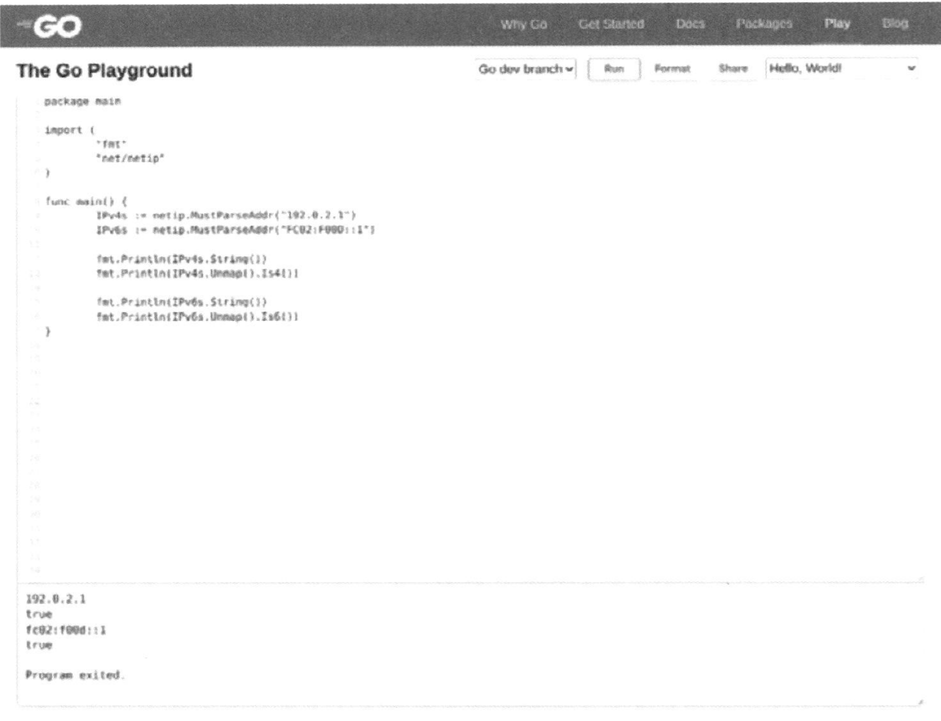

그림 2.7 Gotip Playground

Gotip Playground는 `https://gotipplay.golang.org/`에서 이용하거나 `https://go.dev/play/`에서 **Go dev branch**를 선택해 이용할 수 있다.

위에 소개한 웹 사이트에서 온라인 Go 프로그램을 무료로 사용할 수 있다. 다음 절에서는 Go 소스 코드 관리에 필요한 go 도구와 명령줄에서 작업하는 방법을 알아본다.

Go 소스 코드 관리를 위한 go 도구

Go라는 프로그래밍 언어의 장점 중 하나는 소스 코드와의 모든 상호작용 및 작업을 하나의 도구로 처리할 수 있다는 것이다. Go를 설치할 때 모든 명령줄 터미널에서 go 도구를 실행할 수 있도록 go 도구가 검색할 수 있는 운영체제의 경로에 있는지 확인해야 한다. 운영체제나 플랫폼 아키텍처와는 상관없이 사용자 경험은 일관돼 있으므로 어떤 시스템에서 다른 시스템으로 옮겨갈 때 별다른 사용자 정의가 필요 없다.

IDE도 go 도구를 사용해 코드를 빌드하고 실행하며 에러를 보고하고 자동으로 Go 소스 코드의 포맷을 맞춘다. go 실행 파일은 Go 소스 파일에 적용할 go 도구 함수를 결정하기 위해 동사verb를 첫 번째 인수로 받는다.

```
$ go
Go is a tool for managing Go source code.

Usage:

    go <command> [arguments]

The commands are:

    bug         start a bug report
    build       compile packages and dependencies
    ...
    mod         module maintenance
    run         compile and run Go program
    test        test packages
    tool        run specified go tool
    version     print Go version
    vet         report likely mistakes in packages
```

이 절에서는 go 도구의 일부 기능만 알아본다. 전체 목록과 각 도구에 대한 자세한 내용은 Go cmd 문서[22]를 참고하기 바란다. 이 절에서 설명하는 명령어는 다음과 같다.

- build

- run
- mod
- get
- install
- fmt
- test
- env

위 도구는 Go 프로그램을 빌드 및 실행하거나, 종속성을 관리하거나, 코드의 포맷을 맞추거나, 테스트하는 데 도움이 된다.

build

go build 명령어를 사용해 Go 프로그램을 컴파일하고 실행할 수 있는 이진 파일을 생성할 수 있다. Go 모듈을 사용하지 않는다면 go build 명령어는 컴파일할 Go 소스 파일의 목록을 인수로 받는다. 명령어를 실행하면 첫 번째 소스 파일과 이름이 같고 .go 확장자가 없는 바이너리 파일이 만들어진다. 이 책의 깃허브 저장소 ch02/hello 디렉터리에는 main.go와 vars.go 파일이 있다.

go build 명령어를 사용해 이 파일의 프로그램을 실행 파일로 빌드할 수 있다.

```
ch02/hello$ go build *.go

ch02/hello$ ./main
Hello World
```

컴파일한 바이너리를 패키징하면 프로그램 사용자가 컴파일 단계를 건너뛰고 몇 가지 명령어(download 및 unzip)만으로 간단히 설치할 수 있으므로 Go 프로그램을 패키징해 배포하는 것이 일반적이다. 하지만 이 바이너리 파일은 같은 아키텍처와 운영체제에서 실행할 수 있다. 다른 시스템용 바이너리 파일을 만들기 위해서는 다양한 운영체제 및 CPU 아키텍처에서 컴파일해야 한다. 표 2.1은 Go가 지원하는 몇 가지 CPU 명령어 세트를 보여 준다.

표 2.1 지원하는 CPU 아키텍처 일부

값	아키텍처
`amd64`, `386`	x86 명령어 세트, 64비트와 32비트
`arm64`, `arm`	ARM 명령어 세트 64비트(AArch64)와 32비트
`ppc64`, `ppc64le`	64비트 PowerPC 명령어 세트, 빅 엔디안과 리틀 엔디안
`riscv64`	64비트 RISC-V 명령어 세트

가장 많이 사용되는 운영체제는 표 2.2와 같다.

표 2.2 지원하는 운영체제 일부

값	운영체제
`Linux`	Linux
`Darwin`	macOS/iOS(Darwin)
`Windows`	Windows

`GOOS` 및 `GOARCH` 환경 변수를 사용하면 지원하는 다른 운영체제에 대한 바이너리를 만들 수 있다. 윈도우 시스템에서 다음 명령어를 사용하면 64비트 인텔 프로세서에서 실행되는 macOS 바이너리를 만들 수 있다.

```
ch02/hello$ GOOS=darwin GOARCH=amd64 go build *.go
```

`go tool dist list` 명령어를 실행하면 Go 컴파일러가 지원하는 운영체제 및 아키텍처의 고유한 조합의 목록이 표시된다.

```
$ go tool dist list
...
darwin/amd64
darwin/arm64
...
linux/386
linux/amd64
linux/arm
linux/arm64
...
windows/386
windows/amd64
```

go build 명령어는 기본 동작을 변경하기 위해 다양한 플래그를 지원한다. 가장 많이 사용되는 두 가지 플래그는 -o와 -ldflags이다.

-o를 사용하면 다음 예와 같이 기본 바이너리 이름을 원하는 이름으로 바꿀 수 있다.

```
ch02/hello$ go build -o another_name *.go

ch02/hello$ ./another_name
Hello World
```

컴파일 시점에 환경 데이터를 프로그램에 넣으려면 참조할 변수와 값을 -ldflags 플래그와 함께 사용해야 한다. 이렇게 하면 프로그램 실행 중에 프로그램을 컴파일한 날짜나 소스 코드의 버전(git commit)과 같은 빌드 정보에 액세스할 수 있다.

```
ch02/hello$ go build -ldflags='-X main.Version=1.0 -X main.
GitCommit=600a82c442' *.go

ch02/hello$ ./main
Version: "1.0"
Git Commit: "600a82c442"
Hello World
```

마지막 예는 Go 바이너리에 버전을 붙이는 매우 일반적인 방법이다. 이 방법의 장점은 소스 코드를 변경하지 않고도 지속적인 배포 파이프라인을 통해 전체 프로세스를 자동화할 수 있다는 것이다.

run

go run 명령어를 사용해 Go 프로그램을 실행할 수도 있다. 이 명령어에 go build의 플래그를 사용할 수 있지만, 두 가지 차이점이 있다.

- go run 명령어는 바이너리를 만들지 않는다.
- go run 명령어는 컴파일한 후에 프로그램을 실행한다.

go run은 주로 로컬 디버깅과 결함 해결troubleshooting에 사용되며 단일 명령어single command로 한 번에 컴파일과 실행을 한다.

```
ch02/hello$ go run {main,vars}.go
Hello World
```

위 예에서는 main.go와 vars.go 파일의 프로그램을 실행해 Hello World를 출력한다.

mod

Go 모듈이 도입되면서 go 도구에는 모듈과 함께 사용할 수 있는 go mod가 추가됐다. 이 기능을 설명하기 위해 일반적인 Go 프로그램 개발 과정을 알아보자.

1. 디렉터리에 새 프로젝트를 만든 후 go mod init 명령어로 Go 모듈을 초기화한다. 모듈은 go mod init example.com/my-project와 같은 방식으로 참조한다. 이렇게 하면 프로젝트의 종속성을 추적하는 go.mod와 go.sum 두 개의 파일이 만들어진다.

   다음 출력은 실제 프로젝트에서 이 두 파일의 크기를 보여 준다. go.mod는 모든 종속성 목록을 갖고 있으며 모든 종속성에 대한 체크섬checksum이 있는 go.sum에 비해 파일 크기도 작다.

```
$ ls -1hs go.*
4.0K go.mod
 92K go.sum
```

이 프로젝트를 다른 사람과 공유하려면 모듈의 이름을 인터넷으로 연결할 수 있는 경로여야 한다. 경로는 일반적으로 github.com/username/my-project와 같이 소스 코드 저장소의 주소가 된다. 실제 예는 github.com/gohugoio/hugo/이다.

2. 코드를 개발하면서 종속성이 더 추가되면 go 도구는 go build 또는 go run 명령어를 실행할 때마다 go.mod와 go.sum 파일을 자동으로 업데이트한다.
3. 종속성을 추가하면 실수로 코드가 손상되는 것을 막기 위해 go 도구는 해당 버전을 go.mod 파일에 잠근다. 새 마이너 버전으로 업데이트하려면 go get -u package@version 명령어를 사용해야 한다.
4. 종속성을 제거하려면 go mod tidy를 실행해 go.mod 파일을 정리하면 된다.
5. 두 개의 go.* 파일에는 코드에서 직접 참조하지 않는 종속성 목록을 포함해 간접적indirect이거나 연쇄적chained, 전이적transitive 종속성에 대한 모든 목록이 있다. 특정 종속성이 go.mod 파일에 들어 있는 이유를 알고 싶다면 go mod why package나 go mod graph 명령어를 실행해 종속성 트리를 화면에 출력해 확인할 수 있다.

```
hugo$ go mod why go.opencensus.io/internal
# go.opencensus.io/internal
github.com/gohugoio/hugo/deploy
gocloud.dev/blob
gocloud.dev/internal/oc
go.opencensus.io/trace
go.opencensus.io/internal
```

go list 명령어도 도움이 될 수 있다. 이 명령어는 모든 모듈 종속성을 보여 준다.

```
hugo$ go list -m all | grep ^go.opencensus.io
go.opencensus.io v0.23.0
```

실제 패키지 종속성도 보여 준다.

```
hugo$ go list all | grep ^go.opencensus.io
go.opencensus.io
go.opencensus.io/internal
go.opencensus.io/internal/tagencoding
go.opencensus.io/metric/metricdata
go.opencensus.io/metric/metricproducer
go.opencensus.io/plugin/ocgrpc
...
go.opencensus.io/trace/propagation
go.opencensus.io/trace/tracestate
```

시각적인 표현을 좋아한다면 그림 2.8과 같이 사용자 친화적인 인터페이스로 종속성 정보를 보여 줄 수 있는 Go 패키지에 대한 종속성 분석 도구인 스파게티Spaghetti[23]와 프로젝트의 코드를 사용할 수 있다.

github.com/gohugoio/hugo

Click on a package in the tree view to display information about it, including a path by which it is reached from one of the initial packages. Use the *break* button to remove an edge from the graph, so that you can assess what edges need to be broken to eliminate an unwanted dependency.

Packages

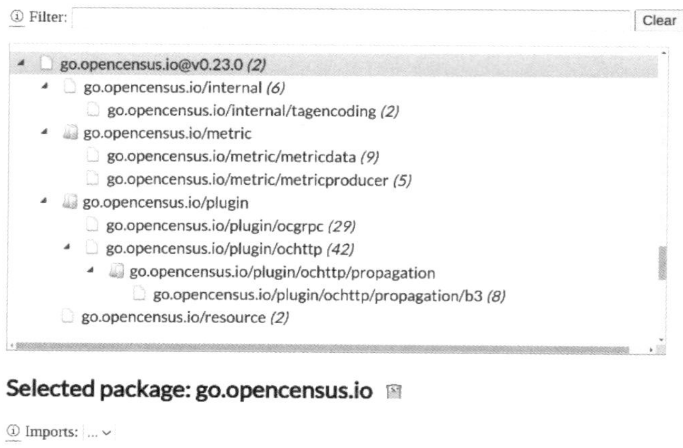

Path from initial package:

github.com/gohugoio/hugo

break	break all	→ **github.com/gohugoio/hugo/commands**
break	break all	→ **github.com/gohugoio/hugo/deploy**
break	break all	→ gocloud.dev/blob
break	break all	→ gocloud.dev/internal/oc
break	break all	→ go.opencensus.io/plugin/ocgrpc
break	break all	→ **go.opencensus.io/trace**
break	break all	→ **go.opencensus.io/internal**
break	break all	→ go.opencensus.io

그림 2.8 Hugo 종속성 분석

한 가지 중요한 점은 Go 모듈이 시맨틱 버전 관리semantic versioning[24]를 사용한다는 것이다. 주major 버전 2 이상의 모듈에 포함된 패키지를 임포트해야 하는 경우, 임포트 경로import path에는 `github.com/username/my-project/v2 v2.0.0`과 같이 메이저 버전의 접미사가 포함돼야 한다.

다음 명령어를 알아보기 전에 `ch02/hello` 디렉터리 예제에 대해 `go.mod` 파일을 만들어 보자.

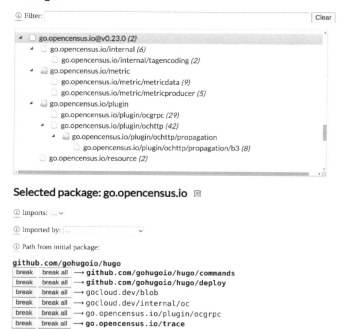

```
ch02/hello$ go mod init hello
go: creating new go.mod: module hello
go: to add module requirements and sums:
```

```
go mod tidy
```

```
ch02/hello$ go mod tidy
```

```
ch02/hello$ go build
```

```
ch02/hello$ ./hello
Hello World
```

이제 디렉터리에 있는 Go 파일(*.go)을 참조하지 않고도 go build 명령어로 프로그램의 바이너리 파일을 빌드할 수 있다.

get

Go 1.11이 릴리스되기 전에 go get 명령어를 사용해 Go 프로그램을 다운로드하고 설치할 수 있었다. 이런 레거시 동작은 Go 1.17부터 완전히 종료deprecated됐으므로 이 책에서는 이 명령어를 설명하지 않는다. 이제 이 명령어의 역할은 go.mod 파일의 종속성 관리하는 것으로, 새로운 마이너 버전으로 업데이트하는 것이다.

install

소스 코드를 명시적으로 다운로드하지 않고 Go 바이너리를 컴파일하고 설치하는 가장 쉬운 방법은 go install [packages] 명령어를 사용하는 것이다. 필요하다면 go 도구는 백그라운드에서 코드를 다운로드하고 바이너리를 GOBIN 디렉터리에 복사하지만, go 도구는 이 과정을 숨겨 최종 사용자는 이런 과정이 진행되는지 알 수 없다.

```
$ go install example.com/cmd@v1.2.3
```

```
$ go install example.com/cmd@latest
```

go install 명령어는 옵션으로 버전 접미사(예: @latest)를 허용하며 버전이 없는 경우, 로컬에 있는 `go.mod` 파일을 설치한다. 따라서 `go install`을 실행할 때는 `go` 도구가 로컬 `go.mod` 파일을 찾을 수 없는 경우에 에러가 발생하지 않도록 항상 버전 태그를 지정하는 것이 좋다.

fmt

Go는 Go 소스 코드를 가리키는 `go fmt` 명령어(예: `go fmt source.go`)를 사용해 Go 소스 코드를 자동으로 포맷팅할 수 있어 사용자가 코드의 포맷을 맞출 필요가 없다.

1장에서 이 도구를 통해 모든 Go 코드를 비슷하게 보이도록 만들어 코드의 가독성을 높이는 방법을 설명했다. Go 플러그인 있는 대부분의 IDE는 코드를 저장할 때마다 자동으로 코드의 포맷을 맞추므로 개발자가 걱정할 일이 하나 줄어든다.

test

Go는 테스트에 대해서도 의견이 분분하다. 이 모듈은 개발자를 대신해 사용자 경험user experience을 통일하고 다른 프레임워크(third-party framework)의 사용을 억제하기 위해 코드 테스트를 구성하는 가장 좋은 방법에 대한 몇 가지 결정을 한다.

1. `go test` 명령어를 실행하면 파일 이름에 `_test.go` 접미사가 붙은 모든 파일을 자동으로 실행한다. 이 명령어는 패키지나 경로 또는 테스트할 소스 파일을 지정하는 인수를 옵션으로 허용한다.
2. Go 표준 라이브러리에는 `go test` 명령어와 함께 작동하는 특별한 `testing` 패키지가 있다. 이 패키지는 단위 테스트unit test를 지원할 뿐 아니라 포괄적인 커버리지 보고서comprehensive coverage report와 벤치마크benchmark를 제공한다.

이를 실제로 적용하기 위해 'Go 모듈' 절에서 설명한 `ping` 패키지에 대한 테스트 프로그램을 포함한다. `ping` 패키지에는 `Send` 함수가 있는데, 이 함수를 호출하면 `pong` 문자열을 반환한다. 우리가 수행하는 테스트는 이 내용을 확인해야 한다. 테스트 프로그램에서는 먼저 예상되는 값(pong)을 가진 문자열을 정의한 후 이 문자열을 ping 함수의 결과와 비교한다. code_test.go 파일은 ping과 같은 디렉터리(https://github.com/PacktPublishing/Network-Automation-with-go/blob/main/ch02/ping/code_test.go)에 있는 디렉터리에 이 과정을 수행한다.

```
package ping_test

import (
    "github.com/PacktPublishing/Network-Automation-with-Go/ch02/ping"
    "testing"
)

func TestSend(t *testing.T) {
    cases := []struct {
        want string
    }{
        {want: "pong"},
    }
    for _, c := range cases {
        result := ping.Send()
        if result != c.want {
            t.Fatalf("[%s] is incorrect, we want [%s]", result, c.want)
        }
    }
}
```

모든 테스트 함수에는 TestXxx(t *testing.T) 시그니처signature가 있으며 같은 패키지에 정의된 다른 모든 함수와 변수에 액세스할 수 있는지는 패키지의 이름에 따라 달라진다.

- **ping**: 패키지의 모든 내용에 액세스할 수 있다.
- **ping_test**: 테스트하고 있는 패키지와 같은 디렉터리에 있을 수 있지만, 원래 패키지의 변수와 메서드에 액세스할 수는 없으므로 다른 사용자처럼 패키지를 임포트해야 하는 (_test 접미사가 있는) 패키지 타입이다. 패키지를 테스트하는 동안 패키지 사용 방법을 효과적으로 문서화할 수 있다. 이 예에서는 패키지를 임포트하므로 Send 대신 ping.Send 함수를 사용한다.

이렇게 하면 나중에 코드를 최적화하더라도 Send 함수는 항상 같은 작업을 수행한다는 것을 보장할 수 있다. 이제 코드를 변경할 때마다 go test 명령어를 사용해 여전히 코드가 예상한 대로 작동하는지 확인할 수 있다. 기본적으로 go test를 실행하면 모든 테스트 함수의 결과와 실행 시간이 출력된다.

```
ch02/ping$ go test
PASS
ok github.com/PacktPublishing/Network-Automation-with-Go/ch02/
ping 0.001s
```

누군가 테스트를 통과할 수 없도록 프로그램의 동작을 수정한다면 코드에는 잠재적인 버그가 있게 된다. go test 명령어를 사용하면 소프트웨어의 문제를 사전에 확인할 수 있다. Send 함수의 반환값이 p1ong이라고 가정해 보자.

```
func Send() string {
    return "p1ong"
}
```

그러면 다음 번 연속 통합 파이프라인continuous integration pipeline 테스트에서 go test 명령어는 에러를 발생시킨다.

```
ch02/ping$ go test
--- FAIL: TestSend (0.00s)
  code_test.go:12: [p1ong] is incorrect, we want [pong]
FAIL
exit status 1
FAIL github.com/PacktPublishing/Network-Automation-with-Go/
ch02/ping 0.001s
```

이제 이 코드를 제품으로 출시할 수 없다는 것을 알게 됐다. 테스트의 장점은 사용자가 소프트웨어의 버그를 미리 잡을 수 있으므로 사용자가 경험할 소프트웨어의 버그 수를 줄일 수 있다는 것이다.

env

go env 명령어는 go 명령어가 구성configuration에 사용하는 환경 변수environment variable를 보여 준다. go 도구는 이런 변수를 일반 텍스트로 출력하며 -json 플래그를 사용하면 JSON 포맷으로 출력한다.

```
$ go env -json
{
    ...
    "GOPROXY": "https://proxy.golang.org,direct",
    "GOROOT": "/usr/local/go",
    ...
    "GOVERSION": "go1.20.5",
    "GOWORK": "",
    "PKG_CONFIG": "pkg-config"
}
```

변수의 값은 go env -w <NAME>=<VALUE> 명령어로 바꿀 수 있다. 표 2.3은 이런 구성 환경 변수의 일부를 보여 준다.

표 2.3 구성 환경 변수의 일부

이름	설명
GOARCH	코드를 컴파일할 아키텍처나 프로세서
GOBIN	go install 명령어가 명령어를 설치할 디렉터리
GOMODCACHE	go 명령어가 다운로드한 모듈을 저장할 디렉터리
GOOS	코드를 컴파일할 운영체제
GOPROXY	Go 모듈 프록시의 URL
GOROOT	go 트리(tree)의 루트(root)

변수를 변경하면 go 도구는 GOENV 변수에서 지정한 경로(기본값은 ~/.config/go)에 새로운 값을 저장한다.

```
$ go env -w GOBIN=$(go env GOPATH)/bin

$ cat ~/.config/go/env
GOBIN=/home/username/go/bin
```

위 예는 GOBIN 디렉터리를 명시적으로 설정하는 방법과 설정 결과를 확인하는 방법을 보여 준다.

Go는 코드의 포맷을 맞추는 것부터 시작해 종속성 관리 수행까지 소스 코드를 관리하는 데 도움이 되는 명령줄 유틸리티command-line utility를 제공한다.

요약

2장에서는 Go의 기원과 기본 원칙 그리고 Go 프로그램을 실행하기 위한 Go 소스 코드 파일을 구성하고 종속성을 처리하는 방법을 살펴봤다.

3장에서는 Go 언어의 시맨틱과 변수 타입, 수학 논리, 흐름 제어, 함수 그리고 동시성에 대해 알아본다.

참고 자료

[1] https://commandcenter.blogspot.com/2017/09/go-ten-years-and-climbing.html

[2] https://commandcenter.blogspot.com/2012/06/less-is-exponentially-more.html?m=1

[3] C 언어에서 두 개 이상의 헤더 파일이 서로를 포함하는 상황을 의미한다. 보통은 두 개 이상의 헤더 파일이 서로를 인클루드(include)하고 있는 경우에 발생한다. 예를 들어, 헤더 파일 A.h에서는 B.h를 인클루드하고 헤더 파일 B.h에서는 A.h를 인클루드하는 경우에 순환 종속성이 발생한다. 이 경우에는 컴파일러가 A.h를 처리할 때 B.h의 내용이 필요한데, B.h를 처리하면서 다시 A.h의 내용이 필요하므로 상호 의존성이 생긴다. 이러한 문제를 해결하기 위해서는 순환 종속성을 제거하거나 순환 종속성이 필요한 경우 전방 선언(forward

declaration)을 사용하는 등의 방법을 적용해야 한다. - 옮긴이

[4] https://www.cs.cmu.edu/~crary/819-f09/Hoare78.pdf

[5] https://golang.org/s/go13compiler

[6] https://go.googlesource.com/proposal/+/refs/heads/master/design/43651-type-parameters.md

[7] https://go-proverbs.github.io/

[8] 한정된 자원을 동시에 이용하려는 여러 프로세스가 자원의 이용을 위해 경쟁을 벌이는 현상을 말한다. 두 개 이상의 프로세스가 공통 자원을 이용할 때 공용 데이터에 대한 접근이 어떤 순서에 따라 이뤄졌는지에 따라 실행 결과가 달라지는 상황을 말한다. 경쟁 상태는 컴퓨터 메모리나 저장 장치 또는 네트워크에서 발생한다. 대규모 데이터를 읽고 쓰는 명령이 동시에 내려졌을 때 컴퓨터는 데이터를 읽는 동안 바로 그 데이터의 일부 또는 전부에 대해 데이터 겹쳐쓰기를 시도하기 때문에 오류가 발생한다. 네트워크에서는 둘 이상의 사용자가 동시에 같은 채널을 이용하려고 할 때 경쟁 상태가 발생할 수 있다. 일부 해커들은 이런 오류를 해킹에 사용하기도 한다(출처: 정보통신용어사전). - 옮긴이

[9] 다수의 사용자에 따른 데이터에 대한 동시 접근을 제어함으로써 한 사용자가 다른 사용자로부터 상호 독립적인 수행이 가능하도록 하는 접근 제어 메커니즘을 말한다(출처: 정보통신용어사전). - 옮긴이

[10] https://www.youtube.com/watch?v=oV9rvDllKEg

[11] https://go.dev/play/p/ndfJcayqaGV

[12] https://go.googlesource.com/playground

[13] https://pkg.go.dev/std

[14] https://go.dev/doc/go-get-install-deprecation

[15] https://dave.cheney.net/practical-go/presentations/qcon-china.html#_comments

[16] 새로운 데이터 셀(cell)이나 동적 변수를 확보하고 있는데, 이때 전혀 이용되지 못한 데이터 셀을 힙으로 되돌리는 것을 '폐영역 회수' 또는 '가비지 컬렉션(garbage collection)'이라고 한다. 인용 카운터나 마킹을 이용해 회수해도 좋은 데이터 셀을 결정하거나 힙을 두 가지 준비해 사용 가능성이 있는 셀을 한쪽에서 다른 쪽으로 이동시켜 나가는 복사에 따른 회수 등의 방법으로 실현된다(출처: 정보통신용어사전). - 옮긴이

[17] 윈도우에서는 time 명령어가 없기 때문에 'time: The term 'time' is not recognized as a name of a cmdlet, function, script file, or executable program.' 에러가 발생할 수 있다.

터미널이나 PowerShell에서 ""Measure-Command { go build }"" 명령어를 사용하면 빌드 시간을 측정할 수 있으며 결과는 다음과 같다. - 옮긴이

```
Days: 0
Hours: 0
Minutes: 0
Seconds: 1
Milliseconds: 567
Ticks: 15671308
TotalDays: 1.8138087962963E-05
TotalHours: 0.000435314111111111
TotalMinutes: 0.0261188466666667
TotalSeconds: 1.5671308
TotalMilliseconds: 1567.1308
```

[18] https://go.dev/blog/playground

[19] https://talks.golang.org/2019/playground-v3/playground-v3.slide#1(https://go.dev/talks/2019/playground-v3/playground-v3.slide#1 - 옮긴이)

[20] https://goplay.space/

[21] 컴퓨터나 네트워크의 중간에서 대리로 통신을 수행하는 장치나 기능을 말한다. 네트워크 보안을 위해 방화벽 시스템으로 사용되거나 네트워크의 중간에서 캐시 저장 장치에 데이터를 저장해 즉시 보여 주는 기능도 수행한다(출처: 정보통신용어사전). - 옮긴이

[22] https://pkg.go.dev/cmd/go#pkg-overview

[23] https://github.com/adonovan/spaghetti

[24] 시맨틱 버전 관리는 소프트웨어 버전을 관리하기 위한 일반적인 규칙과 방법론이다. 이 규칙은 버전 번호의 타입을 명시하고 버전 번호의 의미를 일관되게 정의함으로써 소프트웨어 개발자와 사용자 간에 버전 호환성을 유지하고 명확히 전달하기 위해 사용된다. 시맨틱 버전 관리는 주 버전(Major), 부 버전(Minor), 패치 버전(Patch)의 세 부분으로 구성된 버전 번호를 사용한다. 주 버전은 호환되지 않는 API 변경이 있을 때, 부 버전은 하위 호환되는 기능 추가가 있을 때, 패치 버전은 하위 호환되는 버그 수정이 있을 때 증가한다. 시맨틱 버전은 다음과 같은 타입을 따른다: MAJOR.MINOR.PATCH. 예를 들어, 버전 1.2.3은 주 버전이 1, 부 버전이 2, 패치 버전이 3이다(출처: https://semver.org/spec/v2.0.0.html). - 옮긴이

03

Go 시작하기

3장에서는 Go의 기본적인 내용과 동적으로 타입이 지정되는 언어와 비슷하지만, 정적으로 타입이 지정되는 컴파일 언어의 효율성과 안전성을 가진 Go의 특성을 알아본다.

또한 데이터를 다양한 포맷으로 조작할 수 있는 다양한 Go 패키지와 Go의 동시성 모델을 사용해 프로그램을 확장하는 방법도 살펴본다. 데이터를 효과적으로 조작하고 멀티코어 프로세서를 실행하는 시스템의 모든 자원을 활용할 수 있는 능력은 네트워크를 자동화할 때 명심해야 할 핵심 요소key element이다.

3장에서는 다음과 같은 주제를 다룬다.

- Go 변수 타입
- Go의 산술, 비교, 논리 연산자
- 흐름 제어
- Go의 함수
- Go의 인터페이스

- I/O 연산자
- Go에서의 디코딩과 인코딩
- 동시성

기술 요구사항

명령어와 깃 그리고 깃허브에 익숙하다고 가정한다. 3장의 코드는 깃허브 저장소에서 다운로드할 수 있다.

다음 순서를 따라 예제를 실행한다.

1. 사용 중인 운영체제에 맞게 Go 1.20 이상의 버전을 설치한다. 1장의 'Go 설치하기' 절의 순서를 따르거나 `https://go.dev/doc/install`로 이동한다.
2. `git clone https://github.com/PacktPublishing/Network-Automation-with-Go.git` 명령어로 이 책의 깃허브 저장소를 복제한다.
3. `cd Network-Automation-with-Go/ch03/json` 명령어로 디렉터리를 예제 디렉터리로 이동한다.
4. `go run main.go`를 실행한다.

Go의 타입 시스템

Go는 정적으로 타입이 지정되는 언어로, 컴파일러는 프로그램을 빌드할 때 모든 변수의 타입type을 알아야 한다. 컴파일러는 특별한 변수 선언 시그니처variable declaration signature를 찾아 변수의 값을 저장하는 데 충분한 메모리를 할당해야 한다.

```
func main() {
```

```
    var n int
    n = 42
}
```

기본적으로 Go는 변수의 타입에 맞춰 메모리를 타입별 변수의 기본값인 영zero 값으로 초기화한다. 위 예에서는 초깃값이 0인 변수 n을 선언하고 나중에 새로운 값 42를 할당했다.

표 3.1 각 변수 타입별 영 값

타입	영 값
정수	0
문자열	“”
부울	false
포인터	nil

이름에서 알 수 있듯이 변수의 값은 변경할 수 있지만, 변수의 타입이 똑같이 유지되는 동안에만 가능하다. 다른 타입의 값을 할당하거나 변수를 다시 선언하려고 하면 컴파일러는 그에 해당하는 에러 메시지를 보여 준다.

마지막 코드의 예에서 `n = "Hello"`의 내용으로 한 줄을 추가하면 프로그램은 컴파일되지 않고 `cannot use "Hello" (type untyped string) as type int in assignment`와 같은 에러 메시지가 발생한다.

변수 선언에서 단축 타입shortcut type을 타입 추론type inference으로 사용할 수 있다. 이 경우, 선언에서 명시적 타입 인수explicit type argument를 생략할 수 있다. 하지만 Go는 함수 내부에서 타입 추론을 제한적으로 지원한다는 점에 주의해야 한다.

각 변수에 대해 명시적으로 타입을 정의하는 대신 `:=`라는 짧은 할당 기호를 사용해 컴파일러가 값을 바탕으로 변수의 타입을 추정하도록 할 수 있다. 다음 예에서 컴파일러는 변수 `n`을 `int`로 추정한다.

```
func main() {
```

```
        n := 42
    }
```

컴파일러는 변수 외에도 상수의 타입을 추정할 수 있다. 상수의 값은 프로그램 전체에서 변경되지 않으므로 원주율 π나 개체 또는 장소의 정적 이름 등과 같은 실제의 값을 표현하기 위해 상수를 사용한다.

```
const Book = "Network Automation with Go"
```

이제 Go에서 사용할 수 있는 다양한 타입과 일반적인 사용 사례를 자세히 알아보자.

기본 타입

Go 언어의 사양에 따르면, 전역적으로 미리 정의된 네 가지 기본 타입이 있으며 기본적으로 모든 Go 프로그램에서 사용할 수 있다.

- 숫자
- 문자열
- 부울
- 에러

숫자

Go는 다양한 크기의 정수와 실수를 저장하기 위해 몇 가지 숫자 타입numeric type을 정의한다. 일반적으로 타입 이름은 숫자의 부호와 값의 크기(비트 수)에 관한 정보로 구성된다. 한 가지 주의해야 할 예외 사항으로는 컴퓨터에 따라 달라지는 `int`와 `unit`로, 일반적으로 32비트 CPU 아키텍처에서는 32비트, 64비트 CPU 아키텍처에서는 64비트가 기본

값으로 설정된다.

표 3.2 숫자 타입 변수

타입	값	크기
int8	−128 ~ 127	1바이트
uint8	0 ~ 255	1바이트
int16	−32768 ~ 32767	2바이트
uint16	0 ~ 65535	2바이트
int32	$-2^{31} \sim 2^{31} - 1$	4바이트
uint32	$0 \sim 2^{32} - 1$	4바이트
int64	$-2^{64} \sim 2^{64} - 1$	8바이트
uint64	$0 \sim 2^{64} - 1$	8바이트
float32	실수	4바이트
float64	실수	8바이트

숫자 타입의 변수를 인스턴스화instantiate하는 몇 가지 방법을 알아보자. 여기서 설명하는 모든 옵션은 유효하며 저장하거나 만들어야 하는 값의 범위에 가장 적절한 옵션을 사용할 수 있다. 이 코드는 ch03/type-definition/main.go 코드[1]로 테스트할 수 있다. a에 대해 타입 추론을 사용하므로 a의 타입은 int이고 크기는 64비트 컴퓨터에서 8바이트이다. 두 번째 변수 b는 부호가 없는 32비트 정수(4바이트)이다. 마지막 변수 c는 부동소수점 숫자(4바이트)이다.

```
func main() {
    a := -1

    var b uint32
    b = 4294967295

    var c float32 = 42.1
}
```

다음 예에서는 표현식 T(v)를 사용해 v의 값을 T 타입으로 변환할 수도 있다. 여기서 b

는 정수 a를 부호가 없는 32비트 정수로 변환한 결과이며 마지막으로 c는 b를 변환한 부동소수점 숫자이다.

```
func main() {
    a := 4294967295

    b := uint32(a)

    c := float32(b)
}
```

변수의 타입을 정의하고 나면 모든 새 연산은 할당 연산자 =의 양변에서 이 타입과 일치해야 한다. 위 코드의 마지막 줄에는 b = int64(c)를 추가할 수 없는데, 그 이유는 b가 uint32이기 때문이다.

타입 캐스팅처럼 암시적으로 타입 변환type conversion을 하는 다른 프로그래밍 언어와 달리, Go에서 항상 명시적으로 타입 변환이 이뤄진다.

문자열

Go는 두 가지 스타일의 문자열 리터럴string literal[2]을 지원한다. 다음 프로그램(ch03/string-literals/main.go)과 같이 문자에 큰따옴표로 묶어 해석된 리터럴(interpreted character)로 만들거나 역따옴표(`)를 붙여 원시 문자열 리터럴(raw string literal)로 만들 수 있다.

```
func main() {
    d := "interpreted\nliteral"

    e := `raw
literal`

    fmt.Println(d)
    fmt.Println(e)
}
```

d에서 이스케이프 시퀀스escape sequence \n를 사용했다. Go는 이스케이프 시퀀스를 문자열 안에서 줄 바꿈 문자new line character로 해석한다.

이 프로그램[3]의 출력은 다음과 같다.

```
ch03/string-literals$ go run main.go
interpreted
literal
raw
literal
```

== 및 != 연산자를 사용하면 문자열을 비교할 수 있고 + 및 += 연산자를 사용하면 문자열을 연결concatenate할 수 있다. ch03/string-concatenate/main.go[4] 코드에서 이 연산자들의 실제 동작을 보여 준다.

```
func main() {
    s1 := "Net"
    s2 := `work`

    if s1 != s2 {
        fmt.Println(s1 + s2 + " Automation")
    }
}
```

지금까지는 다른 프로그래밍 언어와 크게 다른 것 같지 않다. 하지만 Go에서 문자열은 실제로 바이트의 슬라이스slice이다. 좀 더 정확하게는 UTF-8 유니코드 포인트unicode point의 시퀀스이다. Go는 문자열을 메모리에서 문자열 데이터와 문자열 길이를 가리키는 포인터를 포함하는 2워드 구조two-word structure로 표현한다.

ch03/stringmemory/main.go[5] 코드에서 Network Automation 문자열 리터럴을 새 문자열 n으로 정의한다. 가변 너비 문자 인코딩variable-width character encoding UTF-8을 사용해 각 문자를 하나 이상의 바이트에 저장할 수 있다. 영어의 경우, 문자당 1바이트를 사용하므로 Network Automation 문자열은 18바이트이다.

```go
func main() {
    n := "Network Automation"
    fmt.Println(len(n))

    w := n[3:7]
    fmt.Println(w)
}
```

문자열의 일부를 문자열의 부분 집합으로 정의할 수 있다. 이를 위해 원래 문자열의 하계lower bound와 상계upper bound를 지정한다. 인덱스는 0부터 시작하며 결과 문자열에는 상계 인덱스의 문자가 포함되지 않는다. n[3:7]인 경우, "w"와 " " 사이의 문자로 경계를 설정한다. 프로그램의 출력은 다음과 같다.

```
ch03/string-memory$ go run main.go
18
Work
```

n과 w 변수는 서로 다른 길이의 문자열을 참조하지만, 다른 문자열 변수와 마찬가지로 문자열 변수는 2워드 구조이므로 두 변수의 크기는 같다. 일반적으로 1워드는 CPU 아키텍처에 따라 32비트 또는 64비트이다. 두 개의 64비트 워드는 16바이트(=2×8바이트)이므로 64비트 플랫폼의 경우, 문자열은 16바이트 데이터 구조data structure이다. 16바이트 중 8바이트는 실제 문자열 데이터(슬라이스)에 대한 포인터pointer로, 나머지 8바이트는 문자열 슬라이스(string slice)의 길이를 저장하는 데 사용된다. 그림 3.1은 메모리에서의 이런 구조를 보여 준다.

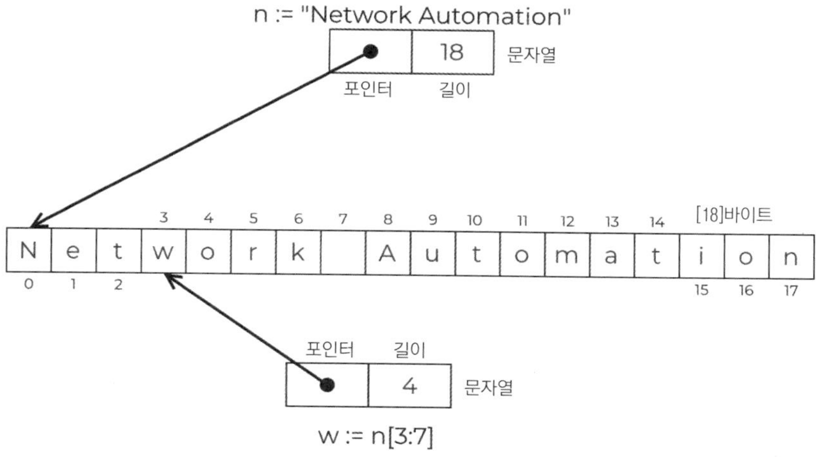

그림 3.1 메모리에서의 문자열 형태

이 슬라이스의 내용을 변경할 수 없으므로 둘 이상의 문자열이 같은 슬라이스를 참조해도 괜찮다. 슬라이스가 문자열 데이터를 저장하고 있는 동안에는 내용이 바뀌지 않으므로immutable 슬라이스의 인덱스를 참조해 문자열의 문자를 바꿀 수 없다.

이와 반대로 문자열 변수의 값을 변경하려면, 즉 다른 텍스트를 할당하려면 Go는 문자열 데이터 구조가 새 문자열 내용이 포함된 새 슬라이스를 가리키도록 해야 한다. 이 모든 작업은 내부에서 처리되므로 걱정할 필요가 없다.

부울

`bool` 타입(data type)은 1바이트 메모리를 사용하며 `true` 또는 `false` 값을 저장한다. 다른 프로그래밍 언어와 마찬가지로 조건문conditional statement에서 `bool` 타입 변수를 사용해 프로그램의 흐름을 제어control flow할 수 있다. if 조건문condition에서는 명시적으로 `bool` 타입이 필요하다.

```
func main() {
    condition := true
```

```
    if condition {
        fmt.Printf("Type: %T, Value: %t \n", condition, condition)
    }
}
```

ch03/boolean/main.go[6]의 위 프로그램을 실행하면 다음과 같은 결과를 얻을 수 있다.

```
ch03/boolean$ go run main.go
Type: bool, Value: true
```

if 조건문이 true이므로 condition 변수의 타입과 값을 인쇄한다.

에러

Go는 고유한 방식으로 에러를 처리하고 오류 조건failure condition을 표현하기 위해 특수 에러 타입error type을 정의한다. 에러를 생성하거나, 변경하거나, 화면에 출력하거나, 프로그램의 제어 흐름을 바꾸는 데 에러를 사용할 수 있다. 다음 코드는 Error 타입 변수를 만드는 가장 일반적인 두 가지 방법을 보여 준다.

```
func main() {
    // 'error' 타입 변수 생성
    err1 := errors.New("This is a new error")

    // 에러 메시지를 만들 때 문자열 포맷팅 사용
    msg := "another error message"
    err2 := fmt.Errorf("This is %s", msg)
}
```

사용자 정의 타입user-defined type을 에러로 만들 수 있는데, 문자열을 반환하는 Error() 메서드를 만들면 된다. 메서드 구현 방법은 3장의 '인터페이스' 절에서 자세히 설명한다.

에러를 처리하는 일반적인 방법 중 하나는 에러가 발생한 위치에서 프로그램이 실패해 실행을 중단할 것인지, 로그를 기록하고 재실행할 것인지 등 에러를 처리할 방법을 결정할 수 있는 지점까지 에러를 허용하는 것이다. 그런데도 Go에서는 에러 사용이 만연하며 실패할 수 있는 모든 함수는 마지막 인수로 에러를 반환하므로 Go 프로그램에서는 다음과 같은 패턴이 일반적이다.

```
func main() {
    result, err := myFunction()

    if err != nil {
        fmt.Printf("Received an error: %s", err)
        return err
    }
}
```

myFunction 함수는 두 개의 값을 반환한다. 위 코드의 외부 함수outer function myFunction의 첫 번째 반환값을 result 변수에 저장하며 myFunction 함수 내부의 잠재적 에러 값을 저장하기 위해 두 번째 반환값을 err 변수에 저장한다.

프로그램의 논리에 따라 에러를 처리할 방법을 결정해야 한다. 여기서 에러가 null(nil)이 아니라면 에러 메시지를 인쇄하고 함수의 실행을 종료return한다. 또는 에러를 로그로 기록하고 프로그램을 계속 실행할 수도 있다.

컨테이너 타입

기본 타입primitive type에서 한 단계 더 올라간 것이 '컨테이너 타입container type'이다. 컨테이너 타입은 명시적인 import문 없이 모든 Go 프로그램에서 사용할 수 있는 표준 타입standard type이다. 하지만 컨테이너 타입은 하나 이상의 값을 표현한다. Go에서 컨테이너 타입은 같은 타입의 다른 값을 저장하는 데 사용되며 다음과 같은 컨테이너 타입이 있다.

- 배열array
- 슬라이스

- 맵map

이 세 가지 타입의 사용 사례와 구현 세부 사항implementation details은 다음 절에서 설명한다.

배열

프로그래머가 기본 타입을 다룰 수 있는 능력을 습득한 후 가장 먼저 필요한 능력 중 하나는 이런 타입 값들의 집합을 저장할 수 있는 능력이다. 예를 들어 네트워크 인벤토리network inventory에 장치의 호스트 이름hostname이나 IP 주소의 목록을 저장할 수 있다. 이 문제에 관한 가장 일반적인 해결책은 배열이라고 하는 데이터 구조이다. Go의 배열 타입은 [n]T 타입이며 n은 배열의 길이, T는 배열에 저장할 값의 타입이다.

다음은 Go에서 문자열을 배열에 사용하는 예이다. 선호하는 스타일을 선택할 수 있도록 다양한 시맨틱 방법으로 배열을 정의했다. 먼저 한 줄에 hostnames 배열을 정의한 후 여러 줄에 ips 배열을 정의했다.

```
func main() {
    hostnames := [2]string{"router1.example.com", "router2.example.com"}

    ips := [3]string{
        "192.0.2.1/32",
        "198.51.100.1/32",
        "203.0.113.1/32",
    }

    // router2.example.com을 출력한다.
    fmt.Println(hostnames[1])

    // 203.0.113.1/32를 출력한다.
    fmt.Println(ips[2])
}
```

네트워크 엔지니어가 바이트 배열로 작업할 때 더욱 재미있어진다. ch03/arrays/main.

go[7]의 다음 예를 통해 Go가 십진수 이력 127을 읽는 방법을 살펴보면 이진 데이터binary data를 쉽게 사용할 수 있다.

```
func main() {
    // ipv4는 [0000 0000, 0000 0000, 0000 0000, 0000 0000]이다.
    var ipAddr [4]byte

    // ipv4는 [1111 1111, 0000 0000, 0000 0000, 0000 0001]이다.
    var localhost = [4]byte{127, 0, 0, 1}

    // 4를 출력한다.
    fmt.Println(len(localhost))

    // [1111111 0 0 1]을 출력한다.
    fmt.Printf("%b\n", localhost)

    // false를 출력한다.
    fmt.Println(ipAddr == localhost)
}
```

Go 언어의 배열에는 많은 이점이 있다. Go 배열은 값을 순차적으로 저장하고 추가 메타데이터 오버헤드metadata overhead가 없으므로 메모리 사용이 매우 효율적이다. 또한 비교가 가능하므로 두 배열의 값이 비교 가능한 타입이라고 가정하면 두 배열이 같은지 확인할 수 있다.

하지만 배열의 크기가 고정돼 있으므로 Go에서 배열을 직접 사용하는 경우는 거의 없다. 유일한 예외는 데이터세트의 크기를 미리 알고 있는 경우이다. 이런 점을 고려할 때 네트워킹에서는 네트워크 프로토콜 헤더의 대부분을 구성하는 IP 주소와 MAC 주소, 포트나 시퀀스 번호 그리고 다양한 VPN 레이블과 같이 고정된 크기의 데이터세트를 많이 다루기 때문에 이런 곳에 배열을 사용하는 것이 좋다.

슬라이스

배열은 정의상 고정된 크기로 크기를 바꿀 수 없는 구조immutable structure이다. 배열의 값을 바꿀 수는 있지만, 저장된 데이터의 크기를 줄이거나 늘릴 수는 없다. 하지만 구현 측면에서는 이런 것이 문제가 되지 않는다. 많은 언어에서는 배열을 백그라운드에서 크기를 동적으로 변경하는 동적 데이터 구조dynamic data structure로 구현한다.

물론 배열의 크기를 늘리면 약간의 성능 저하가 있을 수 있지만, 몇 가지 잘 설계된 알고리듬을 사용하면 변경 횟수를 줄이고 최종 사용자 경험을 최대한 원활하게 만들 수 있다. Go에서는 슬라이스가 이 역할을 담당하며 Go에서 가장 널리 사용되는 배열과 비슷한 데이터 구조array-like data structure이다.

슬라이스를 만들 때 슬라이스의 길이를 지정하는 것은 옵션이다. Go는 내부적으로 슬라이스가 확장될 수 있는 상계를 정의하는 백업 배열backing array을 만든다. 이 상계를 '슬라이스의 용량capacity'이라고 한다. 일반적으로 용량은 슬라이스의 길이와 같지만, 항상 그런 것은 아니다. 슬라이스가 용량을 초과해 확장돼야 한다면 Go는 새 백업 배열을 만들고 원래 배열의 내용을 복사한다. 다음 코드는 슬라이스를 만드는 세 가지 방법과 각 슬라이스에 대한 용량의 값 그리고 길이를 보여 준다.

```
func main() {
    empty := []string{}
    words := []string{"zero", "one", "two", "three", "four", "five",
"six"}
    three := make([]string, 3)

    fmt.Printf("empty: length: %d, capacity: %d, %v\n", len(empty),
cap(empty), empty)
    fmt.Printf("words: length: %d, capacity: %d, %v\n", len(words),
cap(words), words)
    fmt.Printf("three: length: %d, capacity: %d, %v\n", len(three),
cap(three), three)

    /* ... < 다음에 계속 > ... */
}
```

ch03/slices/main.go[8]에 위치한 이 프로그램의 출력은 다음과 같다.

```
ch03/slices$ go run main.go
```

```
empty: length: 0, capacity: 0, []
words: length: 7, capacity: 7, [zero one two three four five six]
three: length: 3, capacity: 3, [ ]
```

문자열과 마찬가지로 슬라이스를 다시 슬라이스해 같은 백업 배열 일부에 대한 참조를 새로 만들 수 있다. 위 예에서 words 슬라이스를 기반으로 새 슬라이스 `words[1:3]`를 만들면 원소element one과 two가 있는 슬라이스가 만들어지므로 이 슬라이스의 길이는 2, 용량은 6이다. 왜 6일까? 백업 배열은 같지만, 새 슬라이스는 인덱스 1에서 시작하고 백업 배열의 마지막 인덱스는 7이기 때문이다. 그림 3.2는 메모리에서의 슬라이스 형태를 보여 준다.

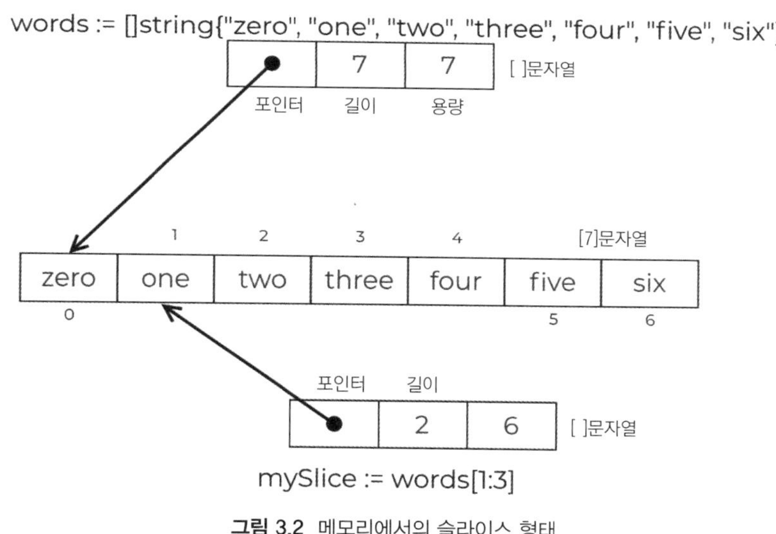

그림 3.2 메모리에서의 슬라이스 형태

슬라이스의 끝에 원소를 추가하려면 내장built-in append 함수를 사용해야 한다. 방금 참조한 슬라이스를 `mySlice`라고 가정해 보자.

```
func main() {
/* ... < 이어서 계속 > ... */

    mySlice := words[1:3]
```

```
    fmt.Printf(" mySlice: length: %d, capacity: %d, %v\n",
            len(mySlice), cap(mySlice), mySlice)

    mySlice = append(mySlice, "seven")
    fmt.Printf(" mySlice: length: %d, capacity: %d, %v\n",
            len(mySlice), cap(mySlice), mySlice)

    mySlice = append(mySlice, "eight", "nine", "ten", "eleven")
    fmt.Printf(" mySlice: length: %d, capacity: %d, %v\n",
            len(mySlice), cap(mySlice), mySlice)
}
```

ch03/slices/main.go[8]에 위치한 위 프로그램을 실행하면 배열에 추가 용량이 필요할 때 백업 배열을 새로 할당하는 방법을 확인할 수 있다. 이미 세 개의 원소가 있을 때 용량이 6인 슬라이스에 네 개의 원소를 추가하면 Go는 자동으로 추가 원소와 향후 확장을 위해 용량이 12인 백업 배열을 새로 할당한다.

```
ch03/slices$ go run main.go
...
 mySlice: length: 2, capacity: 6, [one two]
 mySlice: length: 3, capacity: 6, [one two seven]
 mySlice: length: 7, capacity: 12, [one two seven eight nine
ten eleven]
```

결론적으로, 이 내용은 이해하기 어려울 수 있지만, 이 모든 것이 내부적으로 처리된다는 것이다. 슬라이스에 대해 알아야 할 점은 슬라이스가 3워드 데이터 구조이며 현대의 대부분 컴퓨터에서는 24바이트라는 것이다.

맵

맵은 문자열, 정수와 같은 어떤 타입과 값으로 저장된 다른 타입과의 매핑을 키로 저장할 수 있는 컨테이너 타입이다. 맵은 map[KeyType]ValueType 타입으로, 여기서 KeyType은 비교할 수 있는 모든 타입이고 ValueType은 어떤 타입이든 될 수 있다. 예를 들어 map[int]string과 같이 사용할 수 있다.

맵을 초기화하는 한 가지 방법은 다음 코드와 같이 내장 make 함수를 사용해 문자열을 키로 하고 문자열을 값으로 하는 맵을 만드는 것이다. 해당 값에 연결하려는 키를 참조해 새 값을 맵에 추가할 수 있다. 다음 코드에서는 spine을 192.168.100.1에 매핑한다.

```
func main() {
    dc := make(map[string]string)

    dc["spine"] = "192.168.100.1"

    ip := dc["spine"]
    ip, exists := dc["spine"]

    if exists {
        fmt.Println(ip)
    }
}
```

값을 검색하고 변수에 할당하려면 값을 추가할 때처럼 키를 참조할 수 있지만, 이번에는 위 코드처럼 등호의 오른쪽에 있는 dc["spine"]의 값을 ip 변수에 할당한다.

맵에 특정 키가 있는지 확인하기 위해 멤버십 테스트membership testing를 수행할 수 있다. ip, exists := dc["spine"]와 같이 두 개의 값 할당은 키의 존재 여부를 테스트한다. 여기서 exists는 dc["spine"]이 있을 때만 true인 부울 값이다.

맵을 초기화하는 또 다른 방법은 다음 코드와 같이 데이터를 사용하는 것이다. 원소를 삭제하려면 내장 delete 함수를 사용해야 한다.

```
func main() {
    inv := map[string]string{
        "router1.example.com": "192.0.2.1/32",
        "router2.example.com": "198.51.100.1/32",
    }

    fmt.Printf("inventory: length: %d, %v\n", len(inv), inv)

    delete(inv, "router1.example.com")
```

```
    fmt.Printf("inventory: length: %d, %v\n", len(inv), inv)
}
```

위 프로그램의 출력은 다음과 같다.

```
ch03/maps$ go run main.go
inventory: length: 2, map[router1.example.com:192.0.2.1/32
router2.example.com:198.51.100.1/32]
inventory: length: 1, map[router2.example.com:198.51.100.1/32]
```

이 절의 전체 코드는 ch03/maps/main.go[9]에서 확인할 수 있다.

사용자 정의 타입

사용자 정의 타입user-defined type은 앞에서 설명한 타입과 달리, 사용자가 정의하는 타입이다. 이 범주에는 다음과 같은 타입이 있다.

- 구조체
- 인터페이스

인터페이스interface는 Go에서 유일한 추상 타입abstract type으로, 구조체struct와 같이 구체적인 타입concrete type에 대한 계약contract을 정의한다. 인터페이스는 구현 세부 사항이 아닌 동작behavior을 설명하므로 프로그램의 비즈니스 로직을 프로그램 간의 인터페이스를 통해 구성 요소building block로 나누는 데 도움이 된다.

구조체

구조체는 데이터 타입이 있는 필드의 집합collection을 나타내는 데이터 구조이다. 구조체는 매핑과 비슷해 보이지만, 이 경우에는 키가 고정돼 있다. 구조체는 변수 이름의 확장extension이 된다.

네 개의 string 필드와 한 개의 bool 필드가 있는 라우터router를 정의한다.

```
type Router struct {
     Hostname  string
     Platform  string
     Username  string
     Password  string
     StrictKey bool
}
```

이제 이 새 타입은 방금 정의한 라우터의 슬라이스가 있는 다음 Inventory 타입과 같은 다른 사용자 정의 타입의 일부가 될 수도 있다.

```
type Inventory struct {
     Routers []Router
}
```

다음 코드는 구조체의 인스턴스를 만들고 구조체의 필드에 값을 할당하는 방법에 대한 예시를 보여 준다.

```
func main() {
    var r1 Router
    r1.Hostname = "router1.example.com"

    r2 := new(Router)
    r2.Hostname = "router2.example.com"

    r3 := Router{
        Hostname:  "router3.example.com",
        Platform:  "cisco_iosxr",
        Username:  "user",
        Password:  "secret",
        StrictKey: false,
    }
    /* ... < 다음에 계속 > ... */
}
```

이때 주의해야 할 점은 이제 r2가 실제로는 라우터에 대한 포인터(이것이 new가 작동하는 방식이다!)이지만, 지금 당장은 아무런 걱정을 할 필요가 없다는 것이다. 모든 라우터를 Inventory 타입 변수에 넣어 보자.

```
func main() {
    /* ... < 이어서 계속 > ... */
    inv := Inventory{
        Routers: []Router{r1, *r2, r3},
    }

    fmt.Printf("Inventory: %+v\n", inv)
}
```

이제 모든 라우터 정보를 편리하게 사용할 수 있는 변수에 담았다. 아직 값을 할당하지 않은 모든 필드는 영 값("" 또는 빈 문자열)이다.

```
ch03/structs$ go run main.go
Inventory: {Routers:[{Hostname:router1.example.com Platform:
Username: Password: StrictKey:false} {Hostname:router2.
example.com Platform: Username: Password: StrictKey:false}
{Hostname:router3.example.com Platform:cisco_iosxr
Username:user Password:secret StrictKey:false}]}
```

위 예제 코드는 ch03/structs/main.go[10]에서 확인할 수 있다.

지금까지 포인터와 채널 그리고 함수와 같은 다른 변수 타입에 대해서는 언급하지 않았다. 이런 타입은 3장의 다른 절에서 다룬다. 다음 절에서는 프로그램에서 다양한 작업을 할 수 있는 수학 및 논리 연산자를 설명한다.

산술, 비교, 논리 연산자

연산자operator는 다양한 타입의 변수에 대해 특정 수학 연산이나 논리 연산 또는 관계 연산을 수행하는 특별한 기호이다.

- 산술 연산자arithmetic operators
- 논리 연산자logical operators
- 비교 연산자comparison operators

이 책에서는 모든 특별한 경우와 타입의 순열을 다루지는 않지만, 네트워크 자동화의 관점에서 흥미로울 수 있는 몇 가지 연산자에 초점을 맞춘다.

산술 연산자

산술 연산자는 숫자의 값으로 수학적 계산을 수행한다. 이 결과는 피연산자의 순서와 타입에 따라 달라진다.

표 3.3 산술 연산자

기호	이름	적용 대상
+	더하기	정수, 실수, 복소수, 문자열
-	빼기	정수, 실수, 복소수
*	곱하기	정수, 실수, 복소수
/	나누기	정수, 실수, 복소수
%	나머지	정수
&	비트 단위 AND	정수
|	비트 단위 OR	정수
^	비트 단위 XOR	정수
&^	비트 클리어(AND NOT)	정수
<<	왼쪽 시프트	정수 << 정수 >= 0
>>	오른쪽 시프트	정수 >> 정수 >= 0

산술 연산자는 대부분의 프로그래밍 언어에 구현된 표준 수학 논리를 따른다.

```
func main() {
    // sum s == 42
    s := 40 + 2

    // difference d == 0.14
    d := 3.14 - 3

    // product p == 9.42
    p := 3 * 3.14

    // quotient q == 0
    q := 3.0 / 5

    // remainder r == 2
    r := 5 % 3
}
```

문자열은 산술 연산자를 사용할 수 있는 타입 중 유일하게 숫자가 아닌 타입이다. 문자열 연결string concatenation에 +를 사용해 두 개 이상의 텍스트 문자열을 하나의 문자열로 연결할 수 있다.

```
func main() {
    // s == "Hello, World"
    s := "Hello" + ", " + "World"
}
```

산술 연산의 가장 흥미로운 응용 분야 중 하나는 많은 네트워크 엔지니어에게 익숙한 작업인 바이너리 데이터와 상호작용하는 것이다.

네트워크 프로토콜은 캡슐화된 페이로드encapsulated payload[11]의 전달 정보forwarding information와 사실을 포함하는 헤더 집합으로 표현되는 결정론적 구조deterministic structure이다.

산술 연산자 비트 시프트bit shift와 비트 단위bitwise(OR, AND, XOR)를 사용해 네트워크 헤더에서 데이터를 만들거나 추출할 수 있다.

이를 실제로 확인하기 위해 다음 정보가 들어 있는 20바이트 길이의 TCP^Transmission Control Protocol^ 헤더로 작업해 보자.

- 발신지 포트 주소^source port address^ - 2바이트
- 목적지 포트 주소^destination port address^ - 2바이트
- 시퀀스 번호^sequence number^ - 4바이트
- 확인 응답 번호^acknowledgment number^ - 4바이트
- 헤더 길이 및 예약^header length and reserved^ - 1바이트
- 제어 플래그^control flag^ - 1바이트
    - `CWR`: 혼잡 윈도우 축소^congestion window reduced^ 플래그
    - `ECE`: 명시적 혼잡 알림^ECN, explicit congestion notification^ - 에코^echo^ 플래그
    - `URG`: 긴급 포인터^urgent pointer^
    - `ACK`: 확인 응답 번호가 유효함^acknowledgment number is valid^
    - `PSH`: 푸시 요청^request for push^
    - `RST`: 연결 재설정^reset the connection^
    - `SYN`: 시퀀스 번호 동기화^synchronize sequence numbers^
    - `FIN`: 연결 종료^terminate the connection^
- 윈도우 크기^window size^ - 2바이트
- 체크섬^checksum^ - 2바이트
- 긴급 포인터^urgent pointer^ - 2바이트

그림 3.3은 앞에서 나열한 모든 필수 필드가 포함된 TCP 헤더 구조이다.

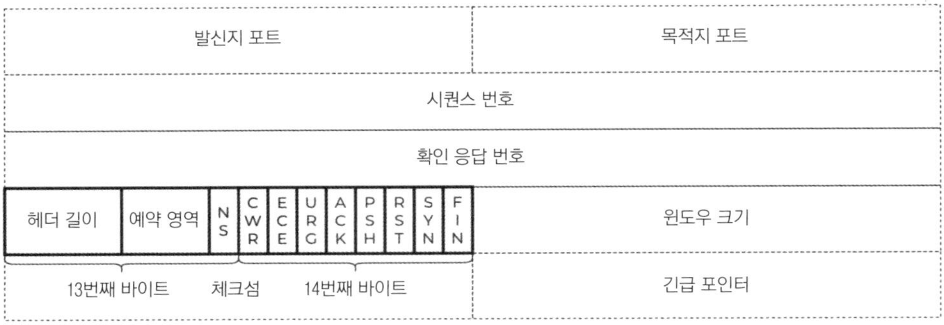

발신지 포트										목적지 포트
시퀀스 번호										
확인 응답 번호										
헤더 길이	예약 영역	NS	CWR	ECE	URG	ACK	PSH	RST	SYN	FIN	윈도우 크기
13번째 바이트	체크섬	14번째 바이트								긴급 포인터

그림 3.3 TCP 헤더 구조

다음 코드 예에서는 빈 슬라이스 바이트에서 TCP 헤더를 만든다. 13번째 바이트의 처음 4비트에는 TCP 헤더의 길이를 기록한 후 14번째 바이트에 SYN 플래그를 설정한다.

TCP 헤더의 헤더 길이[header length] 필드는 TCP 헤더에 포함된 32비트 워드의 개수를 나타낸다. 그림 3.3과 같이 이 개수는 행의 수로 볼 수 있다. 여기서 길이는 5워드이다.

`ch03/tcp-header/main.go`[12]의 다음 코드 스니펫은 산술 연산을 사용해 이 길이를 설정하는 방법을 보여 준다.

```
func main() {
    // (32비트 워드로 계산한) 헤더 길이는 5워드이다.
    var headerWords uint8 = 5

    // 바이트 헤더 길이는 20바이트이다.
    headerLen := headerWords * 32 / 8

    // TCP 헤더를 저장하기 위해 20바이트 슬라이스를 만든다.
    b := make([]byte, headerLen)

    // TCP 헤더의 헤더 길이 필드에 맞도록
    // 헤더 워드 비트를 왼쪽으로 시프트한다.
    s := headerWords << 4

    // 13번째 바이트에 OR 연산을 수행한 새로운 값을 저장한다.
    b[13] = b[13] | s
```

```
    // TCP 헤더의 13번째 바이트를 출력한다. -> [01010000]
    fmt.Printf("%08b\n", b[13])

    /* ... < 다음에 계속 > ... */

}
```

그림 3.4는 1바이트 크기와 호환되는 부호가 없는 8비트 정수8-bit unsigned integer 변수 headerWords가 헤더 필드에 맞도록 왼쪽 비트를 왼쪽으로 시프트하는 과정을 보여 준다.

왼쪽 시프트 연산은 원래 비트를 왼쪽으로 이동하고 원래 비트가 있던 오른쪽의 비트는 영 값으로 채운다. 비트 단위 OR 연산자는 왼쪽의 시프트한 결과와 원래의 값을 결합한다. 비트 단위 OR 연산은 피연산자 중 하나에 1이 있으면 결과가 항상 1이 된다. 이는 이전에 설정한 비트가 손실되지 않도록 하는 일반적인 패턴이다.

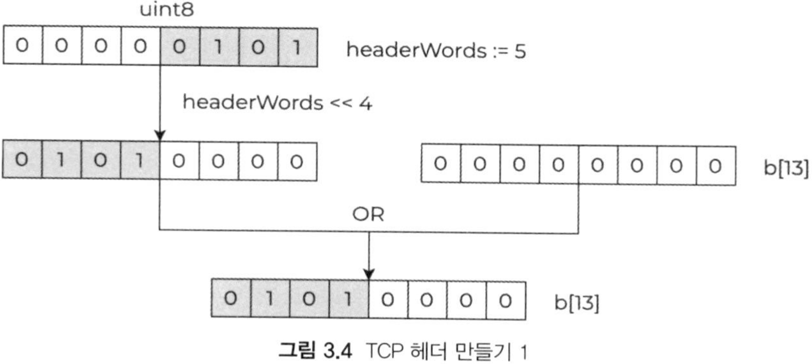

그림 3.4 TCP 헤더 만들기 1

이와 비슷한 방법으로 플래그를 설정할 수 있다. 한 비트를 설정한 후 해당 비트를 왼쪽으로 시프트해 SYN 신호를 나타내는 두 번째 위치로 옮길 수 있다.

```
func main() {
    /* ... < 이어서 계속 > ... */

    // 이 값을 초기 TCP SYN 메시지라고 가정한다.
    var tcpSyn uint8 = 1
```

```
    // SYN 플래그는 오른쪽에서 두 번째 비트이므로
    // 해당 비트를 왼쪽으로 1비트 시프트한다.
    f := tcpSyn << 1

    // 14번째 바이트에 OR 연산을 수행한 새로운 값을 저장한다.
    b[14] = b[14] | f

    // TCP 헤더의 14번째 바이트를 출력한다. -> [00000010]
    fmt.Printf("%08b\n", b[14])
    /* ... < 다음에 계속 > ... */
}
```

그림 3.5는 위 코드에서의 비트 연산 과정을 보여 준다.

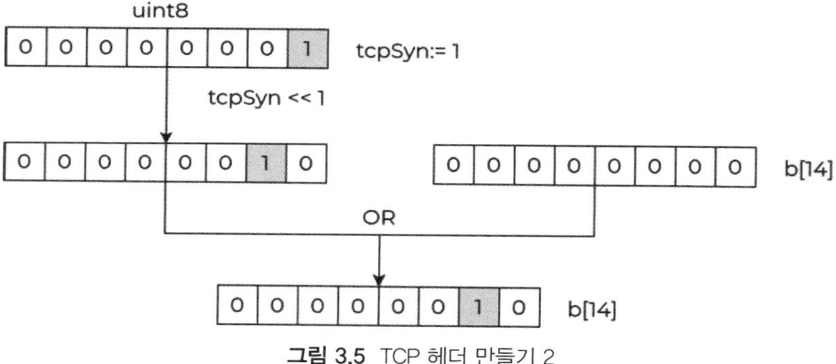

그림 3.5 TCP 헤더 만들기 2

이제 TCP 헤더를 수신하는 측에서 앞에서 설정한 두 바이트 정보를 역으로 파싱하는 과정을 살펴보자.

```
func main() {
    /* ... < 이어서 계속 > ... */

    // TCP SYN 플래그가 설정된 경우에만 관심을 가진다.
    tcpSynFlag := (b[14] & 0x02) != 0

    // 헤더 길이를 오른쪽으로 시프트해 하위 비트는 버린다.
    parsedHeaderWords := b[13] >> 4
```

```
    // "TCP 플래그 설정: true"를 출력한다.
    fmt.Printf("TCP 플래그 설정: %t\n", tcpSynFlag)

    // "TCP 헤더 워드 길이: 5"를 출력한다.
    fmt.Printf("TCP 헤더 워드 길이: %d\n", parsedHeaderWords)
}
```

이번에는 정반대의 비트 연산을 사용한다. 오른쪽 시프트 연산은 모든 비트를 왼쪽에서 오른쪽으로 이동해 오른쪽의 비트를 버리고 왼쪽의 비트에 영 값을 추가한다.

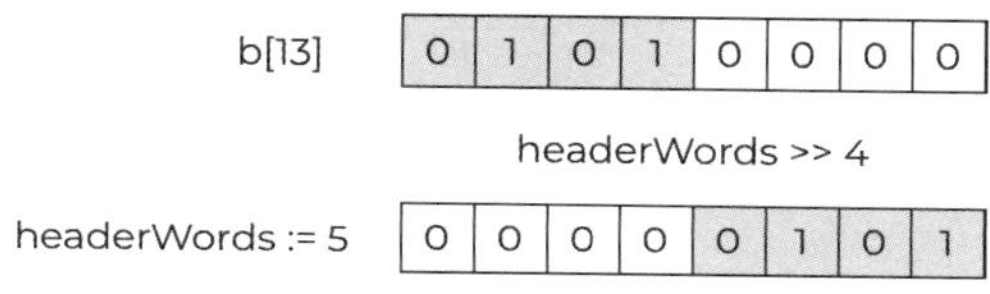

그림 3.6 TCP 헤더 파싱하기 1

비트 단위 AND 연산자는 네트워크 마스크와 같은 동작을 한다. 두 값이 모두 1인 경우에만 1이고 나머지는 모두 0이 되므로 중요하지 않은 비트를 효과적으로 숨길 수 있다. 여기서는 `0x02` 마스크 값 또는 바이너리 `0000 0010`을 사용해 다른 모든 비트는 숨기고 오른쪽에서 두 번째 비트만 남긴다. 그런 다음 비트를 오른쪽으로 시프트하면 해당 값을 확인할 수 있다.

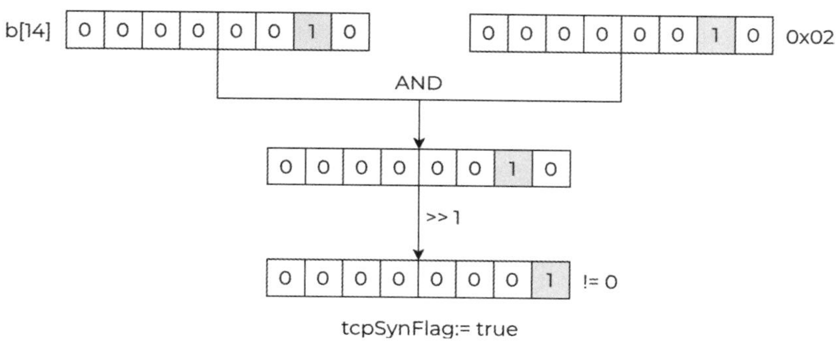

그림 3.7 TCP 헤더 파싱하기 2

비트와 바이트 수준에서 작업할 수 있다는 것은 프로그래밍의 강력한 기능이다.

논리 연산자

논리 연산자는 부울 대수Boolean algebra의 규칙인 논리곱conjunction, 논리합disjunction, 부정negation을 따르는 기본 부울 연산 집합이다.

표 3.4 논리 연산자

x	y	AND	OR	NOT(x)
0	0	0	0	1
0	1	0	1	1
1	0	0	1	0
1	1	1	1	0

이런 논리 연산자에 관한 Go의 구현에서 놀라울 만한 것은 없으며 단지 기억해 둬야 할 것은 논리 연산자에 대한 문법적 설탕syntactic sugar[13]이 없으므로 사용되는 유일한 값은 AND에 대한 &&와 OR에 대한 || 그리고 NOT에 대한 !뿐이라는 것이다.

비교 연산자

같음(==)과 같지 않음(!=) 연산자를 사용해 비교할 수 있는 값의 쌍을 비교해 부울 값(true|false)을 반환한다. 크기로 정렬된 값에 대해 크기 비교 연산자(<, <=, >, >=)를 사용할 수도 있다.

표 3.5 비교 연산자

기호	이름
==	같다
!=	같지 않다
〈	작다
〈=	이하
〉	크다
〉=	이상

다음 코드는 가장 일반적인 비교 연산자의 예를 보여 준다.

```
func main() {
    // 모든 문자열을 비교할 수 있다.
    fmt.Println("hello" == "hello")

    // 문자열은 알파벳 순서로 정렬돼 비교할 수 있다.
    fmt.Println("hello" < "world")

    // 정수는 비교할 수 있도록 순서가 있다.
    fmt.Println(1 < 10)

    // 부동소수점도 비교할 수 있다.
    fmt.Println(10.0 >= 1.1)
}
```

위 코드에서는 모든 문statement을 평가evaluate하고 `true`를 출력한다. 포인터와 채널channel 그리고 배열과 같은 다른 Go의 타입에 대한 비교 가능 및 순서 속성에 관한 모든 목록은 Go 언어 사양 문서의 '비교 연산자comparison operators' 절[14]에서 확인할 수 있다.

이것으로 일상적인 연산을 수행하는 데 사용되는 Go의 데이터 타입과 다양한 연산자에 대한 소개를 마친다. 이제 Go의 제어 흐름과 함수에 대해 자세히 알아보면서 첫 번째 구성 요소를 만들어 보자.

제어 흐름

제어 흐름 구조control flow structure는 조건condition과 반복iteration을 통해 복잡한 동작을 표현할 수 있으므로 모든 컴퓨터 프로그램에서 핵심 구성 요소가 된다. Go에서 제어 흐름은 최소한의 설계를 반영하므로 전체 언어 명세에서 몇 가지 조건문과 한 종류의 루프loop만 볼 수 있다. 의외라고 볼 수도 있겠지만, 이런 이유로 모든 프로그램에서 같은 디자인 패턴을 강제하므로 Go를 좀 더 쉽게 읽을 수 있다. 가장 간단하면서도 가장 일반적인 흐름 제어 블록으로 시작해 보자.

for 루프

가장 간단한 형태인 for 루프는 정수 범위에 대해 반복하며 각 반복iteration에서 어떤 작업을 수행한다. 예를 들어, 0부터 4까지의 모든 숫자를 출력하는 방법은 다음과 같다.

```
func main() {
    for i := 0; i < 5; i++ {
        fmt.Println(i)
    }
}
```

첫 번째 줄에는 init문 i := 0과 조건문 i < 5 그리고 각 반복인 post문 i++이 쌍반점semicolon(;)으로 구분돼 있다. 코드는 for 루프의 조건문과 post문을 계속 평가하면서 조건이 true가 아닐 때(i >= 5)까지 반복한다.

이 루프 타입(for)에는 여러 가지 변형variation이 있으며 가장 일반적인 변형 중 하나는 컨테이너 타입에 대한 반복이다. 두 가지 예는 다음과 같다.

- 다음 코드는 슬라이스에 대한 반복의 예이다.

```
func main() {
    slice := []string{"r1", "r2", "r3"}
```

```
    for i, v := range slice {
        fmt.Printf("index %d: value: %s\n", i, v)
    }
}
```

- 다음 코드는 맵에 대한 반복의 예이다.

```
func main() {
    hashMap := map[int]string{
        1: "r1",
        2: "r2",
        3: "r3",
    }

    for i, v := range hashMap {
        fmt.Printf("key %d: value: %s\n", i, v)
    }
}
```

특별한 range 키워드는 슬라이스나 맵의 모든 값을 반복하며 각 반복마다 현재 항목의 복사본을 새로운 키/값 변수 쌍(예제의 i와 v)에 만든다. 또한 range를 사용해 배열과 문자열에 대해서도 반복할 수 있다. 이 키워드는 채널에 대해서도 특별한 동작을 하는데, 이는 '동시성' 절에서 설명한다.

이 반복문 구조의 또 다른 일반적인 변형은 무한 루프infinite loop이다. 반복 횟수는 미리 알 수 없지만 언제 멈춰야 할지 알고 있을 때 무한 루프를 사용한다.

```
func main() {
    for {
        time.Sleep(time.Second)
        break
    }
}
```

여기서 중요한 차이점은 루프 정의에는 조건식이 없다는 것이다. 이는 true가 생략된 것으로, 조건문을 항상 true로 평가해 루프는 무한히 반복된다. 이런 종류의 루프를 중단시키는 유일한 방법은 break 키워드를 사용하는 것이다.

Go에는 다른 많은 프로그래밍 언어에 있는 while 키워드가 없다. 하지만 다음 코드와 같이 init문과 post문을 삭제하면 for 루프를 while처럼 사용할 수 있다.

```
func main() {
    i := 0
    for i < 5 {
        fmt.Println(i)
        i++
    }
}
```

이 맥락에서 언급해야 할 또 다른 키워드는 continue이다. 이 키워드는 루프에서 현재 반복의 나머지 부분을 건너뛰게 한다. 다음 코드는 0부터 4까지의 숫자를 출력하지만, 짝수인 경우만 출력한다.

```
func main() {
    // 0, 2, 4를 출력한다.
    for i := 0; i < 5; i++ {
        if i % 2 != 0 {
            continue
        }
        fmt.Println(i)
    }
}
```

위 코드에서 if i % 2 != 0을 사용해 2로 나눴을 때 나머지가 0이 아닌 숫자는 건너뛴다. 이것이 다음 절에서 설명할 조건문이다.

조건문

제어 구조control structure는 프로그램이 다양한 실행 경로execution path를 따를 수 있을 때 따라야 할 동작이나 방향을 정의하는 데 도움이 된다.

두 가지를 따를 수 있는 조건문부터 시작해 보자. 웹 사이트(https://www.tkng.io/)에 연결을 시도한 후 연결에 성공하면 받은 응답을 출력하거나 HTTP GET 연산이 실패하면 에러 메시지를 반환한다. 에러가 null이 아닌 경우(err != nil)에 반환한다. 그렇지 않으면(else) 정보를 출력한다(fmt.Printf).

```
func main() {
    resp, err := http.Get("https://www.tkng.io/")

    if err != nil {
            log.Fatalf("Could not connect: %v", err)
    } else {
            fmt.Printf("Received response: %v", resp.Status)
    }
}
```

위 코드의 가독성을 높일 수 있는 한 가지 방법은 프로그램의 성공적인 실행 경로를 왼쪽 정렬left-align하는 것이다. 즉, if 조건문 중 하나가 종료문terminating statement으로 끝날 때(여기서는 return으로 끝나는 경우)는 else 절 전체를 삭제하고 다음 코드와 같이 다시 작성할 수 있다.

```
func main() {
    resp, err := http.Get("https://www.tkng.io/")
    if err != nil {
            log.Fatalf("Could not connect: %v", err)
    }

    fmt.Printf("Received response: %v", resp.Status)
}
```

일반적인 if-then-else 구조처럼 Go의 조건문은 여러 개의 if-else문을 사용해 다양한 조건을 만들 수 있다. 하지만 Go 개발자들은 이런 경우에 switch문을 사용하는 것을 더 좋아하는데, 그 이유는 좀 더 간결할 뿐 아니라 가독성이 좋기 때문이다. ch03/

switch/main.go[15]의 다음 코드는 HTTP GET 요청request을 보내고 반환된 상태 코드status code에 따라 메시지를 출력한다.

```
func main() {
    resp, err := http.Get("http://httpstat.us/304")
    if err != nil {
        log.Fatalf("Could not connect: %v", err)
    }

    switch {
    case resp.StatusCode >= 600:
        fmt.Println("Unknown")
    case resp.StatusCode >= 500:
        fmt.Println("Server Error")
    case resp.StatusCode >= 400:
        fmt.Println("Client Error")
    case resp.StatusCode >= 300:
        fmt.Println("Redirect")
    case resp.StatusCode >= 200:
        fmt.Println("Success")
    case resp.StatusCode >= 100:
        fmt.Println("Informational")
    default:
        fmt.Println("Incorrect")
    }
}
```

이 코드를 여러 개의 if-then-else문으로 작성할 수도 있지만, switch를 사용하면 코드가 깔끔해지므로 이런 상황에서 많은 Go 개발자는 이런 코드가 좋은 방법이라고 생각한다.

goto 문

프로그램의 한 부분에서 다른 부분으로 제어를 전환할 수 있는 또 다른 방법은 goto 문을 사용하는 것이다.

중첩 루프nested loop 또는 무한 루프에서 벗어나거나 논리logic를 구현하는 데 **goto** 문을 사용할 수 있다.

위 코드 예에서 **goto** 문을 사용해 함수에서 여러 종료 지점exit point을 구현하는 방법을 알아보자. 전체 코드는 `ch03/goto/main.go`[16]에서 확인할 수 있다.

```
func main() {
    resp, err := http.Get("http://httpstat.us/304")
    if err != nil {
        log.Fatalf("Could not connect: %v", err)
    }

    switch {
    case resp.StatusCode >= 600:
        fmt.Println("Unknown")
        goto exception
    case resp.StatusCode >= 500:
        fmt.Println("Server Error")
        goto failure
    case resp.StatusCode >= 400:
        fmt.Println("Client Error")
        goto failure
    case resp.StatusCode >= 300:
        fmt.Println("Redirect")
        goto exit
    case resp.StatusCode >= 200:
        fmt.Println("Success")
        goto exit
    case resp.StatusCode >= 100:
        fmt.Println("Informational")
        goto exit
    default:
        fmt.Println("Incorrect")
        goto exception
    }

    exception:
        panic("Unexpected response")

    failure:
```

```
        log.Fatalf("Failed to connect: %v", err)

    exit:
        fmt.Println("Connection successful")
}
```

대부분의 프로그래밍 언어에서 goto 문은 프로그램의 흐름을 끊어 가독성을 떨어뜨리는 것으로 악명이 높다. 따라서 유명한 컴퓨터 과학자들은 무분별하게 사용하지 않기를 권고하고 있다. 그런데도 이런 문은 많은 프로젝트, 심지어 Go 표준 라이브러리에서도 찾아볼 수 있다.

루프와 조건문 그리고 goto와 같은 문은 Go 프로그램에 제어 흐름을 정의하는 데 도움이 된다. 하지만 채널 타입과 함께 사용하는 몇 가지 제어 흐름 구조와 특수한 경우에 대해서는 아직 설명하지 않았다. 이 내용은 뒤의 3장의 '동시성' 절에서 설명하겠지만, 코드 구성에서 중요한 영역인 함수를 먼저 설명한다.

함수

겉으로 보기에 Go 함수는 특정한 작업을 수행하도록 설계된 코드의 일부로 재사용할 수 있는 컨테이너container에 그룹화되므로 다른 프로그래밍 언어의 함수와 완전히 똑같다. 언어의 정적인 특성에 따라 모든 함수에는 입력 인수input arguments, 출력 값output values의 개수와 타입을 정의하는 시그니처가 있다.

다음 generateName 함수는 한 쌍의 입력 문자열(base와 suffix)을 기반으로 새로운 이름을 만든다. 전체 코드는 ch03/functions1/main.go[17]에서 확인할 수 있다.

```
func generateName(base string, suffix string) string {
    parts := []string{base, suffix}
    return strings.Join(parts, "-")
}

func main() {
```

```
    s := generateName("device", "01")

    // "device-01"을 출력한다.
    fmt.Println(s)
}
```

이 함수의 시그니처는 `func (string, string) string`으로, `string` 타입의 인수 두 개를 받아 다른 문자열을 반환한다는 것을 의미한다. 반환되는 값을 변수에 할당하거나 다른 함수의 인수로 바로 전달할 수도 있다.

Go의 함수는 값이므로 이 값을 입력 인수로 전달하거나 다른 함수의 출력으로 반환할 수도 있다.

이를 이해할 수 있도록 두 개의 매개변수 `func (string, string) string` 시그니처와 `string`을 입력받는 새로운 함수 `processDevice`를 정의한다. 이 함수의 본문body에서는 관련이 있는 두 개의 문자열이 사용되는데, 하나는 정적으로 `device`로 설정된 `base`, 다른 하나는 함수가 두 번째 인수로 받은 문자열 `ip`이다.

```
func processDevice(getName func (string, string) string, ip string) {
    base := "device"
    name := getName(base, ip)
    fmt.Println(name)
}
```

이 함수에서 가장 눈길을 끄는 부분은 본문의 두 번째 줄에 있는 `getName` 함수이다. `getName` 함수는 `processDevice` 함수가 인수로 받은 것으로, 두 개의 문자열을 인수로 받아 하나의 문자열을 반환하는 함수라면 어떤 함수라도 가능하다. 앞에서 정의했던 함수 `generateName`이 이에 해당한다. `generateName`을 `processDevice` 함수에 인수로 전달해 고유한 장치의 이름을 만들 수 있다. 어떻게 작동하는지 알아보자. 전체 코드는 `ch03/functions1/main.go`[17]에서 확인할 수 있다.

```
func main() {
    // "device-192.0.2.1"를 출력한다.
```

```
    processDevice(generateName, "192.0.2.1")
}
```

이런 접근 방식의 장점은 첫 번째 인수를 바꿀 수 있다pluggable는 것이다. 문자열을 결합하는 데는 다른 타입을 사용하므로 다른 함수(예: generateName2)가 좀 더 적합하다고 판단하거나 장치 이름을 다르게 만들기 위해 변경을 해야 하지만, 변경된 내용을 빠르게 롤백roll back해야 할 경우에 대비해 generateName 함수를 변경할 수 없는 경우에는 다른 이름을 가진 임시temporary clone 함수를 사용해 조정할 수 있다.

함수 인수

Go에서는 함수의 인수를 값으로 전달pass by value한다. 즉, Go는 모든 입력 변수의 복사본을 만들고 해당 복사본을 호출한 함수에 전달한다는 것을 의미한다. Go에서는 컴파일러가 컴파일 시점에 변수의 수명lifetime과 메모리 사용량memory footprint을 알고 있으므로 새로운 함수 범위의 변수function-scoped variable를 스택 메모리stack memory에 저장한다. 스택은 함수가 값을 반환할 때 자동으로 메모리를 할당하거나 할당을 해제하므로 가비지 컬렉션이 필요 없는 변수를 저장하도록 설계된 매우 효율적인 메모리 영역이다. 가비지 컬렉션이 필요한 메모리는 '힙heap'이라고 하는 메모리의 다른 영역으로 옮겨진다.

다음 코드는 입력 문자열을 변경하는 함수의 예이다. 전체 코드는 ch03/functions2/main.go[18]에서 확인할 수 있다.

```
type Device struct {
    name string
}

func mutate(input Device) {
    input.name += "-suffix"
}

func main() {
    d := Device{name: "myname"}
```

```
    mutate(d)

    // "myname"을 출력한다.
    fmt.Println(d.name)
}
```

Go는 mutate 함수에 입력 Device를 값으로 전달할 때 입력 Device의 복사본을 만들고 이 함수의 본문에서 해당 Device에 발생하는 모든 변경 사항은 외부로 드러나지 않으므로 원래 변수 d에 어떤 영향도 미치지 않는다. 이런 이유로 d.name이 myname-suffix가 아니라 myname을 출력한다.

Go에서는 값과 이 값의 메모리 주소(포인터)라는 두 가지 타입의 데이터를 다룰 수 있다. 이를 고려하면 함수에 값을 전달할 때 원하는(변경) 동작을 구현하는 방법은 두 가지이다.

- 함수가 변경된 값을 반환하도록 함수를 변경하고 함수를 변수에 할당한다. 하지만 이렇게 하더라도 원래의 값은 바뀌지 않으며 새로운 값이 만들어진다.

  함수가 Device를 저장하는 변수를 가리키는 포인터를 입력받도록 함수를 변경한다. 이 경우, 프로그램은 다음과 같다.

```
type Device struct {
    name string
}

func mutate(input *Device) {
    input.name += "-suffix"
}

func main() {
    d := Device{name: "myname"}
    mutate(&d)

    // "myname-suffix"를 출력한다.
    fmt.Println(d.name)

}
```

포인터는 함수 호출function call과 같이 Go에서 프로그램의 경계를 넘어 데이터를 공유하는 일반적인 방법이다. 이 경우에도 여전히 입력 인수로 값(&d)을 전달하지만, 이번에는 복사하고 전달하는 값이 변수 d의 실제 내용이 아니라 메모리 주소에 대한 포인터이다. 이제 해당 메모리 주소가 가리키는 내용을 변경하면 원래 변수 d의 값이 바뀐다.

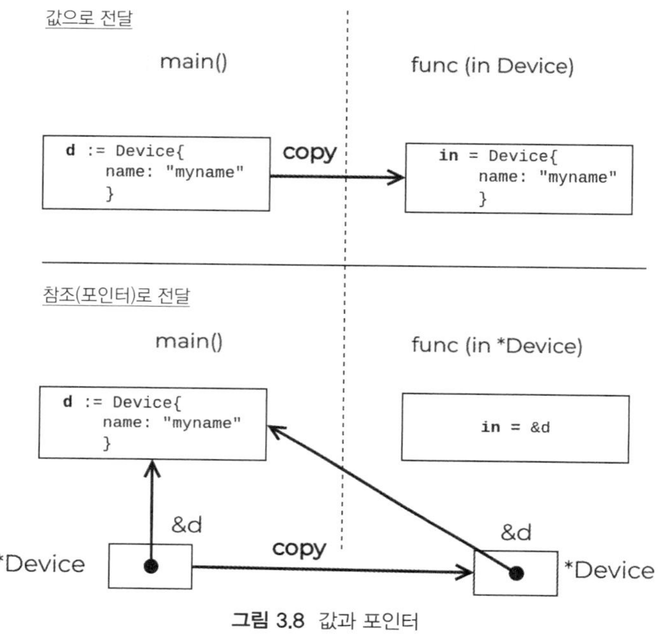

그림 3.8 값과 포인터

Go의 포인터는 강력한 개념이며 주의해야 할 주요 연산은 다음과 같다.

- & 연산자를 사용해 변수의 주소를 가져온다.
- * 연산자를 사용해 포인터를 역참조dereference한다. 즉, 참조한 값referenced value의 주소를 가져온다.

변수의 값을 변경해야 하거나 변수를 복사하는 것이 비효율적일 정도로 너무 큰 경우에는 포인터로 전달해야 한다. 이 규칙은 `integer`, `string`, `boolean` 등 모든 기본 타입에 적용된다.

Go의 몇 가지 타입은 실제 값을 갖고 있지 않고 메모리 주소를 가리킨다. 이는 내부적으로 구현된 세부 사항이지만 명심해야 한다. 예를 들어, 채널과 맵은 실제로 내부 데이터 구조(런타임 타입runtime type)를 가리키는 포인터이다. 이는 채널과 맵을 값으로 전달하더라도 결국에는 채널과 맵의 내용이 변경된다. 이는 함수에도 똑같이 적용된다.

다음은 함수 fn에 맵 m을 값으로 전달하는 코드이다. 이 함수는 맵에 새로운 키-값 쌍을 추가하며 외부 함수인 main에서도 이 값에 액세스할 수 있다.

```
func fn(m map[int]int) {
    m[1] = 11
}

func main() {
    m := make(map[int]int)
    fn(m)

    // 11을 출력한다.
    fmt.Println(m[1])
}
```

3장의 'Go의 타입 시스템' 절에서 슬라이스는 기본 데이터에 관한 메타데이터metadata와 슬라이스를 가리키는 포인터를 저장하는 타입이라고 배웠다. 이 데이터 타입을 값으로 전달하고 변경할 수 있다고 생각할 수도 있다. 이 데이터 구조에는 포인터가 있지만, 길이length, 용량capacity과 같은 나머지 메타데이터 값의 복사본도 만들어지므로 호출된 함수와 호출하는 함수의 슬라이스 간에 연결이 끊어질 수 있다.

이런 이유로 슬라이스에서 값을 변경하면 예상치 못한 결과가 발생할 수 있다. 원래의 위치에서 데이터를 직접 변경in-place change하면 데이터가 변경돼 볼 수 있지만, 추가append하면 추가한 데이터는 보이지 않을 수 있다. 이런 이유로 다음과 같이 감지하기 힘든 버그를 피하려면 슬라이스를 항상 포인터로 전달하도록 권고하고 있다.

```
func mutateV(input []string) {
    input[0] = "r03"
    input = append(input, "r04")
```

```
}

func main() {
    d1 := []string{"r01", "r02"}
    mutateV(d1)

    // "[r03 r02]"를 출력한다.
    fmt.Printf("%v\n", d1)
}
```

다음과 같이 포인터를 사용하면 위 코드에서의 버그를 피할 수 있는데, 기본 슬라이스에 대한 모든 변경이 외부 컨텍스트outer context에 반영된다.

```
func mutateP(input *[]string) {
    (*input)[0] = "r03"
    *input = append(*input, "r04")
}

func main() {
    d2 := []string{"r01", "r02"}
    mutateP(&d2)

    // "[r03 r02 r04]"를 출력한다.
    fmt.Printf("%v\n", d2)
}
```

위 두 예제 코드의 전체 코드는 ch03/mutate-slice/main.go[19]에서 확인할 수 있다.

에러 처리

Go에서 에러는 코드의 어딘가 다른 데서 처리해야 하는 예외exception가 아니며 에러가 발생하면 바로 처리해야 한다. 에러가 발생하면 프로그램의 실행을 바로 중단하거나 프로그램을 계속 실행하면서 프로그램의 다른 부분이나 사용자에게 전파해 에러를 처리할 수 있도록 정보를 전달할 수도 있다. 단순히 에러를 확인하는 것이 아니라 에러를 우아하게 처리해야 한다.

함수를 만들 때 에러가 발생할 가능성이 있다면 해당 에러를 호출자caller에게 반환해야 한다.

```
func makeCall(url string) (*http.Response, error) {
    resp, err := http.Get("example.com")
    if err != nil {
        return nil, fmt.Errorf("error in makeCall: %w", err)
    }

    return resp, nil
}
```

에러 메시지는 의미를 담고 있어야 하며 사용자가 에러의 원인과 에러가 발생한 위치를 식별할 수 있도록 사용자에게 충분한 컨텍스트context를 제공해야 한다. 이 함수의 호출자는 다음과 같은 조치에 따라 해당 에러를 처리할 수 있다.

- 로그를 남기고 계속 진행한다.
- 에러를 무시한다.
- 실행을 중단하고 패닉panic한다.
- 외부 함수로 에러를 전달한다.

메서드

메서드method는 기본적으로 값만 저장할 수 있는 사용자 정의 타입user-defined type에 동작을 추가하는 방법이다. 이런 타입이 동작하도록 하려면 다음 코드처럼 `func` 키워드와 함수의 이름 `GetFullName` 간에 연관된 데이터 타입의 이름(메서드 수신자method receiver)을 포함하는 특수 함수를 추가하면 된다.

```go
type Device struct {
    name string
}

func (d Device) GetFullName() string {
    return d.name
}

func main() {
    d1 := Device{name: "r1"}

    // "r1"을 출력한다.
    fmt.Println(d1.GetFullName())
}
```

메서드는 0개 이상의 인수를 받아 0개 이상의 값을 반환한다는 점에서 함수와 비슷하다. 가장 큰 차이점은 앞의 예에서와 같이 메서드는 수신자에 액세스할 수 있으므로 최소한의 필드는 읽을 수 있다는 것이다.

수신하는 타입을 포인터에 정의해 수신하는 타입을 변경하는 메서드를 만들 수도 있다.

```go
type Device struct {
    name string
}

func (d *Device) GenerateName() {
    d.name = "device-" + d.name
}

func (d Device) GetFullName() string {
    return d.name
}

func main() {
    d2 := Device{name: "r2"}
    d2.GenerateName()

    // "device-r2"를 출력한다.
    fmt.Println(d2.GetFullName())
```

```
}
```

이 경우, `GenerateName` 메서드를 포인터 수신자pointer receiver에 정의하므로 값을 안전하게 설정하거나 삭제 또는 변경할 수 있다. 이 모든 변경 사항은 외부 범위outer scope에서도 볼 수 있다.

메서드 코드 예제에 대한 전체 코드는 `ch03/methods/main.go`[20]에서 확인할 수 있다.

가변 인수 함수

지금까지는 엄격하게 미리 정의된 개수의 인수를 받는 함수의 예제만 살펴봤다. 하지만 Go에서는 다음 조건만 충족한다면 임의 개수의 인수를 함수에 전달할 수 있다.

- 모든 추가 인수는 같은 타입이어야 한다.
- 추가 인수는 항상 함수의 마지막 인수여야 한다.

함수 시그니처의 형태가 약간 다르다. 모든 추가 인수는 자동으로 슬라이스로 그룹화되며 타입 앞에 세 개의 점(...)이 있다.

```
func printOctets(octets ...string) {
    fmt.Println(strings.Join(octets, "."))
}

func main() {
    // "127.1"를 출력한다.
    printOctets("127", "1")

    ip := []string{"192", "0", "2", "1"}

    // "192.0.2.1"를 출력한다.
    printOctets(ip...)
}
```

가변 인수variadic arguments를 사용하면 슬라이스 인수로 선언하는 것과 비교해 유연성이 좋다. 함수를 호출하기 전에 슬라이스를 만들 필요가 없으며 필요하지 않은 마지막 위치의 인수trailing arguments를 완전히 생략하고도 함수의 시그니처를 충족할 수 있다.

가변 인수 프로그램의 전체 코드는 `ch03/variadic/main.go`[21]에서 확인할 수 있다.

클로저

또 다른 흥미로운 속성은 어떤 (외부) 함수가 다른 (내부) 함수를 반환할 때 내부 함수inner function는 외부 함수outer function 범위 안에서 정의된 모든 변수를 기억하고 완전하게 액세스할 수 있다는 것이다. 이를 '함수 클로저function closure'라고 한다.

다음 코드는 함수 클로저를 사용해 일련의 숫자를 생성하는 방법을 보여 준다. 여기서 `func() string` 시그니처를 갖는 내부 익명 함수inner anonymous function는 호출될 때마다 외부 함수 `suffixGenerator`에 정의된 변수 `i`를 변경한다.

```
func suffixGenerator() func() string {
    i := 0
    return func() string {
        i++
        return fmt.Sprintf("%02d", i)
    }
}

func main() {
    generator1 := suffixGenerator()

    // "device-01"을 출력한다.
    fmt.Printf("%s-%s\n", "device", generator1())

    // "device-02"를 출력한다.
    fmt.Printf("%s-%s\n", "device", generator1())

    generator2 := suffixGenerator()

    // "device-01"을 출력한다.
```

```
        fmt.Printf("%s-%s\n", "device", generator2())
    }
```

suffixGenerator를 호출할 때마다 해당 함수가 반환하는 익명 함수의 새 인스턴스를 변수에 할당한다. generator1과 generator2는 이제 막 함수를 호출한 횟수를 추적하는 함수가 된다.

클로저는 주변 컨텍스트(환경)를 만드는 데 널리 사용하는 기법이다. 예를 들어, 미들웨어 소프트웨어middleware software에서 API 호출 함수는 클로저를 사용해 모든 호출에 대한 로그 기록과 원격 측정 데이터 수집telemetry data collection을 수행하므로 API 호출자는 이런 세부 사항에 신경 쓸 필요가 없다.

디퍼

원격 네트워크 연결이나 로컬 파일을 여는 프로그램을 작성할 때 리소스 누수resource leaks를 막기 위해 더 이상 필요하지 않은 연결이나 파일을 바로 닫는 것이 중요하다. 모든 운영체제에는 열려 있는 파일이나 연결 개수에 제한이 있다.

이런 종류의 문제를 해결하기 위해 Go에서는 코드 앞부분에서 defer 문을 사용한다. defer 문은 open/connect 함수 바로 앞에 있어야 한다. Go는 함수가 반환할 때만 이 문을 평가한다.

다음 코드에서는 두 개의 defer 문이 함수의 마지막 문 뒤에서 실행된다.

```
func main() {
    resp, err := http.Get("http://example.com")
    if err != nil {
        panic(err)
    }
    defer resp.Body.Close()
    defer fmt.Println("Deferred cleanup")

    fmt.Println("Response status:", resp.Status)
```

```
}
```

여러 개의 defer 문을 스택으로 쌓아 단계적으로 정리할 수 있다. 이 문들은 후입선출LIFO, Last-In-First-Out로 실행되므로 Println("Deferred cleanup")이 resp.Body.Close()보다 먼저 실행된다. 이 프로그램을 실행하면 다음과 같은 결과를 볼 수 있다.

```
ch03/defer$ go run main.go
Response status: 200 OK
Deferred cleanup
```

위 코드의 전체는 ch03/defer/main.go[22]에서 확인할 수 있다.

이제 Go 함수의 기본적인 내용을 살펴봤으므로 고유한 메서드 집합을 통해 객체의 동작을 설명하는 다음 단계의 추상화를 알아보자.

인터페이스

인터페이스는 Go에서 가장 강력한 구조constructs 중 하나로, 인터페이스가 무엇을 하고 언제 사용할 수 있는지를 아는 것이 매우 중요하다. 이론적인 관점에서 인터페이스는 추상화 타입abstract type이다.

인터페이스에는 구현 세부 사항implementation details이 포함돼 있지 않지만, 메서드 시그니처method signature를 통해 일련의 동작을 정의한다. Go 타입이 인터페이스에서 선언된 모든 메서드 시그니처를 정의하면, 이 Go 타입은 명시적인 선언 없이 해당 인터페이스를 암시적으로 구현한다. Go는 이런 방식으로 여러 타입에서 나타나는 공통적인 동작을 처리하며 다른 언어에서는 주로 객체 상속object inheritance을 통해 표현한다.

네트워크 자동화 예제

인위적인 네트워크 자동화 예제를 사용해 이 개념을 설명한다. 다양한 네트워크 장치에서 공통된 작업을 처리하는 Go 패키지를 개발한다고 가정해 보자.

Cisco IOS XE 장치를 CiscoIOS로 모델링하고 이 모델에는 두 개의 필드field가 있다. 이 중 하나는 장치의 호스트 이름(Hostname)을 식별하기 위한 필드 `CiscoIOS`, 다른 하나는 기본 하드웨어 플랫폼을 식별하기 위한 필드 `Platform`이다. 이 `CiscoIOS` 타입에 대해 장치의 가동 시간uptime을 정수로 가져오는 메서드 `getUptime`을 정의한다. 마지막으로 두 장치를 비교하고 재부팅 없이 더 오래 실행되는 장치를 찾는 함수를 정의한다.

```
type CiscoIOS struct {
    Hostname string
    Platform string
}

func (r CiscoIOS) getUptime() int {
    /* ... < 생략 > ... */
}

func LastToReboot(r1, r2 CiscoIOS) bool {
    return r1.getUptime() < r2.getUptime()
}
```

다른 플랫폼을 추가하기 전까지는 모든 것이 잘 작동한다. 이제 `CiscoNXOS` 타입에는 `Hostname`과 `Platform` 필드 외에 이 스위치가 ACI 지원ACI-enabled 여부를 보여 주는 부울 `ACI` 필드도 있다고 가정해 보자. `CiscoIOS` 타입과 마찬가지로 `CiscoNXOS` 장치의 가동 시간을 반환하는 메서드를 정의한다.

```
type CiscoNXOS struct {
    Hostname string
    Platform string
    ACI      bool
}
```

```
func (s CiscoNXOS) getUptime() int {
    /* ... < 생략 > ... */
}
```

이제 CiscoNXOS 장치 타입의 가동 시간과 CiscoIOS 장치 타입의 가동 시간을 비교해 보자. LastToReboot 함수 시그니처는 CiscoIOS 타입의 변수만 인수로 허용하므로 CiscoNXOS 타입의 원소를 LastToReboot 함수에 전달할 수 없다.

이 문제는 인터페이스를 만들어 해결할 수 있다. 이렇게 하면 장치의 구현 세부 사항을 추상화하고 장치의 가동 시간을 getUptime 함수를 통해 정수로 제공하는 데만 집중할 수 있다. 이 인터페이스를 NetworkDevice라고 정의한다.

```
type NetworkDevice interface {
    getUptime() int
}
```

다음 단계는 다음 코드 스니펫처럼 LastToReboot 함수가 CiscoIOS 타입 대신 NetworkDevice 타입을 허용하도록 LastToReboot 함수를 변경하는 것이다.

```
func LastToReboot(r1, r2 NetworkDevice) bool {
    return r1.getUptime() < r2.getUptime()
}
```

CiscoIOS와 CiscoNXOS 모두 getUptime() int 메서드를 갖고 있어 암시적으로 NetworkDevice 인터페이스를 충족한다. 따라서 둘 중 하나를 LastToReboot 함수에 매개변수parameter로 전달할 수 있다. 이 정의를 사용해 두 장치 타입의 가동 시간을 비교하는 샘플 프로그램[23]은 다음과 같다.

```
func main() {
    ios := CiscoIOS{}
    nexus := CiscoNXOS{}

    if LastToReboot(ios, nexus) {
```

```
        fmt.Println("IOS-XE has been running for less time, so it was the last to be rebooted")
        os.Exit(0)
    }

    fmt.Println("NXOS was the last one to reboot")
}
```

인터페이스를 사용하면 프로그램을 확장할 수 있다. NetworkDevice 인터페이스를 사용하면 장치 타입을 얼마든지 추가할 수 있다. 이는 좋은 코드 설계를 위한 훌륭한 리소스일 뿐 아니라 데이터의 종류에 상관없이 API에서 데이터가 어떻게 동작해야 하는지를 명확하게 설정하는 데도 도움이 된다. 이 예제에서 중요한 것은 실행 중인 장치의 운영체제는 중요하지 않으며 가동 시간을 정수로 가져올 수 있는 메서드가 있다는 것이다.

표준 라이브러리의 예

더욱 실제적인 예로 네트워크 연결(Conn)을 나타내는 인터페이스가 있는 표준 라이브러리인 net 패키지를 살펴보자. 인터페이스 필드는 종종 상태state가 아닌 동작behavior을 설명하는 동사이다(예: Conn 인터페이스의 SetDeadline). 이와는 대조적으로 RemoteAddr 메서드는 좀 더 구체적인 이름인 getRemoteAddr을 가질 수 있다.

```
// src/net/net.go
// Conn은 일반적인 스트림 지향 네트워크 연결이다.
type Conn interface {
    /* ... < 생략 > ... */

    // LocalAddr은 로컬 네트워크 주소를 반환한다.
    LocalAddr() Addr

    // RemoteAddr은 원격 네트워크 주소를 반환한다.
    RemoteAddr() Addr

    SetDeadline(t time.Time) error
    SetReadDeadline(t time.Time) error
```

```
    SetWriteDeadline(t time.Time) error
}
```

표준 라이브러리에는 이 인터페이스에 대한 여러 구현이 포함돼 있다. 구현 중 하나는 crypto/ssh 라이브러리의 구체적인 chanConn 타입이다. 구체적 타입concrete type은 자체 데이터를 저장하는 비인터페이스non-interface 타입으로, 여기서 chanConn은 시큐어 셸SSH, Secure Shell 프로토콜 연결의 로컬 주소 laddr과 원격 주소 raddr의 값을 저장한다.

이런 타입은 LocalAddr() net.Addr 및 SetReadDeadline(deadline time.Time) error와 같은 메서드도 정의한다. 실제로 이 타입은 net.Conn 인터페이스의 모든 메서드를 갖고 있으므로 인터페이스를 충족한다.

```
// ssh/tcpip.go
// tcpChan이 laddr 또는 raddr의 값을 직접 갖지 않아도
// chanConn은 net.Conn 인터페이스를 충족한다.
type chanConn struct {
    /* ... < 생략 > ... */
    laddr, raddr net.Addr
}

// LocalAddr은 로컬 네트워크 주소를 반환한다.
func (t *chanConn) LocalAddr() net.Addr {
    return t.laddr
}

// RemoteAddr은 원격 네트워크 주소를 반환한다.
func (t *chanConn) RemoteAddr() net.Addr {
    return t.raddr
}

func (t *chanConn) SetDeadline(deadline time.Time) error {
    if err := t.SetReadDeadline(deadline); err != nil {
        return err
    }
    return t.SetWriteDeadline(deadline)
}

func (t *chanConn) SetReadDeadline(deadline time.Time) error {
```

```
    return errors.New("ssh: tcpChan: deadline not supported")
}

func (t *chanConn) SetWriteDeadline(deadline time.Time) error {
    return errors.New("ssh: tcpChan: deadline not supported")
}
```

이제 net.Conn을 입력으로 받는 모든 함수는 chanConn도 받을 수 있다. 또는 이와 반대로 다음 예제와 같이 함수가 net.Conn을 반환하면 chanConn을 반환할 수도 있다.

```
// ssh/tcpip.go
// Dial은 conn을 원격 호스트에서 addr로 초기화한다.
// 그 결과 conn의 LocalAddr()와 RemoteAddr()은 영이 된다.
func (c *Client) Dial(n, addr string) (net.Conn, error) {
    var ch Channel
    switch n {
    case "tcp", "tcp4", "tcp6":
    // 주소를 호스트와 숫자 포트로 파싱한다.
    host, portString, err := net.SplitHostPort(addr)
    if err != nil {
        return nil, err
    }

    /* ... < 생략 > ... */

    return & chanConn{
        Channel: ch,
        laddr: zeroAddr,
        raddr: zeroAddr,
    }, nil

    /* ... < 생략 > ... */
}
```

이 코드 스니펫이 조금 복잡하고 어렵게 느껴지더라도 걱정할 필요는 없다. 이 코드는 Go 표준 라이브러리의 실제 SSH 패키지에서 가져온 것이므로 복잡하게 보일 수 있다.

계약으로서의 인터페이스

인터페이스는 값이 없는 타입으로, 메서드의 시그니처만 정의한다. 인터페이스 타입의 변수를 정의할 수는 있지만, 이 인터페이스의 구체적 구현concrete implementation만 변수의 값으로 할당할 수 있다.

다음 코드에서 변수 r은 io.Reader 타입의 인터페이스이다. 이 시점에서 우리는 이 변수에 대해 아무것도 알 수 없지만, 컴파일러가 이 변수를 받아들이려면 이 변수에 할당하는 값이 io.Reader 인터페이스를 만족해야 한다는 것은 알고 있다. 이 경우, 인수로 전달되는 문자열 값을 읽기 위해 io.Reader 인터페이스를 구현한 strings.NewReader ("text")를 사용한다.

```
func main() {
    var r io.Reader
    r = strings.NewReader("a random text")
    io.Copy(os.Stdout, r)
}
```

코드의 마지막 줄은 읽은 내용을 표준 출력(Stdout)이나 사용자 화면으로 복사한다. io.Copy 함수는 io.Reader (r)에서 io.Writer로 복사(os.Stdout은 이 인터페이스를 충족)하므로 문자열을 터미널로 복사할 수 있다.

이는 문자열을 fmt.Println로 출력하는 것보다 복잡해 보이지만, 인터페이스를 사용하면 코드를 좀 더 다양하게 활용할 수 있으므로 예제의 데이터 소스source나 대상destination을 큰 노력 없이 바꿀 수 있다. 이는 io.Reader와 io.Writer의 인터페이스가 io.Copy() 소비자consumer와 strings.NewReader 및 os.Stdout 제공자provider 간의 계약contract 역할을 하므로 이 인터페이스에 정의된 규칙을 모두 준수하도록 보장한다.

인터페이스를 사용하면 프로그램의 여러 모듈 간에 명확한 구분을 정의할 수 있으며 사용자가 구현 세부 사항을 정의할 수 있는 API를 제공할 수 있다. 다음 절에서는 io.Reader 및 io.Writer 인터페이스와 I/O 연산에서의 역할에 대해 알아본다.

I/O 연산

프로그램에서 일반적인 연산은 데이터를 이동하고 타입을 변환하는 것이다. 예를 들면, 파일을 열고open, 파일의 내용을 메모리에 적재load하고, 다른 타입(예: jpeg)으로 인코딩해 디스크의 파일에 쓴다write. 이때 전송 버퍼transfer buffer를 통해 출발지source에서 목적지destination까지 데이터를 스트리밍stream할 수 있도록 `io.Reader` 및 `io.Writer` 인터페이스가 Go의 I/O 모델에서 핵심적인 역할을 한다.

io.Reader 인터페이스

표준 라이브러리의 `io` 패키지는 Go에서 가장 많이 사용하는 인터페이스 중 하나인 `io.Reader` 인터페이스를 정의하는데, 이 인터페이스는 바이트 스트림 `p`를 읽을 수 있다. 이 인터페이스는 읽은 바이트 수 `n`과 발생한 모든 에러 `err`을 반환한다.

```
type Reader interface {
    Read(p []byte) (n int, err error)
}
```

이 시그니처를 가진 `Read`가 있는 모든 구체적인 타입은 `io.Reader` 인터페이스를 구현하므로 다른 작업을 할 필요가 없다.

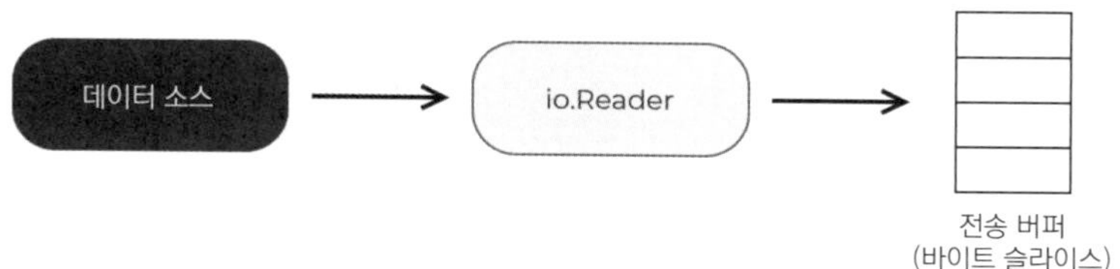

그림 3.9 io.Reader 인터페이스

표준 라이브러리 `strings` 패키지의 `strings.Reader` 타입에는 `Read(p []byte) (n int, err error)` 시그니처를 가진 메서드가 있으므로 `strings.Reader`는 `io.Reader` 인터페이

스를 충족한다. 또한 strings 패키지에는 strings.Reader 타입의 새 인스턴스를 가리키는 포인터를 반환하는 유용한 NewReader 함수가 있다. 다음 코드는 strings 패키지 소스 코드의 실제 스니펫이다.

```
// src/strings/reader.go
// Reader는 the io.Reader를 구현한다.
// 문자열에서 읽는다.
type Reader struct {
    s        string
    i        int64 // 현재 읽고 있는 인덱스
    prevRune int // 이전 rune의 인덱스: 또는 < 0
}

// Read는 io.Reader 인터페이스를 구현한다.
func (r *Reader) Read(b []byte) (n int, err error) {
    if r.i >= int64(len(r.s)) {
        return 0, io.EOF
    }
    r.prevRune = -1
    n = copy(b, r.s[r.i:])
    r.i += int64(n)
    return
}

// NewReader는 s에서 읽는 새 Reader를 반환한다.
func NewReader(s string) *Reader { return &Reader{s, 0, -1} }
```

위 코드는 Read 메서드가 있는 구체적인 Reader 구현(데이터 필드 포함)도 보여 준다.

io.Writer 인터페이스

io 패키지는 len(p) 바이트를 기본 데이터 스트림에 쓸 수 있는 io.Writer 인터페이스도 정의한다. io.Writer 인터페이스는 기록한 바이트written byte 수 n과 쓰기를 조기에 중단시킨 에러 err을 반환한다.

```go
type Writer interface {
    Write(p []byte) (n int, err error)
}
```

이 서명을 가진 Write 메서드가 있는 모든 구체적인 타입은 io.Writer 인터페이스를 구현한다.

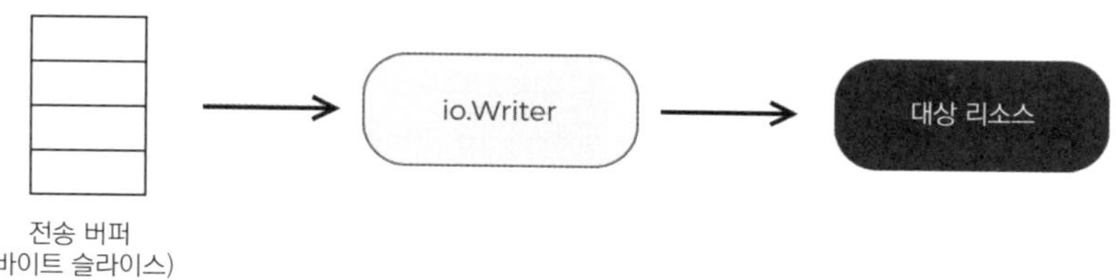

그림 3.10 io.Writer 인터페이스

예를 들어, 표준 라이브러리 os 패키지의 os.File에는 Write(p[]byte) (n int, err error) 시그니처가 있는 메서드가 있으므로 io.Writer 인터페이스를 충족한다.

```go
// src/os/types.go
// File은 열린 파일에 관한 기술자(descriptor)를 나타낸다.
type File struct {
    *file // os에 국한됨.
}

// Read는 File에서 최대 len(b) 바이트를 읽는다.
// Read는 읽은 바이트 수와 에러를 반환한다.
// 파일의 끝에 도달하면 Read는 0, io.EOF를 반환한다.
func (f *File) Read(b []byte) (n int, err error) {
    if err := f.checkValid("read"); err != nil {
        return 0, err
    }
    n, e := f.read(b)
    return n, f.wrapErr("read", e)
}

func Create(name string) (*File, error) {
    return OpenFile(name, O_RDWR|O_CREATE|O_TRUNC, 0666)
```

```
}
```

os 패키지는 파일 위치에서 os.File을 가리키는 포인터를 반환하는 유용한 Create 함수도 제공한다. 위 코드는 os 패키지 소스 코드의 실제 스니펫이다.

io.Copy 함수

'인터페이스' 절의 끝부분에서 설명한 것처럼 io.Copy 함수를 사용하면 데이터를 소스에서 대상으로 복사할 수 있다. 이 함수에 구체적인 타입의 데이터를 전달하더라도 io.Copy는 인터페이스 타입을 인수로 받으므로 실제로 데이터가 무엇인지는 중요하지 않으며 그대신 데이터가 무엇을 할 수 있는지에만 관심을 둔다. io.Copy는 읽을 수 있는 소스와 쓸 수 있는 대상을 필요로 한다.

```
// src/io/io.go
// Copy는 src의 EOF에 도달하거나 에러가 발생할 때까지
// src에서 dst까지 복사한다.
func Copy(dst Writer, src Reader) (written int64, err error) {
    return copyBuffer(dst, src, nil)
}
```

그림 3.11과 같이 io.Copy는 32KB 전송 버퍼를 사용해 데이터를 소스에서 대상으로 스트리밍한다.

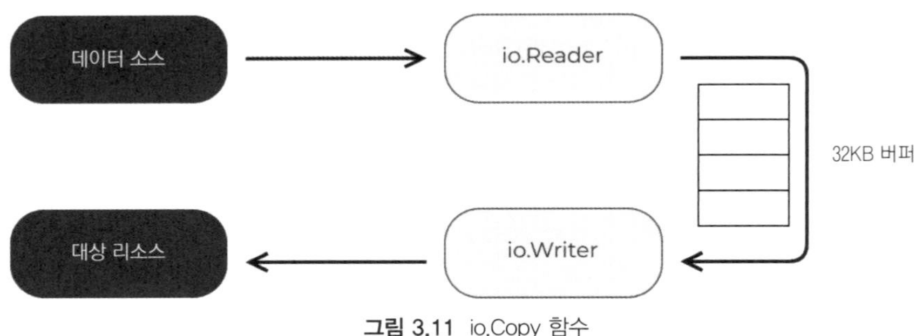

그림 3.11 io.Copy 함수

이 함수를 테스트해 보자. strings.NewReader에서 만들어진 문자열에서 io.Reader를 가져올 수 있으며 os.Create는 디스크의 파일에 쓰는 io.Writer를 제공한다. 다음 코드는 ch03/io-interface1/main.go[24]에서 확인할 수 있다.

```
func main() {
    src := strings.NewReader("The text")
    dst, err := os.Create("./file.txt")
    if err != nil {
        panic(err)
    }
    defer dst.Close()
    io.Copy(dst, src)
}
```

이 경우, 문자열과 파일을 조합했지만, 같은 io.Copy 함수를 사용해 네트워크에서 읽고 터미널에 출력했다. 지금은 방금 만든 파일을 살펴보자.

```
ch03/io-interface1$ go run main.go

ch03/io-interface1$ cat file.txt
The text
```

네트워크 관련 예제를 살펴보자. net/http 패키지에는 URL(string)을 받아 http.Response를 가리키는 포인터를 반환하는 Get 함수가 있으며 io.Reader 인터페이스를 충족하는 필드(Body)도 있다. os.Stdout 터미널은 io.Writer 인터페이스를 충족한다. 이를 통해 다른 조합을 시도해 볼 수 있다. 실제로 동작하는 코드를 살펴보자. 이 코드는 앞에서 실행한 코드와 매우 비슷하며 전체 코드는 ch03/io-interface2/main.go[25]에서 확인할 수 있다.

```
func main() {
    res, err := http.Get("https://www.tkng.io/")
    if err != nil {
        panic(err)
    }
```

```
    src := res.Body
    defer src.Close()
    dst := os.Stdout
    io.Copy(dst, src)
}
```

이제 같은 io.Copy 함수를 사용해 URL에서 내용을 읽어 터미널에 출력할 수 있다.

```
ch03/io-interface2$ go run main.go
<!doctype html><html lang=en class="js
csstransforms3d"><head><meta charset=utf-8><meta name=viewport
content="width=device-width,initial-scale=1"><meta
name=generator content="Hugo 0.74.3"><meta name=description
content="The Kubernetes Networking Guide">...
```

io.Copy를 사용해 데이터를 한 지점에서 다른 지점으로 옮길 수 있다. 스트리밍하는 동안 데이터를 변환하기 위해 또 다른 작업을 추가해야 한다.

합성

데이터를 스트리밍하는 동안 데이터를 변환하는 한 가지 방법은 한 구조체struct type를 다른 구조체에 임베드embed하는 것인데, 이를 '합성composition'이라고 한다. 이렇게 하면 여러 개의 io.Reader나 io.Writer 인터페이스를 연결해 데이터를 소스에서 대상으로 복사하는 것뿐 아니라 하나 이상의 작업을 수행할 수도 있다.

이런 패턴을 따르는 장점은 모든 io.Reader 또는 io.Writer 인터페이스에 재사용할 수 있는 코드를 작성할 수 있다는 것이다. ch03/reader/main.go[26] 프로그램을 살펴보자.

```
type myReader struct {
    src io.Reader
}

func (r *myReader) Read(buf []byte) (int, error) {
    tmp := make([]byte, len(buf))
```

```
        n, err := r.src.Read(tmp)
        copy(buf[:n], bytes.Title(tmp[:n]))
        return n, err
    }

    func NewMyReader(r io.Reader) io.Reader {
        return &myReader{src: r}
    }
```

io.Reader 타입의 단일 src 필드가 있는 새로운 myReader 타입을 정의한다. Go에서 어떤 타입을 임베드하면 해당 타입의 메서드는 다른 타입의 메서드가 되므로 myReader는 src에서 Read 메서드를 갖게 된다.

하지만 우리는 동작을 변경하고 데이터로 뭔가를 하고자 한다. 따라서 타입에서 더 깊게 중첩된 다른 메서드 부분보다 우선순위를 갖는 새로운 Read 메서드를 정의한다.

이 Read 메서드에서는 문자열로 작업한다는 가정하에 버퍼에서 데이터를 읽고 bytes.Title을 사용해 타이틀 케이스title case[27]로 변환한다. 마지막으로 NewMyReader는 기존 리더reader와 이 새로운 리더를 연결해 두 코드의 조각을 연결한다. 실제 동작을 확인해 보자.

```
func main() {
    r1 := strings.NewReader("network automation with go")
    r2 := NewMyReader(r1)

    io.Copy(os.Stdout, r2)
}
```

r1의 문자열에서 리더를 만든 후 해당 리더를 r2의 myReader에 대한 입력으로 사용한다.

```
ch03/reader$ go run main.go
Network Automation With Go
```

이제 r2에서 os.Stdout로 복사할 때 문자열을 읽고 터미널에 출력하기 전에 내용을 타이틀 케이스로 변환한다.

입력과 출력 기본 요소primitive는 거의 모든 Go 라이브러리에 들어 있다. 다음 절도 예외는 아니다. Go의 인코딩encoding과 디코딩decoding은 `io.Reader`와 `io.Writer` 인터페이스를 최대한 활용한다.

디코딩과 인코딩

가장 일반적인 네트워크 자동화 작업 중 하나는 정형 데이터structured data를 수집ingesting하고 처리processing하는 것이다. 원격지에서 데이터를 검색하거나, 원격지로 데이터를 보내거나, 심지어 로컬 디스크에 저장할 수도 있다. 위치에 상관없이 이 데이터를 다른 적절한 포맷으로 변환해야 한다. 인코딩encoding 또는 마샬링marshaling[28]은 Go 데이터 구조의 바이트를 정형 텍스트 표현structured textual representation으로 변환하는 과정이다.

디코딩 또는 언마샬링은 Go의 값을 외부 소스 데이터로 채우는 반대 과정이다. 정형 데이터 인코딩 기법의 몇 가지 예로는 YAML, JSON, XML, 프로토콜 버퍼protocol buffer를 들 수 있다. Go 표준 라이브러리에는 이렇게 널리 사용되는 대부분의 포맷에 대한 인코딩과 디코딩을 구현하는 패키지가 있으며 이런 패키지는 모두 앞 절에서 배운 `io.Reader`와 `io.Writer` 인터페이스 구성 요소를 활용한다.

이 절에서는 Go가 다음 작업을 처리하는 방법을 설명한다.

- 라이브러리가 정형 데이터를 인코딩하고 디코딩할 수 있도록 Go 구조체에 태그tag를 다는 방법
- 빈 인터페이스를 사용해 정형 데이터를 파싱하는 방법
- 외부 라이브러리third-party library를 사용해 깊이 중첩된 설정deeply nested set 및 조회lookup를 연산하는 방법

디코딩

일반적으로 디코딩은 네트워크 자동화 파이프라인network automation pipeline의 첫 번째 단계 중 하나이므로 디코딩부터 설명한다. 다양한 원격 네트워크 장치와 상호작용해야 하는 프로그램을 만든다고 가정해 보자. 이런 장치의 정보를 로컬 디스크에 저장한 인벤토리 파일에 저장한다.

JSON 디코딩

첫 번째 예제에서는 JSON 인벤토리(input.json)를 다루는 방법을 알아본다. 이 부분의 모든 출력은 `ch03/json`[29] 디렉터리에서 확인할 수 있다.

```
{
    "router": [
        {
            "hostname": "router1.example.com",
            "ip": "192.0.2.1",
            "asn": 64512
        },
        {
            "hostname": "router2.example.com",
            "ip": "198.51.100.1",
            "asn": 65535
        }
    ]
}
```

`ch03/json/main.go`[30]의 첫 번째 코드 예제에서는 위 출력의 JSON 입력 데이터를 메모리에 저장할 수 있는 몇 가지 Go 구조체를 정의한다. 첫 번째 타입을 `Router`라고 하며 이 타입에는 `Hostname`, `IP`, `ASN` 필드가 있다. 다른 타입은 라우터 목록을 `Inventory`로 저장한다. `Router` 타입의 필드에는 원래 JSON 구조에서 대체 키 이름alternative key name을 나타내는 `json:"key"`와 같은 옵션 태그가 있다.

```go
type Router struct {
    Hostname string `json:"hostname"`
    IP string `json:"ip"`
    ASN uint16 `json:"asn"`
}

type Inventory struct {
    Routers []Router `json:"router"`
}
```

파일에서 읽으려면 os.Open을 사용해 입력 파일에서 io.Reader 타입(file)을 만든다.

```go
func main() {
    file, err := os.Open("input.json")
    // 에러를 처리한다.

    defer file.Close()
    /* ... < 다음에 계속 > ... */
}
```

json 라이브러리뿐 아니라 다른 인코딩 라이브러리에는 io.Reader 타입을 인수로 전달해 io.Reader 타입에서 데이터를 추출하는 함수가 있다. 이는 파일과 문자열 네트워크 연결 또는 같은 함수를 호출하는 io.Reader 인터페이스를 구현하는 다른 모든 것에서 디코딩할 수 있다는 것을 의미한다.

```go
func main() {
    /* ... < 이어서 계속 > ... */
    d := json.NewDecoder(file)
    /* ... < 다음에 계속 > ... */
}
```

디코더를 만들고 나면 Decode 메서드를 사용해 JSON 파일의 내용을 읽어 Inventory 타입의 변수 inv에 파싱할 수 있다. 데이터 구조체를 변경하려면 데이터 구조체를 포인터로 전달해야 한다는 점을 기억해야 한다.

```
func main() {
    /* ... < 이어서 계속 > ... */
    var inv Inventory

    err = d.Decode(&inv)
    // 에러를 파싱한다.
    fmt.Printf("%+v\n", inv)
}
```

지금 inv 변수를 출력하면 인벤토리 JSON 파일의 데이터로 채워진 것을 볼 수 있다.

```
ch03/json$ go run main.go
{Routers:[{Hostname:router1.example.com IP:192.0.2.1 ASN:64512}
{Hostname:router2.example.com IP:198.51.100.1 ASN:65535}]}
```

빈 인터페이스로의 디코딩

앞에서 살펴본 필드 태그는 인코딩과 디코딩 중에 데이터를 매핑하기 위한 매우 유용한 방법이다. 모든 Go 타입을 미리 정의해야 한다는 조건은 타입의 안전성type safety을 제공하지만, 디코딩 과정에서 이 기능을 필요로 하지 않는 다른 언어에서는 큰 단점이 될 수 있다.

하지만 Go에서는 이를 건너뛸 수도 있다. 이 경우, 몇 가지 주의해야 할 점이 있지만, 이는 나중에 설명한다. 어떻게 작동하는지 알아보기 위해 앞의 예제와는 약간 다른 버전을 사용한다. 이 새 버전은 ch03/json-interface[31] 디렉터리에서 확인할 수 있다. 모든 Go 구조체를 정의하는 대신 map[string]interface{} 타입의 특수 변수를 사용해 Decode 메서드 호출에 대한 인수로 전달한다.

```
func main() {
    /* ... < 생략 > ... */
    var empty map[string]interface{}

    err = d.Decode(&empty)
```

```
    // 에러를 처리한다.

    // map[router:[map[asn:64512 hostname:router1.example.com
ip:192.0.2.1]
    // map[asn:65535 hostname:router2.example.com ip:198.51.100.1]]]을 출력
한다.
    fmt.Printf("%v\n", empty)
    /* ... < 다음에 계속 > ... */
}
```

빈 인터페이스empty interface `interface{}`는 어떤 메서드도 정의하지 않으며 이는 `integer`, `string`, `float`, 사용자 정의 등 모든 값을 가질 수 있다. 한 가지 주의해야 할 점은 Go는 정적으로 타입이 지정되는 언어이므로 어떤 타입이 될 것인지 Go에 명시적으로 알려 주기 전까지는 이런 값이 빈 인터페이스로 남아 있다는 것이다.

위 예제에서 JSON 내용을 디코딩한 `map[string]interface{}` 타입의 빈 변수 출력에서 우리가 출력하는 맵의 값이 배열이라는 것을 알 수 있다. 이 값을 파싱해 개별적으로 출력하려면 `[]interface{}`로 표현할 수 있는, 알 수 없는 값의 슬라이스로 처리하도록 Go에게 알려 줘야 한다.

```
func main() {
    /* ... < 이어서 계속 > ... */
    for _, r := range empty["router"].([]interface{}) {
        fmt.Printf("%v\n", r)
    }
}
```

이 `print`문의 출력은 두 개 `map[string]interface{}` 맵의 문자열 표현으로 키를 문자열로 파싱했지만, 값은 아직 정의되지 않았다는 것을 의미한다.

```
ch03/json-interface $ go run main.go
...
map[asn:64512 hostname:router1.example.com ip:192.0.2.1]
map[asn:65535 hostname:router2.example.com ip:198.51.100.1]
```

이 객체의 모든 값에 맞는 타입을 찾을 때까지 이 과정을 계속할 수 있지만, 이 과정은 매우 귀찮은 작업이다. 이런 이유로 인코딩 라이브러리에서 이런 접근 방식을 주로 사용하거나 잠재적으로 알 수 없는 입력 데이터 구조를 한눈에 파악하기 위한 문제 해결 단계로 사용한다.

JSON 데이터로 빠르게 연산할 수 있는 다른 옵션으로는 전체 객체에 대한 구조체를 만들지 않고도 심층 JSON 조회deep JSON lookup(GJSON)[32]와 설정(SJSON)[33] 연산을 수행하기 위해 외부 Go 패키지를 사용하는 것이다. 두 경우 모두 파싱은 여전히 내부적으로 이뤄지지만, 데이터나 키가 없는 경우에는 사용자가 에러만 볼 수 있다.

XML 디코딩

XML 입력 파일의 타입은 다르지만 데이터는 같으며 Go 프로그램도 많이 바뀌지는 않는다. 다음 코드는 `ch03/xml`[34] 디렉터리에서 확인할 수 있다.

```
<?xml version="1.0" encoding="UTF-8" ?>
<routers>
    <router>
        <hostname>router1.example.com</hostname>
        <ip>192.0.2.1</ip>
        <asn>64512</asn>
    </router>
    <router>
        <hostname>router2.example.com</hostname>
        <ip>198.51.100.1</ip>
        <asn>65535</asn>
    </router>
</routers>
```

최종 프로그램과 JSON에 대한 프로그램을 비교해 보면 네 가지 다른 점을 알 수 있다.

- `encoding/json` 대신 `encoding/xml`를 임포트한다.
- 구조체 필드에 대해 JSON 태그 대신 XML 태그 `xml:"hostname"`를 사용한다.

- 입력 파일이 .xml 파일이다.
- xml 라이브러리의 NewDecoder 함수를 사용한다.

나머지는 JSON 코드와 같다. 다음 코드 출력은 실제로 바뀐 줄을 강조했고 다른 줄은 JSON 코드와 같아 생략했다.

```
package main

import (
    "os"
    "encoding/xml"
)

type Router struct {
    Hostname string `xml:"hostname"`
    IP string `xml:"ip"`
    ASN uint16 `xml:"asn"`
}

type Inventory struct {
    Routers []Router `xml:"router"`
}

func main() {
    file, err := os.Open("input.xml")
    /* ... < 생략 > ... */
    d := xml.NewDecoder(file)
    /* ... < 생략 > ... */
}
```

XML에도 JSON과 마찬가지로 Go 타입의 계층 구조hierarchy를 만들지 않고도 복잡한 입력 데이터를 처리할 수 있는 자체 외부 라이브러리가 있다. 이 라이브러리 중 하나인 xmlquery 패키지[35]를 사용하면 Go에서 XML 경로 언어Path Language(XPath) 쿼리query를 사용할 수 있다.

YAML

이제 YAML 인벤토리를 파싱하는 방법을 알아보자. 전체 코드는 ch03/yaml[36]에서 확인할 수 있다.

```
router:
  - hostname: "router1.example.com"
    ip: "192.0.2.1"
    asn: 64512
  - hostname: "router2.example.com"
    ip: "198.51.100.1"
    asn: 65535
```

지금까지 살펴봤던 것처럼 JSON 코드와 XML 코드를 비교해 보면 변경되는 항목의 개수와 종류가 크게 다르지 않다는 것을 알 수 있다. 다음 코드 스니펫은 변경된 부분만 강조했으며 전체 코드는 ch03/yaml/main.go[37]에서 확인할 수 있다.

```
package main

import (
    "os"
    "gopkg.in/yaml.v2"
)

type Router struct {
    Hostname string `yaml:"hostname"`
    IP string `yaml:"ip"`
    ASN uint16 `yaml:"asn"`
}

type Inventory struct {
    Routers []Router `yaml:"router"`
}

func main() {
    /* ... < 생략 > ... */
    d := yaml.NewDecoder(file)
    /* ... < 생략 > ... */
}
```

위 Go 프로그램의 결과는 JSON 및 XML 코드의 결과와 같지만, 실행하기 전에 먼저 외부 YAML 라이브러리 종속성(gopkg.in/yaml.v2)을 설치해야 한다.

```
ch03/yaml$ go get gopkg.in/yaml.v2
go get: added gopkg.in/yaml.v2 v2.4.0

ch03/yaml$ go run main.go
{Routers:[{Hostname:router1.example.com IP:192.0.2.1 ASN:64512}
{Hostname:router2.example.com IP:198.51.100.1 ASN:65535}]}
```

데이터 구조를 미리 정의하지 않고도 YAML 문서를 파싱하고 쿼리할 수도 있다. 이 작업을 위한 도구 중 하나인 yq[38]는 Go로 작성된 jq(JSON 데이터의 경우 sed) 스타일의 셸shell CLI 도구이다. 내장된 yqlib 패키지를 통해 Go 프로그램에서 yq를 사용할 수 있다.

인코딩

소스에서 데이터를 디코딩하는 것만큼이나 중요한 것은 데이터를 반대 방향으로 처리한 후 인메모리 데이터 모델in-memory data model을 기반으로 정형 데이터 문서를 만드는 것이다. 다음 코드에서는 '디코딩' 절에서 중단한 부분부터 다시 시작해 JSON 입력 파일에서 가져온 인메모리 데이터를 해당 XML 문서로 출력한다.

코드에서 가장 먼저 해야 할 일 중 하나는 구조체 태그struct tags를 XML에 대한 추가 키-값 쌍으로 업데이트하는 것이다. XML 라이브러리는 필드 이름을 대신 사용할 수 있지만, 반드시 그런 것은 아니어서 인코딩하는 모든 관련된 필드를 명시적으로 주석으로 표시하는 것이 일반적으로 권장되는 방법이다.

```
type Router struct {
    Hostname string `json:"hostname" xml:"hostname"`
    IP       string `json:"ip" xml:"ip"`
    ASN      uint16 `json:"asn" xml:"asn"`
}

type Inventory struct {
```

```
    Routers []Router `json:"router" xml:"router"`
}
```

위 예제의 전체 코드는 ch03/json-xml[39]에서 확인할 수 있다. 여기서는 간략히 inv 변수를 XML 문서로 인코딩하기 위해 추가한 코드만 설명한다.

```
func main() {
    /* ... < 생략 > ... */
    var dest strings.Builder

    e := xml.NewEncoder(&dest)

    err = e.Encode(&inv)
    // 에러를 처리한다.

    fmt.Printf("%+v\n", dest.String())
}
```

위 코드에서는 문자열을 출력하기 위해 Encode 메서드에 필요한 io.Writer 인터페이스를 구현한 strings.Builder 타입을 사용한다. 이는 인터페이스의 능력을 강조하는 예로, 거의 같은 프로그램으로 네트워크 연결을 전달해 XML 데이터를 원격 호스트로 전송할 수 있다. 코드를 실행한 결과는 다음과 같다.

```
ch03/json-xml$ go run main.go
<Inventory><router><hostname>router1.example.com</
hostname><ip>192.0.2.1</ip><asn>64512</asn></
router><router><hostname>router2.example.com</
hostname><ip>198.51.100.1</ip><asn>65535</asn></router></
Inventory>
```

아직 설명하지 않은 인코딩 포맷 중 하나는 프로토콜 버퍼로, 8장의 'gRPC' 절에서 설명한다.

지금까지 네트워크 장치와 상호작용하고 자동화하기 위해 프로그램을 효과적으로 작성하는 데 필요한 Go 언어 이론을 설명했다. 이제 남은 것은 Go 언어의 가장 중요한 특징 중 하나인 동시성이다.

동시성

다른 인기 있는 프로그래밍 언어와 비교해 Go를 특징 짓는 한 가지 기능으로는 '동시성'을 들 수 있다. Go에 내장된 동시성 구성 요소(고루틴과 채널)는 여러 작업을 동시에 실행하는 효율적인 코드를 작성하는 데 가장 널리 알려진 추상화 방법 중 하나이다.

프로그램은 메인 고루틴main goroutine에서 시작하지만, 언제든지 다른 동시 고루틴concurrent goroutine을 생성spawn하고 고루틴 간에 통신 채널을 만들 수 있다. 다른 프로그래밍 언어보다 훨씬 적은 노력과 코드로 이 작업을 수행할 수 있으므로 개발 경험과 코드의 지원이 좋아진다.

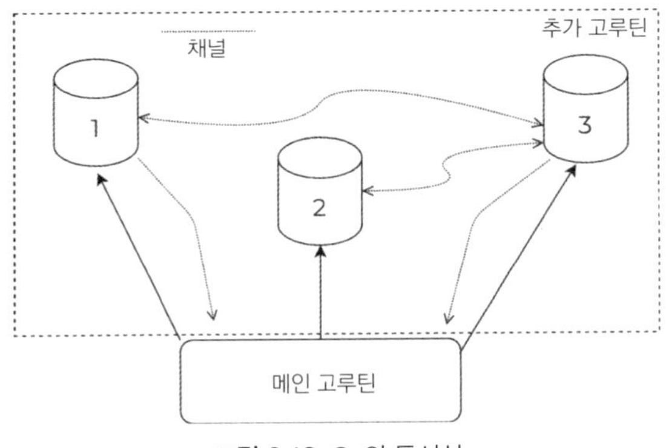

그림 3.12 Go의 동시성

이 절에서는 다음과 같은 동시성 구성 요소를 설명한다.

- 고루틴과 고루틴의 조정coordination을 위한 sync 패키지 사용법
- 고루틴 간에 데이터 송수신을 위한 채널 사용법
- 다른 고루틴 간에 공유되는 데이터에 대한 뮤텍스mutex[40] 사용법

고루틴

고루틴은 Go 런타임이 관리하는 사용자 공간 스레드user-space thread와 같은 개념이다. 고루틴의 생성과 관리가 계산적으로 저렴하므로 메모리가 주요 제한 요소인 평균적인 컴퓨터에서도 고루틴을 수십만 개까지 확장할 수 있다.

메인 함수의 실행을 차단할 수 있는 작업에 대해 고루틴을 만드는 것이 일반적이다. 특히 고루틴은 원격 네트워크의 호출을 처리하고 네트워크 장치가 명령어를 실행할 때까지 기다려야 하는 네트워크 자동화 환경에서 매우 유용하다.

다른 네트워크 자동화 예제를 통해 고루틴의 기본 개념을 알아본다. 앞 절에서는 장치 인벤토리를 가져와 파싱하는 방법을 알아봤다. 이 절에서는 앞 절에 이어 이런 네트워크 장치와 상호작용하는 방법을 살펴본다.

먼저 단일 장치에 대한 인벤토리 파일 `input.yml`을 사용한다. 이 파일은 `ch03/single`[41]에서 확인할 수 있다.

```
router:
- hostname: sandbox-iosxe-latest-1.cisco.com
  platform: cisco_iosxe
  strictkey: false
  username: developer
  password: C1sco12345
```

이 인벤토리를 저장하기 위해 '인코딩' 절, '디코딩' 절에서 사용했던 것과 같이 타입의 계층 구조type hierarchy를 다음과 같이 정의한다.

```
type Router struct {
    Hostname string `yaml:"hostname"`
    /* ... < 생략 > ... */
}

type Inventory struct {
    Routers []Router `yaml:"router"`
}
```

Router 타입의 인수를 받아 소프트웨어 및 하드웨어의 버전 정보에 연결하고 검색해 화면에 출력하는 getVersion 함수를 정의한다. 이 함수의 정확한 구현은 중요하지 않으므로 3장에서는 자세히 설명하지 않는다. 전체 코드는 ch03/single/main.go[42]에서 확인할 수 있다.

```
func getVersion(r Router) {
    /* ... < 생략 > ... */
}

func main() {
    src, err := os.Open("input.yml")
    // 에러를 처리한다.
    defer src.Close()

    d := yaml.NewDecoder(src)

    var inv Inventory
    err = d.Decode(&inv)
    // 에러를 처리한다.

    getVersion(inv.Routers[0])
}
```

인벤토리에는 장치가 하나만 있으므로 슬라이스 인덱스를 사용해 직접 액세스할 수 있다. 이 프로그램의 실행 시간은 약 2초 정도이다.

```
ch03/single$ go run main.go
Hostname: sandbox-iosxe-latest-1.cisco.com
Hardware: [CSR1000V]
SW Version: 17.3.1a
Uptime: 5 hours, 1 minute

This process took 1.779684183s
```

이제 ch03/sequential[43] 디렉터리에 저장된 비슷한 코드를 살펴보자. 이 인벤토리에는 다음과 같이 두 개의 장치가 추가돼 있다.

```
router:
- hostname: sandbox-iosxe-latest-1.cisco.com
  platform: cisco_iosxe
  ...

- hostname: sandbox-nxos-1.cisco.com
  platform: cisco_nxos
  ...

- hostname: sandbox-iosxr-1.cisco.com
  platform: cisco_iosxr
  ...
```

'제어 흐름' 절에서 설명했던 것처럼 for 루프의 range를 사용해 배열과 슬라이스에 대해 반복할 수 있다. 여기서는 inv.Routers의 각 Router에 대해 반복하면서 Router를 v 변수에 할당한다. 인덱스의 값을 밑줄(_)로 표시한 빈 식별자blank identifier에 할당해 인덱스의 값을 무시한다. 마지막으로 v 라우터에 대해 getVersion 함수를 호출한다.

```
func main() {
    /* ... < 생략 > ... */
    for _, r := range inv.Routers {
        getVersion(v)
    }
}
```

한 장치에서 다른 장치로 연결하므로 실행하는 데 약 7초가 걸린다.

```
ch03/sequential$ go run main.go
Hostname: sandbox-iosxe-latest-1.cisco.com
Hardware: [CSR1000V]
SW Version: 17.3.1a
Uptime: 5 hours, 25 minutes

Hostname: sandbox-nxos-1.cisco.com
Hardware: C9300v
SW Version: 9.3(3)
Uptime: 0 day(s), 3 hour(s), 2 minute(s), 18 second(s)
```

```
Hostname: sandbox-iosxr-1.cisco.com
Hardware: IOS-XRv 9000
SW Version: 6.5.3
Uptime: 2 weeks 8 hours 23 minutes

This process took 6.984502353s
```

이 코드는 고루틴을 사용해 최적화할 수 있는 코드의 대표적인 예이다. 처음에 해야 할 일은 고루틴에서 실행해야 할 문 앞에 go 키워드를 추가하는 것이다.

```
func main() {
    /* ... < 생략 > ... */
    for _, r := range inv.Routers {
        go getVersion(v)
    }
}
```

위 코드에서는 getVersion (v) 문을 호출할 때마다 별도의 고루틴이 만들어진다. 모든 작업은 내부적으로 수행된다. 생성된 고루틴 내부의 모든 차단 문blocking statement은 다른 고루틴에 영향을 미치지 않으므로 이제 메인 고루틴과 함께 세 개의 모든 함수 호출이 동시에 실행된다.

이렇게 생성된 고루틴의 기본 동작은 제어를 즉시 해제release하므로 이 예제에서는 코드가 세 장치 모두에 대해 반복한 후에 반환한다. 실제로 생성된 고루틴이 완료될 때까지 기다리지는 않는다.

하지만 여기서는 프로그램이 종료되기 전에 세 함수 호출의 결과를 모두 확인하고자 한다. 이를 위해 특수 sync.WaitGroup 타입을 사용해 생성된 모든 고루틴이 완료될 때까지 메인 고루틴을 차단block할 수 있다. sync.WaitGroup 타입은 현재 활성화된 모든 고루틴을 추적하는 카운터counter를 유지하면서 해당 카운터가 0으로 줄어들 때까지 메인 고루틴을 차단한다.

다음과 같은 방법을 사용해 이 아이디어를 코드에 적용한다.

- sync.WaitGroup 타입의 새 wg 변수를 만든다.
- 인벤토리를 반복하면서 wg.Add(1)로 WaitGroup 카운터를 1씩 증가시킨다.
- 생성된 각 고루틴은 getVersion을 실행하는 익명 함수anonymous function로 구성되며 마지막에서는 wg.Done를 호출해 defer 문으로 WaitGroup 카운터를 1씩 감소시킨다.
- 메인 고루틴은 WaitGroup가 0이 될 때까지 wg.Wait에서 차단된다. 이는 getVersion 함수의 모든 생성된 인스턴스가 n을 반환한 후에 발생한다.

전체 코드는 ch03/concurrency/main.go[44]에서 확인할 수 있다.

```
func main() {
    /* ... < 생략 > ... */
    var wg sync.WaitGroup

    for _, v := range inv.Routers {
        wg.Add(1)

        go func(r Router) {
            defer wg.Done()
            getVersion(r)
        }(v)
    }
    wg.Wait()
}
```

이제 이렇게 변경한 내용이 프로그램이 실행 시간에 어떤 영향을 미치는지 알아보자.

```
ch03/concurrency$ go run main.go

Hostname: sandbox-iosxe-latest-1.cisco.com
Hardware: [CSR1000V]
SW Version: 17.3.1a
Uptime: 5 hours, 26 minutes

Hostname: sandbox-iosxr-1.cisco.com
Hardware: IOS-XRv 9000
SW Version: 6.5.3
```

```
Uptime: 2 weeks 8 hours 25 minutes

Hostname: sandbox-nxos-1.cisco.com
Hardware: C9300v
SW Version: 9.3(3)
Uptime: 0 day(s), 3 hour(s), 4 minute(s), 11 second(s)

This process took 2.746996304s
```

인벤토리에서 가장 느린 장치와 통신하는 데 걸린 시간이 약 3초 줄어들었다. 워커 함수 worker function(여기서는 getVersion)를 변경하지 않고도 상당한 성능 향상을 이뤄냈다. 기존 코드를 최소한으로 변경하면서도 다른 많은 비슷한 프로그램에도 같은 리팩토링 refactoring[45]을 적용할 수 있다.

이런 접근 방식은 고루틴을 사용하거나 사용하지 않고도 실행되는 기본 동기식 함수 natively synchronous function에 적합하다. 하지만 특정 함수가 항상 고루틴에서 실행된다는 것을 알고 있다면 처음부터 해당 함수를 고루틴에 적합하게 만들 수도 있다. 예를 들어, 다음과 같이 getVersion 함수가 추가 WaitGroup 인수를 받도록 리팩토링해 wg.Done 호출을 함수의 일부로 만들 수 있다.

```
func getVersion(r Router, wg *sync.WaitGroup) {
    defer wg.Done()
    /* ... < 생략 > ... */
}
```

이 함수를 사용하면 wg.Done을 호출하기 위해 익명 함수로 모든 것을 래핑wrap할 필요가 없으므로 메인 함수의 코드를 단순화할 수 있다.

```
func main() {
    /* ... < 생략 > ... */
    for _, v := range inv.Routers {
        wg.Add(1)
        go getVersion(v, &wg)
    }
```

```
    wg.Wait()
}
```

전체 코드는 ch03/concurrency2[46] 디렉터리에서 확인할 수 있다.

채널

고루틴에 익숙해진 후에 해야 할 일은 고루틴 간에 데이터를 교환하는 것이다. Go 채널을 사용하면 고루틴 간에 서로 통신을 할 수 있다. Go 채널은 선입선출 파이프first-in-first-out pipe로 설명할 수 있는데, 처리량throughput이 고정돼 있으므로 데이터를 양방향으로 보낼 수 있다.

작업 조정을 위해 사용하는 신호의 한 형태인 고루틴 동기화goroutine synchronization와 범용 데이터 교환general-purpose data exchange 모두에 채널을 사용할 수 있다.

make 키워드로 채널을 만들면 채널을 초기화해 바로 사용할 수 있다. make는 두 가지 인수를 사용하는데, 그중 하나는 채널을 통해 교환할 수 있는 데이터 타입을 정의하는 채널 타입channel type과 옵션인 용량capacity이다. 채널의 용량은 발신자를 차단하기 전에 저장할 수 있는 수신 대기 중인 값의 개수를 결정하며 이 값은 실제로 버퍼 역할을 한다.

다음 코드 스니펫은 채널을 통해 정수를 송수신하는 방법을 보여 준다. 여기서 send는 우리가 만든 채널 ch를 통해 보내려는 값이다. <- 연산자를 사용하면 데이터를 채널로 보낼 수 있다. 다음으로 채널 ch에서 값을 가져오는 receive 변수를 선언한다.

```
func main() {
    ch := make(chan int, 1)

    send := 1
    ch <- send
    receive := <-ch

    // 1을 출력한다.
    fmt.Println(receive)
```

```
}
```

하지만 여기에서 목표는 단일 고루틴에서 데이터를 송수신하는 것이 아니다. 다양한 고루틴 간의 통신을 위해 채널을 사용하는 다른 예제를 살펴보자. 이 절에서 사용한 예제에서 getVersion 함수의 결과를 출력하는 또 다른 워커 함수는 다음과 같다.

새로운 printer 함수는 for 루프를 사용해 채널 in에서 값을 받아 터미널에 출력한다.

```
func printer(in chan data {
    for out := range in {
        fmt.Printf("Hostname: %s\nHW: %s\nSW Version: %s\
nUptime: %s\n\n", out.host, out.hw, out.version, out.uptime)
    }
}
```

고루틴을 생성하기 전에 메인 고루틴에서 채널 ch를 만든다. 그리고 ch를 getVersion과 printer 함수의 인수로 전달한다. 첫 번째 추가 고루틴은 채널 ch를 통해 장치에서 나오는 메시지를 수신하는 printer 함수의 인스턴스이다.

```
func main() {
    /* ... < 생략 > ... */
    ch := make(chan data)

    go printer(ch)

    var wg sync.WaitGroup
    for _, v := range inv.Routers {
        wg.Add(1)
        go getVersion(v, ch, &wg)
    }
    wg.Wait()
    close(ch)
}
```

다음 단계는 인벤토리의 각 네트워크 장치에 대해 고루틴을 시작해 필요한 출력을 캡처하고 getVersion 함수로 채널을 통해 캡처한 값을 전송하는 것이다. 데이터를 수집하고 출력한 후 채널을 닫고 프로그램을 종료한다.

```
ch03/concurrency3$ go run main.go
Hostname: sandbox-iosxe-latest-1.cisco.com
HW: [CSR1000V]
SW Version: 17.3.1a
Uptime: 1 day, 12 hours, 42 minutes

Hostname: sandbox-iosxr-1.cisco.com
HW: IOS-XRv 9000
SW Version: 7.3.2
Uptime: 1 day 2 hours 57 minutes

Hostname: sandbox-nxos-1.cisco.com
HW: C9300v
SW Version: 9.3(3)
Uptime: 5 day(s), 6 hour(s), 25 minute(s), 44 second(s)
```

위 프로그램의 전체 코드는 ch03/concurrency3[47]에서 확인할 수 있다.

채널과 타이머

앞의 몇 가지 예제에서 우리가 고려하지 않은 시나리오는 네트워크 장치에 연결할 수 없거나, 연결이 끊어지거나, 응답이 없거나hang, 장치가 필요한 출력을 반환하는 데 시간이 오래 걸리는 경우이다. 이런 경우, 타임아웃timeout을 설정하면 오래 기다리지 않고 프로그램을 정상적으로 종료할 수 있다.

이 문제는 연결 수준connection level에서 처리할 수도 있지만, 채널은 다음과 같은 타이머 타입timer type을 통해 시간을 추적할 수 있는 몇 가지 리소스를 제공한다.

- Timer – 일정 시간 동안 기다린다.
- Ticker – 일정 간격으로 반복되는 행위를 수행한다.

Timer

Timer는 프로그램의 타임아웃을 정의하는 데 사용된다. 이를 설명하기 위해 함수 printer를 호출하는 대신 메인 함수의 채널 ch의 모든 메시지를 출력하도록 앞에서 사용했던 코드를 수정한다.

무한 루프infinite loop의 select문은 다음과 같이 Timer를 처리한다. 채널에서 select문은 switch문과 달리, 옵션을 순서대로 선택할 필요가 없을 때 사용한다. 반복할 때마다 채널 ch에서 메시지를 기다리거나 5초가 경과(time.After(5 * time.Second))하면 채널을 닫고 프로그램을 종료한다.

```
func main() {

    /* ... < 생략 > ... */
    for {
        select {
        case out := <-ch:
            fmt.Printf(
    "Hostname: %s\nHardware: %s\nSW Version: %s\nUptime: %s\n\n",
            out.host, out.hw, out.version, out.uptime)
        case <-time.After(5 * time.Second):
            close(ch)
            fmt.Println("Timeout: 5 seconds")
            return
        }
    }
}
```

이렇게 하면 모든 작업이 완료되지 않더라도 런타임은 항상 5초가 된다. 이것이 문제를 해결하는 가장 효율적인 방법은 아니지만, 이런 상황에서는 표준 라이브러리의 context 패키지를 사용해 좀 더 유연하고 효과적으로 타임아웃을 관리할 수 있다.

위 프로그램의 전체 코드는 ch03/concurrency5[48] 디렉터리에서 확인할 수 있다.

Ticker

Ticker는 주로 주기적인 작업을 실행하고자 할 때 사용한다. 다음 코드에서는 0.5초마다 실행되는 ticker를 만들어 메시지를 터미널에서 출력하는 트리거trigger로 사용한다. 또한 2,100밀리초 뒤에 프로그램의 실행을 중단하는 신호를 보내는 done 채널을 만든다.

```
func main() {
    ticker := time.NewTicker(500 * time.Millisecond)
    done := make(chan bool)

    go repeat(done, ticker.C)

    time.Sleep(2100 * time.Millisecond)
    ticker.Stop()
    done <- true
}
```

time 패키지의 Ticker는 주기적으로 신호를 보내기 위해 채널 C를 사용한다. 이 채널과 done 채널을 repeat 함수로 전달해 고루틴에서 실행한다.

```
func repeat(d chan bool, c <-chan time.Time) {
    for {
        select {
        case <-d:
            return
        case t := <-c:
            fmt.Println("Run at", t.Local())
        }
    }
}
```

이 함수는 무한 루프를 실행하면서 ticker에서 신호를 기다리거나 채널 done에서 신호를 받아 실행을 종료한다. 실행 결과는 다음과 같다.

```
ch03/ticker$ go run main.go
```

```
Tick at 2021-11-17 23:19:33.914906389 -0500 EST
Tick at 2021-11-17 23:19:34.414279709 -0500 EST
Tick at 2021-11-17 23:19:34.915058301 -0500 EST
```

위 프로그램의 전체 코드는 ch03/ticker[49] 디렉터리에서 확인할 수 있다.

공유 데이터 액세스

채널은 스레드에 안전thread-safe하므로 고루틴 간의 데이터 통신을 위한 기본 옵션으로 사용하는 것이 좋다. 하지만 때로는 둘 이상의 고루틴이 액세스해야 하는 데이터에 액세스하고 변경해야 할 수도 있다.

데이터를 동시에 액세스할 때의 문제점은 여러 고루틴이 같은 필드를 변경하거나 다른 곳에서 변경 중인 필드를 읽으려고 할 때 데이터가 손상될 수 있다는 것이다. Go의 sync 패키지에는 다음과 같이 이런 종류의 연산을 직렬화serialize하는 데 사용할 수 있는 세 가지 도우미 타입helper type이 있다.

- sync.Mutex 타입은 잠금locked과 잠금 해제unlocked의 두 가지 상태가 있는 범용 상호 배제 잠금general-purpose mutual exclusion lock이다.
- sync.RWMutex 타입은 읽기-쓰기 연산을 위한 특수 뮤텍스mutex, mutual exclusion[50]로, 쓰기 연산만 상호 배제되고 동시 읽기 연산은 안전하다.
- sync.Map 뮤텍스는 이 책에서 다루지 않는 몇 가지 맵 예외 상황을 다루는 데 사용한다. 좀 더 자세한 내용은 sync.Map 문서[51]를 참고하기 바란다.

이제 sync.RWMutexto를 사용해 동시 맵 액세스concurrent map access를 보호하는 방법을 알아보자. 이 절에서 사용한 예제를 기준으로 원격 장치에 성공적으로 연결할 수 있는지를 기록하는 변수를 하나 더 추가한다. 이 변수의 이름은 isAlive로, getVersion 함수에 인수로 전달한다.

```
func main() {
    /* ... < 생략 > ... */
    isAlive := make(map[string]bool)

    /* ... < 생략 > ... */
    for _, v := range inv.Routers {
        wg.Add(1)
        go getVersion(v, ch, &wg, isAlive)
    }
    /* ... < 생략 > ... */
}
```

동기화를 위해 모든 함수가 같은 뮤텍스를 사용하도록 뮤텍스 m을 패키지 수준의 전역 변수로 정의한다. isAlive 맵을 변경하기 직전에 이 뮤텍스를 잠그고 getVersion 함수에서 변경한 직후에 잠금을 해제한다.

```
var m sync.RWMutex = sync.RWMutex{}

func getVersion(r Router, out chan data, wg *sync.WaitGroup,
isAlive map[string]bool) {
    defer wg.Done()
    /* ... < 생략 > ... */

    rs, err := d.SendCommand("show version")
    if err != nil {
        fmt.Printf("fail to send cmd for %s: %+v\n",
                    r.Hostname, err)
        m.Lock()
        isAlive[r.Hostname] = false
        m.Unlock()
        return
    }

    m.Lock()
    isAlive[r.Hostname] = true
    m.Unlock()
}
```

마지막으로 맵을 반복하는 동안 작업 중에 실수로 변경되는 것을 방지하기 위해 읽기 전용 잠금read-specific lock을 사용하는 또 다른 뮤텍스를 메인 함수의 루프에 추가한다.

```
func main() {
    /* ... < 생략 > ... */
    m.RLock()
    for name, v := range isAlive {
        fmt.Printf("Router %s is alive: %t\n", name, v)
    }
    m.RUnlock()
    /* ... < 생략 > ... */
}
```

위 프로그램의 전체 코드는 ch03/concurrency4[52] 디렉터리에서 확인할 수 있다. 실행 결과는 다음과 같다.

```
ch03/concurrency4$ go run main.go
Hostname: sandbox-iosxe-latest-1.cisco.com
Hardware: [CSR1000V]
SW Version: 17.3.1a
Uptime: 8 hours, 27 minutes

Hostname: sandbox-iosxr-1.cisco.com
Hardware: IOS-XRv 9000
SW Version: 7.3.2
Uptime: 1 day 11 hours 43 minutes

Hostname: sandbox-nxos-1.cisco.com
Hardware: C9300v
SW Version: 9.3(3)
Uptime: 5 day(s), 15 hour(s), 11 minute(s), 42 second(s)

Router sandbox-iosxe-latest-1.cisco.com is alive: true
Router sandbox-iosxr-1.cisco.com is alive: true
Router sandbox-nxos-1.cisco.com is alive: true
This process took 3.129440011s
```

때로는 사소하지 않은 사용자 정의 데이터 타입일 때나 고루틴 간의 변수가 실수로 유출될 때 뮤텍스를 사용해야 한다는 사실을 잊어버릴 수 있다. 이런 경우, Go 도구에 내장된 데이터 경쟁 검출기data race detector를 사용할 수 있다. `go test/run/build` 명령어에 `-race` 플래그를 추가하면 공유 메모리shared memory에 대해 보호되지 않는 모든 액세스 요청unprotected access request을 검사하고 보고서를 받을 수 있다.

이 동작을 확인하기 위해 `getVersion` 함수의 여러 인스턴스가 동시에 조작하는 `isAlive` 맵에 대해 알아보자. 앞에서는 이 맵을 뮤텍스로 둘러싸고 있었지만, `ch03/race/main.go`[53]에서는 제거했다.

```
func getVersion(r Router, out chan map[string]interface{}, wg
*sync.WaitGroup, isAlive map[string]bool) {
    defer wg.Done()
    /* ... < 생략 > ... */

    // m.Lock()
    isAlive[r.Hostname] = true
    // m.Unlock()
    out <- "test"
}
```

`-race` 플래그를 사용해 프로그램을 실행하면 Go가 검출한 데이터 경쟁 조건이 강조돼 표시된다.

```
ch03/race$ go run -race main.go
MESSAGE: test
MESSAGE: test
==================
WARNING: DATA RACE
Write at 0x00c00011c6f0 by goroutine 9:
  runtime.mapassign_faststr()
      /usr/local/go/src/runtime/map_faststr.go:202 +0x0
  main.getVersion()
      ~/Network-Automation-with-Go/ch03/race/main.go:35 +0xeb
  main.main·dwrap·5()
      ~/Network-Automation-with-Go/ch03/race/main.go:74 +0x110
...
==================
```

```
MESSAGE: test
Router sandbox-iosxe-latest-1.cisco.com is alive: true
Router sandbox-iosxr-1.cisco.com is alive: true
Router sandbox-nxos-1.cisco.com is alive: true
This process took 1.918348ms
Found 1 data race(s)
exit status 66
```

Go에 내장된 데이터 경쟁 검출기는 동시성 시스템에서 디버깅하기 가장 어려운 버그 중 하나인 데이터 경쟁의 문제를 해결하는 데 도움이 된다.

동시성 주의사항

동시성은 강력한 도구이다. 코드의 모든 곳에서 고루틴을 사용하고 워커 풀worker pool과 같은 디자인 패턴design pattern을 따르거나 작업을 여러 고루틴으로 분할하면 상대적으로 적은 복잡도로 초기 속도를 높일 수 있다.

하지만 동시성은 병렬성과는 다르며[54] 고루틴을 조정하고 OS 스레드에 매핑하는 것에는 항상 약간의 오버헤드overhead가 발생한다는 점을 아는 것이 중요하다. 또한 기본 하드웨어 리소스는 한정돼 있으므로 동시성의 성능 향상은 어느 정도까지만 늘어나며 그 이후로는 점진적으로 일정하게 된다는 점도 잊어서는 안 된다.[55]

마지막으로 동시성 프로그래밍은 어렵다. 안전한 코드를 작성하기 어려우며 문제가 발생했을 때 원인을 찾고 디버깅하기도 어렵다. 코드를 고루틴으로 과도하게 설계하지 말고 꼭 필요한 경우에만 사용하되, 성능상의 이점을 측정하고 경쟁 조건을 검출하며 가능하면 메모리 공유를 피하고 채널을 통한 통신을 선택하는 것이 중요하다.

요약

4장부터는 실제 시나리오에 더 적용하기 쉬운 네트워크 관련 작업에 집중한다. 책 전반에 걸쳐 이론적인 개념도 계속 설명하지만, 대부분의 내용은 추상적인 이론보다 구체적인 사용 사례를 다룬다.

참고 자료

[1] https://github.com/PacktPublishing/Network-Automation-with-Go/blob/main/ch03/type-definition/main.go

[2] 프로그래밍 언어에서 직접 값을 나타내는 자구 단위를 말한다. 예를 들면, 14는 실정수 14, 'APRIL'은 문자열 APRIL, 3.0005E2는 수 300.05를 나타낸다(출처: 정보통신용어사전). - 옮긴이

[3] https://github.com/PacktPublishing/Network-Automation-with-Go/blob/main/ch03/string-literals/main.go

[4] https://github.com/PacktPublishing/Network-Automation-with-Go/blob/main/ch03/string-concatenate/main.go

[5] https://github.com/PacktPublishing/Network-Automation-with-Go/blob/main/ch03/string-memory/main.go

[6] https://github.com/PacktPublishing/Network-Automation-with-Go/blob/main/ch03/boolean/main.go

[7] https://github.com/PacktPublishing/Network-Automation-with-Go/blob/main/ch03/arrays/main.go

[8] https://github.com/PacktPublishing/Network-Automation-with-Go/blob/main/ch03/slices/main.go

[9] https://github.com/PacktPublishing/Network-Automation-with-Go/blob/main/ch03/maps/main.go

[10] https://github.com/PacktPublishing/Network-Automation-with-Go/blob/main/ch03/structs/main.go

[11] 페이로드는 사용에 있어서 전송되는 '순수한 데이터'를 뜻한다. 페이로드는 전송의 근본적인 목적이 되는 데이터의 일부로, 그 데이터와 함께 전송되는 헤더, 메타데이터와 같은 부분을 제외한 순수한 데이터이다(출처: 위키피디아). - 옮긴이

[12] https://github.com/PacktPublishing/Network-Automation-with-Go/blob/main/ch03/tcp-header/main.go

[13] 프로그래밍에서 사용되는 용어로, 코드의 가독성과 이해를 높이기 위해 문법적으로 단순화된 형식 또는 표현을 제공하는 구문적인 변형을 의미한다. 문법적 설탕은 프로그래머가 좀 더 간결하고 직관적인 코드를 작성할 수 있도록 돕는 역할을 한다. 자세한 설명과 예는 블로그 [JS]Syntax Sugar(문법 설탕)(https://dkje.github.io/2020/09/02/SyntaxSugar/)를 참고하길 바란다. - 옮긴이

[14] https://golang.org/ref/spec#Comparison_operators

[15] https://github.com/PacktPublishing/Network-Automation-with-Go/blob/main/ch03/switch/main.go

[16] https://github.com/PacktPublishing/Network-Automation-with-Go/blob/main/ch03/goto/main.go

[17] https://github.com/PacktPublishing/Network-Automation-with-Go/blob/main/ch03/functions1/main.go

[18] https://github.com/PacktPublishing/Network-Automation-with-Go/blob/main/ch03/functions2/main.go

[19] https://github.com/PacktPublishing/Network-Automation-with-Go/blob/main/ch03/mutate-slice/main.go

[20] https://github.com/PacktPublishing/Network-Automation-with-Go/blob/main/ch03/methods/main.go

[21] https://github.com/PacktPublishing/Network-Automation-with-Go/blob/main/ch03/variadic/main.go

[22] https://github.com/PacktPublishing/Network-Automation-with-Go/blob/main/ch03/defer/main.go

[23] https://github.com/PacktPublishing/Network-Automation-with-Go/blob/main/ch03/interfaces-sample/main.go

[24] https://github.com/PacktPublishing/Network-Automation-with-Go/blob/main/ch03/io-interface1/main.go

[25] https://github.com/PacktPublishing/Network-Automation-with-Go/blob/main/ch03/io-interface2/main.go

[26] https://github.com/PacktPublishing/Network-Automation-with-Go/blob/main/ch03/reader/main.go

[27] 문자열에서 각 단어의 첫 번째 문자를 대문자로 변환하는 것 - 옮긴이

[28] 프로그래밍 언어나 데이터 타입에서 사용되는 데이터 구조나 객체를 일련의 바이트로 변환하는 과정을 말한다. 이렇게 변환된 데이터는 네트워크를 통해 전송되거나 파일에 저장되는 등의 용도로 사용된다. - 옮긴이

[29] https://github.com/PacktPublishing/Network-Automation-with-Go/tree/main/ch03/json

[30] https://github.com/PacktPublishing/Network-Automation-with-Go/blob/main/ch03/json/main.go

[31] https://github.com/PacktPublishing/Network-Automation-with-Go/tree/main/ch03/json-interface

[32] https://github.com/tidwall/gjson

[33] https://github.com/tidwall/sjson

[34] https://github.com/PacktPublishing/Network-Automation-with-Go/tree/main/ch03/xml

[35] https://github.com/antchfx/xmlquery

[36] https://github.com/PacktPublishing/Network-Automation-with-Go/tree/main/ch03/yaml

[37] https://github.com/PacktPublishing/Network-Automation-with-Go/blob/main/ch03/yaml/main.go

[38] https://github.com/mikefarah/yq

[39] https://github.com/PacktPublishing/Network-Automation-with-Go/tree/main/ch03/json-xml

[40] 동시성 프로그래밍에서 공유된 데이터를 보호하기 위해 사용되는 동기화 기법이다. 여러 개의 고루틴이 동일한 데이터에 동시에 접근할 때 뮤텍스는 한 번에 하나의 고루틴만이 데이터에 접근할 수 있도록 제어한다. 뮤텍스는 두 가지 주요한 연산(Lock과 Unlock 연산, Lock 연산)을 제공한다. - 옮긴이

[41] https://github.com/PacktPublishing/Network-Automation-with-Go/tree/main/ch03/single

[42] https://github.com/PacktPublishing/Network-Automation-with-Go/blob/main/ch03/single/main.go

[43] https://github.com/PacktPublishing/Network-Automation-with-Go/tree/main/ch03/sequential

[44] https://github.com/PacktPublishing/Network-Automation-with-Go/blob/main/ch03/concurrency/main.go

[45] 소프트웨어 코드를 재구성하거나 수정해 가독성, 유지보수성, 확장성, 성능 등을 개선하는 과정을 말한다. 리팩토링은 코드의 외부 동작을 변경하지 않으면서 내부 구조를 개선하는 작업이다. - 옮긴이

[46] https://github.com/PacktPublishing/Network-Automation-with-Go/tree/main/ch03/concurrency2

[47] https://github.com/PacktPublishing/Network-Automation-with-Go/tree/main/ch03/concurrency3

[48] https://github.com/PacktPublishing/Network-Automation-with-Go/tree/main/ch03/concurrency5

[49] https://github.com/PacktPublishing/Network-Automation-with-Go/tree/main/ch03/ticker

[50] 여러 개의 병렬 프로세스가 공통의 변수 또는 자원에 접근할 때 그 조작을 정당하게 실행하기 위해 접근 중인 임의의 시점에서 하나의 프로세스만이 그 접근을 허용하도록 제어하는 것을 말한다. - 옮긴이

[51] https://pkg.go.dev/sync#Map

[52] https://github.com/PacktPublishing/Network-Automation-with-Go/tree/main/ch03/concurrency4

[53] https://github.com/PacktPublishing/Network-Automation-with-Go/blob/main/ch03/race/main.go

[54] https://blog.golang.org/waza-talk

[55] https://www.youtube.com/watch?v=_YK0viplIl4

04

Go를 사용하는 네트워킹(TCP/IP)

모든 네트워크 엔지니어는 개방형 시스템 간 상호 접속OSI, Open Systems Interconnection 모델의 일곱 가지 계층에 대해 한 번쯤은 들어봤을 것이다. 이보다 더 간결한 TCP/IP 모델 버전은 네 개의 계층만 있는 TCP/IP 모델로, 인터넷을 통한 통신을 관장하는 아키텍처 모델이다.

각 계층은 해당 계층마다 하나의 데이터 통신 프로토콜을 수행하는 함수를 정의한다. 이런 계층은 서로 겹겹이 쌓여 있으므로 이런 프로토콜 모음을 '프로토콜 스택protocol stack'이라고도 한다. 데이터 패킷data packet은 목적지 호스트destination host에 도달하기 전에 프로토콜 스택의 네 가지 계층을 모두 거쳐야 한다.

Go에는 TCP/IP 모델의 각 계층에서 프로토콜을 처리하는 여러 패키지가 있다. 이런 패키지를 사용하면 IP 주소 관리부터 네트워크를 통한 애플리케이션 트랜잭션application transaction 실행 또는 네트워크 프로토콜 구현에 이르기까지 다양한 사용 사례에 대한 솔루션을 만들 수 있다.

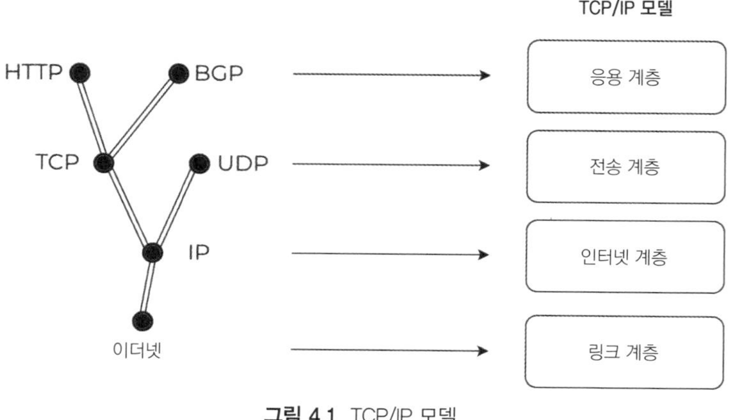

그림 4.1 TCP/IP 모델

4장에서는 TCP/IP 모델의 각 계층에 관한 사용 사례에 중점을 둔다.

- 링크 계층
- 인터넷 계층
- 전송transport 계층
- 응용application 계층

기술 요구사항

명령어와 깃 그리고 깃허브에 익숙하다고 가정한다. 4장의 코드는 깃허브 저장소에서 다운로드할 수 있다.

다음 순서를 따라 예제를 실행한다.

1. 사용 중인 운영체제에 맞게 Go 1.20 이상의 버전을 설치한다. 1장의 'Go 설치하기' 절의 순서를 따르거나 `https://go.dev/doc/install`로 이동한다.
2. `git clone https://github.com/PacktPublishing/Network-Automation-with-Go.`

`git` 명령어로 이 책의 깃허브 저장소를 복제한다.

3. `cd Network-Automation-with-Go/ch02/pong` 명령어로 디렉터리를 예제 디렉터리로 이동한다.

4. `go run main.go`를 실행한다.

링크 계층

링크 계층의 데이터 프레임을 송수신하는 TCP/IP 모델의 최하위 계층부터 시작한다. 이 절에서는 다음 주제를 설명한다.

- 네트워크 인터페이스 관리
- 이더넷ethernet을 사용하는 기본 연산

네트워크 인터페이스

리눅스를 기반으로 하는 네트워크 운영체제가 점점 더 많아지면서 Go가 네트워크 인터페이스와 상호작용하는 데 어떻게 도움이 되는지 이해하는 것이 중요해졌다.

가장 일반적으로 TCP/UDP 라이브러리는 Netlink 소켓을 사용해 데이터를 송수신하지만, 인터페이스부터 라우트 및 nft 기능에 이르기까지 대부분의 리눅스 네트워킹 구조와도 작동할 수 있다.

리눅스는 넷링크Netlink라고 하는 커널 인터페이스kernel interface를 통해 네트워킹 내부networking internal를 노출한다. 이 인터페이스를 사용하면 Go와 같은 사용자 공간 애플리케이션이 표준 소켓 API를 통해 커널과 통신할 수 있다. 가장 널리 사용되는 TCP/UDP 라이브러리는 넷링크 소켓을 사용해 데이터를 송수신하지만 인터페이스부터 라우팅route[1] 및 nftable[2]에 이르기까지 대부분의 리눅스 네트워킹 구조에서 동작한다.

다행스럽게도 높은 수준의 추상화를 제공하는 많은 Go 패키지로 인해 쉽게 작업을 할 수 있으므로 저수준의 Netlink API를 배우거나 이해할 필요가 없다. 다음과 같이 몇 가지 주목할 만한 Netlink 패키지가 있다.

- Go 표준 라이브러리의 `syscall` 패키지[3]는 고수준 패키지에서 일반적으로 사용되는 저수준의 구성 요소를 제공한다.
- 외부 Go 패키지인 `vishvananda/netlink`[4]는 고수준 Netlink 패키지의 초기 구현 중 하나로, 도커, Istio, 쿠버네티스 CNI 플러그인과 같은 다양한 오픈소스 프로젝트에서 널리 사용된다.
- `mdlayher/netlink` 패키지[5]에 기반을 둔 플러그인 생태계는 비교적 최근에 만들어진 프로젝트로, 보다 관용적이며 유지보수가 쉬운 방식으로 공통의 기반 위에 구현됐다.

이런 넷링크 패키지는 다양한 수준의 기능을 제공하므로 애플리케이션의 요구사항에 따라 패키지를 선택한다. 인터페이스의 관리 상태를 전환toggle하는 방법을 알아보기 위해 `mdlayher/netlink` 생태계[6]의 rtnetlink 패키지 중 하나를 사용한다.

이 예제를 세 단계로 나눠 살펴본다. 먼저 `mdlayher/netlink` 패키지를 중심으로 개발된 관련 패키지 중 하나인 넷링크 패키지 `mdlayher/netlink`를 임포트해 `Dial` 메서드로 넷링크 소켓과 연결한 후 연결을 통해 `Links` 메서드로 모든 로컬 인터페이스 목록을 검색한다.

```
func main() {
    conn, err := rtnl.Dial(nil)
    // 에러를 처리한다.
    defer conn.Close()

    links, err := conn.Links()
    /* ... < 다음에 계속 > ... */
}
```

위 코드는 Go에서 모든 원격 연결에 대해 수행하는 작업과 비슷한 구조로, Go 개발자는 이 패키지를 좀 더 관용적이라고 생각한다. 변수 links의 모든 인터페이스 목록을 가져온 후 이 목록을 반복하면 원하는 인터페이스를 찾을 수 있다.

시스템에 lo 인터페이스가 있는 경우, lo 인터페이스를 전환한다고 가정해 보자. 변수 links의 모든 인터페이스에 대해 반복하면서 lo 인터페이스를 찾으면 lo 인터페이스의 데이터를 출력하고 loopback 변수에 인터페이스의 값을 저장한다. 그러면 이 링크를 LinkDown으로 비활성화하고 나중에 LinkUp으로 활성화할 수 있다.

```
func main() {
    /* ... < 이어서 계속 > ... */
    var loopback *net.Interface

    for _, l := range links {
        if l.Name == "lo" {
            loopback = l
            log.Printf("Name: %s, Flags:%s\n", l.Name, l.Flags)
        }
    }
    /* ... < 다음에 계속 > ... */
}
```

LinkDown 및 LinkUp을 실행한 후 변경 사항이 원하는 대로 적용됐는지 확인하기 위해 넷링크에서 인터페이스 설정을 검색한다. 출력문이 일관되도록 loopback 변수를 업데이트한다.

```
func main() {
    /* ... < 이어서 계속 > ... */
    conn.LinkDown(loopback)
    loopback, _ = conn.LinkByIndex(loopback.Index)
    log.Printf("Name: %s, Flags:%s\n", loopback.Name, loopback.Flags)

    conn.LinkUp(loopback)
    loopback, _ = conn.LinkByIndex(loopback.Index)
    log.Printf("Name: %s, Flags:%s\n", loopback.Name, loopback.Flags)
}
```

이 예제의 전체 코드는 ch04/netlink[7]에서 확인할 수 있으며 실행하려면 CAP_NET_ADMIN[8] 기능을 사용하거나 관리자 권한으로 실행해야 한다.

```
ch04/netlink $ sudo go run main.go
2021/11/24 20:55:29 Name: lo, Flags:up|loopback
2021/11/24 20:55:29 Name: lo, Flags:loopback
2021/11/24 20:55:29 Name: lo, Flags:up|loopback
```

Netlink API의 기능은 다양하지만, 이 책에서 다루는 내용의 범위에서만 그 기능을 알아봤다. 지금은 IP 경로 관리route management부터 액세스 목록까지, 그리고 서비스 품질QoS, Quality of Service 정책부터 확장 버클리 패킷 필터eBPF, extended Berkeley Packet Filter 프로그램 첨부attachment까지 모든 것에 넷링크를 사용할 수 있다.

이 절에서는 Netlink API 상호작용과 관련된 내용을 파악하기에 충분한 정보를 제공했기를 바란다. 이제 다음 주제로 넘어가 오늘날 링크 계층 프로토콜에서 가장 널리 사용되는 이더넷을 Go가 처리하는 방법을 알아보자.

이더넷

이더넷 작업은 저수준의 프로토콜 디코딩과 조작manipulation, 인코딩부터 이더넷 하드웨어 정보 수집을 위한 장치 API와의 상호작용에 이르기까지 다양한 범위의 활동을 포함하고 있다. Go에는 다양한 이더넷 관련 작업에 도움이 되는 광범위한 패키지가 있다.

- 가장 널리 사용되는 패킷 처리 패키지packet processing package 중 하나는 google/gopacket[9]으로, 패킷 캡처와 프로토콜 디코딩에 사용할 수 있다. 이 패키지의 기능은 이더넷에만 국한되지 않는다. 이 패키지는 10장에서 좀 더 자세히 설명한다.
- 앞에서 설명한 Netlink API 패키지는 리눅스 기반 운영체제의 링크 계층 하드웨어 정보 쿼리에 사용할 수 있다.
- mdlayher/ethernet[10]은 이더넷 인코딩과 디코딩 패키지로, 바이너리 와이어 포맷

binary wire format과 정적 Go 타입 표현 간의 표현을 변환할 수 있다.

다음 예제에서는 `virtual IP (VIP)` 기능의 기본 구현을 살펴본다. 이 구현은 쿠버네티스 컨트롤 플레인 VIP 컨트롤러Kubernetes control plane VIP controller인 `kube-vip` 패키지[11]를 기반으로 만들었다.

1. 새 VIP를 로컬 네트워크 인터페이스 중 하나에 할당한다.
2. 주기적으로 의미 없는 주소 결정 프로토콜GARP, Gratuitous Address Resolution Protocol[12]에 패킷을 보내 로컬 브로드캐스트 도메인local broadcast domain에 있는 모든 사람에게 이 VIP를 알린다.

첫 번째 단계에서 VIP를 인터페이스에 할당하는 방법을 알아보자. '네트워크 인터페이스' 절에서 사용했던 것과 같은 패키지(`rtnetlink/rtnl`)를 사용해 넷링크와 상호작용하는데, 이번에는 `AddrAdd` 메서드만 사용해 IP 접두사prefix를 지정한 인터페이스에 할당한다.

프로그램에서는 CLI에서 `flag` 패키지를 사용해 이 VIP 주소에 할당하려는 인터페이스의 이름을 전달하고 이 값을 `intfStr` 변수에 저장한다. 이 정보를 바탕으로 `mdlayher/packet` 패키지를 사용하며 `Listen` 함수가 있는 이 인터페이스를 통해 ARP 패킷을 송수신한다.

```
func main() {
    intfStr := flag.String("intf", "", "VIP interface")
    flag.Parse()

    conn, err := rtnl.Dial(nil)
    // 에러를 처리한다.
    defer conn.Close()

    netIntf, err := net.InterfaceByName(*intfStr)
    ethSocket, err := packet.Listen(netIntf, packet.Raw, 0, nil)
    // 에러를 처리한다.
    defer ethSocket.Close()
    /* ... < 다음에 계속 > ... */
}
```

실제로 VIP 주소를 인터페이스에 할당하기 위해 다음과 같이 AddrAdd에 전달해야 하는 모든 정보를 저장할 수 있는 vip 구조체를 만든다.

```
const VIP1 = "198.51.100.1/32"

type vip struct {
    IP string
    netlink *rtnl.Conn
    intf *net.Interface
    l2Sock *raw.Conn
}

func (c *vip) addVIP() error {
    err := c.netlink.AddrAdd(c.intf, rtnl.MustParseAddr(c.IP))
    // 에러를 처리한다.
    return nil
}

func main() {
    /* ... < 이어서 계속 > ... */
    v := &vip{
        IP: VIP1,
        intf: netIntf,
        netlink: rtnl,
        l2Sock: *packet.Conn,
    }

    err = v.addVIP()
    /* ... < 다음에 계속 > ... */
}
```

새 VIP를 할당한 후에는 GARP 패킷을 전송할 수 있다. 이 작업은 3초 동안 대기한 후 다시 실행하는 for 루프에서 진행된다. 이 루프에는 초기화 문(err := v.sendGARP())과 조건문(err != nil)이 있는 if문이 있다. Go는 조건식을 평가하기 전에 초기화 문을 실행한다.

```
func main() {
    /* ... < 이어서 계속 > ... */
    for {
```

```
        select {
        /* ... < 생략 > ... */
        case <-timer.C:
            if err := v.sendGARP(); err != nil {
                log.Printf("fail send GARP %s", err)
                cancel()
            }
        }
    }
}
```

대부분의 sendGARP 메서드에는 이더넷 관련 코드가 있다. 여기서는 두 개의 패키지를 사용해 GARP를 만든다.

먼저 GARP 페이로드를 만든 후 로컬 인터페이스의 MAC 주소와 VIP의 IP 주소로 변경해야 한다. 이를 위해서는 mdlayher/arp 패키지[13]를 활용한다.

```
func (c *vip) sendGARP() error {
    /* ... < 생략 > ... */
    arpPayload, err := arp.NewPacket(
        arp.OperationReply,  // op
        c.intf.HardwareAddr, // srcHW
        ip,                  // srcIP
        c.intf.HardwareAddr, // dstHW
        ip,                  // dstIP
    )
    // 에러를 처리한다.

    arpBinary, err := arpPayload.MarshalBinary()
    /* ... < 다음에 계속 > ... */
}
```

그런 다음 GARP 페이로드를 이더넷 프레임으로 래핑하고 mdlayher/ethernet 패키지[10]를 사용해 올바른 이더넷 헤더로 설정한다.

```
func (c *vip) sendGARP() error {
    /* ... < 이어서 계속 > ... */
```

```
    ethFrame := &ethernet.Frame{
        Destination: ethernet.Broadcast,
        Source:      c.intf.HardwareAddr,
        EtherType:   ethernet.EtherTypeARP,
        Payload:     arpBinary,
    }

    return c.emitFrame(ethFrame)
}
```

마지막 단계는 바이너리 프레임을 전달하는 것이다. 이를 위해 장치 드라이버(링크 계층) 수준에서 패킷을 송수신할 수 있는 리눅스 패킷 소켓 인터페이스를 구현한 mdlayher/packet 패키지[14]를 사용한다. 앞에서 설명한 것처럼 Listen을 사용하는 원시 소켓raw socket을 이미 열었으므로 바이너리 프레임을 해당 소켓인 vip 구조체의 field l2Sock에 저장할 수 있다.

```
func (c *vip) emitFrame(frame *ethernet.Frame) error {
    b, err := frame.MarshalBinary()
    // 에러를 처리한다.

    addr := &packet.Addr{HardwareAddr:ethernet.Broadcast}
    if _, err := c.l2Sock.WriteTo(b, addr); err != nil {
        return fmt.Errorf("emitFrame failed: %s", err)
    }

    log.Println("GARP sent")
    return nil
}
```

이 예제의 전체 코드는 ch04/vip[15]에서 확인할 수 있다. 네트워크 인터페이스를 변경하려면 권한을 높여 실행해야 한다.

```
ch04/vip $ sudo go run main.go -intf eth0
2021/11/25 18:47:51 GARP sent
2021/11/25 18:47:54 GARP sent
^C2021/11/25 18:47:56 Received syscall: interrupt
```

```
2021/11/25 18:47:57 Cleanup complete
```

이 시점에서 로컬 네트워크 세그먼트local network segment의 IP 서브넷subnet이 중첩된 모든 호스트는 (GARP를 수락한 경우) `198.51.100.1` 주소를 핑ping할 수 있어야 한다. 프로그램을 종료하기 위해 Ctrl + C를 누르면 프로그램은 인터페이스에서 VIP를 정리한다.

네트워크 엔지니어나 개발자가 이더넷과 직접 상호작용하는 경우는 거의 없지만, Go를 사용해 이더넷을 다루는 방법도 알아 둬야 한다. 다음 절에서는 상위 계층인 인터넷 계층 패키지와 예제를 살펴본다.

인터넷 계층

OSI 모델의 인터넷 계층이나 네트워크 계층은 가변 길이의 네트워크 패킷을 전송하고 하나 이상의 네트워크를 통해 출발지에서 목적지까지 데이터를 라우팅하는 역할을 한다.

현재 이 계층에서 주로 사용되는 프로토콜은 인터넷 프로토콜IP, Internet Protocol로, 버전 4(IPv4)와 버전 6(IPv6) 중 하나를 사용한다. 인터넷 계층에도 인터넷 제어 메시지 프로토콜ICMP, Internet Control Message Protocol과 같은 진단 프로토콜diagnostic protocol, IP 보안 프로토콜IPsec, Internet Protocol Security과 같은 보안 네트워크 프로토콜 모음, 개방형 최단 경로 우선 프로토콜OSPF, Open Shortest Path First을 포함한 라우팅 프로토콜이 있다.

IP가 헤더와 페이로드로 구성된 IP 데이터그램datagram을 통해 정보를 교환하면, 링크 계층은 이 정보를 이더넷과 같은 특정 네트워크 하드웨어를 통해 프레임frame으로 전송한다. IP 헤더에는 패킷의 출발지 주소와 목적지 주소가 있으며 이 주소는 인터넷을 통해 패킷을 라우팅하는 데 사용된다.

이 절에서는 다음과 같은 내용을 다룬다.

- IP 주소를 파싱하고 일반적인 작업을 수행하기 위해 `net` 패키지를 사용하는 방법

- 새로운 net/netip 패키지와 이 패키지가 Go 표준 라이브러리에 제공하는 기능
- IP 주소로 작업하는 Go 프로젝트 실사례

net 패키지

표준 라이브러리의 net 패키지[16]에는 네트워크 연결에 필요한 다양한 도구와 리소스가 있으며 특히 이 절에서는 IP 주소를 처리하기 위한 타입과 인터페이스를 정의한다. 이런 타입 중 하나는 IP로, 바이트의 슬라이스로 표현된다. 이 타입은 4바이트(IPv4)나 16바이트(IPv6) 슬라이스에 대해 유효하다.

```
type IP []byte
```

먼저 IPv4 주소 192.0.2.1의 10진수 표현에서 IP 타입 변수를 만드는 방법을 알아보자.

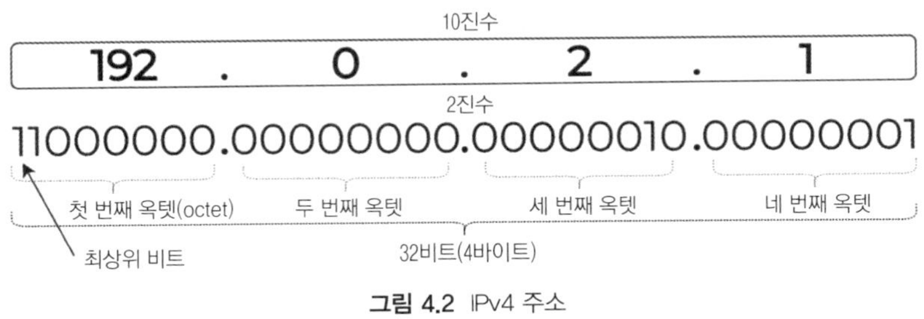

그림 4.2 IPv4 주소

IPv4 주소를 IP 타입으로 변환하는 한 가지 방법은 net 패키지의 ParseIP 함수를 사용하는 것이다. 이 함수는 문자열을 인수로 받아 IP 값을 반환한다.

```
func main() {
    ipv4 := net.ParseIP("192.0.2.1")
    fmt.Println(ipv4)
}
```

IPv6 주소는 눈으로 처리하기 조금 어렵지만, Go에서는 IPv4와 마찬가지로 비트 슬라이스로 표현된 다른 슬라이스이다.

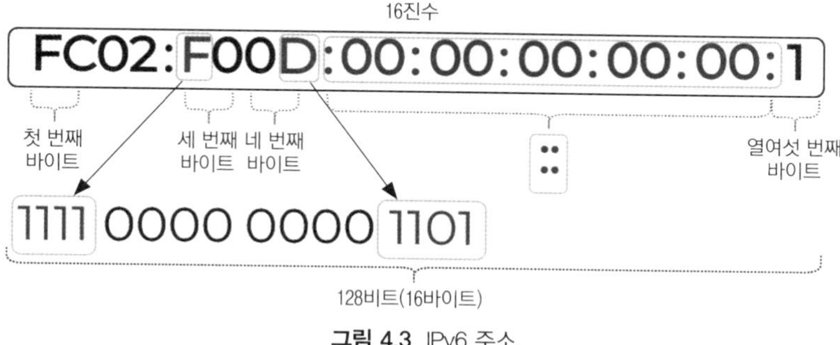

그림 4.3 IPv6 주소

ParseIP 함수도 IPv6의 문자열 표현을 파싱해 IP 타입의 변수로 반환할 수 있다.

```
func main() {
    ipv6 := net.ParseIP("FC02:F00D::1")
    fmt.Println(ipv6)
}
```

IP 타입은 IP 주소를 나타내므로 IPv4나 IPv6에 대해 같은 IP 메서드를 사용할 수 있다. IP 주소가 사설 주소private address 범위 안에 있는지 확인한다고 가정해 보자.

net 패키지의 IsPrivate 메서드는 IPv4와 IPv6 모두에 대해 RFC 1918(사설 인터넷을 위한 주소 할당Address Allocation for Private Internets)과 RFC 4193(고유 로컬 IPv6 유니캐스트 주소Unique Local IPv6 Unicast Addresses)에 따라 답을 자동으로 제공한다.

```
func main() {
    // false를 출력한다.
    fmt.Println(ipv4.IsPrivate())
    // true를 출력한다.
    fmt.Println(ipv6.IsPrivate())
}
```

또 다른 중요한 타입은 IP 접두사나 IP 네트워크를 설명하는 IPNet이다. 이 타입은 마스크를 나타내기 위해 IP에 IPMask를 추가한다.

```
type IPNet struct {
    IP IP       // 네트워크 번호
    Mask IPMask // 네트워크 마스크
}
```

net 패키지의 마스크mask도 바이트 슬라이스이며 CIDRMask 함수를 사용하는 다음 예로 설명한다. 함수 시그니처에서 알 수 있듯이 ones와 bits 인수는 모두 정수이다. 첫 번째 인수 ones는 IPMask에서 1의 개수이며 나머지 비트는 모두 0으로 설정된다. 마스크의 전체 길이는 bits로 계산한다.

```
type IPMask []byte

func CIDRMask(ones, bits int) IPMask
```

32비트 마스크를 사용하는 IPv4의 예를 살펴보자.

```
func main() {
    // 이 마스크는 IPv4의 /31 서브넷에 해당한다.
    // [11111111 11111111 11111111 11111110]을 출력한다.
fmt.Printf("%b\n",net.CIDRMask(31, 32))
}
```

IPv6도 이와 비슷하게 동작하지만, 마스크의 길이는 128비트이다.

```
func main() {
    // 이 마스크는 IPv6Z의 /64 서브넷에 해당한다.
    // ffffffffffffffff0000000000000000을 출력한다.
    fmt.Printf("%s\n",net.CIDRMask(64, 128))
}
```

net 패키지의 ParseCIDR 함수를 사용하면 문자열에서 접두사나 네트워크를 파싱할 수 있다. 이 함수는 IP 타입의 네트워크 주소와 IPnet 타입의 IP 접두사 그리고 에러를 반환한다.

```
func main() {
    ipv4Addr, ipv4Net, err := net.ParseCIDR("192.0.2.1/24")
    // 에러를 처리한다.

    // 192.0.2.1을 출력한다.
    fmt.Println(ipv4Addr)

    // 192.0.2.0/24를 출력한다.
    fmt.Println(ipv4Net)
}
```

다음 예제는 IPv4에 작업했던 것처럼 IPv6에 대한 `ParseCIDR` 함수 사용법을 보여 준다.

```
func main() {
    ipv6Addr, ipv6Net, err := net.ParseCIDR("2001:db8:a0b:12f0::1/32")
    // 에러를 처리한다.

    // 2001:db8:a0b:12f0::1을 출력한다.
    fmt.Println(ipv6Addr)

    // 2001:db8::/32를 출력한다.
    fmt.Println(ipv6Net)
}
```

이 예제의 전체 코드는 `ch04/net/main.go`[17]에서 확인할 수 있다.

이것이 Go에서 IP 주소로 기본 연산을 수행하는 표준 방법이다. 하지만 얼마 전 표준 라이브러리에 새로운 IP 주소 타입을 추가하는 작업이 있었으며 다음 절에서 살펴볼 패키지를 통해 해당 내용을 알아보자.

새로운 netip 패키지

Go의 IP 주소에 대한 `net.IP` 데이터 구조의 몇 가지 좋지 않은 점을 개선하기 위해 Go

개발자 그룹은 새로운 IP 주소 타입을 만들었다. 이 작업은 반복적인 과정을 통해 이뤄졌으며 이와 관련된 내용은 블로그 게시물 〈netaddr.IP: a new IP address type for Go〉[18]에서 확인할 수 있다. 이 패키지는 이제 Go 1.18에서 net/netip로 제공된다.

net/netip 패키지는 IPv4와 IPv6 주소를 모두 빅엔디안big-endian 128비트 숫자로 저장하는 새로운 타입 Addr을 정의한다. 이 타입에는 특수 센티널 필드sentinel field[19] z도 있으며 다음 값을 가질 수 있다.

- (Addr가 0인 경우) nil은 유효하지 않은 IP 주소를 의미한다.
- z4는 IPv4 주소를 의미한다.
- z6noz는 구역zone이 없는 IPv6 주소를 의미한다.
- 이 밖의 경우 IPv6 구역 이름zone name[20] 문자열이다.

Go에서 데이터 구조는 다음과 같다.

```
type Addr struct {
    addr uint128
    z *intern.Value
}
```

이 새로운 Addr 타입을 기존 net.IP와 비교해 보면 다음과 같은 장점이 있다.

- 메모리를 덜 차지한다.
- 내용을 변경할 수 없으므로 그대로 전달해도 안전하다.
- == 연산자를 지원하므로 맵의 키로 사용할 수 있다.

Addr 타입을 얻기 위해 문자열에서 IP 주소를 파싱하고 패키지에서 사용할 수 있는 몇 가지 메서드로 작업하는 방법을 예로 들어 알아보자. 첫 번째 예제에서는 IPv4 주소를 파싱하고 IsMulticast 메서드를 사용해 해당 주소가 RFC 1112 224.0.0.0/4 멀티캐스트 범위 안에 있는지 확인한다. 두 번째 예제에서는 ParseAddr 함수를 사용해 IPv6 주소를 파싱하고 IsLinkLocalUnicast 메서드를 사용해 IPv6가 링크Link-로컬Local 주소인지, RFC 4291에 따른 네트워크 FE80::/10의 일부인지를 확인한다.

```
func main() {
    IPv4, err := netip.ParseAddr("224.0.0.1")
    // 에러를 처리한다.

    // IPv4 address is Multicast를 출력한다.
    if IPv4.IsMulticast() {
        fmt.Println("IPv4 address is Multicast")
    }

    IPv6, err := netip.ParseAddr("FE80:F00D::1")
    // 에러를 처리한다.

    //IPv6 address is Link Local Unicast를 출력한다.
    if IPv6.IsLinkLocalUnicast() {
        fmt.Println("IPv6 address is Link Local Unicast")
    }
}
```

이제 net.IP를 사용하는 기존 프로그램을 netip에 대해서도 해당 타입을 입력으로 사용할 수 있다. IPv4와 IPv6 모두에 대해 net.IP 타입을 AddrFromSlice 함수로 파싱한다. IsX 메서드를 사용하면 해당 타입이 IPv4인지, IPv6인지 알 수 있다.

```
func main() {
    ipv4 := net.ParseIP("192.0.2.1")
    IPv4s, _ := netip.AddrFromSlice(ipv4)
    fmt.Println(IPv4s.String())
    fmt.Println(IPv4s.Unmap().Is4())
}
```

위 예제의 전체 코드는 ch04/parseip[21]에서 확인할 수 있다.

```
ch04/parseip$ go run main.go
::ffff:192.0.2.1
True
```

net/netip는 IP 접두사(CIDR)를 나타내기 위해 Addr과 bits 필드의 접두사 길이(0에서 128까지)를 지정하는 정수가 있는 Prefix 타입을 정의한다.

```
type Prefix struct {
    ip Addr
    bits int16
}
```

문자열에서 접두사를 파싱하기 위해 ParsePrefix나 MustParsePrefix 함수를 사용할 수 있다. 이 함수는 ParsePrefix를 호출하고 에러에 대해 패닉한다. 이는 코드에서 반환된 에러를 확인할 필요가 없다는 것을 의미한다. 접두사를 생성한 후 일부 IP 주소가 해당 접두사 주소의 범위 안에 있는지 확인하기 위해 MustParsePrefix를 사용하는 프로그램을 살펴보자.

```
func main() {
    addr1 := "192.0.2.18"
    addr2 := "198.51.100.3“

    network4 := "192.0.2.0/24"
    pf := netip.MustParsePrefix(network4)
    fmt.Printf("Prefix address: %v, length: %v\n", pf.Addr(), pf.Bits())

    ip1 := netip.MustParseAddr(addr1)
    if pf.Contains(ip1) {
        fmt.Println(addr1, " is in ", network4)
    }

    ip2 := netip.MustParseAddr(addr2)
    if pf.Contains(ip2) {
        fmt.Println(addr2, " is in ", network4)
    }
}
```

network4의 문자열 192.0.2.0/24에서 접두사 pf를 정의한다. 그런 다음 주소 192.0.2.18과 198.51.100.3이 이 네트워크 안에 있는지 확인하고 주소가 있으면 메시지를 출력한다. 이 프로그램의 출력은 다음과 같다.

```
ch04/parseprefix$ go run main.go
Prefix address: 192.0.2.0, length: 24
192.0.2.18 is in 192.0.2.0/24
```

위 예제의 전체 코드는 `ch04/parseprefix`[22]에서 확인할 수 있다.

IP 주소로 작업하기

IP 주소를 파싱하고 나면 실제로 사용할 수 있는 몇 가지 애플리케이션이 더 있다. 여기서는 몇 가지 예를 더 살펴본다.

- 경로 조회
- 지리적(geo) IP 데이터
- 추가 IP 주소 함수

경로 조회

IP 주소에 대한 경로를 조회route lookup하거나 IP 주소에서 가장 긴 접두사와 일치하는 것을 찾는 한 가지 방법은 트라이trie 데이터 구조(접두사 트리prefix tree)를 사용하는 것이다. 트라이는 메모리와 속도 면에서 매우 효율적이므로 IP 접두사 조회prefix lookup에 사용된다. Go에서는 이 작업을 위해 `cidranger` 패키지[23]를 사용한다.

먼저 새로운 경로 압축 접두사 트라이path-compressed prefix trie를 정의하고 `IPs` 변수에서 파싱한 IP 주소 목록을 추가한다.

```
func main() {
    ranger := cidranger.NewPCTrieRanger()
```

```
    IPs := []string{
        "100.64.0.0/16",
        "127.0.0.0/8",
        "172.16.0.0/16",
        "192.0.2.0/24",
        "192.0.2.0/24",
        "192.0.2.0/25",
        "192.0.2.127/25",
    }

    for _, prefix := range IPs {
        ipv4Addr, ipv4Net, err := net.ParseCIDR(prefix)
        // 에러를 처리한다.
        ranger.Insert(cidranger.NewBasicRangerEntry(*ipv4Net))
    }
    /* ... < 다음에 계속 > ... */

}
```

이제 정의한 IP 주소 범위 목록에 어떤 IP가 있는지 확인할 수 있다. 여기서는 127.0.0.1이 이 리스트에 있는 IP 접두사 중 하나에 있다는 것을 알 수 있다.

```
func main() {
    /* ... < 이어서 계속 > ... */
    checkIP := "127.0.0.1"
    ok, err := ranger.Contains(net.ParseIP(checkIP))
    // 에러를 처리한다.

    // 범위 안에 127.0.0.1이 포함돼 있으면 true를 출력한다.
    fmt.Printf("Does the range contain %s?: %v\n", checkIP, ok)

    /* ... < 다음에 계속 > ... */
}
```

이 경우, 192.0.2.18과 같은 IP 주소가 포함된 네트워크 목록을 요청할 수도 있다.

```
func main() {
```

```
    /* ... < 이어서 계속 > ... */
    netIP := "192.0.2.18"

    nets, err := ranger.ContainingNetworks(net.ParseIP(netIP))
    // 에러를 처리한다.

    fmt.Printf("\nNetworks that contain IP address %s ->\n", netIP)
    for _, e := range nets {
        n := e.Network()
        fmt.Println("\t", n.String())
    }
}
```

위 코드는 다음과 같이 192.0.2.0/24와 192.0.2.0/25를 반환한다.

```
ch04/trie$ go run main.go
Networks that contain IP address 192.0.2.18 ->
192.0.2.0/24
192.0.2.0/25
```

이 예제의 전체 코드는 ch04/trie/main.go[24]에서 확인할 수 있다.

지리적 IP 데이터

또 다른 흥미로운 사용 사례는 공인 IP 주소public IP address와 관련된 지리적 위치를 알아내는 것이다. 이 쿼리를 수행하려면 〈GeoLite2 Free Geolocation Data〉[25]에서 무료로 다운로드할 수 있는 데이터베이스에 액세스하거나 이 책의 저장소에 있는 샘플 파일을 사용할 수 있다. 이 파일에 들어 있는 IP 주소의 개수는 제한돼 있지만, 이 예제를 실행하기에는 충분하다.

데이터 파일을 열고 슬라이스에 있는 각 IP 주소에 대해 사용할 수 있는 정보를 쿼리를 한 후 터미널에 출력한다.

```
func main() {
```

```
    db, err := geoip2.Open("GeoIP2-City-Test.mmdb")
    // 에러를 처리한다.
    defer db.Close()

    IPs := []string{
        "81.2.69.143",
        /* ... < 생략 > ... */
    }

    fmt.Println("Find information for each prefix:")
    for _, prefix := range IPs {
        ip := net.ParseIP(prefix)
        record, err := db.City(ip)
        // 에러를 처리한다.

        fmt.Printf("\nAddress: %v\n", prefix)
        fmt.Printf("City name: %v\n", record.City.Names["en"])
        /* ... < 생략 > ... */
    }
}
```

위 프로그램의 출력 예는 다음과 같다.

```
ch04/geo$ go run main.go
Find information for each prefix:

...
Address: 81.2.69.143
City name: Norwich
Country name: United Kingdom
ISO country code: GB
Time zone: Europe/London
Coordinates: 52.6259, 1.3032
```

위 예제의 전체 코드는 ch04/geo/main.go[26]에서 확인할 수 있다.

추가 IP 주소 함수

파이썬과 같은 다른 프로그래밍에 익숙하다면 IP 주소와 네트워크를 조작하는 `ipaddress` 라이브러리에 익숙할 것이다. Go에서는 `iplib` 패키지[27]가 이와 비슷한 기능을 제공한다.

다음 예제에서는 IP 주소를 1씩 증가시키는 함수 `NextIP`와 임의의 수만큼 증가시키는 함수 `IncrementIPBy`를 알아본다. 그런 다음 `DeltaIP` 함수를 사용해 두 IP 주소 간의 차이를 계산해 그 안에 있는 IP 주소의 개수를 알아낸다.

코드의 마지막 줄에서는 `CompareIPs` 함수를 사용해 두 개의 IP 주소를 비교한다. `a`와 `b`를 입력이라고 할 때 이 함수는 `a == b`인 경우 `0`, `a < b`인 경우 `-1`, `a > b`인 경우 `1`을 반환한다.

```
func main() {
    IP := net.ParseIP("192.0.2.1")
    nextIP := iplib.NextIP(IP)
    incrIP := iplib.IncrementIPBy(nextIP, 19)

    // 20을 출력한다.
    fmt.Println(iplib.DeltaIP(IP, incrIP))
    // -1을 출력한다.
    fmt.Println(iplib.CompareIPs(IP, incrIP))
}
```

`iplib` 패키지를 사용하면 IP 주소를 비교할 수 있으므로 `sort` 패키지를 사용하면 `net.IP` 주소 목록을 정렬할 수 있다. 다음 예제에서는 앞에서 생성한 IP 주소를 사용한다.

```
func main() {
    iplist := []net.IP{incrIP, nextIP, IP}
    // [192.0.2.21 192.0.2.2 192.0.2.1]를 출력한다.
    fmt.Println(iplist)

    sort.Sort(iplib.ByIP(iplist))
    // [192.0.2.1 192.0.2.2 192.0.2.21]를 출력한다.
    fmt.Println(iplist)
}
```

Enumerate 메서드를 사용해 임의의 IP 주소에서 시작하는 네트워크의 IP 주소 배열을 만들 수도 있다. 다음 예제에서는 198.51.100.0/24 네트워크에서 사용할 수 있는 전체 주소의 개수를 Count로 계산한 후 Enumerate를 사용해 네트워크에서 사용할 수 있는 첫 번째 IP 주소(인덱스 0)부터 시작하는, 크기가 3인 배열을 만든다.

```
func main() {
    n4 := iplib.NewNet4(net.ParseIP("198.51.100.0"), 24)
    fmt.Println("Total IP addresses: ", n4.Count())

    fmt.Println("First three IPs: ", n4.Enumerate(3, 0))
    fmt.Println("First IP: ", n4.FirstAddress())
    fmt.Println("Last IP: ", n4.LastAddress())
}
```

위 프로그램의 실행 결과는 다음과 같다.

```
ch04/ipaddr$ go run main.go
...
Total IP addresses: 254
First three IPs: [198.51.100.1 198.51.100.2 198.51.100.3]
First IP: 198.51.100.1
Last IP: 198.51.100.254
```

위 예제의 전체 코드는 ch04/ipaddr/main.go[28]에서 확인할 수 있다.

IP는 인터넷의 기본 프로토콜로 지난 수십 년 동안의 빠른 기술 발전에도 불구하고 지난 40년 동안 큰 변경 없이 발전해 왔다. 전송 계층의 프로토콜과 함께 IP는 동축 케이블과 광섬유, 그리고 와이파이와 같은 하드웨어 기술로부터 애플리케이션을 분리할 수 있게 만들었다. 다음 절에서는 Go가 TCP/IP 모델의 전송 계층에 어떻게 도움이 될 수 있는지를 알아본다.

전송 계층

전송 계층 프로토콜은 IP 위에 있는 다음 OSI 계층으로 통신 채널 추상화communication channel abstraction를 제공한다. 오늘날 가장 일반적인 두 가지 프로토콜은 연결형 통신 채널connection-oriented communication channel인 TCP와 비연결 프로토콜connectionless protocol인 UDP이다.

Go에서는 두 프로토콜과 상호작용할 수 있지만, 기본 패킷 교환 방식은 전혀 다르다. 높은 수준에서 TCP나 UDP를 다룰 때는 다음 몇 가지만 고려하면 된다.

- 각 TCP나 UDP 애플리케이션은 각각의 연결을 나타내는 구체적인 `TCPConn`이나 `UDPConn` 타입과 함께 작동한다.
- Go에는 비연결 프로토콜(UDP와 IP)을 처리하는 `PacketConn`과 IP, TCP, UDP를 다루는 `Conn` 그리고 Unix 도메인 소켓domain socket에 연결하는 `UnixConn`과 같이 기능이 중복되는 연결 타입도 있다. 이 절에서는 `TCPConn`과 `UDPConn`만 설명한다.
- 클라이언트client는 `net.DialTCP`와 `net.DialUDP`를 사용해 원격 주소에 대한 소켓을 연다.
- 서버는 `net.ListenUDP`와 `net.ListenTCP`를 사용해 다른 클라이언트로부터 연결을 받는 수신 소켓listening socket을 연다.
- 클라이언트와 서버는 모두 각각의 연결에서 바이트를 읽거나(`Read`) 쓸(`Write`) 수 있다.
- 작업이 끝나면 클라이언트와 서버는 기본 파일 설명자file descriptor를 정리하기 위해 연결을 닫아야 한다.

그림 4.4는 UDP 클라이언트-서버 통신과 관련된 다양한 타입 간의 상호작용을 보여준다.

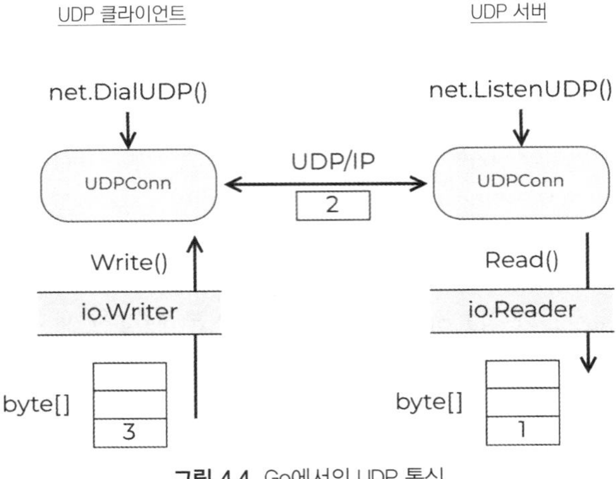

그림 4.4 Go에서의 UDP 통신

그림 4.4에서 UDP 클라이언트는 한 번에 1바이트씩 전송하지만, 실제로 페이로드에는 더 많은 바이트가 들어 있을 수 있다. 페이로드는 DNS 요청request이나 RTP 패킷일 수도 있다. 모든 네트워크 연결 타입은 `io.Reader`와 `io.Writer` 인터페이스를 구현하므로 어떤 프로토콜을 사용하더라도 읽기와 쓰기는 비슷하다.

UDP 클라이언트는 네트워크에 요청할 때와 마찬가지로 `net.DialUDP`을 사용해 UDP 연결을 하고 난 후 해당 연결에 바이트를 쓴다(Write). 서버 측에서는 `net.ListenUDP`를 사용해 만들어진 연결에서 바이트를 읽는다(Read).

이제 좀 더 구체적인 내용으로 들어가 실제 UDP 애플리케이션이 어떻게 동작하는지 알아보자.

UDP 핑 애플리케이션

핑ping은 원격 연결과 장치 간 전달 시간end-to-end latency을 확인하는 가장 일반적인 방법 중 하나이다. 전통적인 핑과 마찬가지로 UDP 핑은 에코 응답echo reply을 사용해 전달 시간과 패킷 손실packet loss을 계산하지만, 이를 ICMP/NDP가 아니라 UDP 패킷에 캡슐화한다. 많은 모니터링 애플리케이션이 이런 방식을 사용해 5짝 해싱5-tuple hashing을 수행하는 장치가 있는 네트워크에 다양한 등가 경로equal-cost path를 발견하고 모니터링한다. 다음 예제 코드는 이런 애플리케이션 중 하나인 Cloudprober[29]에서 영감을 받았다.

연결 설정connection establishment과 데이터 교환에 중점을 두고 UDP 핑 애플리케이션 코드를 알아보자. 전체 코드는 `ch04/udp-ping`[30]에서 확인할 수 있다. UDP 핑 애플리케이션은 크게 두 부분으로 구성돼 있다.

1. 서버 측에서는 UDP 포트에서 수신을 기다리고 클라이언트에게서 받은 패킷을 미러링한다.
2. 서버로 UDP 프로브probe[31]를 전송하는 클라이언트는 패킷 손실과 장치 간 전달 시간을 계산하기 위해 미러링된 패킷의 스트림을 다시 수신한다.

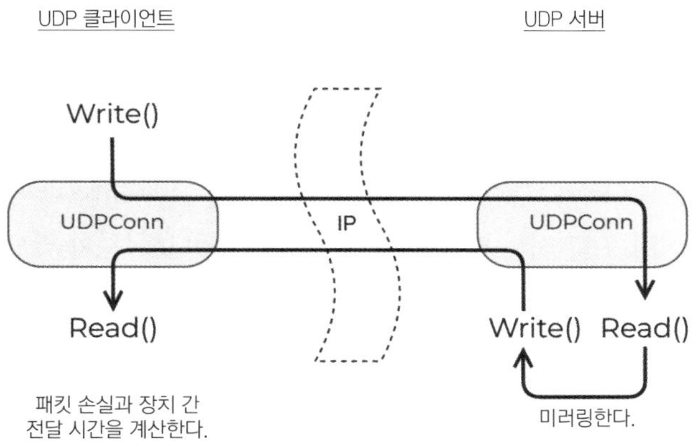

그림 4.5 UDP 핑 애플리케이션

이 애플리케이션을 서버 측부터 알아보자. 이 프로그램은 UDP 소켓을 설명하는 `UDPAddr` 변수를 빌드하는 것으로 시작한다. 그런 다음 이 변수를 `net.ListenUDP`로 전달해 UDP 소켓을 만들고 들어오는 패킷 수신을 기다린다. `ListenUDP` 함수의 첫 번째 인수는 `udp`로 이중 스택 동작dual-stack behavior(RFC6724와 RFC6555)을 지정한다. `udp4`나 `udp6`를 사용해 프로그램을 각각 IPv4나 IPv6에 고정할 수도 있다.

```
func main() {
    listenAddr = "0.0.0.0"
    listenPort = 32767

    listenSoc := &net.UDPAddr{
        IP:   net.ParseIP(listenAddr),
        Port: listenPort,
    }

    udpConn, err := net.ListenUDP("udp", listenSoc)
    // 에러를 처리한다.
    defer udpConn.Close()
    /* ... < 다음에 계속 > ... */
}
```

수신을 기다리는 UDP 소켓이 만들어지면 메인 처리 루프를 시작할 수 있다. 이 루프는 readFromUDP를 사용해 수신되는 패킷incoming packet을 바이트 슬라이스로 읽고 WriteToUDP를 사용해 전체 패킷을 발신자에게 다시 쓴다.

ReadFromUDP는 블로킹[32] 함수blocking function이므로 대부분의 서버 구현은 필요에 따라 프로그램을 정상적으로 종료gracefully terminate할 수 있도록 SetReadDeadline 시간 경과timeout[33]를 추가한다. 여기서는 ReadFromUDP 다음에 continue문이 있으므로 다음 루프 반복으로 바로 이동한다.

```
func main() {
    /* ... < 이어서 계속 > ... */
    for {
        maxReadBuffer = 425984
        bytes := make([]byte, maxReadBuffer)

        retryTimeout = time.Second * 5
        if err := udpConn.SetReadDeadline(time.Now().Add(retryTimeout))
        // 에러를 처리한다.
        len, raddr, err := udpConn.ReadFromUDP(bytes)
        if err != nil {
            log.Printf("failed to ReadFromUDP: %s", err)
            continue
```

```
        }
        log.Printf("Received a probe from %s:%d", raddr.IP.String(),
raddr.Port)

        n, err := udpConn.WriteToUDP(bytes[:len], raddr)
        // 에러를 처리한다.
    }
}
```

클라이언트 측 구현도 이와 비슷하게 UDPAddr 변수를 빌드하고 net.DialUDP 함수에 전달하는 것으로 시작한다. TCP의 경우, net.DialTCP 함수는 TCP 3-way 핸드셰이크handshake를 트리거trigger34하지만, UDP의 경우 기본 OS는 패킷을 교환하지 않고 네트워크 소켓을 연다.

```
func main() {
    rAddr := &net.UDPAddr{
        IP: net.ParseIP("127.0.0.1"),
        Port: "32767",
    }

    udpConn, err := net.DialUDP("udp", nil, rAddr)
    // 에러를 처리한다.
    defer udpConn.Close()
    /* ... < 다음에 계속 > ... */
}
```

이 시점에서 프로그램은 두 가지 방향으로 분기한다. 첫 번째 논리적 단계는 패킷 전송 루틴으로, 여기서는 프로그램의 main 고루틴 내부에서 실행된다. 백그라운드에서는 receive 함수를 실행하는 고루틴으로 실행하는데, 이 함수는 나중에 설명한다.

우리가 전송하는 각 프로브 패킷에는 단조 증가하는 시퀀스 번호와 현재 타임스탬프timestamp35 값이 들어 있다. 프로브 패킷을 바이너리 슬라이스 p로 직렬화한 후 이 값을 binary.Write 함수를 사용해 UDP에 연결하고 udpConn에 쓴다.

```
func main() {
```

```
    /* ... < 이어서 계속 > ... */
    go receive(*udpConn)
    var seq uint8

    for {
        log.Printf("Sending probe %d", seq)
        p := &probe{
            SeqNum: seq,
            SendTS: time.Now().UnixMilli(),
        }

        if err := binary.Write(udpConn, binary.BigEndian, p)
        // 에러를 처리한다.

        seq++
    }
}
```

이제 마지막 코드 스니펫에서 송신 루프sending loop 직전에 시작한 receive 함수를 자세히 살펴보자. 이 함수에는 다음과 같이 일련의 작업을 수행하는 또 다른 루프가 있다.

1. 미러링된 패킷을 받은 후 이 패킷을 binary.Read 함수를 사용해 probe 타입의 변수 p에 직병렬 전환deserialize한다.
2. 수신한 패킷의 시퀀스 번호 SeqNum를 확인해 순서가 잘못됐는지 확인한다.
3. 현재 시각 time.Now에서 SendTS 프로브의 수신한 시간을 빼 전달 시간을 계산한다.

Go 코드는 다음과 같다.

```
func receive(udpConn net.UDPConn) {
    var nextSeq uint8
    var lost int
    for {
        p := &probe{}

        if err := binary.Read(&udpConn, binary.BigEndian, p)
        // 에러를 처리한다.
```

```
        if p.SeqNum < nextSeq {
            log.Printf("Out of order packet seq: %d/%d", p.SeqNum,
nextSeq)
            lost -= 1
            } else if p.SeqNum > nextSeq {
            log.Printf("Out of order packet seq: %d/%d", p.SeqNum,
nextSeq)
            lost += int(p.SeqNum - nextSeq)
            nextSeq = p.SeqNum
        }

        latency := time.Now().UnixMilli() - p.SendTS
        log.Printf("E2E latency: %d ms", latency)
        log.Printf("Lost packets: %d", lost)
        nextSeq++
    }
}
```

위 예제에서는 `binary.Read`와 `binary.Write`를 사용해 인메모리 데이터 타입과 바이너리 슬라이스를 변환한다. 이는 프로브 패킷의 크기가 고정돼 있기 때문에 가능하다. 하지만 프로브의 크기가 가변이라면 같은 함수를 사용해 헤더의 고정된 크기 부분만 미리 파싱pre-parse하고 가변 크기의 페이로드를 수동으로 읽어 파싱해야 한다.

`ch04/udp-ping`[30]의 실제 UDP 핑 애플리케이션에는 추가 에러 조건과 프로그램의 정상적인 종료를 위한 코드가 더 있다. 원격 UDP 핑 서버에 대한 클라이언트 측 코드의 실행 결과에서 손실 패킷의 전체 개수와 마지막으로 계산한 전달 시간을 확인할 수 있다.

```
ch04/udp-ping/client$ sudo go run main.go
2021/12/10 15:10:31 Starting UDP ping client
2021/12/10 15:10:31 Starting UDP ping receive loop
2021/12/10 15:10:32 Sending probe 0
2021/12/10 15:10:32 Received probe 0
2021/12/10 15:10:32 E2E latency: 9 ms
2021/12/10 15:10:32 Lost packets: 0
2021/12/10 15:10:33 Sending probe 1
2021/12/10 15:10:33 Received probe 1
2021/12/10 15:10:33 E2E latency: 8 ms
```

```
2021/12/10 15:10:33 Lost packets: 0
2021/12/10 15:10:34 Sending probe 2
2021/12/10 15:10:34 Received probe 2
2021/12/10 15:10:34 E2E latency: 9 ms
2021/12/10 15:10:34 Lost packets: 0
...
```

서버 측에서는 측정하지 않으며 수신한 각 UDP 프로브에 대한 클라이언트 IP 주소만 로그로 남긴다.

```
ch04/udp-ping/server$ sudo go run main.go
2021/12/10 15:10:28 Starting the UDP ping server
2021/12/10 15:10:32 Received a probe from 198.51.100.173:59761
2021/12/10 15:10:33 Received a probe from 198.51.100.173:59761
2021/12/10 15:10:34 Received a probe from 198.51.100.173:59761
...
```

이 예제를 통해 정보를 교환하고 네트워크 측정 지표metric를 계산하기 위해 단일 메시지를 사용하는 바이너리 UDP 기반 프로토콜을 살펴봤다. Go에서 전송 계층 프로토콜로 작업하는 방법을 이해하는 것이 중요하지만, TCP나 UDP 위에 직접 애플리케이션을 구현하는 것은 그리 일반적이지 않다. 주목할 만한 예외로는 Kafka와 NATS 그리고 AMQP와 같은 고성능 메시징 프로토콜high-performance messaging protocol을 들 수 있다. 오늘날 대부분의 통신은 고수준 프로토콜인 HTTP를 통해 이뤄진다. HTTP를 사용하면 패키지와 SDK의 다양한 지원과 rEST, GRPC, GraphGL과 같은 통신 표준의 방대한 생태계 그리고 프록시 및 침입 탐지 시스템과 같은 네트워크 미들웨어network middelware의 표준 지원을 받을 수 있다. 다음 절에서는 Go로 HTTP 클라이언트-서버 애플리케이션 샘플을 작성하는 방법을 알아본다.

응용 계층

앞 절에서는 지금까지 배웠던 Go의 저수준 네트워크 구성 요소로 네트워크를 통해 바이트를 전송하기 위해 두 노드 간에 TCP나 UDP 연결을 설정하는 방법을 알아봤다. 이제 TCP/IP 모델의 최상위 계층에 집중해 Go의 표준 라이브러리에 포함된 애플리케이션 수준의 구조로 이동해 HTTP 클라이언트와 서버를 구현해 본다.

요청자requester에게 MAC 주소 공급 업체vendor나 IP 주소 소유자owner 또는 자세한 도메인 정보를 반환하는 클라이언트-서버 애플리케이션을 빌드하는 단계를 살펴보면서 구현 방법을 알아본다. 클라이언트 측에서는 쿼리를 서버 주소로 캡슐화하는 HTTP 요청을 만들어야 한다. 서버 측에서는 요청을 수신하고, 요청을 처리하고, 수신한 인수에 관한 정보로 응답하는 로직을 구현해야 한다.

HTTP 클라이언트 작업

클라이언트 측에서는 먼저 요청을 보낼 URL을 구성해야 한다. 이 예제에서 URL은 세 가지 구성 요소로 이뤄져 있다.

- 서버 주소(IP 주소와 포트)
- 수행하려는 조회 타입(MAC, IP, 도메인)
- 조회할 값인 인수

여기서 입력을 URL 구조로 파싱하는 데는 `net/url` 패키지가 도움이 된다. 이 책의 예제에서는 값을 하드코딩했지만, `ch04/http/client/main.go`[36]의 코드를 실행할 때는 플래그를 통해 원하는 값을 입력할 수 있다.

`net/url` 패키지의 `Parse` 메서드를 사용해 URL의 첫 번째 부분(http://localhost:8080/lookup)을 구성한다. 예의 두 번째 부분을 쿼리에 추가한다. 여기서는 인수로 키-값 쌍을 입력받는 `Add` 메서드를 활용한다. 이 경우, `lookup` 변수는 키이며 값은 `argument` 변수에서 가져온다. 전체 URL은 `http://localhost:8080/lookup?domain=tkng.io`가 된다.

```
func main() {
```

```
    server := "localhost:8080"
    // mac, ip, domain 중의 하나
    lookup := "domain"
    // 예: 68b5.99fc.d1df, 1.1.1.1, tkng.io
    argument := "tkng.io"
    path := "/lookup"

    addr, err := url.Parse("http://" + server + path)
    // 에러를 처리한다.

    params := url.Values{}
    params.Add(lookup, argument)
    addr.RawQuery = params.Encode()
    /* ... < 다음에 계속 > ... */
}
```

실제로 net/http 패키지를 활용해 서버에 요청한다. 이 패키지에는 HTTP를 요청하는 메커니즘을 지정하는 Client 타입이 있다. 이 예제에서는 클라이언트의 세부 정보를 명시할 필요가 없으므로 타입을 참조용으로 표시한다.

```
type Client struct {
    Transport RoundTripper
    CheckRedirect func(req *Request, via []*Request) error
    Jar CookieJar
    Timeout time.Duration
}
```

선호하는 것이 없다면 DefaultTransport를 사용하는 DefaultClient를 선택할 수 있다. 이 클라이언트에는 미리 정의된 시간 경과와 프록시 설정이 있으며 서로 다른 고루틴이 안전하게, 동시에 사용할 수 있게 돼 있다. 따라서 Go 표준 라이브러리의 다음 코드 스니펫에 표시된 매개변수를 조정할 필요가 없다. 다음 코드 스니펫은 연결 동작을 미세 조정fine-tune하려는 경우에 사용할 수 있는 클라이언트 HTTP 전송 설정을 보여 준다.

```
var DefaultTransport RoundTripper = &Transport{
    Proxy: ProxyFromEnvironment,
    DialContext: (&net.Dialer{
```

```
            Timeout:   30 * time.Second,
            KeepAlive: 30 * time.Second,
        }).DialContext,
        ForceAttemptHTTP2:     true,
        MaxIdleConns:          100,
        IdleConnTimeout:       90 * time.Second,
        TLSHandshakeTimeout:   10 * time.Second,
        ExpectContinueTimeout: 1 * time.Second,
}
```

예제에서 `DefaultClient`를 사용하면 HTTP GET과 HEAD 그리고 POST 메서드를 사용할 수 있다. 여기서는 `net/http` 패키지의 `Get` 메서드를 사용해 앞에서 `Parse`로 파싱한 `addr` 주소로 HTTP GET을 한다.

```
func main() {
    /* ... < 이어서 계속 > ... */
    res, err := http.DefaultClient.Get(addr.String())
    if err != nil {
        log.Fatal(err)
    }
    defer res.Body.Close()
    io.Copy(os.Stdout, res.Body)
}
```

마지막 단계는 서버에서 받은 응답을 터미널로 출력하는 것이다. 이런 작업을 위한 클라이언트 애플리케이션을 실행할 때 CLI에서 플래그를 사용해 여러 가지 쿼리를 할 수 있다.

- 상태 검사health check:

```
ch04/http/client$ go run main.go -check
OK
```

- MAC 주소 공급 업체 조회:

```
ch04/http/client$ go run main.go -lookup mac 68b5.99fc.
d1df
Hewlett Packard
```

- 도메인 조회:

```
ch04/http/client$ go run main.go -lookup domain tkng.io
Domain Name: tkng.io
Registry Domain ID: 5cdbf549b56144f5afe00b62ccd8d6e9-
DONUTS
Registrar WHOIS Server: whois.namecheap.com
Registrar URL: https://www.namecheap.com/
Updated Date: 2021-09-24T20:39:04Z
Creation Date: 2021-07-26T19:08:34Z
Registry Expiry Date: 2022-07-26T19:08:34Z
Registrar: NameCheap, Inc.
Registrar IANA ID: 1068
```

- IP 주소 조회:

```
ch04/http/client$ go run main.go -lookup ip 1.1.1.1
...
inetnum: 1.1.1.0 - 1.1.1.255
netname: APNIC-LABS
descr: APNIC and Cloudflare DNS Resolver project
descr: Routed globally by AS13335/Cloudflare
descr: Research prefix for APNIC Labs
country: AU
```

이런 응답을 받기 위해서는 먼저 요청을 처리하는, 실행 중인 서버가 있어야 한다. 서버를 빌드해 보자.

HTTP 서버 작업

요청과 응답을 처리하기 위해 net/http 패키지는 Server 타입과 Handler 인터페이스를 제공한다. Server는 HTTP 서버의 실행에 필요한 매개변수를 위한 데이터 구조체이다.

```
type Server struct {
    Addr string
    Handler Handler
    TLSConfig *tls.Config
    ReadTimeout time.Duration
    ReadHeaderTimeout time.Duration
    /* ... < 생략 > ... */
}
```

Server 타입의 변수 srv를 정의한다. Server에 대한 0 값도 유효한 구성이지만, 이 경우 모든 인터페이스와 8080 포트에서 수신을 기다리기 위해 Addr을 0.0.0.0:8080으로 지정한다.

Server 타입에는 Server 인스턴스의 TCP 네트워크 주소인 Addr(예제에서는 srv.Addr 또는 0.0.0.0:8080)에서 수신을 기다리는 istenAndServe 메서드가 있다. 이후 Serve 메서드를 호출해 들어오는 연결을 수락하고 요청을 처리한다. 각 요청에 대해 요청을 읽는 새로운 서비스 고루틴을 만든 후 Server 인스턴스 Handler(예제에서는 srv.Handler 또는 nil)를 호출해 요청에 응답한다.

```
func main() {
    /* ... < 생략 > ... */
    log.Println("Starting web server at 0.0.0.0:8080")

    srv := http.Server{Addr: "0.0.0.0:8080"}
    // ListenAndServe always returns a non-nil error.
    log.Fatal(srv.ListenAndServe())
}
```

이제 처음에 언급했던 net/http 패키지의 두 번째 타입인 Handler 인터페이스에 대해 알아보자. Handler의 역할은 HTTP 요청에 응답하는 것이다.

```
type Handler interface {
    ServeHTTP(ResponseWriter, *Request)
```

```
}
```

Handler는 다음과 같이 두 개의 인수를 받는 ServeHTTP 메서드를 통해 HTTP 요청에 응답한다.

- ResponseWriter 인터페이스: 요청에 응답할 HTTP 헤더와 페이로드를 만들고 반환한다.

```
type ResponseWriter interface {
    Header() Header

    // Write는 HTTP 응답의 일부로 연결에 데이터를 쓴다.
    Write([]byte) (int, error)

    // WriteHeader는 제공된 상태 코드와 함께
    // HTTP 응답 헤더를 전송한다.
    WriteHeader(statusCode int)
}
```

- HTTP Request: 여기서는 서버가 수신한 HTTP 요청이다. 이 요청은 클라이언트가 전송하려는 요청일 수도 있다.

```
type Request struct {
    // 메서드는 HTTP 메서드(GET, POST, PUT 등)을 지정한다.
    Method string

    // URL은 (서버 요청인 경우) 요청받는 URI나
    // (클라이언트 요청인 경우) 액세스하려는 URL을 지정한다.
    URL *url.URL
    Header Header
    Body io.ReadCloser
    /* ... < 생략 > ... */
}
```

이 예제에서는 Handler를 지정하지 않았으므로 ListenAndServe를 호출했을 때 핸들러는 실제로 널null(nil)이었다. 이 시나리오에서 ListenAndServe는 들어오는 요청을 처리하기 위해 기본적으로 DefaultServeMux를 사용한다. DefaultServeMux는 net/http 패키지에 포함된 HTTP 요청 다중화기request multiplexer이다. 이 다중화기는 등록된 URL 패턴 목록에 따라 가장 적절한 핸들러로 요청을 라우팅한다.

예제의 다음 단계는 주어진 패턴에 대한 핸들러 함수를 등록하는 것이다. 이 작업은 HandleFunc 함수로 처리할 수 있다. 이 함수는 문자열 패턴과 func(ResponseWriter, *Request) 함수 시그니처를 인수로 받는 핸들러 함수를 입력받는다. 이제 이 패턴과 일치하는 URL이 있는 요청이 들어오면 지정된 핸들러가 응답을 만든다.

예제에서 메인 함수의 첫 번째 코드 스니펫에서는 일치시킬 두 개의 URL 패턴 /lookup과 /check를 실제로 등록하는 처음 두 줄을 생략했다.

```
func main() {
    http.HandleFunc("/lookup", lookup)
    http.HandleFunc("/check", check)
    /* ... < 생략 > ... */
}
```

일반적인 쿼리는 /lookup 경로를 따르지만, /check 옵션을 포함해 빠르게 상태 검사를 실행하고 서버가 요청에 응답하고 있는지 확인할 수 있도록 했다. 각 패턴에는 패턴에 해당하는 핸들러 함수가 있으며 해당 핸들러 함수는 인수로 func(ResponseWriter, *Request) 시그니처를 사용한다. 편의상 이 함수의 이름을 lookup과 check로 지정했다. 그림 4.6은 DefaultServeMux가 사용자 요청을 처리하는 Handler를 논리적으로 결정하는 방법을 보여 준다.

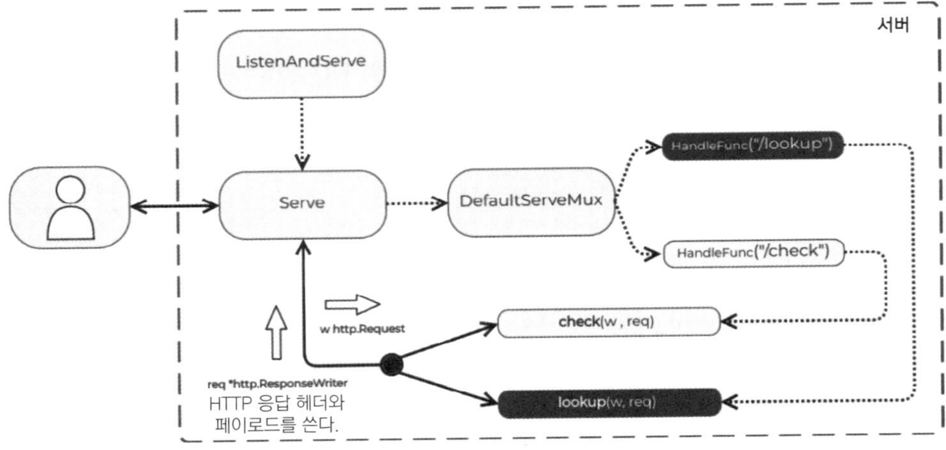

그림 4.6 HTTP 요청 처리하기

lookup 핸들러 함수에는 몇 가지 주목할 만한 점이 있다.

- 첫 번째 인수 w를 통해 요청에 대한 응답을 작성하는 http.ResponseWriter는 io.Writer 인터페이스를 충족한다. 이는 io.Writer 인터페이스를 받는 모든 메커니즘을 사용해 응답에 쓸 수 있다는 것을 의미한다. 여기서는 fmt.Sprintf를 사용한다.
- 두 번째 인수 req를 통해 사용자의 요청에 액세스한다. 여기서는 요청에서 대상 URL을 추출한다. 예제에서는 req.URL.Query를 사용해 대상 URL을 출력한다. 또한 요청 타입(MAC 주소, IP 주소, 도메인)에 따라 요청을 추가로 처리하기 위해 쿼리의 값을 가져온다.

```
func lookup(w http.ResponseWriter, req *http.Request) {
    log.Printf("Incoming %+v", req.URL.Query())
    var response string

    for k, v := range req.URL.Query() {
        switch k {
        case "ip":
            response = getWhois(v)
        case "mac":
            response = getMAC(v)
```

```
        case "domain":
            response = getWhois(v)
        default:
            response = fmt.Sprintf("query %q not recognized", k)
        }
    }
    fmt.Fprintf(w, response)
}
```

위 프로그램을 서버 측에서 실행할 때는 main.go뿐 아니라 폴더 안에 있는 모든 .go 파일이 있어야 하므로 go run *.go를 실행해야 다음과 같은 결과를 얻을 수 있다.

```
ch04/http/server$ go run *.go
2021/12/13 02:02:39 macDB initialized
2021/12/13 02:02:39 Starting web server at 0.0.0.0:8080
2021/12/13 02:02:56 Incoming map[mac:[68b5.99fc.d1df]]
2021/12/13 02:03:19 Incoming map[domain:[tkng.io]]
2021/12/13 02:03:19 whoisLookup tkng.io@whois.iana.org
2021/12/13 02:03:19 whoisLookup tkng.io@whois.nic.io
2021/12/13 02:05:09 Incoming map[ip:[1.1.1.1]]
2021/12/13 02:05:09 whoisLookup 1.1.1.1@whois.iana.org
2021/12/13 02:05:09 whoisLookup 1.1.1.1@whois.apnic.net
```

이 예제를 실행하려면 두 개의 탭을 열어야 한다. 먼저 ch04/http/server[37]에서 go run *.go를 실행한 후 다른 탭에서는 이 절의 클라이언트 부분의 출력과 같이 ch04/http/client[38]에서 플래그를 사용해 클라이언트 쿼리를 실행할 수 있다.

요약

4장에서는 TCP/IP 모델의 다양한 계층과 각 계층에 대한 Go의 적용 가능성에 대해 알아봤다. 리눅스 시스템에서의 네트워크 인터페이스 상태를 변경하는 것부터 IP 주소로 작업하는 것 그리고 웹 애플리케이션 프로토타입을 빌드하는 것까지 모두 살펴봤다.

이제 네트워크 자동화를 위한 여정을 시작하고 지금까지 배운 모든 내용을 활용해 네트워크를 보다 효율적이고 안정적이며 일관성 있게 만들 준비가 끝났다. 5장에서는 네트워크 자동화에 대해 알아본다.

참고 자료

[1] 패킷이 출발지에서 목적지로 이동하는 동안 경로를 결정하는 프로세스를 말한다. - 옮긴이

[2] 리눅스 운영체제에서 사용되는 새로운 네트워크 패킷 필터링 및 패킷 처리 프레임워크로, 패킷 필터링, NAT(Network Address Translation), QoS(Quality of Service), 패킷 로깅 및 기타 네트워크 작업을 위한 규칙 기반 프레임워크를 제공하고 높은 성능과 확장성을 제공하며 구성이 유연하고 읽기 쉬운 구문을 사용한다. - 옮긴이

[3] https://pkg.go.dev/syscall

[4] https://github.com/vishvananda/netlink

[5] https://github.com/mdlayher/netlink

[6] https://github.com/mdlayher/netlink#ecosystem

[7] https://github.com/PacktPublishing/Network-Automation-with-Go/tree/main/ch04/netlink

[8] https://man7.org/linux/man-pages/man7/capabilities.7.html

[9] https://github.com/google/gopacket

[10] https://github.com/mdlayher/ethernet

[11] https://github.com/kube-vip/kube-vip/tree/main/pkg/vip

[12] ARP 프로토콜의 특수한 형태로, 'Gratuitous'는 그냥 별로 뜻이 없다는 것을 의미한다. 네트워크상의 다른 장비들의 ARP 캐시를 갱신하거나 중복 방지를 위해 자신의 하드웨어 주소 및 IP 주소를 브로드캐스팅하는 간단한 프로토콜이다. Gratuitous ARP의 목적은 통상적으로 컴퓨터가 최초로 부팅 또는 DHCP 서버로부터 IP 주소를 할당받았을 때 자신의 IP 주소가 중복되는지를 알아보기 위해 자신의 IP를 요청해 IP 중복을 방지하는 것과 자신의 변경 IP 주소를 목적지 IP 주소 필드에 실어 송신하면 이를 수신하는 장비는 ARP 캐시에서 일치되는 엔트리를 갱신하는 것이다(출처: 정보통신기술용어해설). - 옮긴이

[13] https://github.com/mdlayher/arp

[14] https://github.com/mdlayher/packet

[15] https://github.com/PacktPublishing/Network-Automation-with-Go/tree/main/ch04/vip

[16] https://pkg.go.dev/net

[17] https://github.com/PacktPublishing/Network-Automation-with-Go/blob/main/ch04/net/main.go

[18] https://tailscale.com/blog/netaddr-new-ip-type-for-go/

[19] 특정 상태를 나타내는 데 사용되는 특별한 값을 말한다. 주로 프로그램에서 특정 상태를 나타내기 위해 예약된 값으로 사용된다. 센티널 필드는 주어진 상황에 대한 정보를 전달하고 이를 기반으로 프로그램이 특정 동작을 수행하거나 조건을 판별하는 데 사용할 수 있다. - 옮긴이

[20] 구역은 IPv6 주소에 사용되는 추가 식별자이다. IPv6 주소는 일반적으로 128비트로 표현되며 주소 자체에 네트워크 식별자와 호스트 식별자가 들어 있다. 하지만 IPv6 주소는 종종 라우팅이나 네트워크 인터페이스와 관련된 추가 정보를 나타내기 위해 구역(zone) 식별자를 사용한다. 일반적으로, IPv6 주소는 "주소%구역" 형식으로 표기된다. 여기서 "구역"은 해당 주소가 속한 네트워크 인터페이스나 네트워크 영역을 식별하는 식별자로, IPv6 주소가 다중 인터페이스를 갖는 시스템에서 특정 인터페이스에 연결된 주소를 구분하는 데 사용될 수 있다. 예를 들어, FE80:F00D::1%eth0은 IPv6 주소 FE80:F00D::1이 eth0이라는 구역에 속한 인터페이스에 연결돼 있다는 것을 나타낸다. 이를 통해 해당 주소를 사용하는 데 필요한 네트워크 인터페이스를 식별하고 패킷이 올바른 인터페이스로 라우팅된다. - 옮긴이

[21] https://github.com/PacktPublishing/Network-Automation-with-Go/tree/main/ch04/parseip

[22] https://github.com/PacktPublishing/Network-Automation-with-Go/tree/main/ch04/parseprefix

[23] https://github.com/yl2chen/cidranger

[24] https://github.com/PacktPublishing/Network-Automation-with-Go/blob/main/ch04/trie/main.go

[25] https://dev.maxmind.com/geoip/geolite2-free-geolocation-data

[26] https://github.com/PacktPublishing/Network-Automation-with-Go/blob/main/ch04/geo/main.go

[27] https://github.com/c-robinson/iplib

[28] https://github.com/PacktPublishing/Network-Automation-with-Go/blob/main/ch04/ipaddr/main.go

[29] https://github.com/cloudprober/cloudprober

[30] https://github.com/PacktPublishing/Network-Automation-with-Go/tree/main/ch04/udp-ping

[31] 메시지 통신 처리 시스템(MHS)에서 메시지의 전달 가능성을 타진하기 위해 전송되는 정보를 말한다. 사용자를 대신해 메시지의 송수신을 대행하는 사용자 에이전트(UA)는 메시지 발신에 앞서 그 메시지의 전달 가능성을 메시지 전송 시스템(MTS)을 통해 타진하고 그 결과를 보고받을 수 있다(출처: 정보통신용어사전). - 옮긴이

[32] 통신에서 신호가 송신되는 것을 강제로 막는 작업을 말한다(출처: 정보통신용어사전). - 옮긴이

[33] 사건 a에 이어 일정한 시간 t 이내에 사건 b가 생기지 않으면 안 된다는 조건하에서 b가 t 이내에 발생하지 않는 상태를 나타내는 것을 말한다. 시스템 감시에 이용되며 다음과 같이 구분된다. ㉠ 일의 시작(a 사건)부터 종료(b 사건)까지 시간의 최댓값을 정해 이 시간 내에 일이 종료되지 않으면 이상 상태로 간주된다. ㉡ 데이터 수신에서 어떤 문자를 수신할 때부터 일정 시간 내에 다음 문자에 송신되지 않는 경우, 회선 장애 등의 이상 상태로 간주한다(출처: 정보통신용어사전). - 옮긴이

[34] 미리 정해 놓은 조건을 만족하거나 어떤 동작이 수행되면 자동으로 수행되는 동작을 말한다(출처: 정보통신용어사전). - 옮긴이

[35] 어느 시점에 데이터가 존재했다는 사실과 그 시간 이후의 내용이 변경되지 않았다는 것을 증명하기 위해 특정 위치에 표시하는 시각을 말한다. 공통으로 참고하는 시각에 대해 시간의 기점을 표시하는 시간 변위 매개변수이다(출처: 정보통신용어사전). - 옮긴이

[36] https://github.com/PacktPublishing/Network-Automation-with-Go/blob/main/ch04/http/client/main.go

[37] https://github.com/PacktPublishing/Network-Automation-with-Go/blob/main/ch04/http/server

[38] https://github.com/PacktPublishing/Network-Automation-with-Go/blob/main/ch04/http/client

2부 : 일반적인 도구와 프레임워크

2부에서는 네트워크 자동화에 대한 기존 과제와 목표에 대해 설명한다. 조직이 이 중요한 작업에 접근하는 방법과 나아가야 할 방향에 대해 알아보자.

2부는 다음 세 개의 장으로 구성돼 있다.

- 5장, 네트워크 자동화
- 6장, 구성 관리
- 7장, 자동화 프레임워크

05

네트워크 자동화

지금까지 일반적인 네트워크 관련 활동을 수행하는 데 필요한 Go의 몇 가지 기본 사항을 다뤘다. 이제 이 책의 주된 주제인 네트워크 자동화에 대해 알아보자. 솔루션과 도구 그리고 코드 라이브러리를 살펴보기 전에 한 걸음 물러서서 네트워크 자동화를 학문적으로 알아보자. 5장에서는 다음과 같은 질문에 대한 답을 찾고자 한다.

- 네트워크 자동화의 개념 및 네트워크 엔지니어링과 구별되는 전문 기술로 간주하는 이유
- 네트워크 운영에 미치는 영향과 비즈니스에 대한 이점
- 개별적으로 처리할 수 있는 일반적인 자동화 사용 사례
- 개별 사용 사례를 하나의 큰 네트워크 자동화 시스템으로 만드는 방법과 필요한 이유

5장은 코드가 많지 않고, 모든 사람이 동의하지 않는 주장이 있을 수 있다. 가능한 한 객관적으로 의견을 표현하려고 노력했지만, 이는 결국 저자들의 경험을 바탕으로 한 주관적인 견해이다. 그런데도 자동화에 따른 운영 인력의 필요성 감소와 같이 논란이 많은

민감한 주제는 피하고자 최선을 다했으며 가능한 한 이 주장을 뒷받침할 수 있는 증거를 제공하기 위해 노력했다.

5장에서는 다음과 같은 주제를 다룬다.

- 네트워크 자동화란?
- 네트워트 운영 작업 자동화
- 시스템 접근 방식

기술 요구사항

5장의 코드는 깃허브 저장소에서 다운로드할 수 있다.

네트워크 자동화란?

네트워크 자동화는 비교적 최근에 도입된 학문으로, 네트워크 자동화 정의는 범위와 목표가 광범위하고 다양하다. 네트워크 자동화는 특정 사용 사례나 기술에 대한 것이 아니라 사용자 환경과 비즈니스 이익에 도움이 되는 것에 대한 것이다.

일부 엔지니어는 라우팅 프로토콜이 이미 네트워크를 자동화하고 있으며 CLI가 의도 기반intent-based API이므로 개별 네트워크 명령어를 동적 네트워크 상태로 변환해 준다고 주장할 수도 있다. 이런 주장은 일부 사실이지만, 업계에서 널리 사용되는 정의가 아니므로 나는 이 견해에 동의하지 않는다.

그대신 이 책에서는 네트워크 자동화를 서비스 프로비저닝provisioning[1]이나 소프트웨어 업그레이드 또는 원격 측정 처리telemetry processing 등 네트워크 운영자가 수동으로 수행하는 일반적인 작업 흐름을 자동화하는 일련의 과정으로 정의한다. 이 작업 흐름에는 네트워크 엔지니어가 직접 마우스 클릭과 CLI 명령어 조합을 통해 수행했던 기존 작업이 포함된다.

좀 더 복잡한 네트워크 자동화 솔루션은 네트워크 구성을 조정하거나, 트래픽 엔지니어링 정책을 적용하거나, 일부 설계 제약design constraint을 강제하는 등 운영 이벤트에 반응하는 작업까지 포함할 수도 있다. 이런 모든 활동을 통합하는 한 가지 공통적인 특징은 원하는 동작이 예상한 결과로 이어지는 구체적인 단계를 순서대로 설명할 수 있다는 능력이다. 이는 네트워크 결함 해결과 같은 반복적인 작업이나 네트워크 설계와 같은 창의적인 작업과는 거리가 멀지만, 정적 구성 분석static configuration analysis[2] 및 수학적 네트워크 모델링mathematical network modeling과 같은 영역에서 상당한 발전이 이뤄지고 있으므로 테스트 주도 개발TDD, Test Driven Development과 소프트웨어 세계의 개념을 도입해 네트워크 설계의 구성 템플릿 개발 및 테스트(전체 네트워크 품질 보증 및 회귀)를 자동화할 수 있다.

네트워크 자동화가 필요한 이유

네트워크 자동화가 사이트 신뢰도 엔지니어링site reliability engineering으로 발전해 이제는 단순한 인프라 프로저닝 외에 관측성observability, 자동화, 심지어 시스템 소프트웨어 개발까지 포함하는 시스템 관리systems administration와 달리, 하나의 분야로 존재하는 이유에 관한 질문이 좀 더 흥미로울 수 있다.

네트워크를 실행하고 운영하는 방식은 지난 몇십 년간 거의 변하지 않았다. 네트워크 관리는 여전히 주로 CLI 명령어를 실행하고 비정형 데이터unstructured data로 작업하는 데 중점을 두고 있지만, CLI 주도 운영은 에러가 발생하기 쉽고 확장성이 떨어진다는 인식이 널리 퍼져 있다. 이로 인해 표준화가 부족해 네트워크 엔지니어는 대부분의 업무 시간을 수동으로 처리하는 데 보내고 있으므로 네트워크 확장과 지원, 보안이 어려워진다.

이에 대한 대응책으로 효율성을 개선하고 일상적인 작업의 오버헤드를 줄이기 위해 네트워크 자동화가 등장했다. 네트워크 자동화의 목표는 좀 더 안정적으로 반복 가능한 과정을 만들어 생산성을 높이는 것이다. 또한 네트워크를 보다 일관되고 단순하게 운영하는 동시에 사고 상태 가능성outrage likelihood을 줄여 정지 시간downtime을 최소화하는 데 도움이 된다.

그런데도 모든 네트워크 엔지니어가 네트워크 자동화에 참여하고 있지 않은 이유는 다음과 같다.

- 정형 데이터를 반환하는 네트워크 관리용 표준 및 공급 업체에 상관없이 동작하는 vendor-agnostic[4] API가 부족하다. 일반적으로 네트워크 공급 업체는 사람과의 상호작용을 위해 설계된 전용 구성 구문proprietary configuration syntax이나 CLI를 제공한다.
- 자동화는 완전히 새로운 기술을 요구하며 네트워크 엔지니어는 일반적으로 컴퓨터 과학을 전공하지 않아 프로그래밍은 여전히 큰 기술적 격차로 남아 있다.
- 자동화를 배우려면 시간이 필요하지만, 모든 고용주가 바로 이득이 되지 않는 일에 직원이 업무 시간을 할애하는 것을 좋아하지 않는다.
- 자동화 속도로 인해 고장이 빠르게 전파될 수 있으며 이는 초기에 자동화에 대한 신뢰를 구축하는 데 도움이 되지 않을 수 있다. 안정적이고 안전하며 충분한 가시성visibility을 제공하는 시스템을 구축하는 데는 시간이 걸린다.
- 범위가 겹치는 네트워크 자동화 도구와 라이브러리 그리고 프레임워크가 많아 특정 작업에 적합한 것을 선택하기 어려울 수 있으며 잘못된 선택으로 이어질 수 있는 과잉 투자의 위험이 있다.
- 항상 해 오던 방식을 바꾸는 것은 어려운 일이다. 때로는 저항이 가장 적은 쪽을 따라가며 변화를 꺼린다.

환경에 네트워크 자동화를 도입하면 관점에 따라 다양한 이점과 위험이 따른다. 따라서 네트워크를 운영하는 엔지니어와 네트워크가 비용 중심 또는 수익 중심이 되도록 비즈니스를 운영하는 상위 관리자 모두에게 어떤 의미를 갖는지 알아보자.

상향식 관점

자동화에 적합한 일부 네트워크 운영 활동으로는 구성 변경과 감사audit 또는 규정 준수compliance 검사 실행, 소프트웨어 및 장치 생명주기 관리 등이 있다. 여러 조직은 이런 과정의 모든 운영 단계를 문서화하는 플레이북[5]을 갖고 있거나 변경 관리 양식change management forms을 요구한다. 많은 회사는 시니어 엔지니어가 변경을 준비하면 나중에 주니어 엔지니어가 실행하는 자동화 형태를 이미 사용하고 있다.

일반적으로 이런 활동에는 장치 인벤토리와 실행할 명령어 목록, 잘 정의된 결과물 그리고 작성된 스프레드시트나 장치에서 실행 중인 새로운 소프트웨어 버전 등과 같이 잘 정의된 입력이 있다. 이런 속성으로 인해 이런 활동을 자동화할 수 있다.

자동화의 장점 중 하나는 확장성이다. 장치 한 대를 변경하는 데 드는 상대적 비용은 수천 대의 장치를 변경하거나 수백 대의 장치에 수백 번 변경하는 비용과 같다. 규모와 속도가 중요하지만, 이는 과정 자동화process automation를 통해 얻을 수 있는 가장 가치가 큰 결과가 아닐 수 있다.

네트워크 규모가 상대적으로 작거나 변경 비율이 낮은 일부 네트워킹 팀에게는 네트워크 자동화가 다음과 같은 이점으로 이어진다.

- **일관성**consistency: 컴퓨터가 이런 변경을 수행하므로 매번 같은 결과를 기대할 수 있다. 또한 같은 구성이나 템플릿 또는 정책을 여러 요소에 강제로 적용할 수 있다.
- **신뢰성**reliability: 지침instruction은 컴퓨터가 명확하게 해석하는 코드이다. 또한 입력이나 결과를 검증하는 자동 검사도 추가할 수 있다.
- **가시성**visibility: 네트워크의 모든 미래와 과거 변경 사항을 팀의 모든 구성원이 볼 수 있으므로 동료 검토를 통해 결함을 쉽게 해결할 수 있다.
- **보편성**ubiquity: 여러 팀이 같은 도구를 사용하므로 상호작용이 간단해지며 지식 공유가 원활해진다.

동료에게 네트워크 자동화를 소개할 때는 네트워크 자동화가 하나의 제품이나 솔루션이 아니라 정해진 목적지가 없는 새로운 방향으로 나아가는 여정이라는 점을 강조하는 것이 중요하다.

모든 수작업 과정을 완전히 자동화할 수 있는 것은 아니며 새로운 관행practice을 개발하고 기존 절차procedure를 업데이트하는 데 몇 년이 걸릴 수도 있다. 따라서 조직 경영진의 동의를 얻는 것이 중요하다.

하향식 관점

네트워크 엔지니어는 앞에서 설명한 기술적인 사항을 이해하고 네트워크 자동화 프로젝트가 시간과 노력을 들여 배포할 가치가 있는지를 스스로 판단할 수 있다.

반면, 좀 더 큰 그림(비즈니스)을 고려하지 않고 기술적인 관점에서만 경영진을 설득하기에는 무리가 있다. 이것이 네트워크 자동화 프로젝트가 실패하는 주된 이유 중 하나일 수 있다. 비즈니스적인 관점에서 이 점이 명확하지 않으면 경영진은 시간을 투자할 가치가 없다고 판단할 수 있다. 그 반대의 경우도 마찬가지이다. 네트워크 자동화 프로젝트는 조직 차원에서 지원을 받아야 성공할 가능성이 더 커진다.

다음은 경영진과 논의할 때 출발점으로 삼을 수 있는 비즈니스 가치 목록이다. 회사에 따라 네트워크가 비용 중심이거나 이익 중심이 될 수 있으므로 상황에 맞게 조정하거나 우선순위를 다시 정해야 한다.

- **비용 관리**cost management: 리소스 최적화resource optimization를 통해 비용을 절감한다. 사람의 실수로 인한 결함 해결이 줄어들고 감사 보고서를 수작업으로 작성하지 않아도 되며 초과 근무할 필요가 없어 네트워크 운영 비용을 줄일 수 있다.
- **서비스 제공 속도**speed of delivery: 네트워크 변경 사항을 구성하고 검증하는 속도가 빨라져 고객 서비스를 더욱 빠르게 제공하거나 고객의 요구에 따라 맞춤 서비스를 제공할 수 있다.
- **위험 관리**risk management: 모든 운영에 보안 정책security policy을 일관되게 강제해 위험

을 줄일 수 있다. 서비스에 영향을 미치는 사건의 수를 줄여 수익을 개선할 수 있다.

- **비즈니스 역량**business capability: 네트워크 자동화는 조직이 가치를 정의하는 방법에 따라 기회를 발견하는 데 도움을 줄 수 있다. 가시성이 좋아지면 용량 계획capacity planning을 개선하고 사용하지 않는 용량이나 핫스폿hotspot을 발견하는 데 도움이 될 수 있다. 자동화된 시스템의 잘 정의된 인터페이스와 입출력으로 인해 팀 간 상호작용이 좋아지므로 새로운 서비스나 비즈니스 역량이 나올 수 있다.

네트워크 자동화의 이점에 대한 인식이 높아지더라도 몇몇 사람들은 여전히 네트워크 자동화를 내부 조직의 관행으로 받아들이기 어려울 수 있으므로 이들의 지원을 받기 위해서는 추가적인 노력이 필요하다. 각 상황은 고유하므로 약간 다른 논거가 필요할 수도 있다. 결국 네트워크 자동화는 네트워크 엔지니어링의 중요한 부분이 되고 있으며 업계에서도 관련성은 계속 높아지고 있다.

이제 네트워크 자동화가 무엇이고 왜 필요한지를 정의했으므로 전통적인 네트워크 엔지니어링 분야에서 네트워크 자동화를 적용할 수 있는 구체적인 사용 사례와 영역을 좀 더 자세히 알아보자.

네트워크 운영 작업 자동화

이 절에서는 기존 도구와 과정에 큰 영향을 미치지 않으면서 자동화를 도입할 수 있는 일반적인 네트워크 운영 작업과 사용 사례를 알아본다. 우리의 목표는 사람이 수행하는 일련의 수동 단계를 코드로 변환해 원래의 입출력을 바꾸지 않고 그대로 유지하면서 해당 작업을 컴퓨터가 대신 실행할 수 있도록 하는 것이다. 이 절은 세 가지 범주로 구성돼 있다.

- 구성 관리
- 네트워크 상태 분석
- 네트워크 감사 및 보고서 작성

이제 시작해 보자.

구성 관리

구성 관리configuration management는 네트워크 엔지니어링 분야에서 가장 인기 있는 영역으로, 네트워크 운영을 넘어 설계 및 아키텍처 단계까지 포함하는 경우가 많다. 대부분의 사람이 구성 관리를 네트워크 자동화를 테스트하거나 사용하기 전의 가장 낮은 단계라고 생각한다. 이 범주에 속하는 몇 가지 일반적인 사용 사례를 알아보자.

구성 만들기

네트워크 장치를 바꾸기 전에 대상 장치에 대해 원하는 구성을 만들어야 한다. 이 작업은 전통적으로 텍스트 편집기에서 수동으로 진행했으며 복사/붙여넣기와 검색/바꾸기 작업을 많이 했다.

다음과 같은 Go 패키지를 사용하면 이 과정을 자동화하고 일련의 입력을 기반으로 네트워크 장치 구성을 만들 수 있다.

- `text/template`: 표준 라이브러리의 패키지로, 특수 Go 템플릿 언어를 사용해 입력 프로그램 변수를 기반으로 비정형 텍스트 문서를 생성한다. 이 패키지는 6장의 'SSH를 통해 네트워크 장치와 상호작용하기' 절에서 사용한다.
- `flosch/pongo2`: Jinja2(gonja 포크fork)에 익숙한 사람들을 위한 장고 구문과 비슷한 템플릿 언어Django-syntax-like templating language이다.
- `encoding`: 이 패키지에는 정형 네트워크 API(예: YANG이나 OpenAPI)와 함께 사용할 수 있는 문서를 생성하거나 파싱하기 위한 YAML과 JSON용 인코더와 디코더가 있다. 이 패키지는 6장의 'HTTP를 통해 다른 시스템에서 구성 입력 가져오기' 절에서 사용한다.
- `regexp`: 효율적인 정규식 패턴 매칭과 문자열 조작을 구현한 또 다른 표준 라이브러리

리 패키지이다. 이 패키지는 5장의 마지막 예제에서 사용한다.

구성 세부 사항을 정리하고 나면 이 구성을 대상 장치로 전송할 수 있으므로 다음 사용 사례에 적용할 수 있다.

구성 변경과 백업 그리고 복원

장치 구성 작업은 전체 장치 구성을 백업하거나, 교체하거나, 새로운 서비스를 프로비저닝하거나, 기존 구성 스니펫을 업데이트하기 위해 범위를 지정해 변경하는 작업이 될 수 있다. 이런 변경 작업을 수행하려면 각 장치에 개별적으로 로그인한 후 공급 업체별로 일련의 명령어를 실행해야 한다.

여러 네트워킹 공급 업체에서 공통으로 사용하는 전송 추상화transport abstraction를 통해 네트워크 구성을 변경하거나, 백업하거나, 복원하는 단계를 간소화하는 데 도움이 되는 Go 패키지는 다음과 같다.

- `crypto/ssh`: 기본 SSH 연결을 구현한 표준 라이브러리 패키지이다. 이 패키지는 6장의 'SSH를 통해 네트워크 장치와 상호작용하기' 절에서 사용한다.
- `scrapli/scrapligo`: crypto/SSH를 기반으로 빌드된 외부 패키지third-party package로, 주요 네트워킹 공급 업체의 다양한 CLI 프롬프트와 명령어를 처리할 수 있도록 다양하고 편리한 도우미 함수helper functions를 제공한다. 이 패키지는 NETCONF 클라이언트로도 사용할 수 있다. 이 패키지는 6장의 '일상적인 SSH 작업 자동화하기' 절에서 사용한다.
- `net/http`: RESTCONF나 OpenAPI와 같은 HTTP 기반 API와 통신하는 데 사용할 수 있는 표준 라이브러리 패키지이다. 이 패키지는 6장의 'HTTP를 통해 다른 시스템에서 구성 입력 가져오기' 절에서 사용한다.

위 목록은 배타적인 것이 아니며 RESTCONF[6]이나 NETCONF[7]와 함께 작동하도록 특별히 설계된 패키지를 포함해 일부 외부 패키지도 사용할 수 있지만, 이런 패키지는 모두 활동activity 수준이나 외부 기여outside contribution를 위해 개방한 정도가 다를 수 있다.

특히 외부 패키지를 선택할 때는 필요한 기능이 있는지와 기여자 커뮤니티가 활발하게 운영되고 있는지를 확인하는 것이 좋다.

구성의 차이와 규정 준수 검사

원하는 구성을 적용한 후에는 특정 불변식invariant이 변경되지 않았는지 확인하거나 어떤 구성의 변동 사항을 감지하기 위해 규정 준수 여부를 주기적으로 검사해야 한다. 이런 사용 사례에는 문자열 검색과 패턴 매칭 그리고 차이 계산을 이용한다. 이를 위해 다음과 같은 Go 패키지를 활용할 수 있다.

- `strings`: `Compare`와 `Contains` 함수를 사용해 기본 문자열 비교와 패턴 매칭 기능을 제공하는 표준 라이브러리의 패키지이다. 이 패키지는 5장의 마지막 예제에서 사용한다.
- `sergi/go-diff`: 일반 텍스트를 비교하거나, 일치하는지 확인하거나, 패치할 수 있는 외부 패키지이다(`google/diff-match-patch` 패키지를 Go로 포팅porting한 패키지).
- `homeport/dyff`: JSON이나 YAML과 같이 정형 문서를 비교하는 데 사용할 수 있는 또 다른 외부 패키지와 명령줄 도구이다.

장치 구성을 확인하는 것은 매우 중요하지만, 네트워크에서 발생하는 모든 것을 장치에서 얻어 낼 수는 없다. 따라서 우리는 네트워크에서 수집한 운영 데이터로 분석해 보완해야 한다.

네트워크 상태 분석

적용된 구성으로 인해 발생하는 작동 상태는 예측하기 어려운 경우가 많다. 네트워크에서 정보를 수집하고 모니터링을 미세 조정하는 데는 상당한 시간이 소요될 수 있다. 그러나 이러한 사용 사례는 위험도가 낮기 때문에 네트워크 자동화의 첫걸음으로 좋은 경우가 많으므로 Go를 사용하기에 매우 매력적인 기회이다.

작동 상태 수집하기

대상 네트워크 운영 시스템NOS, Network Operating System에 따라 네트워크 장치에서 운영 데이터operational data를 수집하려면 데이터를 수집할 장소를 지정하는 직접적인 API를 호출해야 할 수도 있다. 예를 들어, URL 매개변수에 `?rev=operational`가 있는 HTTP GET은 반환된 데이터를 운영 데이터 저장소에서 가져와야 한다는 것을 나타낸다.

이와는 대조적으로 사람이 우선인 네트워크 운영 시스템에서는 CLI 출력을 파싱하기 위해 몇 가지 추가 단계를 거쳐야 할 수도 있다. Go에서는 다음과 같은 방법을 사용해 CLI 출력을 파싱할 수 있다.

- `regexp`: 정규 표현식을 사용하는 것은 비정형 텍스트를 변수로 파싱하는 데 가장 확실하면서도 널리 알려진 방법이다. 단, 강건한 정규 표현식robust regular expression을 작성하고 정규 표현식의 결함을 해결하는 것이 어려울 수도 있다는 점을 명심해야 한다. 이 패키지는 5장의 마지막 예제에서 사용한다.
- `sirikothe/gotextfsm`: 이 패키지는 `regexp` 패키지 앞에서 빌드된 고수준 추상화를 제공하며 테이블table과 같이 시각적 구조visual structure로 된, 반포맷팅된semi-formatted 텍스트를 파싱하도록 설계됐다. 이 패키지는 6장의 '라우팅 정보 확인하기' 절에서 사용한다.
- `scrapli/scrapligo`: 이 패키지에는 `textfsm` 패키지가 있으므로 `TextFsmParse(template string)` 함수를 사용해 네트워킹 장비로부터의 응답을 파싱할 수 있다. 이 패키지는 6장의 '라우팅 정보 확인하기' 절에서 사용한다.

유지보수 기간 전후의 네트워크 작동 상태를 가져와 이 기간 동안 수행한 작업의 성공

여부를 확인하기 위해 인메모리 데이터 구조로 파싱하고 파싱한 데이터를 비교할 수 있다. 이 과정은 다음 절에서 설명한다.

상태 스냅숏 및 검증

수신한 값이 예상한 값과 일치하는지를 확인하는 작동 상태 검증은 네트워크 장치를 구성하거나, 결함 해결 세션을 실행하거나, 소프트웨어 업그레이드를 수행하거나, 기타 일상적인 업무를 수행하는 등 네트워크 엔지니어에게 할당된 업무 중 일부이다.

이런 데이터 수집을 자동화하고 의도한 상태를 미리 계산할 수 있는 경우가 많으므로 다음 상태가 예상한 상태인지 확인한 후 이 상태가 지속되도록 하는 것이다. 예를 들어, BGP 이웃neighbor[8]이 설정된 상태established state여야 하고 연결된 모든 인터페이스는 작동 중이어야 한다. 네트워크에서 새로운 데이터를 수집할 때 정형 포맷으로 저장하고 의도한 상태와 다르면 다른 작업을 트리거한다.

임의의 데이터와 비교하려면 일반적으로 이런 데이터 구조를 탐색하고 중요한 값을 확인하기 위해 몇 가지 사용자 정의 코드custom code를 작성해야 한다. 하지만 이런 작업을 간소화할 수 있는 패키지가 몇 개 있다.

- `reflect.DeepEqual`: 이 패키지는 Go 표준 라이브러리의 일부로, 런타임 리플렉션runtime reflection[9]을 사용해 같은 타입의 값을 비교할 수 있다.
- `mitchellh/hashstructure`: 임의의 Go 값에서 고유한 해시 값을 계산할 수 있는 외부 패키지로, 작동 상태가 예상한 상태와 일치하는지 여부를 빠르게 확인할 수 있다. 이 패키지는 5장의 마지막 예제에서 사용한다.
- `r3labs/diff`: 여러 표준 Go 타입을 지원하는 또 다른 외부 패키지로, 런타임 리플렉션에 의존해 두 Go 구조체나 값의 모든 차이를 자세히 로그로 남긴다.

모든 작동 상태를 의도한 대로 분류할 수는 없다. 일부 값은 좀 더 동적이며 항상 변경한 대로 동작하는 것은 아니다. 대표적인 예로는 MAC 주소와 IP 주소 테이블을 들 수 있다. 이 값은 시간이 지남에 따라 변동하며 장기적인 변동은 정상적이다.

네트워크의 동적 상태를 추적하면 소프트웨어 업그레이드와 같은 일상적인 유지보수 중에 네트워크 상태의 스냅숏을 만들고 변경 전후의 값을 빠르게 비교해 차이가 있는 부분을 확인하는 데 도움이 된다. 이는 프로그래밍적으로 일반적인 상태 검사 사용 사례와 같다. 같은 도구와 라이브러리를 사용하지만, 이런 시간 경과에 따라 구조된 문서를 디스크나 데이터베이스에 스냅숏으로 저장한다.

네트워크 감사 및 보고서 작성

네트워크 감사의 범위는 이제 사용하지 않는 하드웨어나 수명이 다한 소프트웨어를 식별하는 것에서부터 서비스 품질이나 제어 평면control plane 업데이트의 속도를 측정하는 것에 이르기까지 매우 다양하다. 일반적으로 네트워크 감사의 목표는 대규모 장치 세트에서 상태 정보를 수집하고 처리해 사람이 읽을 수 있는 결과물을 만들어 내는 것이다.

앞 절에서 상태 수집과 검증 작업을 설명했으며 이 작업을 3장에서 설명한 고루틴을 사용해 수백 또는 수천 개의 네트워크 장치를 대상으로 확장할 수 있다. 아직 설명하지 않은 부분은 보고서 생성이다. Go는 사람이 읽을 수 있는 결과물을 만드는 데 사용할 수 있는 몇 가지 리소스를 제공한다.

- `text/tabwriter`: 표준 라이브러리의 패키지로, 표준 출력으로 정보를 출력하려는 경우에 사용할 수 있다. 이 패키지를 사용하면 탭으로 구분된 데이터를 출력할 수 있다. 표준 라이브러리 외에 다양한 기능이 있는 다른 옵션도 있으며 그중 하나는 `edib0t/go-pretty/v6` 패키지로, 텍스트에 색을 넣거나 표나 리스트, 진행 표시줄progress bar을 출력할 수 있다.
- `unidoc/unioffice`: 이 패키지나 `qax-os/excelize` 패키지를 사용하면 스프레드시트를 만들 수 있다. 또한 `unidoc/unioffice`를 사용해 워드나 엑셀 또는 파워포인트 문서를 처리할 수 있다.

- `html/template` 및 `text/template`: 이 두 패키지는 가장 일반적인 템플릿 라이브러리이다. 예를 들어, 널리 사용되는 정적 사이트 생성기인 Hugo는 `html` 및 `text` 템플릿 패키지를 모두 사용한다.
- `go:embed`: 컴파일된 Go 바이너리 안에 템플릿을 임베드하는 데 사용할 수 있는 Go 지시어로, 코드 배포를 간소화할 수 있다.

이 절에서 소개한 사용 사례는 모두 독립적이다. 이런 사용 사례를 자동화하면 소위 '자동화 섬automation islands'이라고 하는, 처음에는 서로 완전히 격리된 상태가 되지만, 그 수가 늘어남에 따라 좀 더 복잡한 다단계 작업 흐름으로 통합되거나 완전한 폐루프 시스템closed-loop system이 될 수도 있다. 이 과정은 다음 절에서 설명한다.

시스템 접근 방식

여러 작업을 점진적 접근 방식으로 자동화하기 시작하면 작업 흐름을 조정하기 위해 이런 자동화된 작업의 하위 작업을 한데 묶을 수 있는 경로를 구상할 수 있다.

이를 다른 관점에서 바라볼 수도 있다. 기존 수작업 과정을 독립적으로 자동화할 수 있는 작은 작업 단위로 나누면 전체 처음부터 끝까지의 과정을 자동화할 때까지 기다리지 않고도 자동화의 이점을 얻을 수 있으면서 동시에 큰 그림을 구상할 수 있다.

이런 맥락에서 서로 다른 구성 요소building block를 서로 연결하는 첫 번째 단계를 수행하면 원래 여러 팀이 관여해야만 비즈니스 결과를 낼 수 있는 더 큰 시스템의 일부가 돼 결국에는 사람의 개입 없이도 같은 비즈니스 결과를 낼 수 있게 되는데, 이를 '시스템 접근 방식systems approach'이라고 한다.

일반적인 예로 네트워크 서비스를 구성하고 네트워크에서 운영 데이터를 수집하는 과정을 한 번에 처리할 수 있는데, 이 과정은 다음 절에서 설명한다.

폐루프 자동화

모든 네트워크 엔지니어가 네트워크 장치에 뭔가를 구성한 후 가장 먼저 하는 일은 CLI 명령어로 구성한 해당 서비스나 프로토콜 또는 리소스의 상태를 확인하는 것이다. 자동화된 시스템이 이 구성을 수행하면 네트워크 엔지니어는 여전히 네트워크 장치나 네트워크 장치의 그룹에 로그인해 명령어를 실행하거나 네트워크 장치에 대한 통계를 보여주는 로그나 그래프를 확인하기 위해 웹 포털로 이동해야 한다. 이를 사람이 수행하면 에러가 발생하기 쉬우며 시간이 오래 걸리고 반복적인 과정으로 자동화하기에 적합하다.

이제 구성configuration이나 지침을 네트워크에 푸시하면 네트워크에서 실시간 운영 데이터를 수집하고 이를 처리해 네트워크가 의도한 상태인지 확인할 수 있다.

네트워크 장치의 세부 정보를 추상화하면 폐루프 애플리케이션은 하나의 인터페이스에서 네트워크 인텔리전스network intelligence를 소비consume하고 의도intent를 네트워크로 푸시할 수 있다. 이를 다음과 같이 개략적으로 정의할 수 있다.

- **의도**: 네트워크 문맥(토폴로지topology[10], 인벤토리, 프로토콜 등)에서 기대하는 작동 상태나 측정 가능한 결과에 대해 선언적 정의로 정확한 절차(구현 세부 사항)를 명시하지 않아도 된다.
- **네트워크 인텔리전스**: 유용하게 사용할 수 있도록 일정 수준으로 처리한 후에 어떤 행위를 취할 수 있도록 하는actionable 네트워크의 원격 측정 값telemetry이다. 이벤트나 측도measure, 통계 또는 알람은 반드시 어떤 행위를 취할 수 있는 인텔리전스로 변환되는 것은 아니다. 네트워크 운영자network operator는 너무나 많은 알람을 받으므로 어느 것이 진짜 알람이고, 어느 것이 가짜 알람인지 알기 어렵다. 따라서 원격 측정 데이터를 상호 연관시키거나, 분석하거나, 원하는 의도와 연결시키는 데 도움이 되도록 다른 처리를 통해 얻은 결과가 네트워크 인텔리전스이다.

그림 5.1은 폐루프 애플리케이션의 고수준 다이어그램이다.

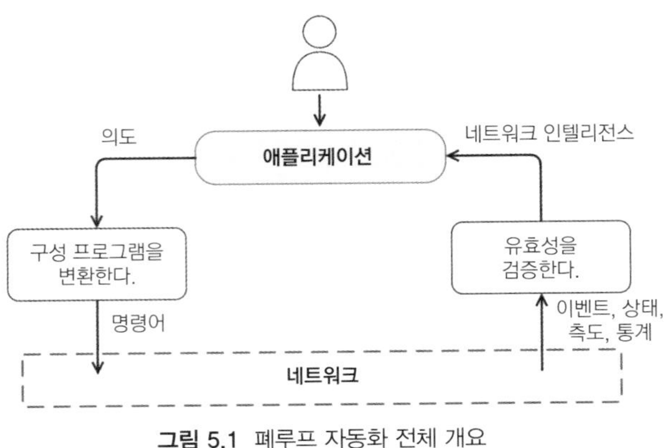

그림 5.1 폐루프 자동화 전체 개요

의도는 네트워크 장치에 맞는 구성 구문configuration syntax이나 프로그래밍 명령어programmatic instructions로 변환된다. 네트워크에서 얻은 피드백을 기반으로 이 명령어를 조정해 루프를 닫고 네트워크 서비스 생명주기를 자동화할 수 있다.

폐루프 시스템은 네트워크에서 학습하고 네트워크에 적응하는 연속 루프continuous loop라고 할 수 있다. 이는 임의 시간의 네트워크와 임의의 변경된 네트워크를 지속해 비교할 수 있도록 이전 스냅숏pre-snapshot과 이후 스냅숏post-snapshot의 확인 과정을 대체할 수 있다. 하지만 현재 네트워크에서 볼 수 있는 것은 서비스를 프로비저닝하는 동안에만 네트워크 피드백에 대해 반응하는 시스템에 더 가깝다. 이를 다음 예제에서 구현한다.

데모 애플리케이션

데모 애플리케이션에서는 다른 모든 구성 요소가 네트워크를 통해 메시지를 주고받고 조정하는 분산 시스템distributed system을 빌드하거나 단일 애플리케이션의 한 노드에서 모든 것을 실행할 수 있다. 데모 애플리케이션의 목표는 분산 시스템이 작동하는 방식을 보여 주는 것이 아니라 폐루프 자동화의 개념을 설명하는 것이므로 그림 5.2와 같이 애플리케이션을 단순하게 만들고 단일 애플리케이션monolith application[11]의 함수로 모든 구성 요소를 실행한다.

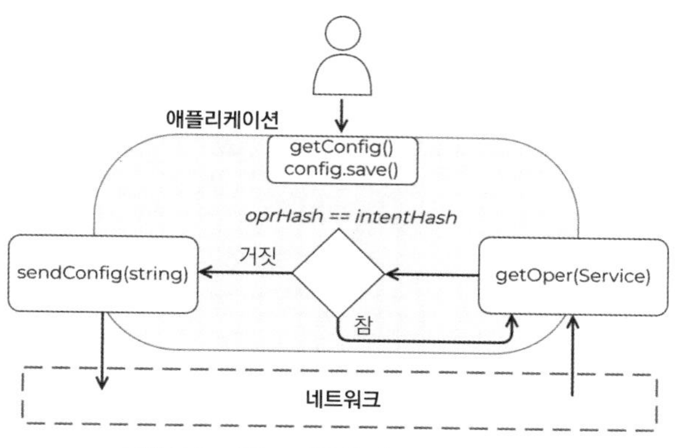

그림 5.2 폐루프 자동화 샘플 애플리케이션

애플리케이션은 사용자의 입력 데이터를 읽는 것으로 시작한다. 이 예제에서는 `input.yml` 파일에서 대상 장치의 정보를 읽는다. 코드에서 변수 `intent`를 구성하기 위해 서비스의 매개변수를 하드코딩한다. 이 예제에서 구성하려는 서비스는 TLS가 활성화된 상태의 IPv4 포트 57777에서 수신을 기다리는 gRPC이다.

```
# input.yml
router:
- hostname: sandbox-iosxr-1.cisco.com
  platform: cisco_iosxr
  strictkey: false
  username: admin
  password: C1sco12345
```

서비스 정보를 네트워크 장치 구성이 나타내는 것보다 높은 추상화 계층으로 동작하는 `Service` 정의로 캡슐화한다. 이 예제에서 서비스 정보는 의도대로 변환된다. 또한 이 값의 해시hash 값을 계산하고 나중에 해시 값을 네트워크에서 받은 작동 정보와 비교한다.

```
func main() {
    /* ... < 생략 > ... */
    intent := Service{
        Name: "grpc",
        Port: "57777",
        AF: "ipv4",
```

```
        Insecure: false,
        CLI: "show grpc status",
    }
    intentHash, err := hashstructure.Hash(intent, hashstructure.FormatV2, nil)
    /* ... < 생략 > ... */
}
```

애플리케이션이 서비스를 구성하기 전에 서비스가 이미 존재하는지 보고하는 네트워크 감사 실행처럼 일련의 사전 유지보수를 수행할 수 있으므로 서비스를 구성할 필요가 없을 수도 있다. 또 다른 좋은 아이디어는 변경 사항을 롤백해야 할 경우에 대비해 네트워크 장치의 구성을 백업하는 것이다.

이 예제에서는 getConfig 메서드를 사용해 대상 장치의 구성을 백업한 후 save 메서드로 디렉터리에 백업을 저장한다.

```
func main() {
    /* ... < 생략 > ... */
    config, err := iosxr.getConfig()
    // 에러를 처리한다.

    err = config.save()
    /* ... < 생략 > ... */
}
```

사전 작업pre-work이 끝나면 애플리케이션은 30초마다 실행되는 연속적인 강제 루프로 들어간다. 루프 내에서 애플리케이션은 getOper 메서드를 사용해 서비스의 작동 상태를 수집한다. 이 메서드는 대상 장치로 CLI 명령어를 전송해 필요한 서비스 작동 세부 정보를 수집한다.

```
func (r Router) getOper(s Service) (o DeviceInfo, err error) {
    rs, err := r.Conn.SendCommand(s.CLI)
    // 에러를 처리한다.
    o = DeviceInfo{
        Device:    r.Hostname,
```

```
        Output:    rs.Result,
        Timestamp: time.Now(),
    }

    return o, nil
}
```

응답을 받으면 regexp 패키지로 정규 표현식을 사용해 정보를 파싱하고 새 Service 값을 생성한다. 이 값에는 서비스에 TLS가 활성화됐는지 여부와 나머지 Service 속성이 포함된다. 그런 다음 Service 타입 인스턴스에 대한 새 해시 값을 계산하고 원래 해시 값과 비교해 서비스 작동 상태가 의도와 일치하는지 확인한다.

```
if oprHash == intentHash {
    continue
}
```

해시 값이 일치하면 다음 반복[continue]으로 진행할 수 있지만, 일치하지 않으면 서비스가 원하는 상태가 되도록 라우터를 구성해야 한다. 그런 다음 루프가 다시 시작된다. genConfig 메서드와 text/template 패키지의 템플릿을 사용해 대상 장치의 구문에서 서비스 구성을 가져온 후 sendConfig 함수를 사용해 대상 장치로 전송한다.

```
func (r Router) sendConfig(conf string) error {
    c, err := cfg.NewCfgDriver(r.Conn, r.Platform)
    // 에러를 처리한다.
    err = c.Prepare()
    // 에러를 처리한다.
    _, err = c.LoadConfig(conf, false)
    // 에러를 처리한다.
    _, err = c.CommitConfig()
    // 에러를 처리한다.
    return nil
}
```

이 예제가 동작하는지 확인하려면 ch05/closed-loop 디렉터리에서 코드를 실행하면 된다. 코드가 실행 중인 동안 별도의 터미널 창에서 `sshpass -p "C1sco12345" ssh admin@sandbox-iosxr-1.cisco.com` 명령어를 실행해 대상 Cisco DevNet 장치에 대한 SSH 세션을 열고 다음 명령어를 실행해 TLS를 비활성화해야 한다.

```
conf
grpc no-tls
commit
```

프로그램의 출력에서 상태가 일치하지 않는 것을 감지하고 TLS를 다시 구성해 이 문제를 해결하는 것을 확인할 수 있다. 이 예제의 코드는 `ch05/closed-loop/main.go`[12]에서 확인할 수 있다.

```
ch05/closed-loop$ go run main.go
Entering to continuous loop ====>
 Loop at 15:31:22
  Operational state from device:
   service: grpc
   addr-family: ipv4
   port: 57777
   TLS: true

 Loop at 15:31:52
  Operational state from device:
   service: grpc
   addr-family: ipv4
   port: 57777
   TLS: false

Configuring device ====>

 Loop at 15:32:22
  Operational state from device:
   service: grpc
   addr-family: ipv4
   port: 57777
   TLS: true

...
```

이 시나리오에서 인텔리전스는 네트워크 상태에 대한 정성적 평가 없이 부울 값만 고려한다. 또한 네트워크 검색한 데이터를 좀 더 심층적으로 평가해 단순한 네트워크의 "예" 또는 "아니요"를 뛰어넘는 의사결정 나무decision tree를 만들 수 있다.

이와 마찬가지로 의도의 경우, 의도와 의도를 활성화하는 데 필요한 구성 간에 미리 결정된 직접적인 관계만 다뤘다. 실제 배포에서는 좀 더 많이 이동하는 부분과 필요한 부분을 고려해야 한다.

요약

5장에서는 네트워크 자동화의 개념과 네트워크 자동화가 네트워크 운영에 미치는 영향 그리고 비즈니스에서의 이점에 대해 알아봤다. 구성 관리 및 네트워크 상태 분석부터 네트워크 감사를 수행하고 보고서를 작성하는 것에 이르기까지 여러 사용 사례를 설명했으며 마지막으로 여러 요소를 결합해 네트워크를 원하는 의도대로 강제하는 데 도움이 되는 폐루프 시스템을 만드는 방법도 살펴봤다.

6장에서는 가장 많이 사용되는 네트워크 자동화 사용 사례 중 하나인 구성 관리에 대해 자세히 알아보고 구성 관리를 자동화하기 위해 Go가 제공하는 옵션을 살펴본다.

참고 자료

[1] 이용자에게 계정, 계정 접근 권한, 계정 관련 권한, 계정 관리에 필요한 제반 자원을 제공하는 서비스 설정 과정을 말한다. 특히 이용자 측면에서 볼 때 하나의 서비스 형태로서 통신 사업자가 이용자 회선을 적절한 네트워크에 연결하기 위해 프로그램에 의해 자동 설정하는 것과 이용자가 웹 기반 인터페이스나 다른 클라이언트 인터페이스로부터 자기가 원하는 서비스를 설정하는 것이 있다(출처: 정보통신용어사전). – 옮긴이

[2] https://www.batfish.org/

[3] https://forwardnetworks.com/forward-enterprise/

[4] 애그노스틱은 작동 시스템에 대한 아무런 지식이 없더라도 기능을 수행할 수 있도록 하는

기술이다. 예를 들어, 플랫폼 애그노스틱(platform-agnostic) 소프트웨어 기술은 어떤 운영체제나 프로세서의 조합인지에 대한 아무런 지식이 없더라도 기능을 수행할 수 있는 소프트웨어 기술을 의미한다. 또한 장치 애그노스틱(device-agnostic) 소프트웨어 기술은 데스크톱, 랩톱, 노트북, 태블릿 PC, 스마트폰 등 장치에 대한 아무런 지식이 없더라도 기능을 수행할 수 있는 소프트웨어 기술을 말한다(출처: 정보통신용어사전). - 옮긴이

[5] 특정 작업이나 프로세스를 수행하기 위해 사전에 정의된 단계나 지침을 포함하는 문서 또는 가이드를 말한다. 플레이북은 네트워크 운영에서 특정 작업을 자동화하는 데 필요한 지침을 담고 있는 문서이다. - 옮긴이

[6] https://github.com/freeconf/restconf

[7] https://github.com/Juniper/go-netconf

[8] BGP 라우팅 프로토콜에 참여하는 라우터를 말한다. - 옮긴이

[9] 프로그램이 실행 중일 때 프로그램의 메모리, 클래스, 메서드 및 기타 구성 요소에 대한 정보에 액세스하고 해당 정보를 사용할 수 있는 기능을 말한다. 프로그램이 실행 중에 객체의 타입, 필드, 메서드, 인터페이스 등의 정보를 알아내고 이를 활용해 프로그램의 동작을 변경하거나 조작할 수 있다. - 옮긴이

[10] 네트워크 요소들의 물리적 · 논리적 연결 구조를 말한다. 물리적 토폴로지는 다양한 네트워크 노드(또는 기기)와 노드 사이의 링크(또는 통신회선)를 물리적으로 배치하고 연결한 구조를 의미한다. 논리적 토폴로지는 네트워크 내에서 스위치(switch)나 라우터(router)를 거쳐 데이터를 실질적으로 전달하고 처리하는 노드와 노드를 연결한 구조를 말한다(출처: 정보통신용어사전). - 옮긴이

[11] 모든 구성 요소가 하나의 애플리케이션 내에서 함수로 실행되는 방식을 의미한다. 즉, 분산 시스템이 아닌 단일 서버 또는 컨테이너에서 모든 구성 요소가 실행된다. - 옮긴이

[12] https://github.com/PacktPublishing/Network-Automation-with-Go/blob/main/ch05/closed-loop/main.go#L1

06

구성 관리

구성 관리configuration management는 IT 시스템을 원하는 구성 상태로 만드는 데 도움이 되는 과정을 말한다. 이 책에서는 새로운 설정을 배포할 때 네트워크 장치가 원하는 대로 작동하는 확인하는 방법을 의미한다. 네트워크 구성 관리가 반복적으로 수행해야 하는 일상적이고 단조로운 작업이 됐으므로 NetDevOps 2020 설문조사[1]에서 네트워크 구성 관리가 가장 일반적인 사용 사례로 선정됐다.

5장에서는 일반적인 구성 관리 작업과 Go에서 이런 작업을 자동화하는 데 도움이 되는 몇 가지 도구와 라이브러리를 설명했다. 6장에서는 몇 가지 구체적인 사례를 중심으로 Go로 표준 프로토콜을 사용하는 여러 네트워킹 공급 업체의 네트워크 장치에 연결하고 상호작용하는 방법을 알아본다. 6장에서는 다음과 같은 순서로 설명한다.

- 새로운 예제를 설명하기 전에 6장부터 코드 예제를 테스트할 여러 공급 업체의 3 노드 가상 네트워크를 정의한다.
- Go와 SSH를 사용해 네트워크 장치와 상호작용하는 방법을 알아본다.

- SSH와 같은 프로그램 구조를 따르면서 HTTP를 사용해 다양한 옵션을 비교하는 연습을 반복한다.
- 결과 작동 상태를 추출하고 파싱해 구성 변경이 성공했는지 확인한다.

YANG 기반 API는 뒤에서 광범위하게 다룰 예정이므로 여기서는 YANG 기반 API는 따로 언급하지 않았다.

6장에서는 다음과 같은 주제를 다룬다.

- 환경 설정
- SSH를 통해 네트워크 장치와 상호작용하기
- HTTP를 통해 네트워크 장치와 상호작용하기
- 상태 확인

기술 요구사항

6장의 코드는 깃허브 저장소에서 다운로드할 수 있다.

참고

> 6장의 Go 프로그램은 가상 환경에서 실행하는 것이 좋다. 가상 환경을 구축하는 방법은 12장을 참고하기 바란다.

환경 설정

네트워크 자동화를 배우고 연습하는 가장 쉽고 안전한 방법은 실습 환경을 만드는 것이다. 지난 10년 동안 발전한 기술 덕분에 지금은 여러 네트워킹 공급 업체의 가상화되고 컨테이너화된 네트워크 장치와 이를 통해 가상 토폴로지를 구축하는 데 도움이 되는 다양한 도구를 사용할 수 있다.

이 책에서는 이런 도구 중 하나인 컨테이너랩Containerlab을 사용한다. 이 도구는 Go로 만들어졌으며 컨테이너 이미지에서 임의의 네트워크 토폴로지를 구성할 수 있다. 컨테이너랩을 사용하면 일반 YAML 파일을 사용해 단 몇 초 만에 토폴로지를 만들고 실행할 수 있으므로 빠르게 테스트하는 데 적합하다. 호스트 운영체제에서 설치하는 방법과 권장 사항은 부록을 참고하기 바란다.

토폴로지 만들기

이 책의 나머지 부분에서는 다른 네트워크 운영체제NOS, Network Operating Systems를 실행하는 컨테이너화된 세 개의 네트워크 장치로 구성된 기본 네트워크 토폴로지로 작업한다.

- `srl`: Nokia의 Service Router Linux(SR Linux)를 실행
- `cvx`: NVIDIA의 Comulus Linux를 실행
- `ceos`: Arista의 EOS를 실행

그림 6.1은 상호 연결된 장치를 보여 준다. 모든 장치의 기본은 빈 구성blank configuration이다.

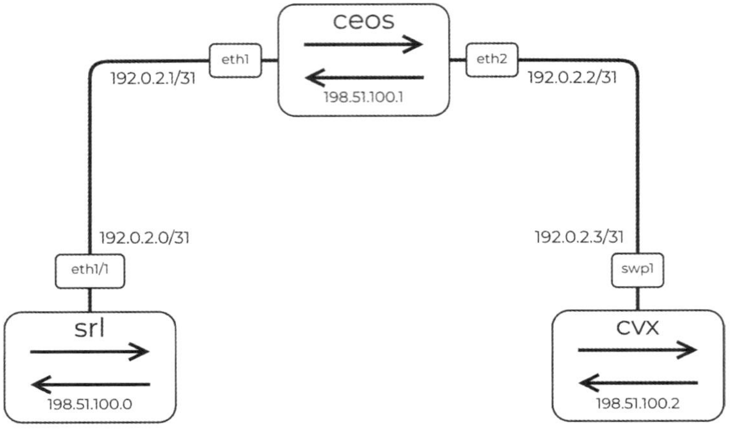

그림 6.1 테스트 토폴로지

이 토폴로지는 다음 YAML 파일로 설명할 수 있는데, 컨테이너랩은 이 파일을 실행 중인 토폴로지로 해석하고 변환할 수 있다.

```
name: netgo

topology:
  nodes:
    srl:
      kind: srl
      image: ghcr.io/nokia/srlinux:21.6.4
    ceos:
      kind: ceos
      image: ceos:4.26.4M
    cvx:
      kind: cvx
      image: networkop/cx:5.0.0
      runtime: docker

  links:
    - endpoints: ["srl:e1-1", "ceos:eth1"]
    - endpoints: ["cvx:swp1", "ceos:eth2"]
```

이 YAML 파일은 이 책의 깃허브 저장소 `topo-base` 디렉터리[2]에 있다. 컨테이너랩에 대해서는 부록을 참고하고 이미 실행 중이라면 다음 명령어를 사용해 전체 실습 환경을 불러올 수 있다.

```
topo-base$ sudo containerlab deploy -t topo.yml -reconfigure
```

실습 환경이 시작되면 표 6.1의 호스트 이름과 자격 증명을 사용해 각 장치에 액세스할 수 있다.

표 6.1 Containerlab의 액세스 자격 증명

장치	사용자 계정	비밀번호
clab–netgo–srl	admin	admin
clab–netgo–ceos	admin	admin
clab–netgo–cvx	cumulus	cumulus

예를 들어, SSH를 통해 NVIDIA의 장치에 액세스하려면 `ssh cumulus@clab-netgocvx` 명령어를 실행해야 한다.

```
⇨  ssh cumulus@clab-netgo-cvx
cumulus@clab-netgo-cvx's password: cumulus
Linux cvx 5.14.10-300.fc35.x86_64 #1 SMP Thu Oct 7 20:48:44 UTC 2021
x86_64

Welcome to NVIDIA Cumulus (R) Linux (R)

cumulus@cvx:mgmt:~$ exit
```

컨테이너랩에 대한 자세한 설명이나 실습 환경을 클라우드에서 실행하는 방법은 부록을 참고하기 바란다.

SSH를 통해 네트워크 장치와 상호작용하기

시큐어 셸SSH, Secure Shell[3]은 네트워크 엔지니어가 CLI를 통해 네트워크 장치에 안전하게 액세스하고 구성하는 데 사용하는 주된 프로토콜로, 사용자에게 보여 줄 비정형 데이터를 전송한다. 이 인터페이스는 컴퓨터 터미널을 모방하므로 예전부터 널리 사용됐다.

네트워크 엔지니어가 일상적인 작업을 자동화할 때 가장 먼저 하는 일 중 하나는 원하는 결과를 얻기 위해 일련의 CLI 명령어를 실행하는 스크립트를 만드는 것이다. 그렇지 않으면 SSH 터미널을 통해 명령어를 대화형으로 직접 실행해야 한다.

스크립트를 만들면 속도가 빨라지지만, 네트워크 자동화의 이점만 있는 것은 아니다. 신뢰성과 반복성 그리고 일관성과 같은 다른 이점도 있는데, 이 책의 나머지 부분에서 이러한 이점을 살펴본다. 지금은 Go에서 네트워크 장치에 대한 SSH 연결을 만들고 구성 명령어configuration command를 한 줄씩 보내는 것부터 시작해, 여러 네트워킹 공급 업체의 세부 연결 사항을 추상화해 네트워크 엔지니어의 개발 경험을 좀 더 단순하게 만들어 주는 Go의 고수준 패키지를 활용한다.

네트워크 장치 구성 설명하기

Go를 사용해 가장 먼저 할 작업은 앞 절에서 정의한 3-노드 토폴로지의 각 장치를 구성하는 것이다. 이 절의 목적은 세 가지 다른 Go 프로그램을 만든 후 각 장치를 독립적으로 구성해 서로 다른 접근 방식을 비교하는 것이다. 각 프로그램은 고유하지만, 모두 같은 설계 구조를 따른다. 한 프로그램은 SSH를 사용해 장치에 연결하고 구성하며 다른 프로그램은 Scrapligo를 사용하고 마지막 프로그램은 다음 절에서 설명할 HTTP를 사용한다.

코드 예제가 의미 있지만, 너무 복잡하지 않도록 다음과 같이 장치 구성을 제한한다.

- 고유한 각 중계 링크transit link의 IPv4 주소

- 해당 IP 간에 설정된 경계 경로 프로토콜BGP, Border Gateway Protocol 대등 접속peering[4]
- BGP로 재분배된 고유 루프백 주소loopback address[5]

이런 설정의 목표는 세 개의 모든 루프백 인터페이스 간에 도달 가능성reachability을 설정하는 것이다.

개발자는 실제 자동화 시스템에서 모든 공급 업체의 장치 구성을 나타낼 수 있는 공통 데이터 모델을 찾기 위해 노력한다. 이런 모델의 대표적인 예로는 IETF와 OpenConfig YANG 모델을 들 수 있다. 여기서는 세 가지 모든 네트워크 장치에 사용할 수 있는 입력 데이터로 표준 스키마standard schema를 정의해 같은 작업을 수행하지만, YANG 모델링 언어 대신 데이터 구조를 정의한다. 이 스키마에는 장치 간 도달 가능성end-to-end reachability을 설정하는 목표를 달성하기에 충분한 정보가 들어 있다.

```
type Model struct {
    Uplinks []Link `yaml:"uplinks"`
    Peers []Peer   `yaml:"peers"`
    ASN int        `yaml:"asn"`
    Loopback Addr  `yaml:"loopback"`
}

type Link struct {
    Name string   `yaml:"name"`
    Prefix string `yaml:"prefix"`
}

type Peer struct {
    IP string     `yaml:"ip"`
    ASN int       `yaml:"asn"`
}

type Addr struct {
    IP string     `yaml:"ip"`
}
```

각 프로그램에서는 데이터 모델의 매개변수로 이 프로그램의 디렉터리에 있는 `input.`

yml 파일을 제공해 장치의 구성을 만든다. 첫 번째 예제의 input.yml 파일은 다음과 같다.

```yaml
# input.yml
asn: 65000

loopback:
  ip: "198.51.100.0"

uplinks:
  - name: "ethernet-1/1"
    prefix: "192.0.2.0/31"

peers:
  - ip: "192.0.2.1"
    asn: 65001
```

이 파일을 읽기 위해 파일을 열고 Decode 메서드를 사용해 이 정보를 데이터 모델을 나타내는 Model 타입의 인스턴스로 직병렬 전환한다. 이 단계는 다음과 같다.

```go
func main() {
    src, err := os.Open("input.yml")
    // 에러를 처리한다.
    defer src.Close()
    d := yaml.NewDecoder(src)

    var input Model
    err = d.Decode(&input)
    // 에러를 처리한다.
}
```

그런 다음 (Model 타입의) 입력 변수를 구성 생성 함수 devConfig에 전달하면 이 함수는 이 정보를 대상 장치가 이해할 수 있는 구문으로 변환한다. 이 변환 결과는 원격 장치로 전송할 수 있도록 바이트로 직렬화된 공급 업체 전용 구성vendor-specific configuration이다.

전송 라이브러리는 명령줄 플래그command-line flag로 덮어쓸 수 있는 기본 자격 증명을 사용해 원격 장치에 연결한다. 우리가 만든 세션의 `io.Writer` 요소는 원격 장치로 구성을 전송하는 데 사용된다.

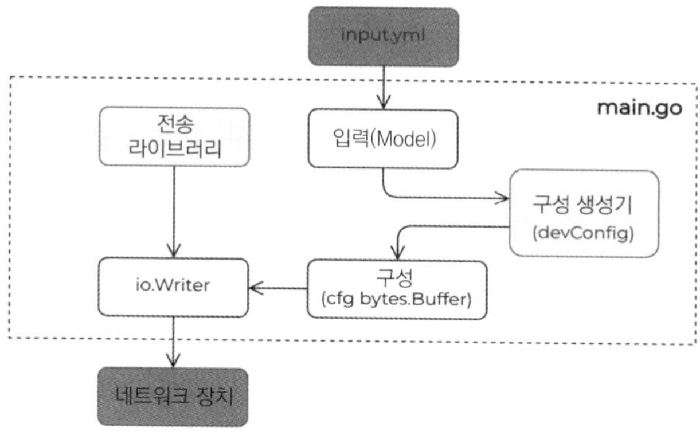

그림 6.2 프로그램 구조

이제 프로그램의 구조에 익숙해졌으므로 SSH와 Scrapligo를 사용해 네트워크 장치와 통신할 수 있는 Go 패키지에 대해 자세히 알아보자.

Go의 SSH 패키지를 사용해 네트워크 장치에 액세스하기

우리가 구성하는 토폴로지의 첫 번째 장치는 컨테이너화된 Nokia SR Linux이다. 이 네트워크 운영체제가 gNMI, NETCONF와 같이 정형 API를 비롯해 다양한 인터페이스를 지원하지만, 여기서는 SSH에서 사람이 사용하는 것과 같은 명령어를 사용해 상호 작용하는 방식으로 구성한다. 이 명령어를 여러 줄의 문자열multi-line string로 실행하는데, 이 문자열은 Go의 `text/template` 템플릿 패키지를 사용해 만들 수 있다.

Go의 SSH 패키지인 `golang.org/x/crypto/ssh`는 지금까지 Go 프로젝트의 일부이지만, 더 느슨한 호환성 요구사항에 따라 main Go 트리 외부에서 개발된 패키지에 속한다. 이 패키지가 유일한 SSH Go 클라이언트는 아니지만, 다른 패키지는 이 패키지 일부를 재사용하는 경향이 있으므로 좀 더 높은 수준의 추상화가 된다.

일반적인 프로그램 설계에서 설명한 것처럼 우리는 `Model` 데이터 구조를 사용해 장치 구성 입력을 보존하고 이 구성 입력을 srlTemplate 템플릿과 합쳐 유효한 장치 구성을 바이트 버퍼로 만든다.

```
const srlTemplate = `
enter candidate
{{- range $uplink := .Uplinks }}
set / interface {{ $uplink.Name }} subinterface 0 ipv4 address
{{ $uplink.Prefix }}
set / network-instance default interface {{ $uplink.Name }}.0
{{- end }}
...
`
```

상수 srlTemplate에는 Model 인스턴스의 업링크uplink를 (range 키워드를 사용해) 반복하는 템플릿이 있다. 각 Link에서 Name 및 Prefix 속성property을 사용해 버퍼에 입력할 몇 가지 CLI 명령어를 만든다. 다음 코드에서는 Execute 메서드에서 변수 in을 통해 입력을 전달하고 상호 대화식 CLI 명령어의 이진 표현을 b에 넣는다. 이 값은 나중에 cfg로 원격 장치에 전송된다.

```
func devConfig(in Model)(b bytes.Buffer, err error){
    t, err := template.New("config").Parse(srlTemplate)
    // 에러를 처리한다.

    err = t.Execute(&b, in)
    // 에러를 처리한다.
    return b, nil
}

func main() {
    /* ... < 생략 > ... */
    var input Model
    err = d.Decode(&input)
    // 에러를 처리한다.

    cfg, err := devConfig(input)
    /* ... < 다음에 계속 > ... */
}
```

인증 자격 증명authentication credential을 실습 환경에 맞춰 올바른 값으로 하드 코딩했지만, 필요한 경우 이 값을 오버라이딩할 수 있다. 이 인수를 사용해 srl 네트워크 장치의 초기 연결initial connectivity을 설정한다.

```
func main() {
    /* ... < 이어서 계속 > ... */
    settings := &ssh.ClientConfig{
        User: *username,
        Auth: []ssh.AuthMethod{
            ssh.Password(*password),
    },
    HostKeyCallback: ssh.InsecureIgnoreHostKey(),
}
    conn, err := ssh.Dial(
        "tcp",
        fmt.Sprintf("%s:%d", *hostname, sshPort),
        settings,
    )
    // 에러를 처리한다.
    defer conn.Close()
    /* ... < 다음에 계속 > ... */
}
```

인증 자격 증명이 정확하고 연결에 문제가 없으면 ssh.Dial 함수는 단일 SSH 연결을 나타내는 연결 핸들러connection handler conn을 반환한다. 이 연결은 잠재적으로 다양한 채널에 대한 단일 전송single transport 역할을 한다. 이런 채널 중 하나는 원격 장치와의 상호 대화식 통신에 사용되는 유사 터미널 세션pseudo-terminal session이지만, 포트 포워딩port forwarding에 사용할 수 있는 추가 채널extra channel도 포함할 수 있다.

다음 코드는 새 터미널 세션을 만들고 터미널의 높이와 폭 그리고 TTYTeleTYpe 속도와 같은 원하는 터미널 매개변수를 설정한다. ssh.Session 타입은 원격 터미널에 연결되는 표준 입출력 파이프를 검색하는 함수를 제공한다.

```
func main() {
    /* ... < 이어서 계속 > ... */
    session, err := conn.NewSession()
```

```
    // 에러를 처리한다.
    defer session.Close()

    modes := ssh.TerminalModes{
        ssh.ECHO: 1,
        ssh.TTY_OP_ISPEED: 115200,
        ssh.TTY_OP_OSPEED: 115200,
    }

    if err := session.RequestPty("xterm", 40, 80, modes);
err != nil {
        log.Fatal("request for pseudo terminal failed: ", err)
    }

    stdin, err := session.StdinPipe()
    // 에러를 처리한다.

    stdout, err := session.StdoutPipe()
    // 에러를 처리한다.

    session.Shell()
    /* ... < 다음에 계속 > ... */
}
```

나머지 Go 패키지에도 맞도록 표준 입출력 파이프는 각각 `io.Writer`와 `io.Reader` 인터페이스로 구현한다. 이 인터페이스를 사용해 원격 네트워크 장치에 데이터를 쓰거나 읽을 수 있다. 다시 CLI 구성이 있는 `cfg` 버퍼로 돌아가 `WriteTo` 메서드를 사용해 이 구성을 대상 노드로 보낸다.

```
func main() {
    /* ... < 이어서 계속 > ... */
    log.Print("connected. configuring...")
    cfg.WriteTo(stdin)
}
```

이 프로그램의 출력은 다음과 같다.

```
ch06/ssh$ go run main.go
go: downloading golang.org/x/crypto v0.0.0-20220112180741-
5e0467b6c7ce
go: downloading gopkg.in/yaml.v2 v2.4.0
2022/02/07 21:11:44 connected. configuring...
2022/02/07 21:11:44 disconnected. dumping output...

enter candidate
set / interface ethernet-1/1 subinterface 0 ipv4 address
192.0.2.0/31
set / network-instance default interface ethernet-1/1.0
...
set / network-instance default protocols bgp ipv4-unicast
admin-state enable
commit now
quit
Using configuration file(s): []
Welcome to the srlinux CLI.
Type 'help' (and press <ENTER>) if you need any help using
this.
--{ running }--[ ]--
A:srl#
--{ running }--[ ]--
A:srl# enter candidate
--{ candidate shared default }--[ ]--
A:srl# set / interface ethernet-1/1 subinterface 0 ipv4 address
192.0.2.0/31
--{ * candidate shared default }--[ ]--
.......
--{ * candidate shared default }--[ ]--
A:srl# commit now
All changes have been committed. Leaving candidate mode.
--{ + running }--[ ]--
A:srl# quit
```

위 예제의 전체 코드는 ch06/ssh 디렉터리[6]에서 확인할 수 있다.

일상적인 SSH 작업 자동화하기

라우터나 스위치와 같은 일반적인 네트워크 요소는 CLI를 통해 컴퓨터보다는 사람을 위해 데이터를 표시한다. 우리는 프로그램이 사람이 읽을 수 있는 데이터를 사용할 수 있도록 화면 스크래핑screen scraping에 의존한다. scrape cli에서 이름을 따온 유명한 파이썬 화면 스크래핑 라이브러리가 Scrapli이다.

Scrapli의 Go 버전은 Scrapligo로, 다음 예제에서 살펴본다. 이 패키지의 목표는 SSH 위에 추상화 계층을 제공해 복잡성을 숨기지만, 몇 가지 유용한 함수를 제공하고 다양한 네트워킹 공급 업체 스타일의 CLI를 지원한다.

`scrapligo`가 실제로 작동하는 모습을 보기 위해 토폴로지에 다른 네트워크 장치인 Arista의 cEOS(ceos)를 구성한다. `srl`에서 했던 것처럼 원하는 네트워크 상태를 푸시하기 위해 CLI 명령어 목록을 사용한다. 템플릿의 문자열을 파싱하고 인스턴스화하는 초기 단계는 같다. 바뀌는 것은 Arista EOS의 구문을 사용하는 템플릿이다.

```
const ceosTemplate = `
...
!
router bgp {{ .ASN }}
  router-id {{ .Loopback.IP }}
{{- range $peer := .Peers }}
  neighbor {{ $peer.IP }} remote-as {{ $peer.ASN }}
{{- end }}
  redistribute connected
!
```

SSH 연결을 설정할 때 차이점이 발생한다. 장치의 호스트 이름과 인증 자격 증명으로 원격 장치에 연결하기 위해 장치 드라이버 `GetNetworkDriver`를 만든다. `scrapligo`의 `platform` 패키지에서 플랫폼 정의를 가져온다. 이후로는 이 드라이버에서 메서드를 한 번만 호출하면 원격 장치에 대한 SSH 연결을 열 수 있다.

```
func main() {
    /* ... < 생략 > ... */
```

```
    conn, err := platform.NewPlatform(
        *nos,
        *hostname,
        options.WithAuthNoStrictKey(),
        options.WithAuthUsername(*username),
        options.WithAuthPassword(*password),
    )
    // 에러를 처리한다.

    driver, err := conn.GetNetworkDriver()
    // 에러를 처리한다.

    err = driver.Open()
    // 에러를 처리한다.
    defer driver.Close()
    /* ... < 다음에 계속 > ... */
}
```

scrapli가 제공하는 추가 기능 중 하나가 cscrapligocfg 패키지로, 원격 네트워크 장치의 구성을 처리하는 고수준 API를 정의한다. 이 API는 다양한 CLI 스타일을 이해하고 장치에 구성을 전송하기 전에 구성을 정리하고 차이가 나는 구성을 만들 수도 있다. 하지만 가장 중요한 점은 이 패키지를 사용하면 한 번의 함수 호출로 전체 장치 구성을 문자열로 읽어 권한 상승privilege escalation과 구성 병합merging 또는 대체replacement와 같은 작업을 할 수 있다는 것이다. 여기서는 이 작업을 LoadConfig 메서드로 수행한다.

```
func main() {
    /* ... < 이어서 계속 > ... */
    conf, err := cfg.NewCfg(driver, *nos)
    // 에러를 처리한다.

    // "!"와 "end" 같은 키워드를 제거해 구성을 정리한다.
    err = conf.Prepare()
    // 에러를 처리한다.

    response, err = conf.LoadConfig(config.String(), false)
    // 에러를 처리한다.
}
```

이것이 장치를 구성하는 데 필요한 모든 단계이다. go run 명령어로 프로그램을 실행한 후 장치에 SSH로 접속해 구성이 적용됐는지 확인할 수 있다.

```
ch06/scrapli$ go run main.go
2022/02/14 17:06:16 Generated config:
!
configure
!
ip routing
!
interface Ethernet1
  no switchport
  ip address 192.0.2.1/31
!
...
```

일반적으로 장치의 응답을 받을 때는 파일 끝으로 끝나는 명령줄 프롬프트가 나타날 때까지 응답 버퍼를 주의 깊게 읽어야 한다. 여기서는 보여 주지 않았지만, scrapligo를 사용하면 수신한 버퍼를 읽고 응답을 문자열로 변환해 이 작업을 수행할 수 있다.

대규모로 명령어를 실행하는 고수준 API를 제공하는 Go의 SSH 패키지에는 yahoo/vssh가 있다. 여기서는 다루지 않지만, 토폴로지의 네트워크 장치를 구성하는 예제가 ch06/vssh 디렉터리[7]에 있다.

HTTP를 통해 네트워크 장치와 상호작용하기

지난 10년 동안 네트워킹 제공 업체들은 장치 관리를 위한 CLI를 보완하기 위해 애플리케이션 프로그래밍 인터페이스API, Application Programming Interface를 제공하기 시작했다. 읽기 및 쓰기 액세스 권한을 제공하는 강력한 RESTful API가 탑재된 네트워크 장치가 많아지고 있다.

RESTful API는 HTTP를 통해 실행되는 비연결 유지stateless 클라이언트-서버 통신 아키텍처이다. 일반적으로 요청과 응답은 JSON, XML과 같은 정형 데이터를 전송하지만, 일반 텍스트plain text도 전송할 수 있다. 따라서 RESTful API는 장치 간 상호작용에 더 적합한 인터페이스이다.

Go의 HTTP 패키지를 사용해 네트워크 장치에 액세스하기

마지막으로 구성할 장치는 NVIDIA의 Cumulus Linux(cvx)이다. OpenAPI 기반 RESTful API를 사용해 장치를 구성한다. 구성을 JSON 메시지로 인코딩하고 Go의 `net/http` 패키지를 사용해 HTTP 연결로 전송한다.

SSH 예제처럼 입력 데이터를 가져와 `devConfig` 함수를 사용해 대상 장치가 기대하는 모양으로 변환하지만, 여기서는 JOSN 페이로드를 사용한다. 이제 Go의 데이터 구조를 사용해 JSON이나 다른 인코딩 포맷의 데이터를 인코딩하거나 디코딩할 수 있으므로 네트워크 장치 구성을 만들기 위한 템플릿은 더 이상 필요하지 않다.

데이터 구조는 대상 장치의 구성 데이터 모델configuration data model을 나타낸다. 이 데이터 모델은 앞에서 정의한 모델과 일치하므로 다른 정의는 필요 없다. 하지만 모든 네트워크 공급 업체는 독자적인 데이터 모델을 갖고 있으므로 실무에서는 이 데이터 모델을 볼 수 없다. 다행스럽게도 IETF와 OpenConfig 모두 공급 업체에 영향을 받지 않는 모델을 제공하는데, 이 모델은 8장에서 살펴본다. 이 장치를 구성하는 데 사용할 데이터의 구조 중 일부는 다음과 같다.

```
type router struct {
    Bgp
}

type bgp struct {
    ASN       int
    RouterID string
    AF        map[string]addressFamily
    Enabled   string
    Neighbor map[string]neighbor
}
```

```
type neighbor struct {
    RemoteAS int
    Type     string
}
```

main 함수 내부에서는 프로그램의 플래그를 파싱하고 이를 사용해 HTTP 클라이언트에 대한 비기본 전송 설정non-default transport setting을 포함해 HTTP 요청에 필요한 모든 세부 정보가 있는 데이터 구조에 HTTP 연결 설정을 저장한다. 이는 편의를 위한 것으로, 다른 함수에 이 세부 정보를 전달하기 위한 것이다.

```
type cvx struct {
    url   string
    token string
    httpC http.Client
}

func main() {
    /* ... < 생략 > ... */
    device := cvx{
        url: fmt.Sprintf("https://%s:%d", *hostname, defaultNVUEPort),
        token: base64.StdEncoding.EncodeToString([]byte(fmt.
Sprintf("%s:%s", *username, *password))),
        httpC: http.Client{
            Transport: &http.Transport{
                TLSClientConfig: &tls.Config{InsecureSkipVerify: true},
            },
        },
    }
    /* ... < 다음에 계속 > ... */
}
```

이제 구성을 전달해 대상 장치에서 후보 구성candidate config을 만든다. 나중에 원하는 구성과 연결된 개정revision ID를 참조해 이 구성을 장치에 적용할 수 있다. HTTP로 작업할 때 고려해야 할 다양한 속성attribute을 보여 주는 단계를 살펴보자.

먼저 새 개정 ID를 만들고 이를 장치 API에 연결하기 위한 URL에 쿼리 매개변수

(?rev=<revisionID>)로 포함시킨다. 이제 addr은 device hostname과 revisionID가 포함된 대상 장치에 대한 변수이다.

```
func main() {
    /* ... < 이어서 계속 > ... */
    // 새 구성 개정 후보를 만든다.
    revisionID, err := createRevision(device)
    // 에러를 처리한다.

    addr, err := url.Parse(device.url + "/nvue_v1/")
    // 에러를 처리한다.
    params := url.Values{}
    params.Add("rev", revisionID)
    addr.RawQuery = params.Encode()
    /* ... < 다음에 계속 > ... */
}
```

개정 ID와 연결된 URL을 사용해 구성 변경에 대한 PATCH 요청을 만든다. 이 요청은 devConfig 함수가 반환하는 JSON 장치 구성인 addr과 cfg를 가리킨다. 또한 인코딩된 사용자 이름과 패스워드를 HTTP Authorization 헤더에 추가하고 페이로드가 JSON 메시지라는 것을 알린다.

```
func main() {
    /* ... < 이어서 계속 > ... */
    req, err := http.NewRequest("PATCH", addr.String(), &cfg)
    // 에러를 처리한다.
    req.Header.Add("Content-Type", "application/json")
    req.Header.Add("Authorization", "Basic "+device.token)
    /* ... < 다음에 계속 > ... */
}
```

HTTP 요청이 만들어진 후 이 요청을 장치 HTTP 클라이언트의 메서드 Do에 전달하면 모든 것을 바이너리 포맷으로 직렬화하고 TCP 세션을 설정한 후 HTTP 요청을 전송한다.

마지막으로 후보 구성 변경 사항을 적용하려면 applyRevision 함수 안에서 또 다른 PATCH 요청을 해야 한다.

```
func main() {
    /* ... < 이어서 계속 > ... */
    res, err := device.httpC.Do(req)
    // 에러를 처리한다.
    defer res.Body.Close()

    // 후보 개정을 적용한다.
    if err := applyRevision(device, revisionID); err != nil {
        log.Fatal(err)
    }
}
```

이 예제의 전체 코드는 ch06/http 디렉터리[8]에서 확인할 수 있다. 이 프로그램을 실행한 결과는 다음과 같다.

```
ch06/http$ go run main.go
2022/02/14 16:42:26 generated config {
  "interface": {
    "lo": {
      "ip": {
        "address": {
          "198.51.100.2/32": {}
...
  "router": {
    "bgp": {
      "autonomous-system": 65002,
      "router-id": "198.51.100.2"
    }
  },
  "vrf": {
    "default": {
      "router": {
        "bgp": {
...
          "enable": "on",
          "neighbor": {
            "192.0.2.2": {
              "remote-as": 65001,
              "type": "numbered"
```

```
            },
            "203.0.113.4": {
              "remote-as": 65005,
              "type": "numbered"
            }
...
}
2022/02/14 16:42:27 Created revisionID: changeset/
cumulus/2022-02-14_16.42.26_K4FJ
{
  "state": "apply",
  "transition": {
    "issue": {},
    "progress": ""
  }
}
```

SSH와 마찬가지로 프로그램에서는 REST API와 상호작용할 때 `net/http`를 직접 사용하는 경우가 거의 없으며 그 대신 고수준 패키지를 사용한다.

HTTP를 통해 다른 시스템에서 구성 입력 가져오기

지금까지 특정 장치를 구성하기 위한 데이터는 프로그램 디렉터리에 있는 정적 파일에서 가져왔다. 이 값은 네트워크 장치 공급 업체에 영향을 받지 않는다.

실제 네트워크 자동화 시스템에서 이 값은 다른 시스템에서 가져올 수 있다. 예를 들어, IP 주소 관리IPAM, IP address management 도구는 특정 장치에 대한 REST API 호출을 통해 IP 주소를 동적으로 할당할 수 있으며 이를 통해 구성을 만들 수 있다. 이런 매개변수를 제공하는 시스템의 모음을 '진실의 근원the source of truth'이라고도 한다. Nautobot은 이 범주에 속하는 인프라 리소스 모델링 애플리케이션이다.

또한 이는 네트워크를 자동화하려면 네트워크 장치와 상호작용할 뿐 아니라 Nautobot과 같은 다른 시스템과도 통합해야 한다는 사실을 보여 준다. 이로 인해 이 예제에서는 Go를 사용해 누구나 `https://demo.nautobot.com/`에서 사용할 수 있는 무료 공개

Nautobot 인스턴스와 상호작용하는 방법을 알아본다.

Nautobot용 Go 클라이언트 패키지는 OpenAPI 명세에 맞춰 자동으로 생성되므로 OpenAPI에서 파생된 패키지로 작업해 본 경험이 있다면 이 구조에 익숙할 수 있다. 이는 기계로 생성된 코드의 장점이다.

다음 예제에서는 자동으로 생성된 Nautobot Go 패키지를 사용해 API 토큰token으로 `https://demo.nautobot.com/`을 가리키는 Nautobot API 클라이언트를 다음과 같이 정의한다.

```
func main() {
    token, err := NewSecurityProviderNautobotToken("...")
    // 에러를 처리한다.

    c, err := nb.NewClientwith responses(
        "https://demo.nautobot.com/api/",
        nb.with requestEditorFn(token.Intercept),
    )
    /* ... < 다음에 계속 > ... */
}
```

클라이언트 `c`를 사용하면 원격 Nautobot 인스턴스와 상호작용할 수 있다. 이 예제에서는 실습 환경 토폴로지 노드 중 하나인 `ceos`를 Nautobot 인스턴스의 데이터 센터 인프라 관리DCIM, Data Center Infrastructure Management 리소스 모음에 추가한다. 장치의 세부 정보는 다음과 같이 `device.json` 파일에 있다.

```
{
    "name": "ams01-ceos-02",
    "device_type": {
        "slug": "ceos"
    },

    "device_role": {
        "slug": "router"
    },
```

```
    "site": {
        "slug": "ams01"
    }
}
```

장치를 Nautobot에 추가하기 전에 device.json 파일에서 참조하는 장치 타입과 장치 역할 그리고 사이트site가 이미 Nautobot에 있는지 확인해야 한다. createResources 함수가 이 작업을 처리한다. 그런 다음 getDeviceIDs 함수를 사용해 이런 리소스(장치 타입, 장치 역할, 사이트)의 ID를 가져와 새 장치를 타입과 역할 그리고 사이트에 연결한다.

```
func main() {
    /* ... < 이어서 계속 > ... */
    err = createResources(c)
    // 에러를 처리한다.

    dev, err := os.Open("device.json")
    // 에러를 처리한다.
    defer dev.Close()

    d := json.NewDecoder(dev)

    var device nb.Device
    err = d.Decode(&device)
    // 에러를 처리한다.

    found, devWithIDs, err := getDeviceIDs(c, device)
    /* ... < 다음에 계속 > ... */
}
```

장치가 아직 Nautobot에 없다면 자동 생성된 DcimDevicesCreatewithResponse 함수를 사용해 장치를 만들 수 있다.

```
func main() {
    /* ... < 이어서 계속 > ... */
    created, err := c.DcimDevicesCreatewith response(
        context.TODO(),
        nb.DcimDevicesCreateJSONRequestBody(*devWithIDs))
```

```
        check(err)
    }
```

ch06/nautobot 디렉터리에서 go run nautobot 명령어로 프로그램을 실행하면 그림 6.3과 같이 https://demo.nautobot.com/에서 Nautobot 그래픽 인터페이스를 볼 수 있다.

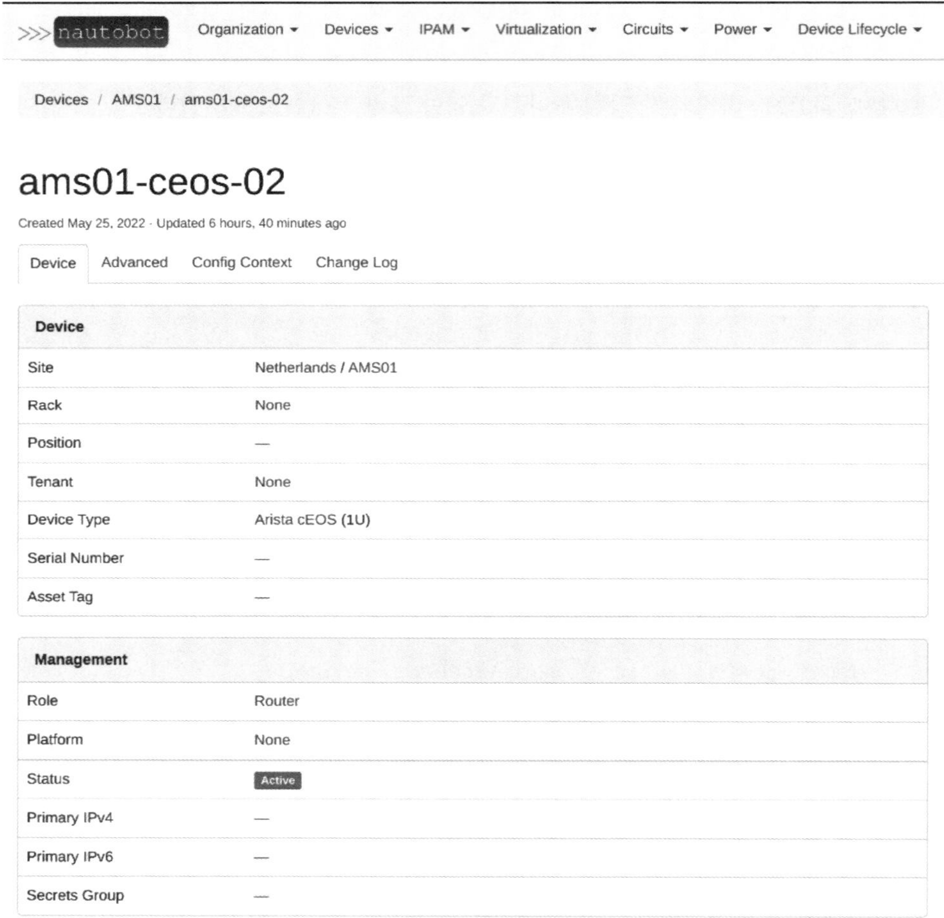

그림 6.3 Nautobot 스크린샷

Dcim 함수로 전달하는 데이터는 앞에서 수동으로 빌드한 것처럼 HTTP 요청으로 끝난다. 여기서는 패키지가 모든 것을 추상화하므로 HTTP 요청이나 HTTP 경로path 그리고 JSON 페이로드를 직접 처리하지 않는다. 따라서 개발자는 구현의 세부 사항보다 비즈니스 가치에 좀 더 집중할 수 있다. 이렇게 하면 API를 좀 더 쉽게 사용할 수 있다.

지금까지 6장에서는 네트워크 장치에 구성을 푸시하는 데 중점을 뒀을 뿐, 푸시한 후 네트워크의 상태를 읽는 데는 신경쓰지 않았다. 구성 관리의 주된 목적은 올바른 포맷으로 구성을 만들어 배포하는 것이지만, 상태 확인state validation은 구성 변경이 제대로 이뤄졌는지 확인하는 데 중요한 역할을 할 수 있다. 다음 절에서는 원격 장치에서 작동 데이터를 검색하고 파싱하는 방법을 알아본다.

상태 확인

네트워크 장치가 상태를 내부적으로 모델링하고 저장하는 방식은 구성 데이터 모델에 따라 다른 경우가 많다. 기존 CLI 우선 네트워크 장치CLI-first network device는 상태를 표 형식tabular format으로 보여 주므로 네트워크 운영자는 상태를 좀 더 쉽게 해석하고 추론할 수 있다. API가 활성화된 네트워크 운영체제API-enabled network operating system에서는 상태를 정형화된 형식structured format으로 표시할 수 있어 자동화에 더 좋지만, 여전히 직병렬 전환을 위해 올바른 데이터 모델을 준비해야 한다.

이 절에서는 앞 절에서 `crypto/ssh`, `net/http`, `scrapligo`로 구성한 장치의 작동 데이터를 수집하는 코드 예제를 통해 네트워크 장치의 상태를 읽는 데 사용할 수 있는 세 가지 다른 메서드를 살펴본다. 각 네트워크 장치에 대해 이런 리소스 중 하나를 사용해 필요한 포맷으로 데이터를 가져온다.

- **RESTful API 호출**: HTTP 인터페이스에서 데이터를 검색하고 구문 분석한다.
- **정규 표현식**: SSH를 통해 일반 텍스트를 구문 분석한다.
- **TextFSM 템플릿**: 표 형식 데이터 파싱을 간소화한다.

라우팅 정보 확인하기

이 시점에서 3-노드 토폴로지가 실행되고 있어야 한다. 각 네트워크 장치에는 BGP로 재배포되는 루프백 주소가 있어야 한다. 예를 들어, Arista cEOS의 루프백 주소는 `198.51.100.1/32`이다. 다음 프로그램의 목표는 설정을 확인하는 것이다. 모든 장치에서 라우팅 테이블 정보를 검색하고 세 개의 모든 IPv4 루프백 주소가 있는지 확인한다. 이렇게 하면 모든 장치 간에 장치 간 도달 가능성을 설정한 구성 의도를 확인할 수 있다.

이 프로그램은 다음 두 가지 구성 요소로 구성돼 있다.

- `GetRoutes`: 네트워크 장치에 연결하고 필요한 정보를 가져와 공통 포맷으로 저장하는 메서드
- `checkRoutes`: `GetRoutes`에서 경로를 읽고 예상되는 루프백 주소의 목록 `expectedRoutes`와 비교하는 함수

이때 한 가지 주의해야 할 점은 네트워크 장치가 네트워크 작동 데이터에 원격으로 액세스하기 위해 지원하는 API 타입이 전송 프로토콜부터 데이터의 텍스트 표현 형식에 이르기까지 다양할 수 있다는 것이다. 이 예제에서는 네트워킹 공급 업체마다 `GetRoutes`의 구현 세부 사항이 다르다는 것을 의미한다. 여기서는 교육적인 목적으로 공급 업체별 REST API와 정규 표현식 그리고 TextFSM을 각각 다르게 구현한다.

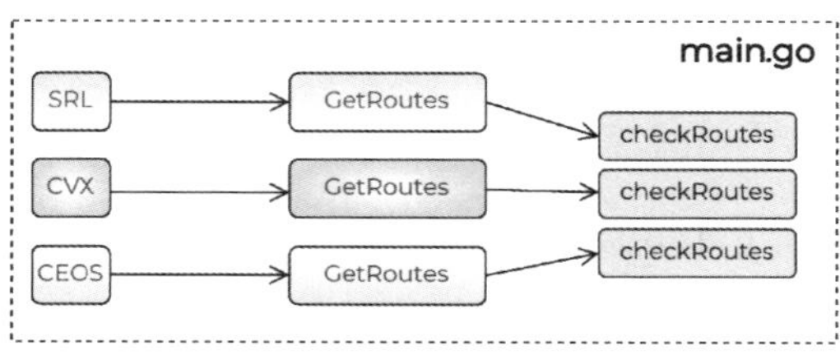

그림 6.4 라우팅 정보 확인하기

각 네트워크 장치에는 고유한 데이터 구조가 있다. 예를 들어, SR Linux에는 SRL을 만든다. `SRL`, `CVX`, `CEOS` 타입은 `Router` 인터페이스를 구현하는데, 각 타입에는 해당 특정

공급 업체에 대한 구현 세부 사항이 포함된 GetRoutes 메서드가 있다.

main 프로그램에서 사용자는 인증 세부 정보로 장치를 초기화하면 되므로 main 프로그램은 장치에 대해 만들었던 타입의 변수를 생성한다. 그런 다음 장치 타입의 GetRoutes 메서드를 실행하는 각 장치에 대해 고루틴을 실행해 경로 수집 작업을 동시에 실행할 수 있다. Router 인터페이스는 호출이 항상 router.GetRoutes이므로 특정 공급 업체의 구현 세부 사항을 사용자에게 완전히 숨길 수 있다.

```
type Router interface {
    GetRoutes(wg *sync.WaitGroup)
}

func main() {
    cvx := CVX{
        Hostname:       "clab-netgo-cvx",
         Authentication: Authentication{
         Username: "cumulus",
        Password: "cumulus",
        },
    }
    srl := SRL{
        Hostname: "clab-netgo-srl",
        Authentication: Authentication{
         Username: "admin",
         Password: "admin",
        },
    }

    ceos := CEOS{
     Hostname: "clab-netgo-ceos",
     Authentication: Authentication{
      Username: "admin",
      Password: "admin",
     },
    }

    log.Printf("Checking reachability...")

    devices := []Router{cvx, srl, ceos}
```

```
    var wg sync.WaitGroup
    for _, router := range devices {
        wg.Add(1)
        go router.GetRoutes(&wg)
    }
    wg.Wait()
}
```

모든 GetRoutes 인스턴스는 자체 고루틴으로 백그라운드에서 실행되므로 모든 장치를 수집하고 확인할 때까지 main 고루틴이 끝나지 않도록 wg 대기 그룹wait group을 추가했다. 각 GetRoutes 메서드가 끝나기 전에 expectedRoutes 함수를 호출해 해당 장치에서 얻은 경로를 처리한다.

고유한 루프백 주소 집합이 들어 있는 expectedRoutes가 각 장치의 라우팅 테이블에 있는지 확인하는 방식으로 파싱된 상태(경로)를 확인한다. 수신한 모든 IPv4 접두사에 대해 해당 접두사가 expectedRoutes에 있는지 확인하고 이를 알려 주는 부울 플래그를 변경한다. 작업이 끝날 때까지 expectedRoutes의 접두사 부울 값이 false이면 해당 접두사가 장치의 라우팅 테이블에 없다는 것을 의미하며 이를 로그 메시지로 만든다.

```
func checkRoutes(device string, in []string, wg *sync.WaitGroup) {
    defer wg.Done()
    log.Printf("Checking %s routes", device)

    expectedRoutes := map[string]bool{
        "198.51.100.0/32": false,
        "198.51.100.1/32": false,
        "198.51.100.2/32": false,
    }

    for _, route := range in {
        if _, ok := expectedRoutes[route]; ok {
            log.Print("Route ", route, " found on ", device)
            expectedRoutes[route] = true
        }
    }
```

```
    for route, found := range expectedRoutes {
        if !found {
            log.Print("! Route ", route, " NOT found on ", device)
        }
    }
}
```

그다음으로 각 GetRoutes 메서드 구현을 검사한다. 나머지 예제와 마찬가지로 전체 프로그램은 ch06/state 디렉터리[9]에서 확인할 수 있다.

정규 표현식을 사용해 명령어 출력 파싱하기

정규 표현식을 사용해 비정형 데이터에서 정보를 파싱하고 추출한다. Go의 표준 라이브러리에는 RE2 구문을 이해하는 regexp 패키지가 있다. 이 패키지는 안전을 주된 목표로 삼아 설계된 정규 표현식 라이브러리이다. 이 결정의 주요 결과 중 하나는 안전하지 않고 서비스 거부 익스플로잇으로 이어질 수 있는 역참조back-refernces와 룩-어라운드look-around 연산이 없다는 것이다.

이 경우, GetRoutes 메서드는 scrapligo를 사용해 연결하고 show 명령어를 전송해 SRL 장치 타입에서 라우팅 테이블 정보를 추출한다. 이 정보를 파싱하는 한 가지 방법은 출력을 한 줄씩 반복하면서 예상 패턴이 정규 표현식과 일치하는지 확인하는 것으로, ch05/closed-loop 예제[10]에서 했던 것과 비슷하다.

```
func (r SRL) GetRoutes(wg *sync.WaitGroup) {
    lookupCmd := "show network-instance default route-table ipv4-unicast 
summary"

    conn, err := platform.NewPlatform(
        "nokia_srl",
        r.Hostname,
        options.WithAuthNoStrictKey(),
        options.WithAuthUsername(r.Username),
        options.WithAuthPassword(r.Password),
        options.WithTermWidth(176),
```

```
        )
        // 에러를 처리한다.

        driver, err := conn.GetNetworkDriver(
        // 에러를 처리한다.
        err = driver.Open()
        // 에러를 처리한다.
        defer driver.Close()

        resp, err := driver.SendCommand(lookupCmd)
        // 에러를 처리한다.

        ipv4Prefix := regexp.MustCompile(`(\d{1,3}\.){3}\d{1,3}\/\d{1,2}`)

        out := []string{}
        for _, match := range ipv4Prefix.FindAll(resp.RawResult, -1) {
            out = append(out, string(match))
        }
        go checkRoutes(r.Hostname, out, wg)
    }
```

좀 더 간단히 하기 위해 전체 출력에서 IPv4 주소 패턴과 일치하는 모든 것은 라우팅 테이블에 설치된 접두사라고 가정해 보자. 이렇게 하면 표 형식의 데이터 구조를 읽고 파싱하지 않고 프로그램이 IPv4 경로 패턴과 일치하는 모든 텍스트를 찾아 문자열 슬라이스 out에 넣고 추가 처리를 위해 checkRoutes 함수로 전달하도록 한다.

템플릿을 사용해 반포맷팅된 명령어 출력 파싱하기

정규 표현식으로 다양한 출력 포맷을 파싱하는 작업은 지루하고 에러가 발생하기 쉽다. 이것이 바로 구글이 반형식화된 텍스트의 템플릿 기반 파싱을 구현하기 위해 처음에 파이썬 라이브러리로 TextFSM을 만든 이유이다. 이 라이브러리는 네트워크 장치의 정보를 파싱할 수 있도록 특별히 설계됐으며 ntc-템플릿[11]에서 유지 관리되는 다양한 커뮤니티의 템플릿이 있다.

이런 커뮤니티 템플릿 중 하나를 사용해 Arista cEOS용 GetRoutes 구현에서 ip 경로 명령어의 출력을 파싱한다. Scrapligo는 TextFSM의 Go 포트를 내장하고 있으므로 TextFsmParse 함수를 사용해 응답을 편리하게 파싱할 수 있다.

```
func (r CEOS) GetRoutes(wg *sync.WaitGroup) {
    template := "https://raw.githubusercontent.com/networktocode/ntc-
templates/master/ntc_templates/templates/arista_eos_show_ip_route.textfsm"

    lookupCmd := "sh ip route"

    conn, err := core.NewEOSDriver(
        r.Hostname,
        base.WithAuthStrictKey(false),
        base.WithAuthUsername(r.Username),
        base.WithAuthPassword(r.Password),
    )
    // 에러를 처리한다.

    err = conn.Open()
    // 에러를 처리한다.
    defer conn.Close()

    resp, err := conn.SendCommand(lookupCmd)
    // 에러를 처리한다.

    parsed, err := resp.TextFsmParse(template)
    // 에러를 처리한다.

    out := []string{}
    for _, match := range parsed {
        out = append(out, fmt.Sprintf("%s/%s", match["NETWORK"],
match["MASK"]))
    }

    go checkRoutes(r.Hostname, out, wg)
}
```

파싱한 데이터를 저장하는 변수 parsed는 map[string]interface{} 값이 들어 있는 슬라이스로, 여기서 키는 템플릿에 정의된 TextFSM 값에 해당한다. 따라서 show ip route 템플릿을 살펴보면 네트워크와 마스크(접두사의 길이) 정보를 추출해 문자열 슬라이스

out에 추가한 후 추가 처리를 하기 위해 checkRoutes 함수에 전달한다.

REST API 요청을 사용해 JSON 형식의 데이터 가져오기

지금까지 6장에서는 REST API로 상호작용하는 두 가지 다른 방법을 살펴봤다. 한 가지 방법은 net/http 패키지를 사용하며 다른 한 가지는 자동으로 생성된 고수준 패키지(nautobot)를 사용하는 것이다. 하지만 REST API 엔드포인트와 상호작용할 때 개선된 사용자 경험을 제공하기 위해 net/http 앞에서 만들어진 go-resty와 같은 다른 옵션도 있다.

다음 GetRoutes 구현에서는 인증에 필요한 HTTP 헤더를 만들고 쿼리 매개변수로 URL을 확장한 후 응답을 사용자 정의 데이터 구조(routes)로 마샬링하기 위해 go-resty를 활용한다.

```
Code Block 1:
func (r CVX) GetRoutes(wg *sync.WaitGroup) {
    client := resty.NewWithClient(&http.Client{
          Transport: &http.Transport{
                TLSClientConfig: &tls.Config{InsecureSkipVerify: true},
          },
    })
    client.SetBaseURL("https://" + r.Hostname + ":8765" )
    client.SetBasicAuth(r.Username, r.Password)

    var routes map[string]interface{}
    _, err := client.R().SetResult(&routes).SetQueryParams(map[string]
string{
                "rev": "operational",
        }).
        Get("/nvue_v1/vrf/default/router/rib/ipv4/route")
    // 에러를 처리한다.

    out := []string{}
    for route := range routes {
        out = append(out, route)
    }
```

```
        go checkRoutes(r.Hostname, out, wg)
    }
```

대상 장치(CVX 타입)에 라우팅 테이블 정보 ...rib/ipv4/route를 요청하기 위해 REST API 클라이언트를 만들었다. 라우팅 테이블 접두사를 키로 하는 JSON 페이로드 응답을 map[string]interface{} 타입의 routes 변수로 디코딩했다. 그런 다음 routes를 반복하면서 모든 키를 문자열 슬라이스 out에 추가해 checkRoutes 함수에 전달할 수 있었다.

장치 간 도달 가능성 확인하기

이 프로그램을 ch06/state 디렉터리[9]에서 실행하면 토폴로지의 세 라우터 모두가 다른 라우터에 도달할 수 있는지 확인할 수 있다. 모든 장치에 앞에서 crypto/ssh, net/http, scrapligo를 사용해 구성한 예제에 구성(config)이 있는지 확인한다. 예상 결과는 다음과 같다.

```
ch06/state$ go run main.go
2022/03/10 17:06:30 Checking reachability...
2022/03/10 17:06:30 Collecting CEOS routes
2022/03/10 17:06:30 Collecting CVX routes
2022/03/10 17:06:30 Collecting SRL routes
2022/03/10 17:06:30 Checking clab-netgo-cvx routes
2022/03/10 17:06:30 Route 198.51.100.0/32 found on clab-netgocvx
2022/03/10 17:06:30 Route 198.51.100.1/32 found on clab-netgocvx
2022/03/10 17:06:30 Route 198.51.100.2/32 found on clab-netgocvx
2022/03/10 17:06:31 Checking clab-netgo-ceos routes
2022/03/10 17:06:31 Route 198.51.100.0/32 found on clab-netgoceos
2022/03/10 17:06:31 Route 198.51.100.1/32 found on clab-netgoceos
2022/03/10 17:06:31 Route 198.51.100.2/32 found on clab-netgoceos
2022/03/10 17:06:34 Checking clab-netgo-srl routes
2022/03/10 17:06:34 Route 198.51.100.0/32 found on clab-netgosrl
2022/03/10 17:06:34 Route 198.51.100.1/32 found on clab-netgosrl
2022/03/10 17:06:34 Route 198.51.100.2/32 found on clab-netgosrl
```

어떤 장치에도 경로가 존재하지 않는다면 다음과 같은 메시지가 출력된다.

```
2022/03/10 15:59:55 ! Route 198.51.100.0/32 NOT found on clabnetgo-cvx
2022/03/10 15:59:55 ! Route 198.51.100.1/32 NOT found on clabnetgo-cvx
```

요약

구성 생성과 배포, 보고 규정 준수는 여전히 네트워크 자동화에 가장 널리 적용되는 분야이다. 이 분야는 자동화를 도입하는 즉시 바로 이점을 얻을 수 있고 확인이 가능해 자동화 및 DevOps의 세계로 진입하는 첫 번째 논리적 단계이다. 구성 관리는 네트워크 엔지니어가 가장 많은 시간을 소모하는 반복적인 작업 중 하나이므로 자동화에 적합하다. 하지만 새로운 구성을 장치에 보내는 것은 구성의 구문 에러부터 원격 장치와의 연결이 끊어졌을 때 올바르게 복구하는 방법까지 장애 처리를 고려해야 하는 광범위한 과정 중 일부에 불과하다. 이런 맥락에서 일반적 기능을 제공하는, 재사용 가능한 코드를 사용해 반복적인 작업을 추상화하면 사용 사례를 자동화하는 데 드는 시간과 노력을 줄일 수 있다. 이것이 바로 자동화 프레임워크가 제공하는 기능으로, 7장에서 설명한다.

참고 자료

[1] https://dgarros.github.io/netdevops-survey/reports/2020

[2] https://github.com/PacktPublishing/Network-Automation-with-Go/blob/main/topo-base/topo.yml

[3] 보안 등급이 낮은 네트워크에서 보안 등급이 높은 원격 접속 개시나 데이터 전송을 실현하는 프로토콜을 말한다. SSH 프로토콜에는 전송 계층 프로토콜, 사용자 인증 프로토콜, 연결 프로토콜 등 세 종류가 있다. 전송 계층 프로토콜은 TCP/IP의 앞에서 사용하는 것으로, 암호화 데이터 전송이나 서버 인증 기능이 있다. 여러 종류의 암호 기술을 사용할 수 있고 암호 키의 교환이나 이용하는 암호 기술의 교섭 방법이 정해져 있다. 사용자 인증 프로토콜은 SSH 전송 계층 프로토콜의 앞에서 동작한다(출처: 정보통신용어사전). - 옮긴이

[4] 넓은 의미로는 BGP-4(Border Gateway Protocol-4)로 서로 경로 정보를 주고받는 것, 좁은 의미로는 BGP-4에 의해 경로 정보를 무료로 주고받는 것을 말한다. 한쪽의 제공자가 다른 한쪽의 제공자에 대해 요금을 지불하지 않는 대등한 관계의 접속이라고도 할 수 있지만, 현실적으로는 좁은 의미가 적용되는 경우가 많다(출처: 정보통신용어사전). - 옮긴이

[5] 컴퓨터의 네트워크 입출력 기능을 시험하기 위해 가상으로 할당한 인터넷 주소(127.0.0.1)를 말한다. 실제로는 외부 네트워크에 연결돼 있지 않은 소프트웨어적 입출력 주소로서 이 주소로 발송된 데이터들은 되돌아서 다시 이 주소로 수신된 것처럼 동작한다. 웹 서버나 인터넷 소프트웨어의 네트워크 동작 기능을 시험하는 데 사용된다(출처: 정보통신용어사전). - 옮긴이

[6] https://github.com/PacktPublishing/Network-Automation-with-Go/tree/main/ch06/ssh

[7] https://github.com/PacktPublishing/Network-Automation-with-Go/tree/main/ch06/vssh

[8] https://github.com/PacktPublishing/Network-Automation-with-Go/tree/main/ch06/http

[9] https://github.com/PacktPublishing/Network-Automation-with-Go/tree/main/ch06/ssh

[10] https://github.com/PacktPublishing/Network-Automation-with-Go/blob/main/ch05/closed-loop/main.go#L138

[11] https://github.com/networktocode/ntc-templates

07

자동화 프레임워크

대부분의 엔지니어들은 작은 애드혹ad hoc[1] 스크립트를 작성하는 것으로 자동화를 시작한다. 시간이 지나면서 이런 스크립트의 크기와 수가 늘어남에 따라 우리가 만드는 솔루션의 운영 모델과 그 기반foundation이 얼마나 견고한지 고민해야 한다. 궁극적으로 다른 팀 간에 자동화 관행automation practice을 조정해 규모에 맞는 비즈니스 결과를 만들어 내야 한다.

일부 조직에서는 사용 사례의 자동화에 소요되는 시간과 노력을 줄이기 위해 도구를 표준화하고 솔루션에서 일반 구성 요소를 재사용하는데, 이로 인해 자동화 프레임워크로 이어지는 경우가 많다.

자동화 프레임워크를 사용하면 여러 팀이 하나로 뭉쳐 효율성을 저해할 수 있는 고립된 영역을 없애고 공통 관행과 코드 재사용성을 받아들여 도메인 전반에 걸쳐 정책을 적용하고 개발된 솔루션의 보안을 더욱 강화할 수 있다.

환경과 사용 사례에 가장 적합한 솔루션을 선택할 때는 다양한 자동화 프레임워크를 사용해 보고 평가하는 것이 좋다. 7장에서는 몇 가지 프레임워크를 검토하고 Go에 통합하는 방법을 알아본다. 특히, 다음 사항에 초점을 맞춘다.

- Go 프로그램을 앤서블 모듈로 만드는 방법
- 사용자 정의 테라폼 공급자 개발
- 잘 알려진 여러 Go 기반 프레임워크 개요

마지막으로 현재 업계의 동향과 차세대 자동화 프레임워크가 어떻게 발전할 것인지 알아보면서 7장을 마무리한다.

기술 요구사항

7장의 코드는 깃허브 저장소에서 다운로드할 수 있다.

NOTE

> 7장의 Go 프로그램은 가상 환경에서 실행하는 것이 좋다. 가상 환경을 구축하는 방법은 12장을 참고하기 바란다.

앤서블

앤서블Ansible은 오픈소스 프로젝트, 프레임워크이자 자동화 플랫폼이다. 설명이 쉬운 자동화 언어로 인해 네트워크 자동화에 입문할 때 진입하기 쉬워 비교적 빠르게 생산성을 높일 수 있는 도구로 많은 네트워크 엔지니어의 관심을 받았다.

앤서블은 에이전트가 없는 푸시 기반 아키텍처agentless push-based architecture이다. 앤서블은 SSH를 통해 관리하는 호스트에 연결하고 일련의 작업을 수행한다. 이런 작업은 앤서블 모듈이라고 하는 작은 프로그램으로, 사용자에게 추상화를 제공하는 코드 단위이다. 사용자는 입력 인수만 제공하면 되며 모든 무거운 작업은 앤서블 모듈이 대신 수행한다. 추상화 수준은 다를 수 있지만, 앤서블 모듈을 사용하면 인프라를 원하는 상태로 만드는 데 필요한 개별 명령어보다는 원하는 인프라의 상태에 더욱 집중할 수 있다.

앤서블 구성 요소

앤서블의 핵심은 플레이북playbook이다. 이런 텍스트 기반의 선언적 YAML 파일은 다양한 플레이play로 그룹화할 수 있는 일련의 자동화 작업automation task을 정의한다. 각 작업은 앤서블 코드 기반 또는 외부 콘텐츠에서 가져온 모듈을 실행한다.

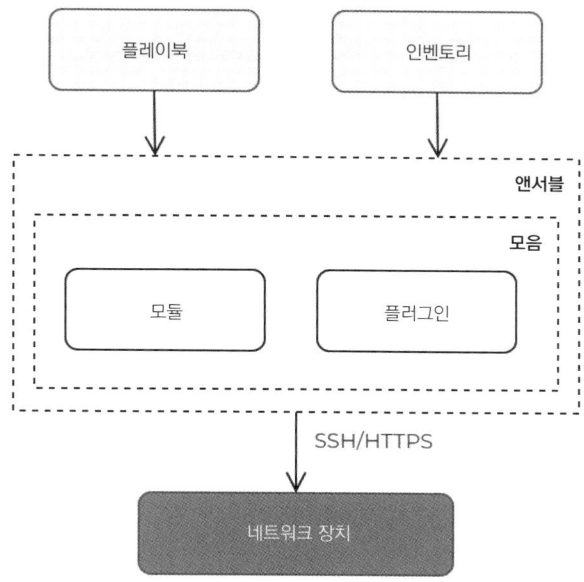

그림 7.1 개략적인 앤서블 다이어그램

이 책에서는 앤서블 인벤토리를 사용해 앤서블로 관리할 호스트나 네트워크 장치를 설명한다. 그림 7.1은 이런 요소에 대한 개략적인 개요를 보여 준다.

인벤토리

인벤토리inventory는 관리되는 호스트의 목록으로, 텍스트 파일에 정적으로 정의하거나 외부 시스템에서 동적으로 가져올 수 있다. 호스트는 개별적으로 관리할 수 있거나 그룹을 사용해 집합적으로 관리할 수 있다.

```
[eos]
clab-netgo-ceos

[eos:vars]
ansible_user=admin
ansible_password=admin
ansible_connection=ansible.netcommon.network_cli
```

인벤토리를 사용해 앤서블 플레이북에 사용할 수 있는 그룹 및 호스트 수준의 변수를 정의할 수도 있다.

플레이북과 플레이 그리고 작업

앤서블 플레이북은 YAML 기반의 도메인 특화 언어DSL, Domain-Specific Language를 사용해 작성하는 파일이다. 플레이북에는 하나 이상의 플레이가 들어 있다. 각 앤서블 플레이는 인벤토리의 단일 호스트나 호스트 그룹이 특정 순서로 일련의 작업을 수행하도록 한다. 다음 코드는 하나의 플레이와 두 개의 작업이 있는 플레이북의 예이다.

```
- name: First Play - Configure Routers
  hosts: routers
  gather_facts: true

  tasks:
    - name: Run Nokia Go module on local system with Go
        // Go가 설치된 로컬 시스템에서 Nokia Go 모듈을 실행
      go_srl:
        host: "{{ inventory_hostname }}"
        user: "{{ ansible_user }}"
        password: "{{ ansible_password }}"
        input: "{{ hostvars[inventory_hostname] | string | b64encode }}"
      delegate_to: localhost
      when: ('srl' in group_names)
```

```
- name: Run NVIDIA compiled Go module on remote system without Go
    // Go가 설치되지 않은 원격 시스템에서 컴파일된 NVIDIA Go 모듈을 실행
  go_cvx:
  host: localhost
  user: "{{ ansible_user }}"
  password: "{{ ansible_password }}"
  input: "{{ hostvars[inventory_hostname] | string | b64encode }}"
  when: ('cvx' in group_names)
```

위 예제는 ch07/ansible 디렉터리에 포함된 큰 플레이북[2]의 일부이다. 이 플레이북에는 두 개의 다른 플레이에 걸쳐 네 개의 작업이 있다.

모듈

각 작업task은 앤서블 모듈ansible module을 실행한다. 다양하게 구현할 수 있지만, 앤서블 모듈의 목표는 등멱원idempotent[3]이므로 같은 호스트 집합에 대해 모듈을 몇 번이나 실행하더라도 항상 같은 결과를 얻게 된다.

앤서블은 주로 파이썬으로 작성된 여러 모듈과 함께 제공되지만, 이 절에서 살펴볼 다른 프로그래밍 언어를 사용할 수도 있다.

앤서블 모듈로 작업하기

앤서블 모듈의 코드는 원격 노드인 리눅스 서버와 같은 호스트에서 실행하거나 플레이북을 실행하는 로컬 노드에서 실행할 수 있다. 일반적으로 관리되는 노드가 API 서비스이거나 네트워크 장치인 경우, 리눅스 셸이나 파이썬과 같이 종속성이 필요한 실행 환경이 없어 로컬 노드에서 실행해야 한다. 다행스럽게도 최신 네트워크 운영체제는 이런 요구사항을 충족하므로 로컬이나 원격으로 플레이북을 실행할 수 있는 옵션을 모두 제공한다.

위 플레이북 스니펫을 살펴보면 이 두 가지 옵션이 어떻게 구현됐는지 확인할 수 있다.

첫 번째 작업은 go_srl을 호출해 로컬 호스트localhost에 위임한다. 이는 host 인수로 지정된 원격 호스트를 대상으로 앤서블이 실행되고 있는 컴퓨터에서 플레이북이 실행된다는 것을 의미한다. 두 번째 작업은 go_cvx 모듈을 실행하되, 위임하지 않으므로 로컬 호스트에서 API로 호출하는 대상에서 실행된다.

플레이북의 나머지 부분은 그림 7.2에 톱니바퀴 기호로 표시한 대로 로컬 및 원격 실행 환경의 조합을 사용한다.

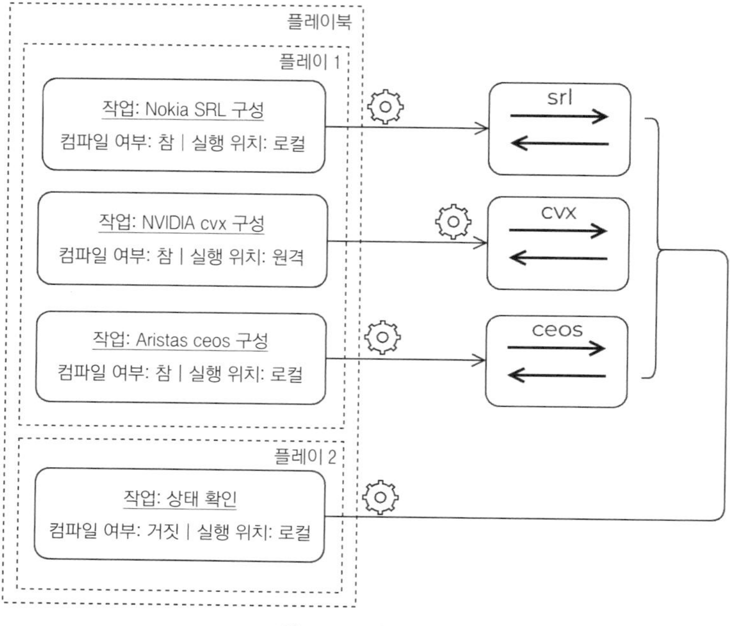

그림 7.2 플레이북 예시

먼저 앤서블 플레이북을 실행해 다음과 같은 목표 아래 토폴로지의 각 노드를 구성한다.

- 앤서블이 실행되고 있는 컴퓨터에서 로컬로 실행하는, 컴파일된 Go 코드를 사용해 SR Linux 노드 srl을 구성한다.
- 원격에서 실행하는 컴파일된 Go 코드를 사용해 NVIDIA Cumulus 노드 cvx를 구

성한다.

- 앤서블이 실행되고 있는 컴퓨터에서 로컬로 실행하는, 컴파일된 Go 코드를 사용해 Arista EOS 노드 ceos를 구성한다.

위 플레이북에는 두 가지 다른 접근 방식을 보여 주기 위해 로컬 또는 원격 실행 환경을 무작위로 선택했다. 실습 환경의 모든 장치는 리눅스 기반이므로 우리가 사용하는 앤서블 모듈을 수정하지 않고 이런 동작을 변경할 수 있다.

두 번째 플레이에는 go run 명령어를 사용해 실행하는 컴파일되지 않은 코드로, 세 개 장치 모두의 구성 상태를 확인하는 작업이 있다. 이 작업은 동시에 여러 노드에서 작업을 수행하기 위해 앤서블 포크 대신 Go의 기본 프리미티브native primitive[4]를 사용하는 동시성에 대한 다른 접근 방식을 보여 준다. 이 절의 뒷부분에서 자세히 설명한다.

앤서블 모듈 개발하기

앤서블 개발자는 앤서블 모듈을 주로 파이썬으로 작성하지만, 다른 프로그래밍 언어로 모듈을 개발하는 데는 여러 가지 이유가 있다.

- 회사에서 이미 다른 프로그래밍 언어를 사용하고 있을 수 있다.
- 다른 언어에 익숙해 해당 언어로 작성하는 것이 더 편할 수도 있다.
- 이미 사용할 수 있는 코드가 있어서 다른 프로그래밍 언어로 다시 작성해야 할 비즈니스적 이유가 없을 수도 있다.
- 파이썬에서 사용할 수 없는 기능을 활용해야 할 수 있다.

앤서블의 역할은 이미 잘 작동하고 있는 모든 것을 들어내 교체하는 것이 아니다. 다른 장의 Go 프로그램을 가져와 실습 환경 토폴로지를 구성하려면 플레이북에서 실행할 수 있는 앤서블 모듈로 변환해야 한다.

앤서블 모듈 인터페이스

사용자 정의 모듈을 추가해 앤서블을 확장할 수 있다. 사용자 정의 모듈 구현 코드는 `library` 디렉터리에 있어야 한다. 시스템에 설치되지 않은 모듈이 포함된 작업을 실행하면 앤서블은 다음과 같은 순서에 따라 `library` 디렉터리에서 해당 모듈의 이름을 찾아 모듈로 실행한다.

1. 모든 모듈 인수를 임시 파일(예: `/tmp/foo`)에 저장한다.
2. 해당 모듈을 자식 프로세스child process로 실행하고 파일 이름을 첫 번째이자 유일한 인수(예: `./library/my_module /tmp/foo`)로 전달한다.
3. 프로세스가 끝날 때까지 기다린 후 표준 출력으로 정형 응답structured response 수신을 기다린다.

앤서블은 항상 JSON 포맷의 응답을 사용하지만, 앤서블이 모듈에 전달하는 입력 파일의 포맷은 모듈이 스크립트인지, 바이너리인지에 따라 달라진다. 모든 바이너리 모듈은 입력 인수를 JSON 파일로 받지만, 스크립트 모듈은 입력 인수를 Bash 파일이나 키-값 쌍의 목록으로 받는다.

Go의 코드 관점에서 이 입력 동작input behavior이 일관uniform되도록 컴파일되지 않은 모든 Go 프로그램을 실행하기 전에 입력 포맷을 JSON으로 만든다. `ch07/ansible/library/go_state`[5] 파일의 내용과 같이 `go run` 명령어를 호출하기 전에 Bash 입력을 JSON으로 변환하는 래퍼 Bash 스크립트wrapper Bash script를 사용해 이 작업을 수행한다.

앤서블과 상호작용하도록 Go 코드 적용하기

사용자 정의 앤서블 모듈은 입력 인수를 파싱하는 방법과 예상된 출력을 반환하는 방법만 알고 있다면 무엇이든 할 수 있다. 다른 장의 Go 프로그램을 수정해 앤서블 모듈로 만들어 보자. 변경해야 할 양은 최소로 한다.

먼저 이 예제에서는 입력 JSON 파일에서 받은 모듈 인수를 파싱하는 구조체를 만든다. 이 인수에는 로그인 자격 증명과 입력 데이터 모델이 있다.

```
// ModuleArgs는 모듈의 입력이다.
type ModuleArgs struct {
    Host     string
    User     string
    Password string
    Input    string
}

func main() {
    if len(os.Args) != 2 {
        // 에러를 발생시킨다.
    }

    argsFile := os.Args[1]
    text, err := os.ReadFile(argsFile)
    // 에러를 확인한다.

    var moduleArgs ModuleArgs
    err = json.Unmarshal(text, &moduleArgs)
    // 에러를 확인한다.
    /* ... < 다음에 계속 > ... */
```

앤서블에서 사용하는 입력 데이터 모델은 다른 장에서 사용한 것과 같다. 이 예제의 데이터는 `ch07/ansible/host_vars` 디렉터리에 있다. 이 데이터 모델은 앤서블에서 각 호스트에 정의된 모든 변수의 한 부분이 된다. 입력 데이터 모델을 나머지 호스트 변수와 함께 base64로 인코딩된 문자열base64-encoded string을 전달한다. 모듈 내부에서는 입력 문자열을 디코딩하고 앞에서 사용한 것과 같은 `Model` 구조체로 디코딩한다.

```
import (
    "encoding/base64"
    "gopkg.in/yaml.v2"
)

type Model struct {
```

```
    Uplinks []Link `yaml:"uplinks"`
    Peers []Peer `yaml:"peers"`
    ASN int `yaml:"asn"`
    Loopback Addr `yaml:"loopback"`
}

func main() {
    /* ... < 이어서 계속 > ... */
    src, err := base64.StdEncoding.DecodeString(moduleArgs.Input)
    // 에러를 확인한다.
    reader := bytes.NewReader(src)
    d := yaml.NewDecoder(reader)
    var input Model
    d.Decode(&input)
    /* ... < 다음에 계속 > ... */
}
```

이 시점에서 Go 프로그램이 네트워크 장치를 구성할 수 있도록 충분한 정보를 파싱했다. Go 코드의 이 부분은 수정할 필요가 없다. 이때 한 가지 주의해야 할 점은 콘솔에 로그 메시지를 남기지 않고 모든 로그 메시지를 앤서블에 응답으로 보내야 한다는 것이다.

모든 작업이 끝나면, 앤서블에 대한 응답 객체를 준비하고 출력해야 한다. 다음 코드는 모든 변경 사항이 정상적으로 적용됐을 때의 행복한 경로happy path[6]를 보여 준다.

```
// Response는 모듈에서 반환된 값이다.
type Response struct {
    Msg string `json:"msg"`
    Busy bool `json:"busy"`
    Changed bool `json:"changed"`
    Failed bool `json:"failed"`
}

func main() {
    /* ... < 이어서 계속 > ... */
    var r Response
    r.Msg = "Device Configured Successfully"
    r.Changed = true
```

```
        r.Failed = false

        response, err = json.Marshal(r)
        // 에러를 확인한다.
        fmt.Println(string(response))
        os.Exit(0)
    }
```

방금 설명한 것과 비슷한 패턴을 사용해 세 개의 실습 환경 장치에 대한 사용자 정의 모듈과 6장에서 실습 환경 토폴로지의 상태를 확인하기 위해 만들었던 모듈을 만들었다. 해당 모듈은 `https://github.com/PacktPublishing/Network-Automation-with-Go/tree/main/ch07/ansible/library`에서 확인할 수 있다.

모듈을 실행하기 전에 Go의 내장 기능을 사용해 앤서블에서 동시 작업 실행의 속도를 높이고 최적화하는 방법을 알아본다.

Go의 동시성 활용하기

앤서블은 기본적으로 각 작업을 모든 호스트에 대해 순차적으로 실행(선형 전략)한다. 물론 한 번에 하나의 호스트에서 하나의 작업만 실행하지 않고 여러 개의 독립적인 프로세스를 사용해 앤서블 구성에서 정의한 포크(fork)의 수만큼 많은 호스트에서 동시에 실행한다. 이런 프로세스의 병렬 실행은 사용할 수 있는 하드웨어 리소스에 따라 달라진다.

리소스 활용의 관점에서 비용이 적게 드는 접근 방식은 Go의 동시성을 활용하는 것이다. `go_state` 앤서블 모듈에서는 Go의 동시성을 활용하고 여기서는 인벤토리의 단일 노드인 암시적 로컬 호스트implicit localhost를 대상으로 하며 Go가 원격 노드와의 동시 통신concurrent communication을 맡아서 처리한다.

다음 모듈에서는 액세스 세부 정보가 포함된 6장의 '상태 확인' 절의 코드 예제를 재사용하지만, 이런 액세스 세부 정보를 모듈에 인수로 전달해도 이와 똑같은 결과를 얻을 수 있다.

```
- name: Run Validate module on Systems with Go installed
  go_state:
    host: "{{ inventory_hostname }}"
```

이런 접근 방식의 장점은 속도를 높이고 리소스를 효율적으로 사용할 수 있다는 것이지만, 앤서블의 인벤토리 관리 기능을 사용할 수 없게 된다는 단점이 있다. 이 방법이 사용 사례에 적합한지를 결정할 때는 이 점을 고려해야 한다.

플레이북 실행하기

네 개의 Go 앤서블 모듈이 포함된 전체 예제는 `ch07/ansible` 디렉터리에서 확인할 수 있다. 이 예제를 실행하려면 먼저 저장소의 루트 디렉터리에서 `make lab-up` 명령어를 실행해 실습 환경 토폴로지가 실행 중인지 확인한 후 `ansible-playbook` 명령어로 플레이북을 실행해야 한다.

```
ch07/ansible$ ansible-playbook playbook.yml
# output 생략.
PLAY RECAP ***************************************************
**************************************************************
**************************************
clab-netgo-ceos : ok=5 changed=0 unreachable=0
failed=0 skipped=4 rescued=0 ignored=0
clab-netgo-cvx : ok=2 changed=1 unreachable=0
failed=0 skipped=7 rescued=0 ignored=0
clab-netgo-srl : ok=2 changed=1 unreachable=0
failed=0 skipped=7 rescued=0 ignored=0
localhost : ok=1 changed=0 unreachable=0
failed=0 skipped=0 rescued=0 ignored=0
```

이제 Go 프로그램을 앤서블에 통합하는 방법을 살펴봤으므로 또 다른 자동화 프레임워크인 테라폼Terraform에 대해 알아보자.

테라폼

테라폼은 선언적 인프라 관리declarative infrastructure management를 위한 오픈소스 소프트웨어 솔루션이다. 테라폼을 사용하면 원하는 인프라의 상태를 코드로 표현하고 관리할 수 있다. 초기에는 공개 클라우드 인프라를 자동화하는 프레임워크로 인기를 얻었지만, 지금은 다양한 온프레미스on-premise[7] 및 공개 클라우드 리소스, 플랫폼 서비스 등 API가 있는 거의 모든 것을 지원한다.

테라폼의 주된 특징 중 하나는 상태를 관리하는 방식이다. 처음에 원격 리소스를 만들고 나면 결과 상태를 파일에 저장하고 해당 상태는 다음 번 실행에도 사용된다. 인프라 코드를 업데이트하고 개발할 때 테라폼은 상태 파일을 사용해 원격 리소스의 전체 생명주기를 관리할 수 있으며 상태 간 전환을 위해 정확한 API 호출 순서를 계산한다. 테라폼은 이런 상태 관리 능력과 선언적 구성 언어 그리고 에이전트가 없는 API 우선 아키텍처로 인해 클라우드 인프라 영역에 깊숙이 자리 잡을 수 있었으며 데브옵스 및 코드형 인프라Infrastructure-as-Code 도구 체인toolchain의 중요한 부분이 됐다.

테라폼 레지스트리terraform registry[8]를 살펴보면 네트워킹 카테고리에 SDN 어플라이언스applicance와 방화벽firewall부터 다양한 클라우드 서비스에 이르기까지 100개가 넘는 공급자provider가 있는 것을 볼 수 있다. 이 숫자는 인프라를 코드로 관리하기 위해 선언적 접근 방식을 사용하는 사람들이 늘어나면서 증가하는 추세에 있다. 이런 이유로 우리는 네트워크 자동화 엔지니어가 테라폼을 알고 Go를 사용해 테라폼의 기능을 확장할 수 있는 능력을 갖추는 것이 중요하다고 생각한다.

테라폼의 구성 요소

전체 테라폼 생태계terraform ecosystem는 Go 패키지의 모음으로 구성돼 있다. 테라폼 생태계는 주요 CLI 도구를 테라폼 코어Terraform Core라고 하는 정적으로 컴파일된 바이너리로 제공한다. 이 바이너리는 명령줄 인터페이스를 제공하며 하시코프 구성 언어HCL, Hashicorp Configuration Language로 작성된 명령어를 파싱하고 평가할 수 있다. 각 호출마다 리소스 그래프resource graph를 만들고 구성 파일에 설정된, 원하는 상태에 도달하기 위한 실행 계획을 만든다. 메인 바이너리main binary에는 몇 개의 플러그인만 있지만, 원하는 종속성을 검색하고 다운로드할 수 있다.

테라폼 플러그인은 자립형 바이너리standalone binary로도 배포된다. 테라폼 코어는 필요한 플러그인을 자식 프로세스로 실행하고 종료하며 내부 gRPC 기반 프로토콜을 사용해 플러그인과 상호작용한다. 테라폼은 두 종류의 플러그인을 정의한다.

- **제공자**Provider: 원격 인프라 제공자remote infrastructure provider와 상호작용하고 필요한 변경 사항을 구현한다.
- **담당자**Provisioner: 터미널 명령어 집합으로 선언된 일련의 명령형 작업을 구현해 제공자가 이전에 만든 리소스를 부트스트랩bootstrap이라고 한다.

그림 7.3은 지금까지 설명한 내용을 보여 주며 서로 다른 테라폼 구성 요소가 내부와 외부로 통신하는 방법을 보여 준다.

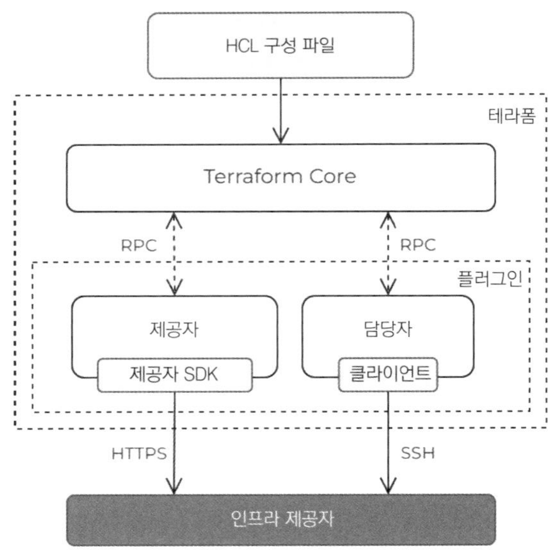

그림 7.3 테라폼 개요

대부분의 테라폼 플러그인은 제공자로서 선언적 리소스 실행declarative resource actuation을 구현하고 업스트림upstream API로 통신한다. 제공자는 원격 API와 상호작용하는 데 사용할 수 있는 두 가지 타입의 객체를 정의한다.

- **리소스**resource: 가상 머신과 방화벽 정책 그리고 DNS 레코드와 같이 실제로 관리되는 인프라 객체를 나타낸다.
- **데이터 소스**data source: 지원하는 클라우드 영역 목록이나 VM 이미지 또는 식별/접근 관리IAM, Identity and Access Management[9]와 같이 테라폼이 관리하지 않는 정보를 쿼리하는 방법을 제공한다.

테라폼 제공자인 유지 관리자provider maintainer가 구현할 리소스와 데이터 소스를 결정하므로 공식 제공자와 커뮤니티 지원 제공자 간의 지원 범위는 다를 수 있다.

테라폼 사용하기

일반적인 테라폼의 작업 흐름은 여러 단계를 순차적으로 실행한다. 먼저 관리할 인프라를 결정하는 제공자를 정의한 후 리소스와 데이터 소스를 조합해 인프라의 상태를 설명할 수 있어야 한다. `ch07/terraform/main.tf`[10]의 구성 파일을 사용해 이 단계를 설명한다.

제공자 정의하기

제공자는 업스트림 API 연결의 세부 정보를 정의한다. 세부 정보는 공개 AWS API URL이나 사설 vCenter 인스턴스의 주소를 가리킬 수 있다. 다음 예제에서는 `https://demo.nautobot.com/`에서 실행 중인 Nautobot의 데모 인스턴스를 관리하는 방법을 알아본다.

테라폼은 필요한 제공자 목록과 그 정의를 현재 작업 디렉터리current working directory에 있는 하나의 파일에서 찾으려고 한다. 간단하게 만들기 위해 이런 세부 정보를 `main.tf` 파일의 맨 앞에 위치시키고 같은 파일에서 자격 증명을 정의한다. 생산 환경production environment에서는 이런 세부 정보가 별도의 파일에 있을 수 있으며 자격 증명은 외부(예: 환경 변수)에서 가져와야 한다.

```
terraform {
    required_providers {
      nautobot = {
       version = "0.2.4"
       source = "nleiva/nautobot"
      }
    }
}

provider "nautobot" {
    url = "https://demo.nautobot.com/api/"
    token = "aaaaaaaaaaaaaaaaaaaaaaaaaaaaaaaaaaaaaaaa"
}
```

이렇게 정의된 정보를 이용해 테라폼을 초기화할 수 있다. 다음 명령어는 테라폼이 플러그인을 검색하고 필요한 모든 종속성을 로컬 `./terraform` 디렉터리에 다운로드하도록 한다.

```
ch07/terraform$ terraform init -upgrade

Initializing the backend...

Initializing provider plugins...
- Finding nleiva/nautobot versions matching "0.2.4"...
- Installing nleiva/nautobot v0.2.4...
- Installed nleiva/nautobot v0.2.4 (self-signed, key ID A33D26E300F155FF)
```

이 단계의 마지막에서 테라폼은 방금 만든 제공자 선택을 기록하기 위해 잠금 파일lock file인 `.terraform.lock.hcl`을 만든다. 버전 관리 저장소version control repository에 이 파일을 포함시키면 테라폼은 다른 컴퓨터에서 `terraform init` 명령어를 실행할 때 기본값으로 같은 선택을 하게 된다.

리소스 만들기

리소스를 만들려면 리소스 필드에 값을 할당하는 인수가 0개 이상인 구성 블록configuration blcok에 리소스를 정의해야 한다. 다음 리소스는 Nautobot에 특정 이름과 설명이 있는 새 Manufacturer 객체를 만든다.

```
resource "nautobot_manufacturer" "new" {
    description = "Created with Terraform"
    name        = "New Vendor"
}
```

이제 terraform plan을 실행하면 현재 구성이 기존 상태와 일치하는지 확인할 수 있다. 일치하지 않으면 원격 객체가 현재 구성과 일치하도록 제안한 변경 사항으로 실행 플랜을 만든다. terraform plan 명령어를 실행하지 않고 terraform apply 명령어를 바로 실행해 한 번에 플랜을 만들고 실행할 수도 있다.

```
ch07/terraform$ terraform apply —auto-approve

Terraform used the selected providers to generate the following
execution plan. Resource actions
are indicated with the following symbols:
  + create

Terraform will perform the following actions:

  # nautobot_manufacturer.new will be created
  + resource "nautobot_manufacturer" "new" {
      + created = (known after apply)
      + description = "Created with Terraform"
      + devicetype_count = (known after apply)
      + display = (known after apply)
      + id = (known after apply)
      + inventoryitem_count = (known after apply)
```

```
      + last_updated = (known after apply)
      + name = "New Vendor"
      + platform_count = (known after apply)
      + slug = (known after apply)
      + url = (known after apply)
    }

Plan: 1 to add, 0 to change, 0 to destroy.
```

이 플랜의 실행 결과는 Nautobot의 웹 UI(https://demo.nautobot.com/dcim/manufacturers/new-vendor/)에서 확인할 수 있으며 다음 명령어를 사용해 결과 상태를 확인할 수 있다.

```
ch07/terraform$ terraform state show 'nautobot_manufacturer.new'
# nautobot_manufacturer.new:
resource "nautobot_manufacturer" "new" {
    created = "2022-05-04"
    description = "Created with Terraform"
    devicetype_count = 0
    display = "New Vendor"
    id = "09219670-3e28-..."
    inventoryitem_count = 0
    last_updated = "2022-05-04T18:29:06.241771Z"
    name = "New Vendor"
    platform_count = 0
    slug = "new-vendor"
    url = "https://demo.nautobot.com/api/dcim/manufacturers/09219670
-3e28-.../"
}
```

이 글을 쓰는 시점에서 Nautobot에서 사용할 수 있는 테라폼 제공자가 없으므로 마지막 예제에서는 이 책을 위해 특별히 만든 사용자 정의 제공자를 사용했다. 새로운 제공자를 만들면 많은 새로운 사용 사례를 구현할 수 있다. Go 코드를 사용해 작성해야 하므로 다음 절에서 설명한다.

테라폼 제공자 개발하기

나중에는 기능을 제한하거나, 기능이 빠진 제공자를 발견하거나, 인프라에 포함된 플랫폼을 위한 제공자가 없을 수 있다. 이 경우에는 제공자를 확장하거나, 수정하거나, 새로운 제공자를 만드는 방법을 알면 큰 도움이 된다. 제공자 개발을 위한 유일한 전제 조건은 '대상 플랫폼에 맞는 Go SDK를 사용할 수 있는가?'이다. 예를 들어, Nautobot에는 OpenAPI 모델에서 자동으로 만들어지는 Go 클라이언트 패키지가 있다. 이 패키지는 6장의 'HTTP를 통해 다른 시스템에서 구성 입력 가져오기' 절에서 사용했으므로 이미 테라폼 제공자를 개발하는 데 필요한 모든 것이 준비됐다.

새 테라폼 제공자를 만드는 데 권장하는 방법은 terraform-provider-scaffolding 프로젝트[11]로 시작하는 것이다. 이 저장소는 함수 스텁function stub[12]을 제공하고 원격 절차 호출RPC, Remote Procedure Call[13] 통합integration을 구현해 내부 로직에만 집중할 수 있도록 충분한 템플릿을 제공한다. 이 템플릿을 사용해 Nautobot 제공자를 만들었으므로 최종 결과물을 템플릿과 비교해 변경된 내용을 확인할 수 있다.

scaffolding 프로젝트를 사용해 테라폼 제공자를 개발한 후 테라폼 레지스트리에 깃 저장소를 등록하면 제공자 문서provider documentation[14]가 자동으로 만들어지는 혜택을 얻을 수 있다.

제공자 정의하기

제공자의 내부 코드internal code `internal/provider/provider.go`[15]는 제공자 자신과 제공자가 관리하는 리소스 그리고 데이터 소스에 대한 스키마 정의로 시작한다. 제공자의 스키마 내부에서 두 개의 입력 인수 `url`과 `token`을 정의한다. 더 많은 제약 조건constraint과 기본값default value 그리고 유효성 검사 함수validation function를 사용하면 각 스키마 구조체를 확장할 수 있다.

```
func New(version string) func() *schema.Provider {
  return func() *schema.Provider {
    p := &schema.Provider{
```

```
      Schema: map[string]*schema.Schema{
        "url": {
          Type:         schema.TypeString,
          Required:     true,
          DefaultFunc:  schema.EnvDefaultFunc("NAUTOBOT_URL", nil),
          ValidateFunc: validation.IsURLWithHTTPorHTTPS,
          Description:  "Nautobot API URL",
        },
        "token": {
          Type:        schema.TypeString,
          Required:    true,
          Sensitive:   true,
          DefaultFunc:
            schema.EnvDefaultFunc("NAUTOBOT_TOKEN", nil),
          Description: "Admin API token",
        },
      },
      DataSourcesMap: map[string]*schema.Resource{
        "nautobot_manufacturers":
            dataSourceManufacturers(),
      },
      ResourcesMap: map[string]*schema.Resource{
        "nautobot_manufacturer": resourceManufacturer(),
      },
    }
    p.ConfigureContextFunc = configure(version, p)
    return p
  }
}
```

로그인 정보를 정의하면, 제공자는 대상 플랫폼의 API를 초기화할 수 있다. 초기화는 로컬 함수 내부에서 발생하며 `url`과 `token`을 Nautobot의 Go SDK에 전달해 완전히 인증된 HTTP 클라이언트를 만든다. 이 클라이언트를 특정 `apiClient` 구조체에 저장한 후 이 구조체를 모든 제공자 리소스에 인수로 전달한다.

```
import nb "github.com/nautobot/go-nautobot“

type apiClient struct {
  Client *nb.Clientwith responses
```

```
  Server string
}

func configure(
  version string,
  p *schema.Provider,
) func(context.Context, *schema.ResourceData) (interface{},
diag.Diagnostics) {
  return func(ctx context.Context, d *schema.ResourceData)
(interface{}, diag.Diagnostics) {
    serverURL := d.Get("url").(string)
    _, hasToken := d.GetOk("token")
    /* ... < 생략 > ... */

    token, _ :=
        NewSecurityProviderNautobotToken(
          d.Get("token").(string))

    c, err := nb.NewClientwith responses(
              serverURL,
              nb.with requestEditorFn(token.Intercept),
            )
    // 에러를 처리한다.

    return &apiClient{
      Client: c,
      Server: serverURL,
    }, diags
  }
}
```

이제 원격 API 클라이언트를 준비했으므로 관리할 리소스에 관한 코드를 작성할 수 있다.

리소스 정의하기

앞에서 제공자에 대한 스키마를 정의한 것처럼 이제는 관리할 각 자원과 데이터 소스에 대한 스키마를 정의해야 한다. 교육적인 목적으로 단일 리소스 타입의 `Manufacturer`와

Nautobot의 기존 모든 제조업체의 목록을 검색하는 데 사용할 수 있는 해당 데이터 소스를 구현한다.

우리의 목표는 스키마를 정의할 때 업스트림 API를 최대한 비슷하게 일치시키는 것이다. 이렇게 하면 필요한 데이터 변환의 횟수를 줄일 수 있으므로 구현하기가 더 쉬워진다. Nautobot의 Go SDK 코드를 살펴보자.

```
type Manufacturer struct {
  Created       *openapi_types.Date
    `json:"created,omitempty"`
  CustomFields  *Manufacturer_CustomFields
    `json:"custom_fields,omitempty"`
  Description   *string `json:"description,omitempty"`
  /* ... < 생략 > ... */
  Url           *string `json:"url,omitempty"`
}

type Manufacturer_CustomFields struct {
  AdditionalProperties map[string]interface{} `json:"-"`
}
```

resource_manufacturer.go[16]에서 Manufacturer 리소스에 대해 정의한 스키마는 앞에서 정의한 필드와 타입을 밀접하게 따른다.

```
func resourceManufacturer() *schema.Resource {
  return &schema.Resource{
    Description: "This object manages a manufacturer",

    CreateContext: resourceManufacturerCreate,
    ReadContext:   resourceManufacturerRead,
    UpdateContext: resourceManufacturerUpdate,
    DeleteContext: resourceManufacturerDelete,

    Schema: map[string]*schema.Schema{
      "created": {
        Description: "Manufacturer's creation date.",
        Type:        schema.TypeString,
        Computed:    true,
```

```
        },
        "description": {
          Description: "Manufacturer's description.",
          Type:        schema.TypeString,
          Optional:    true,
        },
        "custom_fields": {
          Description: "Manufacturer custom fields.",
          Type:        schema.TypeMap,
          Optional:    true,
        },
        /* ... < 생략 > ... */
        "url": {
          Description: "Manufacturer's URL.",
          Type: schema.TypeString,
          Optional: true,
          Computed: true,
        },
      },
    }
  }
```

제약 조건과 타입 그리고 설명과 함께 모든 스키마를 정의하고 나면, 리소스 작업resource operation 구현을 시작할 수 있다. scaffolding 프로젝트는 각 CRUD[17] 함수에 대한 스텁을 제공하므로 실제 코드를 작성하기만 하면 된다.

생성 연산

먼저 `resourceManufacturerCreate` 함수를 살펴보자. 테라폼은 새 객체를 생성Create해야 한다고 판단할 때 이 함수를 호출한다. 이 함수에는 매우 중요한 두 가지 인수가 있다.

- `meta`: 앞에서 만들었던 API 클라이언트를 저장한다.
- `d`: HCL 구성 파일에 정의된 모든 리소스 인수를 저장한다.

d에서 사용자 정의 구성user-defined configuration을 추출하고 이 구성을 이용해 Nautobot의 SDK에서 새 nb.Manufacturer 객체를 빌드한다. 그러면 API 클라이언트를 사용해 해당 객체를 Nautobot으로 전송하고 반환된 객체 ID를 저장할 수 있다.

```
func resourceManufacturerCreate(ctx context.Context, d *schema.
ResourceData, meta interface{}) diag.Diagnostics {
    c := meta.(*apiClient).Client
    var m nb.Manufacturer

    name, ok := d.GetOk("name")
    n := name.(string)
    if ok {
        m.Name = n
    }
    /* ... < 생략 > ... */

    rsp, err := c.DcimManufacturersCreatewith response(
        ctx,
        nb.DcimManufacturersCreateJSONRequestBody(m))
    // 에러를 처리한다.

    // 반환된 HTTP 응답을 처리한다.

    d.SetId(id.String())
    return resourceManufacturerRead(ctx, d, meta)
}
```

일반적으로 새 객체를 만들 때는 모든 옵션 필드를 정의하지 않는다. 원격 제공자remote provider는 고유한 ID를 할당하고 새 객체를 만드는 동안 기본값을 초기화한다. 일부 플랫폼은 새로 만든 객체를 다시 한번 반환하지만, 이것이 반드시 보장되지는 않는다. 따라서 테라폼 제공자 구현의 일반적인 패턴은 생성 함수의 마지막에서 읽기 함수를 호출해 로컬 상태를 동기화하고 업데이트하는 것이다.

읽기 연산

읽기read는 업스트림 리소스의 최신 상태를 반영하도록 로컬 상태를 업데이트한다. 앞 예제에서는 생성 함수의 실행이 끝날 때 읽기 함수를 호출해 새로 만든 객체의 상태를 업데이트하는 방법을 살펴봤다.

하지만 읽기의 가장 중요한 용도는 구성 편차configuration drift를 감지하는 것이다. terraform plan이나 terraform apply를 실행할 때 테라폼이 가장 먼저 하는 일은 '읽기'로, 그 목표는 현재의 업스트림 상태를 검색하고 해당 상태를 상태 파일과 비교하는 것이다. 이를 통해 테라폼은 사용자가 원객 객체를 수동으로 변경했는지를 알 수 있으므로 상태를 조정해야 하는지, 최신 상태로 업데이트해야 하는지를 파악할 수 있다.

읽기는 CRUD의 나머지 함수와 같은 시그니처를 가진다. 이는 관리하는 리소스의 최신 버전을 *schema.ResourceData로 가져오고 meta에 저장된 API 클라이언트를 가져온다는 것을 의미한다. 이 함수에서 가장 먼저 해야 할 일은 업스트림 객체를 가져오는 것이다.

```
import "github.com/deepmap/oapi-codegen/pkg/types"

func resourceManufacturerRead(ctx context.Context, d *schema.ResourceData,
meta interface{}) diag.Diagnostics {
    c := meta.(*apiClient).Client
    id := d.Get("id").(string)
    rsp, err := c.DcimManufacturersListwith response(
        ctx,
        &nb.DcimManufacturersListParams{
            IdIe: &[]types.UUID{types.UUID(id)},
        })
    /* ... < 다음에 계속 > ... */
}
```

반환된 데이터를 사용해 로컬 테라폼의 상태를 업데이트한다.

```
func resourceManufacturerRead(ctx context.Context, d *schema.ResourceData,
meta interface{}) diag.Diagnostics {
    /* ... < 이어서 계속 > ... */
```

```
    d.Set("name", item["name"].(string))
    d.Set("created", item["created"].(string))
    d.Set("description", item["description"].(string))
    d.Set("display", item["display"].(string))
    /* ... < 생략 > ... */

    return diags
}
```

이 단계에서 로컬 상태는 업스트림과 동기화돼야 하며 테라폼은 동기화의 결과에 따라 변경이 필요한지를 결정할 수 있다.

남은 구현

7장에서는 Nautobot 제공자 코드의 일부만 살펴봤다. 구현해야 할 나머지 부분은 다음과 같다.

- 리소스 업데이트 및 삭제 함수
- 데이터 소스 구현

이 책에서는 이 코드를 소개하지 않지만, `Manufacturer` 리소스와 데이터 소스에 대한 전체 구현은 데모 Nautobot 제공자 저장소[18]에서 확인할 수 있다.

네트워킹 제공자

제공자를 작성하고 최신 상태로 유지하는 것은 중요한 작업이다. 이 절을 시작하면서 테라폼 레지스트리의 네트워킹 범주에는 몇 가지 제공자가 있다고 설명했다. 직접 구현하기 전에 테라폼 레지스트리를 살펴보고 기존 제공자가 있는지 항상 확인해 보기를 바란다.

선언적 구성과 상태 관리를 보장하는 테라폼의 기능은 데브옵스와 깃옵스GitOps의 관행을 도입하려는 네트워크 엔지니어에게 매우 매력적이다. 이런 관심이 커지면서 새로운 네트워크 관련 제공자도 늘어나고 있으며 최근 주목할 만한 제공자는 다음과 같다.

- **JUNOS 테라폼 자동화 프레임워크**[19]: YANG 파일로 사용자 정의 JunOS Terraform 제공자를 만들 수 있다.
- **Cisco IOS XE용 테라폼 제공자**[20]: 스위치와 라우터 그리고 무선 LAN 컨트롤러를 포함한 Cisco Catalyst IOS XE 장치의 구성을 관리한다.
- **Terraform-provider-junos**[21]: NETCONF 프로토콜을 사용하는 Junos OS 장치용 비공식 테라폼 제공자
- **terraform-provider-ciscoasa**[22]: Cisco ASA 방화벽 규칙을 구성하는 DevNet 제공자

이것으로 테라폼과 네트워크 관련 사용 사례에 대한 소개를 마쳤다. 우리는 테라폼의 도입과 함께 네트워킹 제공자의 수가 늘어나기를 바라고 있다. 다음 절에서는 몇 가지 다른 자동화 프레임워크를 간략히 소개한다.

기타 자동화 프레임워크

이 업계에는 7장에서 다루지 못한, 더 많은 자동화 프레임워크와 솔루션이 존재한다. 여기서는 단지 소개만 하며 관심이 있는 부분은 독자들의 몫으로 남겨 놓는다. 이 밖에도 앤서블과 테라폼만 있다고 생각하게 만들고 싶지 않다. 이 절에서는 네트워킹 컨텍스트에서 사용하거나 적용해서 사용할 수 있는 다른 자동화 프레임워크 및 솔루션에 대해 알아본다.

Gornir

Nornir[23]은 널리 사용되는 파이썬용 네트워크 자동화 프레임워크로, DSL을 사용하지 않고 Python API를 사용하는 순수 프로그래밍 환경을 제공한다. 인벤토리에서 장치 연결에 이르기까지 프레임워크의 거의 모든 요소를 교체하거나 확장할 수 있는 플러그인 아키텍처를 제공한다. 또한 파이썬의 동시성 프리미티브primitivie[24]를 직접 다루지 않고도 작업 그룹을 병렬화하는 유연성을 제공한다.

Gornir[25]은 Go로 Nornir를 구현한 것이다. Gornir은 같은 원칙을 유지하면서 인벤토리 관리와 작업의 동시 실행 그리고 확장 가능한 연결 드라이버와 같은 것을 제공한다. Gornir은 최소한의 드라이버를 제공하지만, Gornir의 핵심은 이 기능을 개선하고 확장하기 위한 Go 인터페이스를 제공하는 것이다. 파이썬을 사용하면서 Nornir에 익숙한 상태에서 Go를 사용하게 된다면 익숙한 API와 작업 흐름으로 인해 Gornir에 쉽게 익숙해질 수 있다.

Consul-Terraform-Sync

앞 절에서 Nautobot을 예로 들어 원격 대상에서 선언적으로 리소스를 관리하기 위해 테라폼을 사용하는 방법을 살펴봤다. 테라폼을 개발한 하시코프Hashicorp는 테라폼을 기반으로 하는 또 다른 자동화 솔루션 Consul-Terraform-Sync[26]를 개발했다. 이 솔루션을 사용하면 테라폼에 Consul을 결합하고 이를 동기화 에이전트로 연결하면 인프라를 자동으로 관리할 수 있다.

Consul은 서비스 검색service discovery과 부하 분산load balancing[27] 그리고 접근 제어에 사용되는 분산 키/값 저장소key/value store이다. Consul은 노드 클러스트를 설정해 내부 상태를 일관된 관점으로 파악하기 위해 Raft 합의 프로토콜consensus protocol을 사용한다. 서버 노드는 클라이언트와 통신하고 관련 업데이트를 브로드캐스팅해 클라이언트가 내부 상태와 관련된 부분을 최신 상태로 유지한다. 이 모든 것이 최소한의 구성으로 내부에서 이뤄지므로 서비스 검색과 데이터 저장소로 Consul이 널리 사용되고 있다.

Consul-Terraform-Sync 솔루션의 핵심 아이디어는 Consul을 테라폼 구성과 상태를 위한 백엔드backend[28]로 사용하는 것이다. 동기화 에이전트synchronization agent는 Consul에 연결하고 업데이트를 기다렸다가 변경 사항을 감지하면 자동으로 테라폼의 조정을 시작한다.

Consul-Terraform-Sync를 사용하면 이런 모든 제공자에 대한 테라폼 배포를 자동화할 수 있으며 자동화된 조정 과정automated reconciliation process을 통해 상태를 항상 사용자의 의도와 일치하도록 만들 수 있다.

mgmt

`mgmt`[29]는 완전히 Go로 작성된 또 다른 인프라 자동화 및 관리 프레임워크이다. 자체 DSL을 갖고 있으며 내장된 etcd 클러스터baked-in etcd cluster[30]를 사용해 상태를 동기화한다. `mgmt`는 선언적이고 기능적인 DSL과 리소스 그래프 그리고 폐루프 피드백closed-loop feedback으로 트리거되는 동적 상태 전환과 같은 몇 가지 흥미로운 아이디어를 사용한다. Gornir과 마찬가지로 `mgmt`는 사용자가 확장할 수 있는 플러그인과 함께 제공되지만, mgmt의 주된 사용 사례는 리눅스 서버 관리이므로 이런 플러그인 중에 네트워크 장치를 위해 만들어진 것은 없다.

미래 전망

7장에서는 현재 널리 사용되는 네트워크 자동화 프레임워크를 살펴봤다. 이런 모든 프레임워크는 서로 다른 개발 단계에 있으며 일부 프레임워크는 이미 정점에 도달했지만, 일부 프레임워크는 그 틈새를 메우고 있다.[31] 하지만 자동화 프레임워크는 이미 잘 확립된 프로젝트와 잘 알려진 작업 흐름으로 해결된 문제가 아니다. 이 분야는 계속 발전하고 있으며 새로운 자동화 접근 방식이 등장하고 있다.

이런 대안적인 접근 방식은 이전에 봤던 것과는 다르다. 한 가지 큰 추세는 사람이 수동으로 동작과 작업을 트리거하는 명령형 자동화 패러다임에서 벗어나는 것이다. 5장에서 이 추세를 간략하게 설명했다. 여기서는 페루프 자동화 접근 방식이 인프라 관리 시스템의 환경을 어떻게 바꾸고 있는지 다시 한번 살펴보고자 한다. 대부분의 최신 자동화 프레임워크는 다음과 같이 일부 또는 전부를 나타내는 시스템으로 발전하고 있다.

- 부트스트래핑이나 프로비저닝 또는 폐기decommissioning와 같은 개별 단계가 아닌 시스템의 전체 생명주기 관리에 중점을 둔다.
- 선언적 상태 정의와 자동 조정 또는 내부적으로 구현된 자기 회복self-healing을 독점적으로 사용한다.
- 깃옵스와 같은 방법을 사용해 상태 정의와 이 상태를 관리하는 플랫폼을 분리한다.
- API를 통해 클라우드 네이티브 셀프 서비스cloud-native self-service 경험을 제공해 수동 및 프로그래밍 방식으로 이런 서비스를 사용하는 데 있어서 마찰을 최소화한다.

현재 이런 시스템과 해당 시스템의 구성 요소가 현실화되고 있으며 주목할 만한 예로는 Crossplane과 Nokia Edge Network Controller 그리고 Anthos Config Sync와 같은 시스템이 있다. 이런 시스템은 오퍼레이터operator 모델을 활용한 쿠버네티스 컨트롤러로 만들어지며 컨트롤러는 표준 방식으로 API를 노출해 다른 시스템이 같은 도구 세트로 통신할 수 있도록 한다. 하지만 이런 시스템은 복잡도가 높으며 많은 학습을 요구하므로 이런 시스템이 주류가 돼 기존 프레임워크를 대체할 수 있을지는 아직 알 수 없다. 그런데도 인프라 관리는 해결되지 않은 문제이므로 개발될 수 있는 다른 잠재적인 새로운 추세와 마찬가지로 탐구해 볼 만한 분야이다.

요약

특정 사용 사례를 해결하기 위해 앤서블이나 테라폼 또는 프로그래밍 언어를 선택할 것인지는 여러 변수에 따라 달라진다. 하지만 이를 이분법적인 결정으로 보는 함정에 빠져서는 안 된다. 7장에서 살펴본 바와 같이 여러 다른 기술이 솔루션을 제공하고 있다. 8장에서는 네트워킹 장치 및 Go와 상호작용하기 위한, 좀 더 새롭고 진보한 기술을 살펴본다.

참고 자료

[1] 노드(node)들에 의해 자율적으로 구성되는 기반 구조가 없는 네트워크를 말한다. 네트워크의 구성 및 유지를 위해 기지국이나 액세스 포인트와 같은 기반 네트워크 장치를 요구하지 않는다. 애드혹(Ad-hoc) 노드들은 무선 인터페이스를 사용해 서로 통신하고 멀티 홉 라우팅 기능에 의해 무선 인터페이스가 갖는 통신 거리상의 제약을 극복하며 노드들의 이동이 자유롭기 때문에 네트워크 토폴로지가 동적으로 변화되는 특징이 있다. 애드혹 네트워크는 완전 독립형이 될 수도 있고 인터넷 게이트웨이를 거쳐 인터넷과 같은 기반 네트워크와 연동될 수도 있다. 응용 분야로는 긴급 구조, 긴급 회의, 전쟁터에서의 군사 네트워크 등이 있다(출처: 정보통신용어사전). – 옮긴이

[2] https://github.com/PacktPublishing/Network-Automation-with-Go/blob/main/ch07/ansible/playbook.yml

[3] 수행 횟수와 관계없이 결과 및 부작용이 같은 상호작용의 속성을 말한다(출처: 정보통신용어사전). – 옮긴이

[4] 컴퓨터 프로그래밍에서 어떤 복잡한 프로그램을 만드는 데 사용될 수 있는 언어의 가장 기본적인 단위인 문자나 숫자, 요소 등을 '프리미티브'라고 한다(출처: 정보통신용어사전). – 옮긴이

[5] https://github.com/PacktPublishing/Network-Automation-with-Go/blob/main/ch07/ansible/library/go_state

[6] 소프트웨어 개발에서 예외나 에러 조건이 발생하지 않도록 모든 조건이 최적으로 구성된 기본 시나리오를 가리키는 용어로, 모든 조건과 요구사항을 충족해 정상적인 결과를 얻는 경로를 말한다. 반면, 불행한 경로(unhappy path)는 예상하지 못한 상황이 발생해 소프트웨어가 예상대로 작동하지 않는 경우를 말한다. 이런 상황에 대비해 에러 처리나 예외 상황에 대한 적절한 처리 방식을 구현할 수 있도록 해야 한다. 소프트웨어의 안정성과 신뢰성을 보장하기 위해서는 행복한 경로와 불행한 경로를 모두 테스트해 보고 처리할 수 있어야 한다. – 옮긴이

[7] 온-프레미스 컴퓨팅은 기업이나 조직이 하드웨어, 소프트웨어 등 모든 컴퓨팅 환경을 자체적으로 구축하고 운영 · 유지 · 관리하는 것을 말한다(출처: 정보통신용어사전). – 옮긴이

[8] https://registry.terraform.io/browse/providers?category=networking

[9] ID와 패스워드를 종합적으로 관리해 주는 역할 기반의 사용자 계정 관리 솔루션을 말한다. ID 도용이나 분실로 인한 보안 사고에 대비해 보안 관리자에게는 사용자 역할에 따른 계정 관리, 사용자에게는 자신의 패스워드에 대한 자체 관리 기능을 제공한다. 또한 시스템과 각종 자원에 대해 고객 · 기업 내 사용자 · 관리자 등의 접근을 제어할 수 있어, 한 번의 ID와 패스워드 입력으로 다양한 시스템에 접속할 수 있도록 싱글 사인온(SSO)이나 ID에 따라 사용 권한을 차등적으로 부여하는 엑스트라넷 접근 관리(EAM)를 확장 또는 보완한 것이다(출처: 정보통신용어사전). - 옮긴이

[10] https://github.com/PacktPublishing/Network-Automation-with-Go/blob/main/ch07/terraform/main.tf

[11] https://github.com/hashicorp/terraform-provider-scaffolding

[12] 프로그래밍에서 특정 함수의 동작을 대체하는 미완성의 함수 또는 메서드를 말한다. 이는 실제 기능을 구현하기 전에 특정 함수가 호출됐을 때 어떻게 동작해야 하는지를 정의하는 것을 의미한다. 함수 스텁은 보통 테스트를 위해 사용되거나 협업 프로젝트에서 여러 개발자가 함께 작업할 때 필요한 함수의 시그니처(매개변수, 반환 값 등)를 미리 정의해두고 임시로 동작하도록 구현한다. 이렇게 하면 다른 부분들과 협업하는 데 도움이 되며 특정 함수를 기다리지 않고도 다른 부분들의 작업을 진행할 수 있다. - 옮긴이

[13] 분산 처리 시스템에서 어떤 컴퓨터의 프로그램 중 다른 컴퓨터에서 동작하고 있는 프로그램의 절차(C 언어에서는 function)를 직접 불러 내는 것을 말한다. 이 기능 덕분에 두 컴퓨터의 프로그램 사이에서 직접 통신이 가능하며 통신망을 통해 실행 결과의 값을 주고받을 수 있다. 네트워크 파일 시스템(NFS), NCS(network computing system) 등 분산 처리 기능을 실현하는 소프트웨어에서 사용된다(출처: 정보통신용어사전). - 옮긴이

[14] https://registry.terraform.io/providers/nleiva/nautobot/latest/docs?pollNotifications=true

[15] https://github.com/nleiva/terraform-provider-nautobot/blob/main/internal/provider/provider.go

[16] https://github.com/nleiva/terraform-provider-nautobot/blob/main/internal/provider/resource_manufacturer.go

[17] 네 가지 전형적인 제어 명령인 생성(Create), 검색(Retrieve), 갱신(Update), 삭제(Delete)를 의미한다(출처: 정보통신용어사전). - 옮긴이

[18] https://github.com/nleiva/terraform-provider-nautobot

[19] https://github.com/Juniper/junos-terraform

[20] https://github.com/CiscoDevNet/terraform-provider-iosxe

[21] https://github.com/jeremmfr/terraform-provider-junos

[22] https://github.com/CiscoDevNet/terraform-provider-ciscoasa

[23] https://github.com/nornir-automation/nornir/

[24] 컴퓨터 프로그래밍에서 어떤 복잡한 프로그램을 만드는 데 사용될 수 있는 언어의 가장 기본적인 단위, 즉 문자, 숫자, 요소 등을 말한다(출처: 정보통신용어사전). - 옮긴이

[25] https://github.com/nornir-automation/gornir

[26] https://developer.hashicorp.com/consul/tutorials/network-automation/consul-terraform-sync

[27] 여러 대의 처리기가 병렬로 작업을 처리하는 다중 처리기 시스템에서 각 처리기에 걸리는 부하의 정도를 균형 있게 잡아 주는 것을 말한다. 한 처리기에 너무 많은 부하가 걸리거나 너무 적게 걸려 작업이 낭비되지 않도록 적절히 분배하고 필요한 경우에는 작업을 한 처리기에서 다른 처리기로 이동시키는 일이다(출처: 정보통신용어사전). - 옮긴이

[28] 사용자와 직접적으로 상호작용하지 않고 프로그래머 또는 관리자만 접근할 수 있는 소프트웨어 시스템의 후면 부분을 말한다. 시스템의 시작점이나 입력 부문을 의미하는 전단부(frontend)와 대비되는 용어로, 컴퓨터 시스템에서는 주로 데이터베이스와 같이 시스템의 후면에서 시스템을 지원하는 부문을 지칭한다(출처: 정보통신용어사전). - 옮긴이

[29] https://github.com/purpleidea/mgmt

[30] etcd 클러스터는 분산 환경에서 사용되는 고가용성과 안정성을 제공하는 분산 키-값 저장소 시스템을 말한다. - 옮긴이

[31] https://en.wikipedia.org/wiki/Diffusion_of_innovations

3부 :
API 활용하기

네트워크를 구축하고, 배포하고, 운영하는 방식이 발전함에 따라 네트워크 자동화의 주요 원동력인 장치 간의 통신을 쉽게 해 주는 새로운 프로토콜과 인터페이스도 늘어나고 있다. 8장부터는 이런 새로운 기능 중 일부를 살펴보고 Go 프로그래밍 언어에서 이런 기능을 활용하는 방법을 알아본다.

3부는 다음 다섯 개의 장으로 구성돼 있다.

- 8장, 네트워크 API
- 9장, OpenConfig
- 10장, 네트워크 모니터링
- 11장, 전문가의 식견
- 12장, 부록: 테스트 환경 구축

08

네트워크 API

네트워크 엔지니어는 네트워크 장치를 운영하고 관리하기 위해 네트워크 명령줄 인터페이스 CLI를 수십 년간 사용해 왔다. 네트워크 관리가 프로그래밍적인 접근 방식으로 전환돼감에 따라 단순히 빠른 CLI 명령어를 실행하는 것만으로는 네트워크 자동화 솔루션을 대규모로 배포하기에는 충분하지 않을 수 있다.

튼튼한 토대가 없는 솔루션은 취약하고 불안정할 수밖에 없다. 따라서 우리는 정형 데이터와 장치 친화적인 API machine-friendly Application Programming Interface를 기반으로 네트워크 자동화 프로젝트를 만드는 것을 선호한다. 이런 인터페이스를 대상으로 하는 사용 사례는 사람과 직접 상호작용하지 않으므로 Go를 사용해 원격 API 호출과 로컬 사용자 대면 인터페이스 local, user-facing interface 간을 변환할 수 있다.

우리가 API에 대해 말할 때는 일반적으로 API 개발자 경험을 구성하는 여러 구성 요소를 의미하지만, API를 평가할 때는 다음과 같은 사항을 고려해야 한다.

- 클라이언트와 서버 간의 상호작용 규칙을 정의하는 원격 절차 호출 – 여기에는 최소한 생성, 가져오기, 업데이트, 삭제와 같은 표준 연산이 포함돼야 한다.

- 교환되는 데이터 구조와 데이터 타입 - 제품 공급 업체는 YANG이나 OpenAPI와 같은 데이터 모델 사양 언어data model specification language를 사용해 이를 정의한다.
- 모델링된 데이터를 래핑하는 기본 프로토콜은 XML이나 JSON과 같은 표준 포맷 중 하나로 직렬화하고 클라이언트와 서버 간에 전송할 수 있다. - 프로토콜은 SSH가 될 수 있으며 요즘에는 HTTP가 널리 사용되고 있다.

네트워킹의 세계에서는 모델 사양 문서model specification document의 출처를 결정하는 API 환경에 또 다른 차원이 존재한다. 모든 네트워킹 제공 업체가 자체 데이터 모델을 작성할 수 있지만, 공급 업체에 상관없이 동작하는 모델인 IETF와 OpenConfig가 있다. 이 모델은 네트워크 장치를 구성하고 모니터링하기 위해 공급 업체 중립적인 방식vendor-neutral way을 제공한다. 이런 API 생태계의 다양성으로 인해 모든 프로토콜과 표준을 다루는 것이 불가능하므로 가용성availability과 실용성practicality 그리고 유용성usefulness을 바탕으로 선택한 일부 네트워크 API만 설명한다.

- 먼저 광범위한 인프라 환경에서 가장 널리 사용되는 API 사양 표준 중 하나인 OpenAPI를 살펴본다.
- 그런 다음 공급 업체 전용 YANG 모델을 사용하는 JSON-RPC를 알아본다.
- 그다음으로 RESTCONF라고 하는 RFC 표준 HTTP 기반 프로토콜의 예를 살펴본다.
- 마지막으로 네트워크 장치와 상호작용하기 위해 프로토콜 버퍼protocol buffers(protobuf)를 활용하는 방법과 원격 측정 데이터를 스트리밍하는 방법을 살펴본다.

8장에서는 이런 네트워크 API에만 집중한다. 다른 API는 이 책의 범위를 넘어선다. 가장 눈에 띄는 API는 IETF가 2006년에 처음 정의한 가장 오래된 네트워크 API 중 하나인 네트워크 구성 프로토콜인 NETCONF이다. 8장에서 우리가 사용할 일부 Go 패키지는 XML을 지원하지 않으므로 NETCONF는 건너뛴다. NETCONF가 현재도 계속 사용되고 있으며 다양한 구성 데이터 저장소configuration datastore와 구성 확인configuration validation 그리고 네트워크 전체 구성 트랜잭션network-wide configuration transaction과 같은 관련 기능을 제공하지만, 앞으로는 RESTCONF와 gNMI 그리고 다양한 전용 네트워크 API와 같이 HTTP 및 TLS를 통해 실행되는 기술로 대체될 수 있다.

기술 요구사항

8장의 코드는 깃허브 저장소에서 다운로드할 수 있다.

참고

> 8장의 Go 프로그램은 가상 환경에서 실행하는 것이 좋다. 가상 환경을 구축하는 방법은 12장을 참고하기 바란다.

API 데이터 모델링

코드를 살펴보기 전에 데이터 모델링이 무엇인지 그리고 데이터 모델링의 주된 구성 요소는 무엇인지 그리고 그 관계는 어떠한지 살펴본다. 여기서는 모델 기반model-driven API의 구성 관리 측면을 중점으로 설명하지만, 상태 데이터 검색 및 확인과 관련된 작업 흐름에도 이와 비슷한 규칙과 가정을 적용한다.

구성 관리 작업 흐름의 주된 목표는 일부 입력 데이터를 데이터 모델을 준수하는 구조의 직렬화된 데이터 페이로드로 변환하는 것이다. 이 입력은 일반적으로 자체 구조로 돼 있으며 구성 값의 일부만 포함할 수 있는 사용자 대면 데이터이다. 하지만 이 입력은 결과 구성과 일대일 대응 관계가 있으므로 네트워크 장치에서 같은 작업 흐름을 다시 실행하면 같은 페이로드와 같은 구성 상태로 구성된, 같은 RPC 세트가 만들어진다.

이 모든 것의 중심에는 데이터 모델이 있다. 데이터 모델은 (구성) 데이터 페이로드의 계층적 구조와 값의 타입을 설명하는 텍스트 문서이다. 이 문서는 모든 잠재적 클라이언트와의 계약으로, 클라이언트가 올바른 포맷으로 데이터를 전송하기만 하면, 서버는 데이터를 이해하고 파싱할 수 있어야 한다. 이 계약은 양방향으로 작동하므로 클라이언트가 서버에 특정 정보를 요청하면 클라이언트는 미리 정해진 포맷으로 정보를 받을 수 있다.

그림 8.1은 모델 기반 구성 관리 작업 흐름 및 그 관계를 보여 준다.

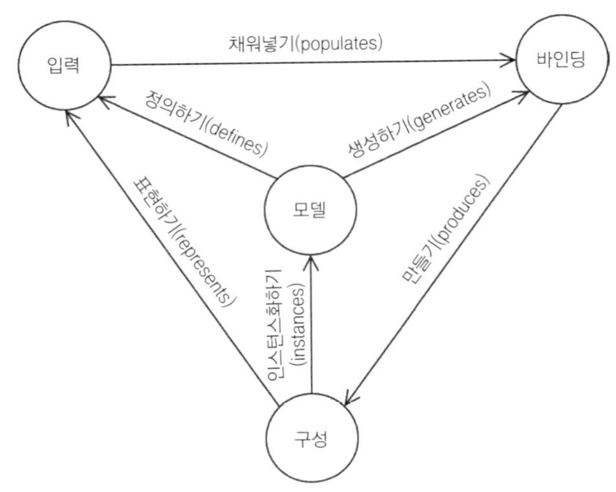

그림 8.1 데이터 모델링의 개념도

지금까지 모델과 입력 그리고 결과 구성에 대해 설명했다. 지금까지 다루지 않은 유일한 것은 바인딩binding이다. 바인딩은 텍스트 템플릿을 사용하거나 데이터 페이로드를 수동으로 빌드하지 않고 프로그래밍적으로 최종 구성 데이터 페이로드를 만드는 데 도움이 되는 광범위한 도구 세트와 라이브러리를 가리키는 용어로, 모든 네트워크 자동화 작업 흐름의 안티패턴anti-pattern으로 생각할 수 있다. 이런 바인딩은 데이터 모델을 기반으로 만들어지며 바인딩은 모델을 프로그래밍 관점으로 나타낸다. 또한 바인딩에는 데이터 구조를 JSON이나 protobuf와 같은 예상 출력 포맷 중 하나로 직렬화하고 직병렬로 전환하기 위한 몇 가지 도우미 함수가 들어 있을 수 있다. 8장에서는 프로그래밍 언어에서 데이터 모델의 주요 인터페이스가 되는 바인딩을 설명하고 바인딩과 상호작용하는 방법을 설명하는 데 중점을 둔다.

이제 몇 가지 이론에 대해 알아봤으므로 실제로 적용해 보자. 다음 절에서는 OpenAPI 모델과 모델을 인스턴스화하고 확인할 수 있는 한 가지 방법을 살펴본다.

OpenAPI

큰 인프라 환경에서 HTTP와 JSON은 장치 간 통신에 주로 사용되는 두 가지 표준이다. 공개 클라우드나 사설 클라우드가 포함된 웹 기반 서비스는 이런 기술의 조합을 사용해 API를 외부에 노출한다.

OpenAPI 사양을 사용하면 RESTful API를 정의하고 사용할 수 있다. 이를 통해 해당 페이로드에 대해 활성화된enabled HTTP 경로와 응답 그리고 JSON 스키마를 설명할 수 있다. RESTful API를 사용하면 API 제공자와 클라이언트 간의 계약 역할을 해서 더 안정적이고 신뢰할 수 있는 API 사용 경험을 제공하고 버전 관리를 통해 API를 발전시킬 수 있다.

네트워킹 분야에서 OpenAPI가 널리 사용되지 않는 원인으로는 역사적인 이유를 들 수 있다. YANG과 그 프로토콜의 생태계는 OpenAPI보다 오래됐으며 네트워크 운영체제의 변화 속도는 생각만큼 빠르지 않다. 하지만 SDN 컨트롤러, 모니터링, 프로비저닝 시스템, DNS 컨트롤러, DNS, 동적 호스트 설정 통신 규약DHCP, Dynamic Host Configuration Protocol 그리고 IPAM 제품과 같은 네트워크 어플라이언스network appliance에서 OpenAPI를 지원하는 경우가 많아졌다. 따라서 OpenAPI로 작업하는 기술은 모든 네트워크 자동화 엔지니어가 갖춰야 할 소중한 기술이다.

6장과 7장에서는 예제를 통해 Nautobot의 외부 OpenAPI 기반 인터페이스와 상호작용하는 방법을 알아봤다. 해당 예제에서는 Nautobot의 OpenAPI 사양을 기반으로 하는 오픈소스 코드 생성 프레임워크로 만들어진 Go 패키지를 사용했다. 자동 코드 생성 도구에서 한 가지 주의해야 할 점은 OpenAPI 사양의 특정 버전을 사용한다는 것이다. 여러분의 API 사양 버전이 다르다면(현재 9개의 다른 OpenAPI 버전이 있다.)[1] 도구에서 Go 코드가 만들어지지 않을 수 있다. 따라서 다른 접근 방식을 알아본다.

이 절에서는 정형 데이터를 정의하고 생성하며 확인하도록 설계된 오픈소스 도메인 특화 언어인 구성 통합 실행CUE, Configure Unify Execute을 사용해 OpenAPI 기반 HTTP API를 지원하는 NVIDIA의 Cumulus Linux 장치 cvx를 구성한다.

CUE의 기본 사용자 대면 인터페이스는 CLI이지만, 최고 수준의 Go API도 지원하므로 여기서는 Go 코드에서 완전히 상호작용하는 방법에 집중하며 필요한 경우, 해당 셸 명령어도 제공한다.

그림 8.2는 다음 절에서 설명할 Go 프로그램의 개요를 보여 준다.

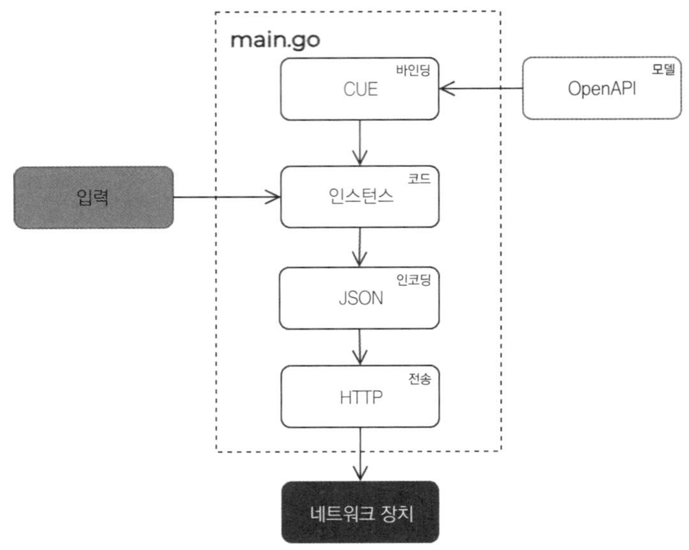

그림 8.2 OpenAPI 데이터 모델로 작업하기

데이터 모델링

그림 8.2의 최상단부터 시작하는데, 가장 먼저 해야 할 일은 네트워크 장치를 구성하기 위한 데이터 구조체를 생성하는 데 사용할 수 있는 CUE 코드를 만드는 것이다.

CUE는 기존 정형 데이터를 임포트하고 CUE 코드를 생성할 수 있지만, 코드 구성이 최적화될 때까지 반복을 몇 번 해야 할 수도 있다. 여기서 소개하는 예제는 처음부터 코드를 작성하는 것이 더 빨랐다. 그 결과는 `ch08/cue/template.cue` 파일[2]에서 확인할 수 있다.

참고

이 책에서는 CUE 구문이나 CUE의 핵심 개념 및 원리를 다루지 않는 대신, Go API에 초점을 맞춘다. 언어에 대한 좀 더 자세한 내용은 CUE 공식 문서[3]를 참고하기 바란다.

CUE는 Go의 영향을 많이 받은 JSON과 비슷하다. CUE를 사용하면 데이터 구조체를 정의하고 참조를 통해 다양한 데이터 구조체 간에 값을 매핑할 수 있다. 따라서 CUE에서 데이터 생성은 엄격한 값 타입 및 스키마 확인을 통한 데이터 변환 작업이 될 수 있다. 다음 코드는 앞에서 언급한 `template.cue` 파일의 스니펫으로, 인터페이스와 라우팅 그리고 VRF 구성에 대한 세 가지 최상위 객체를 정의한다.

```
package cvx

import "network.automation:input"

interface: _interfaces
router: bgp: {
    _global_bgp
}
vrf: _vrf

_global_bgp: {
    "autonomous-system": input.asn
    enable:              "on"
    "router-id":         input.loopback.ip
}

_interfaces: {
    lo: {
        ip: address: "\(input.LoopbackIP)": {}
        type: "loopback"
    }
     for intf in input.uplinks {
        "\(intf.name)": {
            type: "swp"
            ip: address: "\(intf.prefix)": {}
        }
    }
}
```

```
/* ... 생략 ... */
```

참고

> 값 생성과 참조 그리고 밑줄 사용에 관한 설명은 CUE의 참조 및 가시성 튜토리얼[4]을 참고하기 바란다.

이 파일은 입력이라고 하는 외부 CUE 패키지를 참조하고 있으며 이전 출력에서 데이터 모델이 필요로 하는 입력 데이터를 제공한다. 이렇게 데이터 템플릿과 입력을 분리하면 이 파일을 별도로 배포할 수 있으며 잠재적으로 다른 소스에서 가져올 수 있다. CUE는 파일을 조립하는 순서에 상관없이 결과가 항상 같다는 것을 보장한다.

데이터 입력

이제 앞의 데이터 모델을 정의하고 입력을 제공하는 방법을 알아본다. 6장과 7장에서 사용했던 것과 같은 데이터 구조체를 사용하며 cvx 실습 환경 장치에 대한 YAML 파일(input.yaml)은 다음과 같다.

```
# input.yaml
asn: 65002
loopback:
  ip: "198.51.100.2"
uplinks:
  - name: "swp1"
    prefix: "192.0.2.3/31"
peers:
  - ip: "192.0.2.2"
    asn: 65001
```

CUE를 사용하면 해당 객체를 빌드하고 제약 조건(예: 유효한 ASN 범위나 IPv4 접두사 포맷)을 도입해 이 입력 데이터가 유효한지 확인할 수 있다. 또한 CUE로 기본값(input.VRFs)을 하드코딩하거나 같은 컨텍스트(input.LoopbackIP)에서 다른 값을 참조하는 방식으로 스키마 정의 안에서 추가적인 값을 직접 정의할 수 있다.

```
package input

import (
    "net"
)

asn: <=65535 & >=64512
loopback: ip: net.IPv4 & string
uplinks: [...{
    name:   string
    prefix: net.IPCIDR & string
}]
peers: [...{
    ip:  net.IPv4 & string
    asn: <=65535 & >=64512
}]
LoopbackIP: "\(loopback.ip)/32"
VRFs: [{name: "default"}]
```

예제 프로그램의 main 함수에서는 `importInput` 도우미 함수를 사용해 입력 YAML 파일을 읽고 해당 CUE 파일을 생성한다.

```
import "cuelang.org/go/cue/load"

func main() {
    err := importInput()
    /* ... < 다음에 계속 > ... */
}
```

프로그램은 결과 파일을 로컬 디렉터리의 `input.cue` 파일에 저장한다. 이 함수의 구현 세부 사항은 크게 중요하지 않으며 명령줄에서 `cue import input.yaml -p input` 명령어를 실행해 같은 작업을 수행할 수 있다.

이 단계에서는 앞에서 보인 스키마와 제약 조건을 준수하는지 확인할 수 있다. 예를 들어, `input.yaml`의 `asn` 값을 예상한 범위를 벗어난 값으로 설정했다면 CUE는 이 에러를 포착해 보고할 것이다.

```
ch08/cue$ cue eval network.automation:input -c
asn: invalid value 10 (out of bound >=64512):
     ./schema.cue:7:16
     ./input.cue:3:6
```

장치 구성

이제 네트워크 장치를 구성하기 위한 모든 준비를 마쳤다. cvx 패키지에 정의된 템플릿을 구체적인 CUE 값으로 컴파일해 최종 구성 인스턴스를 만든다. 이 작업은 세 단계로 진행된다.

먼저 로컬 디렉터리에서 모든 CUE 파일을 가져와 템플릿(cvx)에 포함된 패키지의 이름을 지정한다.

```
func main() {
    /* ... < 이어서 계속 > ... */
    bis := load.Instances([]string{"."}, &load.Config{
        Package: "cvx",
    })
    /* ... < 다음에 계속 > ... */
}
```

두 번째로 가져온 모든 파일을 CUE 값으로 컴파일해 모든 임포트를 변환resolve하고 입력을 템플릿에 연결한다.

```
func main() {
    /* ... < 이어서 계속 > ... */
    ctx := cuecontext.New()
    i := ctx.BuildInstance(instances[0])
    if i.Err() != nil {
        msg := errors.Details(i.Err(), nil)
        fmt.Printf("Compile Error:\n%s\n", msg)
```

```
    }
    /* ... < 이어서 계속 > ... */
}
```

마지막으로 모든 참조를 변환할 수 있는지, 입력이 모든 필수를 제공할 수 있는지 확인한다.

```
func main() {
    /* ... < 이어서 계속 > ... */
    if err := i.Validate(
        cue.Final(),
        cue.Concrete(true),
    ); err != nil {
        msg := errors.Details(err, nil)
        fmt.Printf("Validate Error:\n%s\n", msg)
    }
    /* ... < 이어서 계속 > ... */
}
```

CUE 값이 구체적이라는 것을 확인하고 나면 CUE 값을 안전하게 JSON으로 마샬링하고 cvx 장치로 직접 보낼 수 있다. sendBytes 함수의 본문은 6장에서 설명한 세 단계의 커밋 과정으로 구현한다.

```
func main() {
    /* ... < 이어서 계속 > ... */
    data, err := e.MarshalJSON()
    // 에러를 확인한다.

    if err := sendBytes(data); err != nil {
        log.Fatal(err)
    }

    log.Printf("Successfully configured the device")
}
```

전체 프로그램은 ch08/cue 디렉터리[5]에서 확인할 수 있다. 이 디렉터리에는 데이터 템플릿과 입력 스키마가 있는 전체 버전의 CUE 파일과 입력 YAML 파일이 들어 있다. 이 프로그램이 성공적으로 실행됐을 때 나타나는 결과는 다음과 같다.

```
ch08/cue$ go run main.go
main.go:140: Created revisionID: changeset/
cumulus/2022-05-25_20.56.51_KF9A
{
    "state": "apply",
    "transition": {
      "issue": {},
      "progress": ""
    }
}
main.go:69: Successfully configured the device
```

8장에서는 CUE의 Go API에 초점을 맞췄지만, CUE CLI(실행 가능한 바이너리)를 사용해 같은 작업을 할 수 있다. 이 작업에는 cvx 구성을 제출submit하고 적용하기 위한 세 단계 커밋도 포함돼 있다. 내장된 스크립팅 언어를 사용하면 HTTP 호출, 응답 확인 및 파싱과 같은 일련의 모든 작업을 정의할 수 있다. 이런 작업을 특정 도구 파일에 저장하면 cue 바이너리에서 자동으로 사용할 수 있게 된다. 이와 관련된 자세한 내용은 ch08/cue 디렉터리의 README.md 문서, 예제 소스 코드는 ch08/cue/cue_tool.cue 파일[6]에서 확인할 수 있다.

CUE는 방금 설명한 것보다 더 많은 사용 사례가 있으며 Istio[7] 및 dagger.io[8]와 같이 다양한 오픈소스 프로젝트가 CUE를 채택해 제품에 사용하고 있다. 이 책에서 다루지 않은 다른 CUE 사용 사례와 Jsonnet[9] 및 Dhall[10]과 같은 비슷 구조 언어를 알아보기 바란다.

지금까지 OpenAPI 제공자와 상호작용하는 몇 가지 방법을 살펴봤다. 8장의 나머지 부분에서는 YANG 기반의 API에 초점을 맞추도록 한다. 가장 먼저 소개할 API는 Nokia의 JSON-RPC 인터페이스 구현이다.

JSON-RPC

JSON-RPC는 클라이언트와 서버 간에 정형 데이터를 교환하는 데 사용할 수 있는 경량 프로토콜lightweight protocol이다. JSON-RPC는 다른 전송 프로토콜 위에서 작동할 수 있지만, 우리는 HTTP에만 초점을 맞춘다. JSON-RPC가 표준이지만, 최상위 RPC 계층만 정의하고 페이로드와 작업은 각 구현에 따른다.

이 절에서는 SR Linux가 JSON-RPC[11]를 통해 YANG 페이로드 송수신을 지원하므로 실습 환경 토폴로지의 srl 장치를 구성하기 위해 Nokia 전용 YANG 모델을 사용하는 방법을 알아본다.

YANG 데이터 페이로드를 수동으로 빌드하거나 기존 텍스트 템플릿 방식에 의존하지 않도록 한다. 일부 YANG 모델의 엄청난 크기 외에 모델의 편차deviation 및 증강augmentation으로 인해 페이로드를 수동으로 빌드하는 것은 불가능하다. 이 작업을 대규모로 수행하려면 구성 인스턴스를 빌드하고 상태 데이터를 검색하는 프로그래밍적 접근 방식을 따라야 한다. 바로 이 부분에서 YANG 모델의 모음에서 자동 코드 생성을 위한 도구 및 API 집합인 YANG Go 도구 openconfig/ygot[12]를 사용한다.

예제 프로그램의 구조는 높은 수준에서 OpenAPI 절의 프로그램과 비슷하다.

그림 8.3은 이 절에서 살펴볼 프로그램의 구성 요소를 보여 준다.

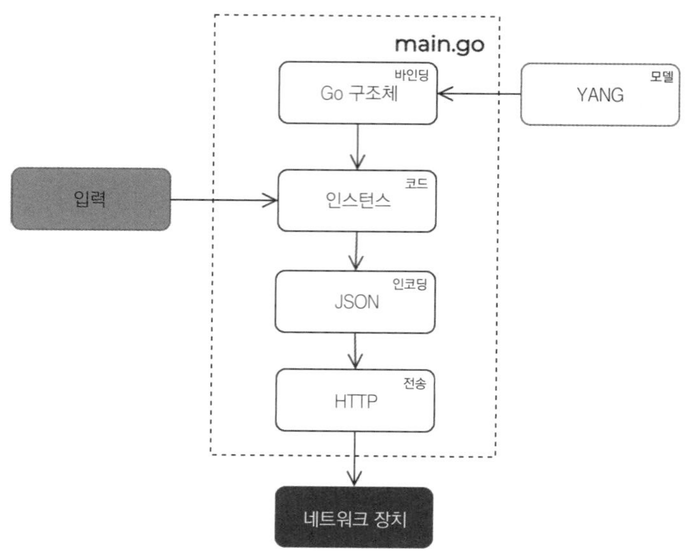

그림 8.3 YANG 데이터 모델로 작업하기

자동으로 생성된 Go 바인딩을 입력 데이터와 결합하고 구성 인스턴스를 빌드해 `srl` 장치를 프로비저닝하는 것으로 시작한다.

코드 생성

그림 8.3의 최상단부터 시작하는데, 가장 먼저 해야 할 일은 Nokia의 YANG 모델 집합[13]에서 해당 Go 코드를 만드는 것이다. 여기서는 Nokia의 YANG 모델을 사용해 L3 인터페이스와 BGP 그리고 경로 재분배route redistribution와 같이 필요한 것을 구성하기 위한 바인딩을 만든다. 이렇게 하면 생성된 Go 패키지의 크기를 작게 만들고 특정 사용 사례로 제한할 수 있다.

안타깝게도 YANG 모델을 읽고 이해하거나 기존 구성에서 YANG 모델을 역공학reverse-engineering하는 것 이외에 필요한 모델을 정확히 파악하는 방법에 관한 보편적인 규칙unversal rule은 없다. 다행스럽게도 Nokia는 관련 XPath를 강조 표시highlight하는 패턴 매칭 검색pattern-matching search 기능이 포함된 YANG 브라우저[14]를 개발했으며 이 브라우저를 사용하면 올바른 YANG 모델 세트를 찾는 데 도움이 된다.

필요한 모델을 식별했다면 ygot 생성기generator를 사용해 Go 패키지를 빌드할 수 있다. 이 도구의 모든 플래그는 공식 문서[15]를 참고하기 바란다. 하지만 여기서는 우리가 사용할 몇 가지 중요한 옵션만 강조한다.

- generate_fakeroot: 이 플래그는 생성된 모든 Go 데이터 구조체를 Device라고 하는 최상위 가짜 루트 데이터 구조체top-level fake root data structure로 캡슐화해 모든 모듈을 공통 계층 구조로 결합한다. 모든 장치에 대한 범용 루트 최상위 컨테이너universal root top-level container를 정의하는 YANG 모델이 없으므로 네트워크 장치는 이 가짜 루트 컨테이너를 통해 루트를 나타내는 루트 (/).ygot에서 해당 장치가 지원하는 YANG 모델을 추가한다.
- path: 이 플래그는 ygot가 모든 YANG 데이터 모델 임포트를 검색하고 변환하는 데 도움이 된다.

srl 패키지를 자동 생성해 우리가 사용하는, ./pkg/srl/ 디렉터리에 저장하는 전체 명령어는 다음과 같다.

```
ch08/json-rpc$ go run \
  github.com/openconfig/ygot/generator \
    -path=yang \
    -generate_fakeroot -fakeroot_name=device \
    -output_file=pkg/srl/srl.go \
    -package_name=srl \
    yang/srl_nokia/models/network-instance/srl_nokia-bgp.yang \
    yang/srl_nokia/models/routing-policy/srl_nokia-routing-policy.yang \
    yang/srl_nokia/models/network-instance/srl_nokia-ip-route-tables.yang
```

위 명령어에는 여러 개의 플래그가 있으므로 나중에 빌드를 재현할 수 있도록 정확한 플래그 세트를 기억해야 한다. 한 가지 대안은 make와 같은 코드 빌드 유틸리티에 이 플래그를 포함하는 것이다. 또 다른 Go의 기본 옵션native option은 ch08/json-rpc/main.go 파일[16]에서 확인할 수 있듯이 //go:generate 지시문을 사용해 소스 코드에 플래그를 포함하는 것이다. 따라서 이 명령어를 사용하면 같은 srl을 반복해서 만들 수 있다.

```
ch08/json-rpc$ go generate ./...
```

구성 빌드하기

이제 YANG 기반 Go 패키지를 빌드했으므로 원하는 구성 상태의 프로그래밍 인스턴스를 만들고 이를 채운다populate. 이 모든 작업은 Go로 할 수 있으며 범용 프로그래밍 언어의 모든 유연성을 활용할 수 있다.

예를 들어, 구성 프로그램을 메서드의 집합으로 설계할 수 있는데, 입력 모델은 수신자 인수receiver argument가 된다. 입력 데이터를 읽고 디코딩한 후 빈 가짜 루트 장치를 만들고 구성하려는 모든 관련 값이 있는 완전한 YANG 인스턴스를 빌드할 때까지 반복적으로 확장한다.

루트 장치를 사용하는 이점은 개별 경로를 신경 쓰지 않아도 된다는 것이다. 결과 YANG 트리 계층 구조가 루트에서 시작한다고 가정하고 페이로드를 /로 보낼 수 있다.

```
import (
  api "json-rpc/pkg/srl"
)

// 입력 데이터 모델
type Model struct {
  Uplinks  []Link `yaml:"uplinks"`
  Peers    []Peer `yaml:"peers"`
  ASN      int    `yaml:"asn"`
  Loopback Addr   `yaml:"loopback"`
}

func main() {
  /* ... < 생략 > ... */
  var input Model
  d.Decode(&input)
```

```
    device := &api.Device{}

    input.buildDefaultPolicy(device)
    input.buildL3Interfaces(device)
    input.buildNetworkInstance(device)
    /* ... < 다음에 계속 (main) > ... */
}
```

앞 코드는 입력에 따라 세 가지 메서드를 호출한다. L3 라우팅 구성을 담당하는 `buildNetworkInstance`를 자세히 살펴보자. 이 메서드에서는 VPN 라우팅 및 포워딩 VRF, VPN Routing and Forwarding 인스턴스와 가상 스위치 인스턴스VSI, Virtual Switch Instance에 일반적으로 사용되는 네트워크 인스턴스를 정의한다. 최상위 루트 장에서 새 네트워크 인스턴스를 만들어 YANG 트리의 맨 위에 연결한다.

```
func (m *Model) buildNetworkInstance(dev *api.Device) error {
  ni, err := dev.NewNetworkInstance(defaultNetInst)
  /* ... < 다음에 계속 (buildNetworkInstance) > ... */
}
```

다음 코드 스니펫에서는 각 하위 인터페이스subinterface를 기본 네트워크 인스턴스의 자식으로 정의해 모든 업링크와 루프백 인터페이스를 새로 만든 네트워크 인스턴스로 이동한다.

```
func (m *Model) buildNetworkInstance(dev *api.Device) error {
  // ... < 이어서 계속 (buildNetworkInstance) >
  links := m.Uplinks
  links = append(
    links,
    Link{
      Name:   srlLoopback,
      Prefix: fmt.Sprintf("%s/32", m.Loopback.IP),
    },
  )
  for _, link := range links {
    linkName := fmt.Sprintf("%s.%d", link.Name, defaultSubIdx)
```

```
    ni.NewInterface(linkName)
  }
  /* ... < 다음에 계속 (buildNetworkInstance) > ... */
}
```

그런 다음 BGP 구조체를 수동으로 채우고 default 네트워크 인스턴스의 Protocols.Bgp 필드에 첨부해 전역 BGP 설정setting을 정의한다.

```
func (m *Model) buildNetworkInstance(dev *api.Device) error {
  // ... < 이어서 계속 (buildNetworkInstance) >
  ni.Protocols =
  &api.SrlNokiaNetworkInstance_NetworkInstance_Protocols{
    Bgp:
    &api.
    SrlNokiaNetworkInstance_NetworkInstance_Protocols_Bgp{
      AutonomousSystem: ygot.Uint32(uint32(m.ASN)),
      RouterId:         ygot.String(m.Loopback.IP),
      Ipv4Unicast:
      &api.
SrlNokiaNetworkInstance_NetworkInstance_Protocols_Bgp_
Ipv4Unicast{
        AdminState: api.SrlNokiaBgp_AdminState_enable,
      },
    },
  }
  /* ... < 다음에 계속 (buildNetworkInstance) > ... */
}
```

구성의 마지막 부분은 BGP 이웃neighbor이다. 입력 데이터 모델에 정의된 피어peer 목록에 대해 반복하면서 앞에서 설정한 BGP 구조체 아래에 새 엔트리를 추가한다.

```
func (m *Model) buildNetworkInstance(dev *api.Device) error {
  // ... < 이어서 계속 (buildNetworkInstance) >
  ni.Protocols.Bgp.NewGroup(defaultBGPGroup)
  for _, peer := range m.Peers {
    n, err := ni.Protocols.Bgp.NewNeighbor(peer.IP)
    // 에러를 확인한다.
    n.PeerAs = ygot.Uint32(uint32(peer.ASN))
```

```
    n.PeerGroup = ygot.String(defaultBGPGroup)
  }
  /* ... < 다음에 계속 (buildNetworkInstance) > ... */
}
```

Go 구조체를 채우고 나면 제공된 모든 값이 정확하고 YANG 제약 조건과 일치하는지 확인한다. 부모 컨테이너parent container에서 `Validate` 메서드를 한 번만 호출하면 이 작업을 수행할 수 있다.

```
func (m *Model) buildNetworkInstance(dev *api.Device) error {
    /* ... < 이어서 계속 (buildNetworkInstance) > ...
*/

    if err := ni.Validate(); err != nil {
        return err
    }
    return nil
}
```

장치 구성

모든 입력 값으로 YANG 모델 인스턴스를 채우고 난 다음 단계는 인스턴스를 대상 장치로 보내는 것이다. 이 작업은 다음 단계로 거친다.

1. ygot 도우미 함수를 사용해 현재의 YANG 인스턴스에서 맵을 만든다. 이 맵은 RFC7951에 정의된 규칙에 따라 JSON으로 직렬화할 준비가 된 상태이다.
2. 표준 `encoding/json` 라이브러리를 사용해 구성 변경 사항으로 전체 YANG 트리를 업데이트하는 단일 JSON-RPC 요청을 빌드한다.
3. 표준 `net/http` 패키지를 사용해 이 요청을 `srl` 장치로 보낸다.

```
func main() {
```

```
/* ... < 이어서 계속 (main) > ... */
v, err := ygot.ConstructIETFJSON(device, nil)
// 에러를 확인한다.

value, err := json.Marshal(RpcRequest{
    Version: "2.0",
    ID:      0,
    Method:  "set",
    Params: Params{
        Commands: []*Command{
            {
                Action: "update",
                Path:   "/",
                Value:  v,
            },
        },
    },
})
// 에러를 확인한다.

req, err := http.NewRequest(
    "POST",
    hostname,
    bytes.NewBuffer(value),
)
resp, err := client.Do(req)
// 에러를 확인한다.
defer resp.Body.Close()

if resp.StatusCode != http.StatusOK {
    log.Printf("Status: %s", resp.Status)
}
```

srl 장치를 구성하는 전체 프로그램은 ch08/json-rpc 디렉터리[17]에서 확인할 수 있다. 이 프로그램을 실행하려면 이 디렉터리로 이동(cd)해 다음 명령어를 실행한다.

```
ch08/json-rpc$ go run main.go
2022/04/26 13:09:03 Successfully configured the device
```

이 프로그램은 RPC가 성공적으로 실행됐는지만 확인하며 원하는 효과가 있었는지를 확인하는 것은 나중에 설명한다. HTTP 기반 프로토콜 대부분과 마찬가지로 단일 RPC는 단일 트랜잭션이므로 성공적인 응답을 받으면 대상 장치가 변경 사항을 적용했다고 가정할 수 있다. 일부 JSON-RPC 구현에는 다단계 커밋multistage commit과 롤백 그리고 다른 기능을 허용하는 더 많은 세션 제어 함수session control function가 있다.

다음 절에서는 YANG 모델을 기반으로 네트워크 장치를 구성하는 비슷한 접근 방식을 사용하되, OpenConfig 모델과 RESTCONF API를 보여 주기 위해 몇 가지 변형된 방법을 소개한다.

RESTCONF

IETF는 NETCONF의 HTTP 기반 대안으로 RESTCONF를 설계했으며 YANG으로 모델링된 데이터를 포함하는 개념적 데이터 저장소에서 생성, 읽기, 업데이트, 삭제의 네 가지 CRUD 연산을 제공한다. RESTCONF에는 다른 데이터 저장소different datastore와 전용 구성 잠금exclusive configuration locking 그리고 배치 및 롤백 연산처럼 NETCONF의 일부 기능이 없을 수 있다. 하지만 정확하게 지원되는 기능과 지원되지 않는 기능은 구현과 네트워크 장치의 기능에 따라 달라진다. RESTCONF는 HTTP 메서드를 사용하고 JSON 인코딩을 지원하므로 외부 시스템이 네트워크 장치와 통합하고 상호 운용inter-operate하는 데 있어 진입 장벽을 낮춰 준다.

RESTCONF는 HTTP 메서드(POST, PUT, PATCH, GET, DELETE)를 통해 표준 CRUD 연산을 지원한다. RESTCONF는 REST와 비슷한 URI로 변환된 YANG XPath로 HTTP 메시지를 빌드하고 메시지의 본문에 페이로드를 전송한다. RESTCONF가 XML과 JSON 인코딩을 모두 지원하지만, 여기서는 RFC7951에 정의된 인코딩 규칙을 사용하는 JSON 인코딩에 중점을 둔다. 실습 환경 토폴로지를 실행할 때 RESTCONF API가 활성화된 Arista의 EOS를 테스트 장치로 사용한다.

이 절에서 만들 프로그램의 구조는 그림 8.3에서 설명한 JSON-RPC 예제와 같다.

코드 생성

코드 생성 과정은 'JSON-RPC' 절에서 수행했던 과정과 거의 비슷하다. openconfig/ygot[12]를 사용해 EOS가 지원하는 YANG 모델 세트에서 Go 패키지를 만든다. 그러나 계속 진행하기 전에 언급해야 할 몇 가지 차이점은 다음과 같다.

- 공급 업체 전용 YANG 모델 대신, Arista EOS가 지원하는 공급 업체 중립적인 OpenConfig 모델을 사용한다.
- openconfig/ygot[12]로 Go 코드를 만들 때 같은 네임스페이스namespace에 둘 이상의 모델이 정의되는 상황이 발생할 수 있다. 이런 경우, `-exclude_modules` 플래그를 사용하면 특정 YANG 모델을 무시할 수 있으며 구성한 검색 경로에서 특정 YANG 모델의 소스 파일을 제거하지 않아도 된다.
- `list` 노드가 포함된 YANG 컨테이너를 제거해 생성된 Go 코드를 최적화하기 위해 OpenConfig 경로 압축을 활성화한다. 좀 더 자세한 내용은 ygen 라이브러리 설계 문서[18]를 참고하기 바란다.
- 가짜 루트 장치를 만들지 않는 접근 방식도 제시한다. 결과적으로 단일 RPC에 모든 변경 사항을 적용할 수 없으므로 각각 고유한 URI 경로를 가진 HTTP를 여러 번 호출해야 한다.

Go 코드를 만들기 전에 지원되는 Arista YANG 모델의 집합[19]을 식별하고 이를 yang 디렉터리에 복사해야 한다. 다음 명령어를 사용해 해당 모델 목록에서 eos Go 패키지를 만든다.

```
ch08/restconf$ go run github.com/openconfig/ygot/generator \
  -path=yang \
  -output_file=pkg/eos/eos.go \
  -compress_paths=true \
  -exclude_modules=ietf-interfaces \
  -package_name=eos \
  yang/openconfig/public/release/models/bgp/openconfig-bgp.yang \
  yang/openconfig/public/release/models/interfaces/openconfigif-ip.yang \
```

```
  yang/openconfig/public/release/models/network-instance/openconfig-
network-instance.yang \
yang/release/openconfig/models/interfaces/arista-intfaugments-min.yang
```

JSON-RPC 절에서 설명한 것과 같은 이유로 이 명령어를 Go 소스 코드에 포함시키고 다음 명령어를 사용해도 같은 Go 패키지를 만들 수 있다.

```
ch08/restconf$ go generate ./...
```

구성 빌드하기

이 예제에서는 단일 HTTP 호출에 모든 변경 사항을 적용하지 않으므로 관련 없는 다른 부분에 영향을 미치지 않고 YANG 트리의 특정 부분을 업데이트하는 방법을 알아본다. 앞 절에서는 우리가 보내는 구성을 장치의 기존 구성과 병합하는 `Update` 연산을 사용해 이 문제를 해결했다.

그러나 특별한 경우, 병합 동작을 피하고 보내는 구성만 장치에 남기고 싶을 수 있다(선언적 관리declarative management). 이를 위해 모든 기존 구성을 임포트하고 새 구성 버전을 대상 장치에 보내기 전에 유지하거나 대체할 부분을 식별할 수 있었다. 그 대신 일련의 RPC를 통해 YANG 트리의 특정 부분에 대한 구성을 만든다.

RESTCONF API 호출을 단순하게 만들기 위해 장치에 전송할 URI 경로와 해당 페이로드를 포함하는 특별한 `restconfRequest` 타입을 만든다. main 함수는 데이터 모델에 대한 입력을 파싱하고 RESTCONF RPC 세트를 저장할 변수를 준비하는 것으로 시작한다.

```
type restconfRequest struct {
    path string
    payload []byte
}
```

```
func main() {
    /* ... < 생략 > ... */
    var input Model
    err = d.Decode(&input)
    // 에러를 확인한다.

    var cmds []*restconfRequest
    /* ... < 다음에 계속 > ... */
}
```

JSON-RPC 예제와 마찬가지로 일련의 메서드 호출에서 원하는 구성 인스턴스를 빌드한다. 이번에는 각 메서드가 하나의 `restConfRequest`를 반환하며 `restConfRequest`에는 HTTP 요청을 빌드하기에 충분한 세부 정보가 들어 있다.

```
func main() {
    /* ... < 이어서 계속 > ... */
    l3Intfs, err := input.buildL3Interfaces()
    // 에러를 확인한다.
    cmds = append(cmds, l3Intfs...)
    bgp, err := input.buildBGPConfig()
    // 에러를 확인한다.
    cmds = append(cmds, bgp)

    redistr, err := input.enableRedistribution()
    // 에러를 확인한다.
    cmds = append(cmds, redistr)
    /* ... < 다음에 계속 > ... */
}
```

입력에서 YANG 구성을 만드는 메서드 중 하나인 `enableRedistribution` 메서드를 살펴본다. 이 메서드는 직접 연결된 테이블과 BGP 라우팅 정보 베이스[RIB, Routing Information Base] 간의 재분배를 활성화하는 구성을 만든다. OpenConfig는 특별한 `TableConnection` 구조체를 정의한다. 이 구조체는 재배포 소스와 대상을 식별하는 데 한 쌍의 YANG enum을 사용한다.

```
const defaultNetInst = "default"
```

```
func (m *Model) enableRedistribution() (*restconfRequest,error) {
    netInst := &api.NetworkInstance{
        Name: ygot.String(defaultNetInst),
    }

    _, err := netInst.NewTableConnection(
        api.OpenconfigPolicyTypes_INSTALL_PROTOCOL_TYPE_DIRECTLY_
CONNECTED,
        api.OpenconfigPolicyTypes_INSTALL_PROTOCOL_TYPE_BGP,
        api.OpenconfigTypes_ADDRESS_FAMILY_IPV4,
    )

    /* ... < 생략 > ... */
    value, err := ygot.Marshal7951(netInst)
    // 에러를 확인한다.

    return &restconfRequest{
        path: fmt.Sprintf(
            "/network-instances/network-instance=%s",
            defaultNetInst,
        ),
        payload: value,
    }, nil
}
```

그림 8.3의 나머지 코드는 이 절에서 살펴볼 프로그램의 구성 요소를 보여 준다.

장치 구성

필요한 RESTCONF RPC를 모두 준비했으면 장치로 보낼 수 있다. 각 restconfRequest에 대해 반복하면서 도우미 함수에 전달함으로써 반환되는 에러를 모두 잡을 수 있다.

restconfPost 도우미 함수에는 net/http 패키지를 사용해 HTTP 요청을 빌드하고 ceos 장치로 보내는 데 필요한 코드만 있다.

```
const restconfPath = "/restconf/data"
```

```
func restconfPost(cmd *restconfRequest) error {
  baseURL, err := url.Parse(
    fmt.Sprintf(
      "https://%s:%d%s",
      ceosHostname,
      defaultRestconfPort,
      restconfPath,
    ),
  )
  // nil이 아니면 에러 반환
  baseURL.Path = path.Join(restconfPath, cmd.path)
  req, err := http.NewRequest(
    "POST",
    baseURL.String(),
    bytes.NewBuffer(cmd.payload),
  )
  // nil이 아니면 에러 반환
  req.Header.Add("Content-Type", "application/json")
  req.Header.Add(
    "Authorization",
    "Basic "+base64.StdEncoding.EncodeToString(
      []byte(
        fmt.Sprintf("%s:%s", ceosUsername, ceosPassword),
      ),
    ),
  )

  client := &http.Client{Transport: &http.Transport{
        TLSClientConfig:
          &tls.Config{
            InsecureSkipVerify: true
          },
      }
  }
  resp, err := client.Do(req)
  /* ... < 생략 > ... */
}
```

전체 코드는 ch08/restconf 디렉터리[20]에서 확인할 수 있다. 실습 환경 토폴로지가 실행 중인 호스트에서 이 프로그램을 실행하면 다음과 같은 결과를 얻을 수 있다.

```
ch08/restconf$ go run main.go
2022/04/28 20:49:16 Successfully configured the device
```

이 시점에서 실습 환경 토폴로지의 세 노드가 모두 완전히 구성돼야 한다. 하지만 우리가 수행한 작업이 원하는 효과를 냈는지는 아직 확인하지 못했다. 다음 절에서는 상태 확인 과정을 살펴보고 네트워크 API를 사용해 상태를 확인하는 방법을 알아본다.

상태 확인

앞의 세 개 절에서는 구성 변경 사항configuration change이 원하는 효과를 냈는지 확인하지 않고 장치 구성을 푸시했다. 이렇게 한 이유는 모든 장치를 구성한 후에야 결과적으로 수렴된 작동 상태operational state를 확인할 수 있기 때문이다. 이제 실습 환경 토폴로지에 대해 OpenAPI와 JSON-RPC, RESTCONF 절에서 실행했던 코드 예제에 대해 우리의 구성 의도(즉, 세 장치 모두의 루프백 IP 주소 간에 장치 간 도달 가능성)가 달성됐는지를 확인할 수 있다.

이 절에서는 앞에서 사용했던 같은 프로토콜과 모델링 언어를 사용해 실습 환경의 각 장치가 실습 환경의 다른 두 장치의 루프백 IP 주소를 해당 포워딩 정보 베이스FIB, Forwarding Information Base 테이블에서 볼 수 있는지를 확인한다. 전체 코드는 `ch08/state` 디렉터리[21]에서 확인할 수 있다. 그다음으로 Arista의 cEOS 실습 환경 장치인 `ceos`를 사용해 이 작업을 수행하는 방법을 예제를 통해 알아본다.

작동 상태 모델링

네트워크 요소의 작동 상태에 대해 말할 때 주의해야 할 점은 YANG 작동 상태 IETF 초안[22]에 설명된 대로 적용된 상태applied state와 파생된 상태derived state 간의 차이이다. 적용된 상태는 현재 활성화된 장치의 구성active device configuration을 의미하며 운영자가 이미 적용한 내용을 반영하고 있어야 한다. 파생된 상태는 CPU나 메모리 사용률과 같은 장치의 내부 작동, 패킷 카운터packet counter, BGP 이웃 상태neighbor state와 같은 외부 요소와의 상호작용으로 인해 발생하는 읽기 전용 값들의 집합이다. 작동 상태에 대해 말할 때 명시적으로 언급하지 않으면 파생된 상태를 의미한다고 가정한다.

YANG에서 장치의 작동 상태를 모델링하는 방법은 다음과 같다.

- 모든 것을 최상위 컨테이너에 넣거나 구성 관리에서 사용하는 `config` 컨테이너/저장소와는 완전히 다른 별도의 `state` 데이터 저장소에서 읽을 수 있다.
- 이와 다른 방법은 `config` 컨테이너와 함께 모든 YANG 하위트리sub-tree에 대해 별도의 `state` 컨테이너를 만드는 것이다. 이것이 YANG 작동 상태 IETF 초안[22]에서 설명하는 방법이다.

사용하는 접근 방식에 따라 RPC 요청을 구성하는 방법을 조정해야 할 수도 있다. 예를 들어, `srl` 장치는 `state` 데이터 저장소를 가리키는 명시적 참조가 있어야 한다. 다음 코드 예제에서는 YANG 하위 트리의 일부를 검색하고 해당 트리에서 관련 상태의 정보를 추출하는 대안을 설명한다.

OpenAPI는 모델의 구조 및 구성 요소에 대해 덜 엄격하므로 구현에 따라 트리의 다른 부분에서 상태를 가져오거나 운영 데이터 저장소operational datastore를 참조하기 위해 특정 쿼리 매개변수가 필요할 수 있다.

작동 상태 처리하기

구성 관리 작업 흐름은 일반적으로 일부 입력 데이터를 처리해 장치별 구성을 만드는 작업을 포함한다. 이는 API의 기능을 보여 주기 위해 우리가 자주 사용하는 일반적인 작업 흐름이다. 하지만 운영자가 네트워크 장치에서 상태 데이터를 검색하고, 처리하고, 확인하는 것도 똑같이 중요한 작업 흐름이다. 이런 경우, 정보는 네트워크 장치에서 클라이언트 애플리케이션으로, 즉 반대 방향으로 흘러간다.

8장을 시작하면서 구성 관리 작업 흐름을 설명했으므로 이제 상태 검색 작업 흐름을 개략적으로 살펴본다.

1. URL과 HTTP 쿼리 매개변수 집합으로 표시되는 원격 API 엔드포인트에 쿼리하는 것으로 시작한다.
2. 바이너리 페이로드가 첨부된 HTTP 응답을 받는다.
3. 이 페이로드를 장치의 데이터 모델을 따르는 Go 구조체로 언마샬링한다.
4. 이 구조체 안에서 추출하고 평가할 수 있도록 상태와 관련된 부분을 살펴본다.

이 작업 흐름의 구체적인 예제는 `ch08/state` 프로그램[23]에서 가져온, 다음 코드 스니펫이다. 프로그램의 구조는 6장의 '상태 확인' 절에서 설명한 것과 같다. 따라서 8장에서는 관련성이 가장 높은 `GetRoutes` 함수를 자세히 살펴본다. 이 함수는 `ceos` 장치에 연결하고 장치 라우팅 테이블의 내용을 검색한다.

이 함수는 장치별 로그인 정보를 사용하는 HTTP 요청을 빌드하는 것으로 시작한다.

```
func (r CEOS) GetRoutes(wg *sync.WaitGroup) {
  client := resty.NewWithClient(&http.Client{
    Transport: &http.Transport{
      TLSClientConfig: &tls.Config{
        InsecureSkipVerify: true
            },
    },
  })
  client.SetBaseURL("https://" + r.Hostname + ":6020")
  client.SetBasicAuth(r.Username, r.Password)

  resp, err := client.R().
    SetHeader("Accept", "application/yang-data+json").
    Get(fmt.Sprintf("/restconf/data/network-instances/
networkinstance=%s/afts", "default"))
  /* ... < 다음에 계속 > ... */
}
```

코드 예제의 추상 포워딩 테이블AFT, Abstract Forwarding Table은 FIB(라우팅) 테이블의 Open Config 표현이며 GET API 호출은 기본 가상 라우팅 및 포워딩VRF, Virtual Routing and Forwarding과 라우팅 테이블의 JSON 표현을 검색한다.

그다음으로 쿼리한 YANG 트리의 일부에 해당하는 Go 구조체의 인스턴스를 만들고 `Unmarshal` 함수에 전달해 직병렬 전환을 수행한다. 이제 결과 Go 구조체에는 기본 FIB의 각 엔트리에 대해 하나의 `Ipv4Entry` 값이 있으며 해당 접두사 목록을 `out` 슬라이스에 저장한다.

```
import eosAPI "restconf/pkg/eos"

func (r CEOS) GetRoutes(wg *sync.WaitGroup) {
  /* ... < 이어서 계속 > ... */

  response := &eosAPI.NetworkInstance_Afts{}
  err := eosAPI.Unmarshal(resp.Body(), response)
  // 에러를 처리한다.

  out := []string{}
  for key := range response.Ipv4Entry {
    out = append(out, key)
  }
  /* ... < 생략 > ... */

  go checkRoutes(r.Hostname, out, expectedRoutes, wg)
}
```

이 예제에서는 8장의 'RESTCONF' 절에서 자동으로 생성된 `eos` 패키지(restconf/pkg/eos)를 임포트한다. 이 패키지는 이 프로그램의 루트 디렉터리 외부에 있다. 이를 위해 이 프로그램의 `go.mod` 파일(ch08/state/go.mod)[24]에 `replace restconf => ../restconf/` 명령어를 추가한다.

실습 환경의 나머지 장치에 대해서도 이와 비슷한 상태 검색 작업 흐름을 따른다. 유일한 차이점은 YANG 경로와 직병렬 전환에 사용하는 모델 기반 Go 구조체라는 것이다. 전체 프로그램의 코드는 `ch08/state` 디렉터리[23]에서 확인할 수 있다.

8장에서는 JSON과 같은 일반적인 인코딩 포맷을 사용하는 HTTP 버전 1.1 기반의 네트워크 API를 알아봤다. HTTP는 여전히 널리 사용되고 있으므로 이 프로토콜이 금방 바뀌지는 않겠지만, 대규모 배포에서 나타날 수 있는 한계를 갖고 있다. HTTP 1.1은 텍스트 기반 프로토콜로 유선에서는 효율적이지 않으며 클라이언트-서버 기반으로 동작하므로 양방향 스트리밍에 적용하기 어렵다. HTTP 프로토콜의 다음 버전인 HTTP/2는 이러한 단점을 극복했다. HTTP/2는 다음 절에서 살펴볼 gRPC 프레임워크의 전송 프로토콜이다.

gRPC

네트워크 자동화는 최근까지 네트워크 엔지니어가 마이크로서비스microservice[25]나 클라우드 인프라와 같이 다른 영역에서 성공한 기술을 재사용할 수 없도록 하거나 재사용하는 것을 막았다.

네트워크 장치 관리에서 가장 최근에 발전한 것 중 하나가 gRPC를 도입한 것이다. 우리는 이 고성능 RPC 프레임워크를 구성 관리부터 상태 스트리밍 및 소프트웨어 관리에 이르기까지 광범위한 범위의 네트워크 작업에 사용할 수 있다. 하지만 성능이 gRPC의 유일한 장점은 아니다. YANG과 OpenAPI 앱과 마찬가지로 gRPC는 다양한 프로그래밍 언어로 클라이언트와 서버 스텁을 자동으로 생성하며 이를 통해 API 주변의 생태계를 만들 수 있다.

이 절에서는 gRPC API에 대한 이해를 돕기 위해 다음과 같은 주제를 살펴본다.

- Protobuf
- gRPC 전송
- gRPC 서비스 정의하기
- gRPC로 네트워크 장치 구성하기
- gRPC로 네트워크 장치에서 원격 측정 스트리밍하기

Protobuf

gRPC는 protobuf를 인터페이스 정의 언어IDL, Interface Definition Language[26]로 사용해 서로 다른 프로그래밍 언어로 작성된 원격 소프트웨어 구성 요소 간에 정형 데이터를 공유한다.

protobuf를 사용할 때의 첫 번째 단계 중 하나는 protobuf 파일을 만들어 직렬화하는 정보를 모델링하는 것이다. 이 파일에는 교환할 데이터의 구조와 타입을 정의하는 메시지 목록이 있다.

이 책의 전반에 걸쳐 예로 사용한 입력 데이터 모델을 가져와 `.proto` 파일로 인코딩하면 다음과 같은 형태가 된다.

```
message Router {
  repeated Uplink uplinks = 1;
  repeated Peer peers = 2;
  int32 asn = 3;
  Addr loopback = 4;
}

message Uplink {
    string name = 1;
    string prefix = 2;
}

message Peer {
    string ip = 1;
    int32 asn = 2;
}

message Addr {
  string ip = 1;
}
```

각 필드에는 명시적 타입과 묶음 메시지enclosing message 안에서 필드를 식별하는 고유한 시퀀스 번호가 있다.

OpenAPI나 YANG과 마찬가지로 작업 흐름의 다음 단계는 Go(또는 다른 프로그래밍 언어)에 대한 바인딩을 만드는 것이다. 이를 위해 protobuf 컴파일러 protoc를 사용한다. 이 컴파일러는 데이터 구조와 다른 필드에 액세스하고 확인하기 위한 메서드를 포함하는 소스 코드를 만든다.

```
ch08/protobuf$ protoc --go_out=. model.proto
```

위 명령어는 바인딩을 단일 파일인 pb/model.pb.go에 저장한다. 이 파일의 내용을 살펴보면 사용할 수 있는 구조체와 함수를 확인할 수 있다. 예를 들어, 앞에서는 수동으로 정의했던 Router 구조체를 자동으로 가져올 수 있다.

```
type Router struct {
  Uplinks  []*Uplink
  Peers    []*Peer
  Asn      int32
  Loopback *Addr
}
```

Protobuf는 라우팅 프로토콜이 타입-길이-값TLV, Type-Length-Value을 인코딩하는 방식과 비슷하게 일련의 키-값 쌍을 바이너리 포맷으로 인코딩한다. 하지만 각 필드에 대한 키 이름key name과 선언된 타입을 보내지 않고 필드 번호를 키로 보내고 그 값을 바이트 스트림의 끝에 추가한다.

TLV와 마찬가지로 메시지를 성공적으로 인코딩 또는 디코딩하려면 Protobuf가 각 값의 길이를 알아야 한다. 이를 위해 Protobuf는 .proto 파일에서 가져온 필드 번호와 함께 와이어 타입wire type을 8비트 키 필드로 인코딩한다. 표 8.1은 사용할 수 있는 와이어 타입을 보여 준다.

표 8.1 Protobuf의 와이어 타입

타입	의미	용도
0	변형(variant)	int32, int64, uint32, uint64, sint32, sint64, bool, enum
1	64비트	fixed64, sfixed64, double
2	길이 구분(length-delimted)	string, bytes, embedded messages, packed repeated fields
5	32비트	fixed32, sfixed32, float

와이어 타입으로 인코딩하면 고밀도 메시지dense message(크기가 작은 출력)가 만들어지므로 CPU는 JSON이나 XML로 인코딩된 메시지보다 빠르게 처리할 수 있다. 단점은 이렇게 만들어진 메시지의 기본 포맷을 사람이 읽을 수 없기 때문에 각 필드의 이름과 타입을 알아내기 위해서는 메시지 정의(.proto 파일)가 있어야 한다는 것이다.

네트워크상의 Protobuf

protobuf가 바이너리 포맷으로 어떻게 보이는지 확인하는 가장 쉬운 방법은 바이너리 포맷의 protobuf를 파일로 저장하는 것이다. `ch08/protobuf/write` 디렉터리[27]에 있는 예제는 샘플 `input.yaml` 파일을 읽고 앞에서 설명한 `.proto` 파일에서 생성된 데이터 구조에 채운다. 그런 다음 결과를 직렬화하고 `router.data` 파일로 저장한다. 다음 명령어로 이 예제를 실행할 수 있다.

```
ch08/protobuf/write$ go run protobuf
```

`hexdump -C router.data` 명령어로 파일의 내용을 살펴보면 생성된 protobuf 메시지의 내용을 확인할 수 있다. 편의상 몇 바이트를 그룹화하고 proto 정의 파일을 참조하면 메시지의 내용은 그림 8.4와 같다.

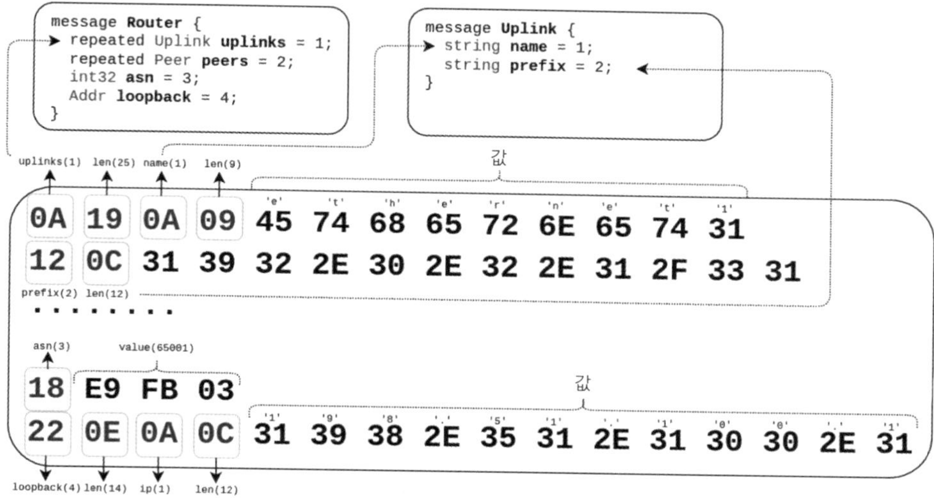

그림 8.4 Protobuf로 인코딩된 메시지

protobuf 인코딩이 얼마나 효율적인지 알 수 있도록 같은 데이터를 인코딩한 JSON 파일을 두 개 포함했다. router.json 파일은 공백이 없는space-free JSON 인코딩 파일이다. 두 번째 파일인 router_ident.json에는 같은 JSON 페이로드가 들어 있지만, 들여쓰기가 돼 있다. 텍스트 템플릿으로 JSON 파일을 만들거나 네트워크를 통해 데이터를 보내기 전에 pretty print 함수를 사용하면 이런 형태의 파일이 만들어진다.

```
ch08/protobuf$ ls -ls router* | awk '{print $6, $10}'
108 router.data
454 router_indent.json
220 router.json
```

JSON과 protobuf의 차이는 매우 뚜렷하며 대규모 데이터세트를 전송하고 인코딩/디코딩할 때 매우 중요해질 수 있다.

이제 gRPC 데이터 인코딩에 대한 몇 가지 기본 사항을 알아봤으므로 이런 메시지를 전송하는 데 사용되는 프로토콜을 알아보자.

gRPC 전송

효율적인 바이너리 인코딩과 (줄 바꿈으로 구분된 일반 텍스트와 비교해) 단순한 프레이밍을 통해 데이터를 직렬화하는 것 외에도 gRPC 프레임워크는 네트워크를 통해 이런 메시지를 가능한 한 효율적으로 교환하려고 시도한다.

HTTP/1.1에서는 한 번에 하나의 요청/응답 메시지만 처리할 수 있지만, gRPC는 HTTP/2를 사용해 여러 요청을 같은 TCP 연결에서 다중화multiplex할 수 있다. HTTP/2의 또 다른 장점은 헤더 압축header compression을 지원한다는 것이다. 표 8.2는 다양한 API에서 사용되는 여러 전송 메서드를 보여 준다.

표 8.2 API 비교

API	전송 방식	RPC/메서드
NETCONF	SSH	get-config, edit-config, commit, lock
RESCONF	HTTP	GET, POST, DELETE, PUT
gRPC	HTTP/2	단일 스트리밍, 서버 스트리밍, 클라이언트 스트리밍, 양방향 스트리밍

예전 네트워크 API와 비교했을 때 gRPC는 단항unary 또는 단일single 요청을 할 수 있을 뿐 아니라 동시 송수신full-duplex[28] 스트리밍도 지원한다. 클라이언트와 서버 모두 동시에 데이터를 스트리밍할 수 있으므로 기존 클라이언트-서버 상호작용 모드의 한계를 극복할 필요가 없다. 따라서 gRPC를 사용하면 데이터를 다양한 형태로 전송할 수 있다.

gRPC 서비스 정의하기

gRPC는 Protobuf를 사용해 파일에서 타입이 정적으로 지정된 서비스와 메시지를 정의하며 이를 소비할 클라이언트와 서버 애플리케이션에 대한 코드를 만들 수 있다. gRPC는 기본 전송 및 직렬화 세부 사항(detail)을 추상화하므로 개발자는 비즈니스 로직에만 집중할 수 있다.

gRPC 서비스는 protobuf 메시지를 받고accept 반환return하는 RPC의 모음이다. 다음 출력에서 Cisco ISO XR의 proto 파일 `ems_grpc.proto`[29]의 스니펫을 볼 수 있다. 이 파일은 일련의 표준 구성 관리 작업을 수행하는 여러 RPC가 있는 gRPC 서비스 `gRPCConfigOper`를 정의한다.

```
syntax = "proto3";

service gRPCConfigOper {
  rpc GetConfig(ConfigGetArgs) returns (stream ConfigGetReply) {};

  rpc MergeConfig(ConfigArgs) returns (ConfigReply) {};

  rpc DeleteConfig(ConfigArgs) returns (ConfigReply) {};

  rpc ReplaceConfig(ConfigArgs) returns (ConfigReply) {};

  /* ... < 생략 > ... */

  rpc CreateSubs(CreateSubsArgs) returns (stream CreateSubsReply) {};
}
```

구성 관리 작업뿐 아니라 이 Cisco IOS XR protobuf 정의에는 스트리밍 원격 측정 구독streaming telemetry subscription(CreateSubs) RPC도 포함돼 있다. 요청과 응답 메시지 형식은 참고 자료에서 언급된 `ems_grpc.proto` 파일에 정의돼 있다.[29] 예를 들어, 원격 측정 구독 RPC를 호출하려면 클라이언트는 `ConfigArgs` 메시지를 보내야 하고 서버(라우터)는 `CreateSubsReply` 메시지 스트림으로 응답해야 한다.

자료 요청RFC, Request for Comments[30] 문서는 NETCONF와 달리 모든 RPC를 미리 정의하므로 초기에 네트워킹 공급 업체는 표준 gRPC 서비스 집합을 추진하지 않았다. 이런 유연성에는 다른 공급 업체가 다른 이름과 메시지 타입으로 이와 비슷한 서비스를 정의하게 되는 비용이 수반된다. 여기서는 Juniper의 원격 측정 protobuf 파일인 `telemetry.proto`[31]의 일부를 확인할 수 있다.

```
syntax = "proto3";
```

```
service OpenConfigTelemetry {
  rpc telemetrySubscribe(SubscriptionRequest)
returns (stream OpenConfigData) {}

  /* ... < 생략 > ... */

  rpc getTelemetryOperationalState(GetOperationalStateRequest)
returns (GetOperationalStateReply) {}

  rpc getDataEncodings(DataEncodingRequest)
returns (DataEncodingReply) {}
}
```

이는 OpenConfig 커뮤니티가 9장에서 살펴볼 gNMI(gnmi.proto)[32]와 같은 공급 업체 애그노스틱 서비스의 정의로 해결하고 있는 문제이다.

```
service gNMI {
  rpc Capabilities(CapabilityRequest) returns (CapabilityResponse);
  rpc Get(GetRequest) returns (GetResponse);
  rpc Set(SetRequest) returns (SetResponse);
  rpc Subscribe(stream SubscribeRequest) returns (stream
SubscribeResponse);
}
```

이제 이런 RPC를 Go에서 어떻게 사용하는지 알아보자.

gRPC로 네트워크 장치 구성하기

예제 프로그램에서는 `gRPCConfigOper` 서비스에서 정의한 `ReplaceConfig` RPC로, IOS XR 장치를 구성한다. 이 프로그램의 전체 소스 코드는 `ch08/grpc` 디렉터리에서 확인할 수 있다. 다음 명령어로 Cisco의 DevNet 샌드박스에 있는 테스트 장치에 대해 이 프로그램을 실행할 수 있다.

```
ch08/grpc$ go run grpc
```

8장에서 사용해 왔던 것과 같은 구성 관리 작업 흐름에 따라 다음 gRPC 서비스에 대한 코드를 만드는 것부터 시작한다.

```
service gRPCConfigOper {
  rpc ReplaceConfig(ConfigArgs) returns(ConfigReply) {};
}

message ConfigArgs {
  int64 ReqId = 1;
  string yangjson = 2;
  bool Confirmed = 3;
  uint32 ConfirmTimeout = 4;
}
```

gRPC 기반 네트워크 API로 작업할 때 유의해야 할 점은 이 API가 전체 데이터 트리를 기본적으로 protobuf 스키마로 정의하지 않을 수 있다는 것이다. 앞의 예제에서 어떤 필드는 YANG 기반 JSON 페이로드를 기대하는 문자열 `yangjson`을 정의하지만, 이 문자열 안에 어떤 데이터가 있는지는 더 이상 확인하지 않는다. YANG 기반 JSON 페이로드를 전달하는 것은 JSON-RPC와 RESTCONF 예제에서도 했던 작업이다. 어떤 의미에서는 이 예제에서 gRPC가 얇은^thin RPC 래퍼 역할을 하지만, JSON-RPC와 크게 다르지 않다. 우리는 여전히 YANG 기반 데이터 구조체로 구성 관리 작업을 하고 있다.

이제 gRPC와 YANG 스키마를 사용하고 있으므로 `protoc`와 `ygot`를 사용해 각각의 바인딩을 만들어야 한다. `protoc` 명령어를 실행해 `ch08/grpc/proto`[33]에 있는 proto 정의에서 코드를 생성하고 `ygot`을 사용해 OpenConfig YANG 모델 집합에서 코드를 생성한다. 정확한 명령어는 `ch08/grpc/generate_code`에서 확인할 수 있다.

대상 장치에 연결하기 전에 프로그램 실행에 필요한 모든 정보를 수집해야 하므로 6장의 데이터 구조체를 다시 사용해 이 데이터를 저장한다.

```
type Authentication struct {
  Username string
  Password string
}

type IOSXR struct {
  Hostname string
  Authentication
}

type xrgrpc struct {
  IOSXR
  conn *grpc.ClientConn
  ctx context.Context
}
```

다른 예제와 마찬가지로 프로그램의 main 함수에서는 액세스 자격 증명을 넣고 장치 구성 입력을 처리한다.

```
func main() {
  iosxr := xrgrpc{
    IOSXR: IOSXR{
      Hostname: "sandbox-iosxr-1.cisco.com",
      Authentication: Authentication{
        Username: "admin",
        Password: "C1sco12345",
      },
    },
  }

  src, err := os.Open("input.yml")
  // 에러를 처리한다.
  defer src.Close()

  d := yaml.NewDecoder(src)
  var input Model
  err = d.Decode(&input)
  /* ... < 다음에 계속 > ... */
}
```

그다음으로 grpc/pkg/oc 패키지에서 ygot Go 바인딩을 사용해 yangjson 페이로드를 준비한다. 'JSON-RPC' 절에서 설명했던 것과 같은 방식으로 buildNetworkInstance 메서드에 BGP 구성을 빌드한다. oc.Device 구조체가 완전히 채워지면 이를 JSON 문자열로 직렬화한다.

```
func main() {
  /* ... < 이어서 계속 > ... */
  device := &oc.Device{}

  input.buildNetworkInstance(device)

  payload, err := ygot.EmitJSON(device,
  &ygot.EmitJSONConfig{
    Format: ygot.RFC7951,
    Indent: " ",
    RFC7951Config: &ygot.RFC7951JSONConfig{
      AppendModuleName: true,
    },
  })
  /* ... < 다음에 계속 > ... */
}
```

대상 장치와의 상호작용을 단순화하기 위해 gRPC API에 얇은 래퍼를 만들었다. 초기 연결 설정initial connection establishment과 RPC 삭제 또는 교체와 같은 작업을 구현하는 몇 가지 메서드 수신자method receiver를 xrgrpc 타입에 정의한다. 대상 장치의 구성에 연결하고 교체하는 방법은 다음과 같다.

```
func main() {
  /* ... < 이어서 계속 > ... */
  iosxr.Connect()
  defer router.conn.Close()

  iosxr.ReplaceConfig(payload)
  /* ... < 다음에 계속 > ... */
}
```

ReplaceConfig 메서드를 자세히 살펴보면 필요한 RPC 호출 방법을 정확히 알 수 있다. 동적으로 무작위 ID를 만들고 몇 단계 앞에서 ygot으로 만든 YANG 기반 JSON 페이로드로 ConfigArg 메시지를 채운다. 내부inner ReplaceConfig 메서드는 protoc 명령어가 자동으로 생성한 메서드이다.

```
func (x *xrgrpc) ReplaceConfig(json string) error {
  // Random int64 for id
  id := rand.Int63()

  // 'g' is the gRPC stub.
  g := xr.NewGRPCConfigOperClient(x.conn)

  // We send 'a' to the router via the stub.
  a := xr.ConfigArgs{ReqId: id, Yangjson: json}

  // 'r' is the result that comes back from the target.
  r, err := g.ReplaceConfig(x.ctx, &a)

  // 에러를 처리한다.
  return nil
}
```

이 경우, 우리가 보내는 구성 페이로드는 문자열 블롭Blob[34]이지만, 대상 장치가 이 문자열 블롭을 지원하면 protobuf를 사용해 콘텐츠 필드를 인코딩할 수 있다. 다음 절에서는 스트리밍 원격 측정 예제를 통해 이 내용을 좀 더 자세히 알아본다.

gRPC로 네트워크 장치에서 원격 측정 스트리밍하기

네트워크 장치에서 gRPC 스트리밍 기능을 사용하면 영구persistent TCP 연결을 통해 데이터를 지속적으로continuously 전송하는 스트리밍 방식이나 요청에 따라on demand 전송하는 폴링poll 방식으로 보낼 수 있다. 앞에서 시작한 프로그램을 계속 진행하면서 네트워크 장치가 원격 측정 스트림을 구독하도록 구성하기 위해 설정한 연결을 재사용한다.

Cisco IOS XR 장치에 연결했지만, 이제 데이터는 반대 방향으로 흘러간다. 따라서 우리는 수신한 정보를 디코딩해야 한다. 이때는 두 가지 방법을 사용할 수 있다.

장치를 구성하고 나면 장치가 모든 BGP 이웃의 작동 상태를 스트리밍하도록 요청한다. 첫 번째 시나리오에서는 수신한 메시지를 디코딩하기 위한 BGP 이웃 proto 정의가 있는 경우를 살펴본다. 그런 다음 proto 정의가 필요 없는, 덜 효율적인 옵션을 알아본다.

Protobuf로 YANG으로 정의된 데이터 디코딩하기

원격 측정 스트림을 구독하기 위해 CreateSubs RPC를 사용한다. 스트리밍하려는 구독 ID[subscription ID]를 제출하고 인코딩 옵션은 protobuf용 gpb나 나중에 살펴볼 옵션의 gpbkv 중에서 선택해야 한다. 이 RPC와 메시지 타입의 proto 정의는 다음과 같다.

```
service gRPCConfigOper {
  rpc CreateSubs(CreateSubsArgs) returns(stream CreateSubsReply) {};
}

message CreateSubsArgs {
  int64 ReqId = 1;
  int64 encode = 2;
  string subidstr = 3;
  QOSMarking qos = 4;
  repeated string Subscriptions = 5;
}

message CreateSubsReply {
  int64 ResReqId = 1;
  bytes data = 2;
  string errors = 3;
}
```

프로그램의 구성 부분과 비슷하게 라우터에게 요청을 제출하는 도우미 함수를 만든다. 주된 차이점은 이제 응답이 데이터 스트림이라는 것이다. CreateSubs의 결과를 변수 st에 저장한다.

데이터 스트림의 경우, gRPC에는 Recv 메서드가 있으며 메시지를 수신할 때까지 차단한다. main 스레드에서 처리를 계속하려면 자동으로 생성된 GetData 메서드를 호출하는 별도의 고루틴에서 익명 함수anonymous function를 실행한다. 이 메서드는 수신한 각 메시지의 data 필드를 반환하며 우리는 채널 b를 통해 main 고루틴으로 다시 보낸다.

```
func (x *xrgrpc) GetSubscription(sub, enc string) (chan []byte, chan
error, error) {
  /* ... < 생략 > ... */
  // 'c' is the gRPC stub.
  c := xr.NewGRPCConfigOperClient(x.conn)

  // 'b' is the bytes channel where telemetry is sent.
  b := make(chan []byte)

  a := xr.CreateSubsArgs{
        ReqId: id, Encode: encoding, Subidstr: sub}

  // 'r' is the result that comes back from the target.
  st, err := c.CreateSubs(x.ctx, &a)
  // 에러를 처리한다.

  go func() {
    r, err := st.Recv()
    /* ... < 생략 > ... */
    for {
      select {
      /* ... < 생략 > ... */
      case b <- r.GetData():
      /* ... < 생략 > ... */
      }
    }
  }()
  return b, e, err
}
```

채널 b를 통해 수신한 데이터인 data 필드는 디코딩해야 하는 바이트의 배열로 구성된다. 우리는 이 데이터가 스트리밍 원격 측정 메시지라는 것을 알고 있으므로 proto로 생성된 코드를 사용해 해당 필드를 디코딩한다. 그림 8.5는 proto 파일의 정의에 따라 BGP 상태 정보를 얻는 방법의 예를 보여 준다.

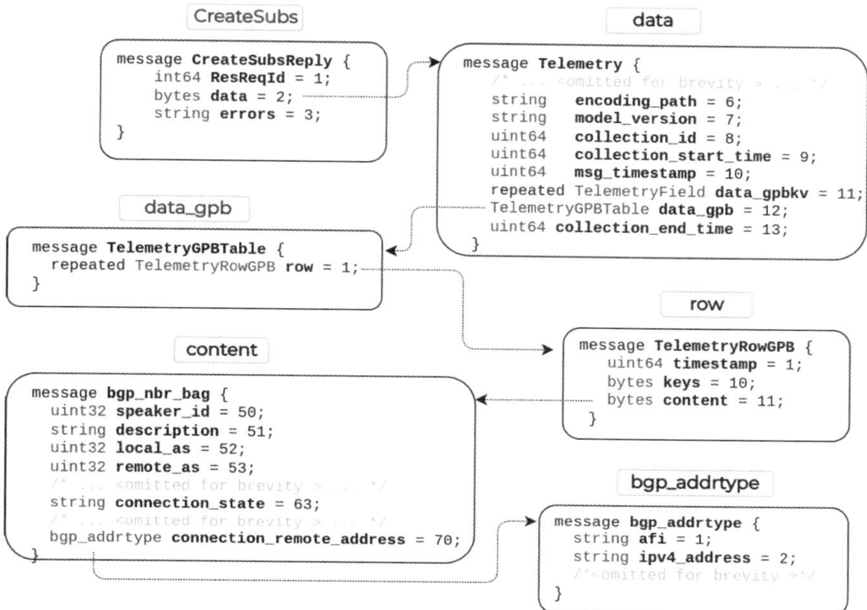

그림 8.5 Protobuf 원격 측정 메시지(protobuf)

main 고루틴으로 돌아와 `GetSubscription` 채널이 반환하는 내용을 기다리고 수신한 각 메시지를 반복한다. 수신한 데이터를 `Telemetry` 메시지로 언마샬링한다. 이 시점에서 일반 원격 측정 데이터에 액세스할 수 있으므로 자동으로 생성된 함수를 사용해 타임스탬프timestamp 및 인코딩 경로와 같은 일부 필드에 액세스할 수 있다.

```
func main() {
  /* ... < 생략 > ... */
  ch, errCh, err := router.GetSubscription("BGP", "gpb")
  // 에러를 처리한다.

  for msg := range ch {
    message := new(telemetry.Telemetry)
    proto.Unmarshal(msg, message)

    t := time.UnixMilli(int64(message.GetMsgTimestamp()))
    fmt.Printf(
      "Time: %v\nPath: %v\n\n",
```

```
        t.Format(time.ANSIC),
        message.GetEncodingPath(),
      )

      /* ... < 다음에 계속 > ... */
    }
  }
```

그런 다음 data_bgp 필드의 내용을 추출해 protobuf로 인코딩된 BGP 데이터에 액세스한다. Cisco IOS XR은 항목item을 행으로 나열하므로 각 항목에 관한 내용을 자동 생성된 BgpNbrBag 데이터 구조로 언마샬링해 BGP 이웃의 모든 작동 정보에 액세스할 수 있다. 이런 식으로 BGP 피어peer의 연결 상태와 IPv4 주소를 가져와 화면에 출력할 수 있다.

```
  func main() {
    for msg := range ch {
      /* ... < 이어서 계속 > ... */
      for _, row := range message.GetDataGpb().GetRow() {
        content := row.GetContent()
        nbr := new(bgp.BgpNbrBag)
        err = proto.Unmarshal(content, nbr)

        if err != nil {
          fmt.Printf("could decode Content: %v\n", err)
          return
        }
        state := nbr.GetConnectionState()
        addr := nbr.GetConnectionRemoteAddress().Ipv4Address

        fmt.Println(" Neighbor: ", addr)
        fmt.Println(" Connection state: ", state)
      }
      }
  }
```

BGP 메시지 정의(proto 파일)에 액세스할 수 없는 경우에도 gRPC는 여전히 protobuf로 필드를 나타낼 수 있지만, 각 필드에 이름과 값의 타입을 추가해야 수신하는 측에서 파싱할 수 있다. 이 과정은 다음 절에서 설명한다.

Protobuf 자체 설명 메시지

자체 설명 메시지self-describing message는 불필요한 데이터를 전송하므로 protobuf의 목적에는 맞지 않는다. 하지만 여기서는 이 시나리오에서 메시지를 파싱할 수 있는 방법을 보이기 위해 예제를 포함했다.

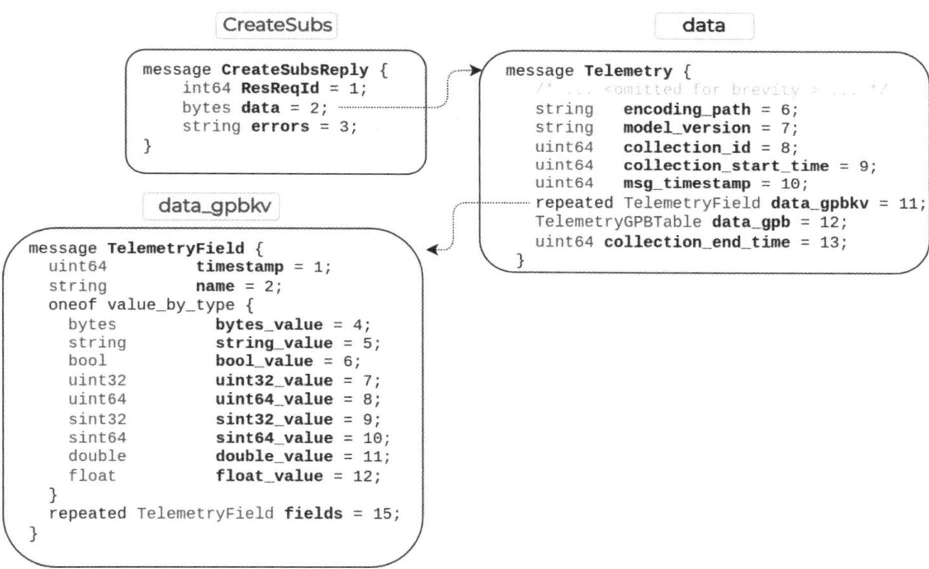

그림 8.6 Protobuf 자체 설명 원격 측정 메시지(JSON)

원격 측정 헤더는 같지만, 인코딩 포맷으로 gpbkv를 선택하면 Cisco IOS XR은 데이터를 data_bgpkv 필드에 보낸다.

```
func main() {

  for msg := range ch {
    message := new(telemetry.Telemetry)
    err := proto.Unmarshal(msg, message)
    /* ... < 생략 > ... */
```

```
    b, err := json.Marshal(message.GetDataGpbkv())
    check(err)
    j := string(b)

    // https://go.dev/play/p/uyWenG-1Keu
    data := gjson.Get(
      j,
      "0.fields.0.fields.#(name==neighbor-address).ValueByType.
StringValue",
    )
    fmt.Println(" Neighbor: ", data)

    data = gjson.Get(
      j,
      "0.fields.1.fields.#(name==connection-state).ValueByType.
StringValue",
    )
    fmt.Println(" Connection state: ", data)
  }
}
```

이 시점에서 Go 패키지를 사용해 탐색할 수 있는 큰 JSON 파일에 만들어진다. 여기서는 gjson을 사용했다. 이 프로그램을 테스트하기 위해 자기 설명 키-값 메시지를 활성하는 추가 플래그를 사용해 앞에서 설명한 같은 프로그램을 다시 실행할 수 있다.

```
ch08/grpc$ go run grpc -kvmode=true
```

이 방법은 덜 복잡해 보일 수 있지만, 성능이 떨어질 뿐 아니라 미리 Go 데이터 구조체를 알 수 없기 때문에 버그와 오타가 발생할 수 있고 많은 IDE의 자동 완성 기능도 사용할 수 없으며 코드도 덜 명확해진다. 이 모든 것이 코드 개발과 결함 해결에 부정적인 영향을 미친다.

요약

8장에서는 네트워크 장치와 상호작용하기 위해 API와 RPC를 사용하는 여러 방법을 살펴봤다. 8장에서의 공통적인 주제는 우리가 교환하는 모든 데이터에 맞는 모델을 찾는 것이었다. 네트워크 커뮤니티는 네트워크 구성과 작동 상태 데이터를 모델링하기 위해 표준 언어로 YANG을 채택했지만, 네트워킹 공급 업체 간의 구현 차이로 인해 널리 사용되지 않고 있다.

9장에서는 OpenConfig가 선언적 구성과 모델 기반 관리 및 운영의 도입을 늘리기 위해 어떤 노력을 기울이고 있는지 살펴본다.

참고 자료

[1] https://swagger.io/specification/#appendix-a-revision-history

[2] https://github.com/PacktPublishing/Network-Automation-with-Go/blob/main/ch08/cue/template.cue

[3] https://cuelang.org/(https://cuelang.org/docs/ - 옮긴이)

[4] https://cuelang.org/docs/tutorials/tour/references/

[5] https://github.com/PacktPublishing/Network-Automation-with-Go/blob/main/ch08/cue

[6] https://github.com/PacktPublishing/Network-Automation-with-Go/blob/main/ch08/cue/cue_tool.cue

[7] https://istio.io/

[8] https://dagger.io/

[9] https://github.com/google/go-jsonnet

[10] https://github.com/philandstuff/dhall-golang

[11] https://documentation.nokia.com/srlinux/SR_Linux_HTML_R21-11/SysMgmt_Guide/json-interface.html

[12] https://github.com/openconfig/ygot

[13] https://github.com/nokia/srlinux-yang-models

[14] https://yang.srlinux.dev/v21.6.4/

[15] https://github.com/openconfig/ygot#introduction

[16] https://github.com/PacktPublishing/Network-Automation-with-Go/blob/main/ch08/json-rpc/main.go

[17] https://github.com/PacktPublishing/Network-Automation-with-Go/blob/main/ch08/json-rpc

[18] https://github.com/openconfig/ygot/blob/master/docs/design.md#openconfig-path-compression

[19] https://github.com/aristanetworks/yang

[20] https://github.com/PacktPublishing/Network-Automation-with-Go/tree/main/ch08/restconf

[21] https://github.com/PacktPublishing/Network-Automation-with-Go/tree/main/ch08/state

[22] https://datatracker.ietf.org/doc/html/draft-openconfig-netmod-opstate-01

[23] https://github.com/PacktPublishing/Network-Automation-with-Go/tree/main/ch08/state

[24] https://github.com/PacktPublishing/Network-Automation-with-Go/blob/main/ch08/state/go.mod

[25] 대규모 소프트웨어 개발에 적용하기 위해 단독으로 실행 가능하고 독립적으로 배치될 수 있는 작은 단위(모듈)로 기능을 분해해 서비스하는 것을 '마이크로서비스 아키텍처'라고 한다. 작은 단위로 기능을 분할할 때 수평 방향의 계층별 절단이 아니라 수직 방향의 기능별로 절단한다. 절단된 독립적인 작은 모듈을 '마이크로서비스'라고 한다. 각 마이크로서비스는 공유나 프로세스 간에 통신이 없어도 독립적으로 실행되며 운영 관리된다. 마이크로서비스 간 연결은 응용 프로그래밍 인터페이스(API, Application Programming Service)를 이용한다. 마이크로서비스는 자원 표현이나 데이터 관리 등에 있어서 기능적으로 완전해야 한다. 마이크로서비스 아키텍처는 레고 블록을 조립해 원하는 모양으로 만드는 것에 비유할 수 있다. 마이크로서비스 아키텍처의 사용으로 개발자들이 클라우드 망을 통해 공유하고 협업해 자유롭게 소프트웨어를 개발할 수 있으며 개발 및 유지보수에 드는 시간과 비용을 절감할 수 있다. 단일 서비스로 개발하는 기존 모놀리식(monolithic) 방식과는 반대이며 서비스 지향 아키텍처(SOA, Service-Oriented Architecture) 방식보다 세분화돼있다(출처: 정보통신용어사전). - 옮

긴이

[26] 분산된 네트워크상에 따로 위치한 객체 간의 통신을 위해 서버 측의 구현 객체가 제공하는 인터페이스를 기술하는 정의 언어를 말한다. 운영체제(OS)와 프로그래밍 언어에 독립적인 인터페이스를 제공하고 다른 네트워크, 이기종 컴퓨터, 다른 운영체제 간의 이식성을 제공한다. 예를 들어 코바(COBRA)에서는 인터페이스 저장소(IR, Interface Repository)에 IDL에 의해 정의된 모든 인터페이스 메타데이터를 갖고 프로그램 실행 중에 컴포넌트들이 상대방을 자동으로 찾을 수 있도록 한다(출처: 정보통신용어사전). - 옮긴이

[27] https://github.com/PacktPublishing/Network-Automation-with-Go/tree/main/ch08/protobuf/write

[28] 데이터 통신에서 양방향으로, 동시에 데이터의 전송이 이뤄지는 통신 방식을 말한다. 가정용 전화나 주 컴퓨터와 장치 간의 통신 등이 있다. 회선의 비용은 많이 들지만, 송수신 방향을 바꾸기 위한 반전 시간이 필요 없으므로 전송 효율이 높다(출처: 정보통신용어사전). - 옮긴이

[29] https://github.com/nleiva/xrgrpc/blob/master/proto/ems/ems_grpc.proto

[30] 미국의 인터넷아키텍처위원회(IAB)가 인터넷에 관한 조사, 제안, 기술, 소견 등을 공표한 온라인 공개 문서 시리즈를 말한다. 네트워크 프로토콜 또는 서비스를 구현할 때 필요한 절차와 형식 등 인터넷에 관한 정보를 알리기 위한 주요한 수단으로 사용되고 있다. 모든 RFC가 인터넷의 표준은 아니고 일부의 RFC만 IAB에서 표준으로 결정한다. 각각의 RFC 문서에는 일련번호가 부여되며 한 번 부여된 번호는 중복 사용되지 않는다(출처: 정보통신용어사전). - 옮긴이

[31] https://github.com/Juniper/jtimon/blob/master/telemetry/telemetry.proto

[32] https://github.com/openconfig/gnmi/blob/master/proto/gnmi/gnmi.proto

[33] https://github.com/PacktPublishing/Network-Automation-with-Go/tree/main/ch08/grpc/proto

[34] 블롭(Blob)은 'Binary Large Object'의 약어로, 바이너리 형식으로 저장되는 큰 데이터 덩어리를 의미한다. int, vchar, text 등과 같이 데이터베이스에 저장되는 파일 형식으로, 최고 2GB의 가변 길이로서 문자가 아닌 2진 데이터 덩어리로 데이터베이스에 저장되기 때문에 일반 데이터베이스처럼 내용물 검색이나 자료 관리는 불가능하고 오직 그 크기와 위치만을 알 수 있다. 이미지, 비디오, 사운드 등과 같은 멀티미디어 객체들을 저장하기 위해 주로 사용되며 블롭을 지원하지 않는 DBMS도 있다(출처: 정보통신용어사전). - 옮긴이

09

OpenConfig

OpenConfig는 네트워크를 관리하고 운영하는 방식을 간소화한다는 공통의 목표를 가진 네트워크 운영자[1] 그룹이다. 네트워크 제품을 운영하는 사람이라면 누구나 회원이 될 수 있으며 최근에는 여러 공급 업체가 같은 기능을 구현(YANG 모델에 추가)할 때 기부를 받기 시작했다.

OpenConfig는 초기에 공통적인 운영 사용 사례와 현장의 요구사항을 기반으로 한 공급 업체 중립적인 YANG 데이터 모델을 만드는 데 집중했다. 이후에는 네트워크 장치에서 구성하고, 원격 측정을 스트리밍하고, 작동 명령어를 수행하고, 포워딩 엔트리forwarding entry를 조작[2]할 수 있도록 공급 업체 중립적인 RPC까지 포함하도록 확장했다. 8장에서 이미 YANG 데이터 모델을 다뤘으므로 9장에서는 OpenConfig RPC에 초점을 맞춘다.

OpenConfig가 다른 유사 단체와 다른 점은 사양을 공개하는 것 외에도 OpenConfig 호환 장치와 상호작용할 수 있도록 이런 사양을 구현하는 코드를 오픈소스로 작성한다는 것이다. OpenConfig는 이런 프로젝트를 주로 Go로 구현하고 있으며 프로젝트로는

ygot[3], gNxI 도구[4], gNMI 수집기collector[5], NMI CLI 유틸리티[6], gNMI 테스트 프레임워크[7], gRPC 터널[8] 그리고 IS-IS LSDB 파싱[9] 등이 있다. 이 책에서 다루지 않은 많은 프로젝트는 광범위한 네트워크 관련 애플리케이션을 대상으로 하므로 이런 프로젝트들도 살펴보기 바란다.

이 글을 쓰는 시점에서 OpenConfig는 네 개의 gRPC 서비스를 제공한다.

- **gRPC 네트워크 관리 인터페이스**gNMI, gRPC Network Management Interface: 원격 측정 스트리밍과 구성 관리용
- **gRPC 네트워크 운영 인터페이스**gNOI, gRPC Network Operations Interface: 네트워크 장치에서 작동 명령어 실행용
- **gRPC 라우팅 정보 기반 인터페이스**gRIBI, gRPC Routing Information Base Interface: 외부 클라이언트가 네트워크 요소에 라우팅 엔트리를 주입하는 용도
- **gRPC 네트워크 보안 인터페이스**gNSI, gRPC Network Security Interface: 호환 네트워크 장치의 액세스 보안을 위한 인프라 서비스

다음 절에서는 다음과 같은 일반적인 운영 작업을 살펴본다.

- gNMI `Set` RPC를 사용하는 장치 프로비저닝: 실습 환경 토폴로지에서 두 노드 간의 기본 인터페이스와 백업 인터페이스의 레이블을 올바르게 지정한다.
- `Subscribe` RPC를 사용하는 원격 측정 스트리밍: Go 프로그램이 gNMI 원격 측정 스트림에 반응해 네트워크에 변경 사항을 적용한다.
- gNOI `Tracerouter` RPC를 사용하는 `traceroute` 예제를 통한 네트워크 운영: 네트워크에서 모든 포워딩 경로가 예상대로 작동하는지 확인한다.

기술 요구사항

9장의 코드는 깃허브 저장소에서 다운로드할 수 있다.

참고

> 9장의 Go 프로그램은 가상 환경에서 실행하는 것이 좋다. 가상 환경을 구축하는 방법은 12장을 참고하기 바란다.

다음 절에서 설명할 첫 번째 예제에서는 Go로 네트워크 장치를 구성하는 gNMI를 살펴본다.

장치 프로비저닝

6장에서 네트워크 장치에 원하는 구성 상태를 적용하는 방법을 설명했다. 네트워크 엔지니어는 새로운 서비스를 프로비저닝하거나, 새로운 연결을 가져오거나, 오래된 구성을 제거하기 위해 일상적으로 네트워크 장치에 로그인해야 한다. 6장에서 SSH나 HTTP와 같이 네트워크 장치를 구성할 수 있는 여러 전송 옵션도 설명했으며 8장에서는 다른 옵션으로 gRPC를 추가했다.

YANG과 같은 데이터 모델링 언어로 네트워크 장치 구성을 모델링하는 것을 간단히 살펴봤기 때문에 공급 업체 전용 반정형 CLI 구문semi-structured vendor-specific CLI syntax으로 네트워크를 구성하는 것에서 정형 데이터를 네트워크와 교환해 구성 상태를 변경하는 모델로 전환할 수 있었다.

OpenConfig는 gNMI라고 하는 구성 관리를 위한 gRPC 서비스를 정의한다. gRPC 서비스의 목표는 모든 공급 업체가 기존의 전용 gRPC 서비스와 함께 구현할 수 있는 공통 gRPC protobuf 정의를 제공하는 것이다.

gNMI용 protobuf 정의는 다음과 같다.

```
service gNMI {
```

```
    rpc Capabilities(CapabilityRequest) returns (CapabilityResponse);
    rpc Get(GetRequest) returns (GetResponse);
    rpc Set(SetRequest) returns (SetResponse);
    rpc Subscribe(stream SubscribeRequest) returns (stream
SubscribeResponse);
}
```

특히, gNMI는 대상 노드를 변경하는 데 사용할 수 있는 Set RPC를 통한 구성 관리 기능을 제공한다. gNMI 사양[10]에는 사용할 수 있는 모든 gNMI RPC에 관한 광범위한 문서가 들어 있다. 이 절에서는 Set를 설명한다.

Set RPC

Set RPC를 사용하면 대상 네트워크 장치의 상태를 바꿀 수 있다. 상태를 바꾸려면 모든 변경 사항을 인코딩하는 SetRequest 메시지를 보내면 된다.

SetRequest 메시지의 전용 필드dedicated field를 사용하면 단일 트랜잭션으로 대상 장치의 데이터 트리의 값을 업데이트하거나, 대체하거나, 삭제할 수 있다. 이는 대상 장치에 지정한 변경 사항을 모두 적용할 수 없는 경우, 값을 롤백해 이전 상태로 돌아가야 한다는 것을 의미한다. 다음 protobuf 정의는 SetRequest 메시지에서 사용할 수 있는 옵션을 보여 준다.

```
message SetRequest {
    Path prefix = 1;
    repeated Path delete = 2;
    repeated Update replace = 3;
    repeated Update update = 4;
    repeated gnmi_ext.Extension extension = 5;
}
```

SetRequest 메시지의 Path 필드는 YANG 데이터 트리 경로를 인코딩한다. gNMI는 OpenConfig YANG 모델을 사용하는 것에 국한되지 않고 공급 업체가 정의한 YANG

모델에서도 똑같이 잘 동작한다. gNMI는 데이터 트리 경로를 일련의 PathElem[path element, 경로 요소]으로 설명한다. 각각의 PathElem은 이름이 있는 데이터 트리 노드로 한 개 이상의 속성(키)이 연관돼 있을 수 있다.

```
message Path {
  string origin = 2;
  repeated PathElem elem = 3;
  string target = 4;
}

message PathElem {
  string name = 1;
  map<string, string> key = 2;
}
```

예를 들어, /interfaces/interface[name=Ethernet2]/config/description 경로를 사용하면 대상 장치의 Ethernet2 인터페이스에 대한 설명을 설정할 수 있다. 이 경우, 속성이 있는 유일한 데이터 노드는 interface로, 이름이 필요하다. 같은 인터페이스에서 기본 VLAN의 IPv4 주소를 구성하려면 /interfaces/interface[name=Ethernet2]/subinterfaces/subinterface[index=0]/ipv4/addresses/address[ip=192.0.2.2]와 같은 경로를 사용해야 한다. 이 경우, 다른 하위 인터페이스가 다른 IP 주소를 가질 수 있으므로 subinterface 인덱스를 추가해야 한다.

데이터 경로를 식별하면 대상 장치에 설정하려는 새로운 값이 있는 내용을 YANG 스키마의 데이터 인스턴스로 빌드해야 한다. 이는 replace 및 update에만 필요하다. delet의 경우에는 경로만으로 구성에서 삭제할 항목을 대상 장치에 알려 줄 수 있다.

replace나 update에 대한 값을 보내는 데 사용하는 Update 메시지에는 Path 및 TypedValue 쌍이 있다. 후자를 사용하면 내용을 다른 포맷으로 인코딩할 수 있다.

```
message Update {
  Path path = 1;
  TypedValue val = 3;
  uint32 duplicates = 4;
```

```
}

message TypedValue {
  oneof value {
    string string_val = 1;
    int64 int_val = 2;
    uint64 uint_val = 3;
    bool bool_val = 4;
    bytes bytes_val = 5;
    double double_val = 14;
    ScalarArray leaflist_val = 8;
    google.protobuf.Any any_val = 9;
    bytes json_val = 10;
    bytes json_ietf_val = 11;
    string ascii_val = 12;
    bytes proto_bytes = 13;
    Device provisioning 297
  }
}
```

값은 `PRIMARY: TO -> CVX:swp1`과 같이 인터페이스를 설명하기 위한 문자열이나 `{"config":{"ip":"192.0. 2.2","prefix-length":31}}`과 같이 인터페이스의 IPv4 주소를 설명하는 JSON일 수 있다.

gNMI로 네트워크 인터페이스 구성하기

9장의 가상 실습 환경 토폴로지는 이 책의 깃허브 저장소 루트 디렉터리에서 `make lab-full`을 실행해 불러올 수 있으며 이 토폴로지에는 `ceos`와 `cvx` 간에 두 개의 연결이 있다. 이 연결은 이미 IPv4 주소로 구성돼 있지만, 이 인터페이스의 역할이 기본 링크인지, 백업 링크인지를 알려 주는 설명description이 없다.

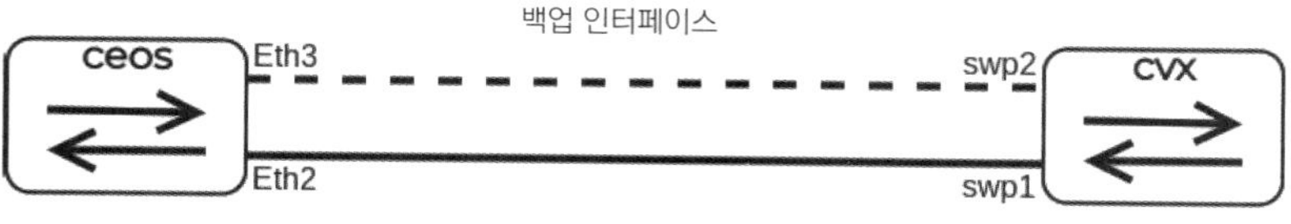

그림 9.1 ceos와 cvx 간의 이중 링크

다음 예제에서는 gNMI를 통해 ceos 측의 인터페이스에 설명을 추가한다. gNMIc 패키지(karimra/gnmic/api)를 사용하면 설명을 추가할 수 있다. 공식 gNMI 패키지(openconfig/gnmi) 대신, gNMIc를 선택한 이유는 이 패키지가 좀 더 개발자 친화적이고 더 높은 수준의 기능을 제공하기 때문이다. gNMIc 패키지를 사용하면 gNMIc 문서[11]에 설명된 것처럼 gNMI 경로를 Go의 데이터 구조체 대신 문자열로 인코딩할 수 있다. 이 예제의 전체 코드는 ch09/gnmi에서 확인할 수 있다.

gNMIc 패키지에는 새 gNMI 대상 장치를 만드는 NewTarget 함수가 있다. 다음 예제에서는 이 함수를 createTarget 메서드에 래핑한다.

```
func (r Router) createTarget() (*target.Target, error) {
	return api.NewTarget(
		api.Name("gnmi"),
		api.Address(r.Hostname+":"+r.Port),
		api.Username(r.Username),
		api.Password(r.Password),
		api.Insecure(r.Insecure),
	)
}
```

코드에서 첫 번째 단계는 이 대상 장치를 만들기 위해 YAML 파일(input.yml)에서 연결의 세부 정보를 읽는 것이다.

```
# input.yml
- hostname: clab-netgo-ceos
  port: 6030
  insecure: true
```

```
    username: admin
  password: admin
```

모든 대상 장치를 Routers 데이터 구조체에 저장한다. 여기서는 한 개의 장치(clab-netgo-ceos)만 있지만, 세부 연결 정보는 리스트이므로 원한다면 좀 더 많은 장치를 추가할 수 있다. 이제 대상 데이터로 CreateGNMIClient 메서드를 사용해 대상 장치(clab-netgo-ceos:6030)에 대한 기본 gRPC 연결을 설정한다.

```
func main() {
  /* ... < 생략 > ... */
  for _, router := range inv.Routers {
    tg, err := router.createTarget()
    // 에러를 처리한다.

    ctx, cancel := context.WithCancel(
    context.Background())
    defer cancel()

    err = tg.CreateGNMIClient(ctx)
    // 에러를 처리한다.
    defer tg.Close()
  /* ... < 다음에 계속 > ... */
}
```

연결되면 Set 요청을 보낼 수 있다. 또 다른 YAML 파일(api-ceos.yml)에는 각 요청에 대한 매개변수 리스트인 prefix, encoding, path, value가 있다. 경로의 길이를 줄이기 위해 prefix를 추가할 수 있다. Go 프로그램에서는 이 매개변수 리스트를 info 슬라이스에 저장한다.

```
# api-ceos.yml
- prefix: "/interfaces/interface[name=Ethernet2]"
  encoding: "json_ietf"
  path: '/subinterfaces/subinterface[index=0]/ipv4/addresses/
address[ip=192.0.2.2]'
  value: '{"config":{"ip":"192.0.2.2","prefix-length":31}}'
```

```
- prefix: ""
  encoding: "json_ietf"
  path: '/interfaces/interface[name=Ethernet2]/config/description'
  value: 'PRIMARY: TO -> CVX:swp1''
## ... < 생략 > ... ##
```

마지막 단계는 info 슬라이스에 대해 반복하고 NewSetRequest 함수로 Set 요청을 한 후 Set 메서드를 사용해 대상 장치로 전송하는 것이다.

```
func main() {
  /* ... < 이어서 계속 > ... */
    for _, data := range info {
      setReq, err := api.NewSetRequest(
              api.Update(
                    api.Path(data.Prefix+data.Path),
                    api.Value(data.Value, data.Encoding)),
      )
      // 에러를 처리한다.

      configResp, err := tg.Set(ctx, setReq)
      // 에러를 처리한다.

      fmt.Println(prototext.Format(configResp))
    }
  }
}
```

여기서 NewSetRequest에는 하나의 Update 메시지만 있지만, 단일 요청에 여러 개의 메시지를 포함할 수 있다.

이 예제를 실행한 결과는 다음과 같다.

```
ch09/gnmi$ go run main.go
response: {
  path: {
    elem: {
      name: "interfaces"
    }
```

```
      elem: {
        name: "interface"
        key: {
          key: "name"
          value: "Ethernet2"
        }
      }
      elem: {
        name: "subinterfaces"
      }
      elem: {
        name: "subinterface"
        key: {
          key: "index"
          value: "0"
        }
      }
      elem: {
        name: "ipv4"
      }
      elem: {
        name: "addresses"
      }
      elem: {
        name: "address"
        key: {
          key: "ip"
          value: "192.0.2.2"
        }
      }
    }
    op: UPDATE
  }
  timestamp: 1660148355191641746

  response: {
    path: {
      elem: {
        name: "interfaces"
      }
      elem: {
        name: "interface"
```

```
        key: {
          key: "name"
          value: "Ethernet2"
        }
      }
      elem: {
        name: "config"
      }
      elem: {
        name: "description"
      }
    }
    op: UPDATE
  }
  timestamp: 1660148355192866023
  ## ... < 생략 > ... ##
```

터미널 화면에 표시되는 것은 작업의 path, response, timestamp 값이 있는 SetResponse 메시지이다.

```
message SetResponse {
  Path prefix = 1;
  repeated UpdateResult response = 2;
  int64 timestamp = 4;
  repeated gnmi_ext.Extension extension = 5;
}
```

이제 ceos 장치에 연결하면 실행 중인 구성에서 다음과 같은 내용을 확인할 수 있다.

```
interface Ethernet2
  description PRIMARY: TO -> CVX:swp1
  no switchport
  ip address 192.0.2.2/31
!
interface Ethernet3
  description BACKUP: TO -> CVX:swp2
  no switchport
  ip address 192.0.2.4/31
```

!

네트워크 장치를 구성하는 일은 대부분의 네트워크 엔지니어가 많은 시간을 할애하는 반복적인 작업 중 하나이므로 이 과정을 자동화하면 투자 대비 높은 이익을 얻을 수 있다.

OpenConfig 워킹 그룹은 수년간에 걸친 노력으로 공식 gNMI 패키지(openconfig/gnmi)를 출시해 gNMIc(karimra/gnmic) 및 pyGNMI(akarneliuk/pygnmi)와 같은 다른 오픈소스 패키지 및 라이브러리를 개발했으며 커뮤니티는 이런 공급 업체 중립적인 gRPC 서비스를 중심으로 네트워크에서 일관된 자동화 사례를 추진하고 있다.

다음 절에서는 네트워크의 가시성을 높여 주는 다른 OpenConfig gRPC 서비스를 살펴본다.

스트리밍 원격 측정

전통적으로 네트워크 엔지니어는 간이 망 관리 프로토콜SNMP, Simple Network Management Protocol을 사용해 네트워크 장치에서 상태 정보를 수집했다. 장치는 추상 구문 기법 1ASN.1, Abstract Syntax Notation One을 사용해 이 정보를 바이너리 포맷으로 인코딩하고 수신자에게 보낸다. 수신자는 일반적으로 수집기 또는 네트워크 관리 시스템NMS, Network Management System이다. 후자는 관리 정보 베이스MIB, Management Information Base 중 하나를 사용해 수신한 정보를 인코딩하고 추가 처리를 위해 로컬에 저장한다.

이 방식은 수십 년 동안 네트워크 모니터링에 사용됐지만, 이 방식은 개선의 여지가 있다.

- 공급 업체 중립적인 데이터 모델의 수가 제한돼 있어 기본적인 모델이라도 고유한 MIB가 있어야 하며 주요 네트워크 OS를 업그레이드할 때마다 업데이트를 해야 할 수도 있다.

- MIB는 ASN.1의 하위 집합에 정의된 표기법을 사용하는데, ASN.1은 값을 구조화하기 위한 가장 좋은 방법이 아니다. ASN.1에는 리스트나 키-값 쌍의 개념이 없다. 그대신 이런 것들을 인덱스가 있는 값이나 추가 조회 테이블lookup table로 구현해야 한다.

- SNMP는 수집기에 추가 부담을 주지 않도록 전송 프로토콜로 UDP를 사용한다. 이로 인해 일부 데이터를 완전히 놓쳐 원격 측정 데이터 스트림에 빈틈이 생길 수 있다.

- SNMP는 주로 폴링 방식을 사용하므로 집계된 값만 볼 수 있어 중요한 상태 전환state transition을 놓칠 수 있다.

- SNMP는 일반적으로 값이 변경될 때 타임스탬프를 남기지 않는다. 수집기는 수집 시간을 기반으로 시간을 추론해야 한다.

gNMI는 전용 `Subscribe` RPC를 통해 네트워크 모니터링에 대한 새로운 접근 방식을 제공한다. 적어도 SNMP와 같은 기능을 제공하지만, 더 나아가 프로토콜을 더욱 풍부하고 다재다능하게 만든다.

- 가장 큰 개선 사항 중 하나는 '원격 측정 스트리밍'이다. 이제 네트워크 장치에서 작동 중인 YANG 트리의 모든 값을 지속적으로 받을 수 있으므로 타임스탬프와 함께 모든 상태 전환에 대한 가시성이 좋아진다.

- 주기적인 전송 대신, 상태의 변화가 있을 때만 원격 측정 데이터를 수신할 수 있다.

- gNMI는 기본 gRPC 전송으로 인해 다이얼 인dial-in[12]과 다이얼 아웃dial-out[13] 연결 메서드를 모두 지원하며 신뢰할 수 있는 HTTP/2 프로토콜을 사용해 메시지를 전달한다.

- OpenConfig는 네트워크 장치의 작동 상태를 설명하기 위해 공급 업체 중립적인 YANG 모델을 정의하고 클라이언트가 표준 파이프라인에서 다양한 공급 업체의 데이터를 파싱하고 처리할 수 있도록 지원한다.

참고

스트리밍 원격 측정을 사용하더라도 카운터가 증가할 때마다 모든 업데이트를 받는 것은 아니다. 네트워크 장치는 주기적으로 내부 데이터 저장소를 폴링해 인터페이스 패킷 카운터와 같은 최신 평가 지표(metric)나 통계(stats)를 얻는 로컬 프로세스가 있다. 이 데이터는 gNMI 프로세스로 전달된다. 따라서 수신하는 데이터가 얼마나 실시간인지는 스트리밍 메시지를 얼마나 자주 받느냐에만 달린 것이 아니라 내부 폴링 주기에 따라서도 달라진다. 여전히 SNMP를 사용하면 BGP 상태 전환과 같이 가장 관련성이 높은 시스템 이벤트를 놓을 수 있다.

이런 기능은 gNMI 기능 중 일부에 불과하다. gNMI 사양[10]은 모든 gNMI 프로토콜 기능에 대한 좋은 참고 자료가 될 수 있다. 다음으로 원격 측정 서비스의 작동 방식을 이해하기 위해 gNMI protobuf 메시지를 살펴본다.

Subscribe RPC

gNMI는 원격 측정 스트림을 구독하는 데 사용되는 단일 RPC를 정의한다. 네트워크 장치는 하나 이상의 `SubscribeRequest` 메시지를 받아 `SubscribeResponse` 메시지의 스트림으로 응답한다.

```
service gNMI {
     rpc Subscribe(stream SubscribeRequest) returns (stream
SubscribeResponse);
}
```

gNMI 클라이언트에는 원격 측정 구독을 제어할 수 있는 다양한 옵션이 있다. 그림 9.2는 이런 옵션 중 일부를 강조한 `SubscribeRequest` 메시지의 구성을 보여 준다.

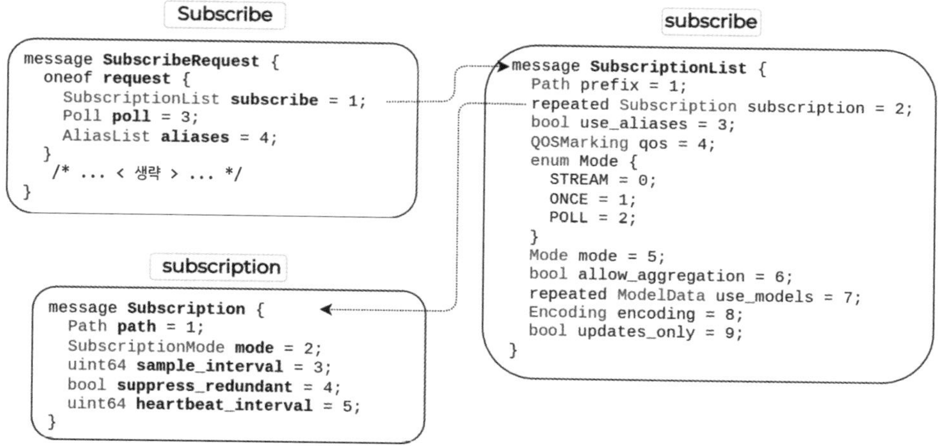

그림 9.2 gNMI subscribe protobuf 메시지

원격 측정 구독을 제어하는 가장 기본적인 방법은 Path와 SubscriptionMode를 지정하는 것이다.

- **Path**: 모니터링하려는 YANG 트리의 부분을 참조한다. 전체 장치의 상태부터 단일 리프leaf[14]의 값까지 모든 것을 구독할 수 있다. 이 값은 gNMI의 경로 규칙path convention[15]을 따른다.
- **SubscriptionMode**: 상태가 바뀔 때마다 원격 측정을 전송할 것인지, 주기적으로 전송할 것인지를 결정한다.

```
enum SubscriptionMode {
     TARGET_DEFINED = 0;
     ON_CHANGE = 1;
     SAMPLE = 2;
}
```

네트워크 장치에는 다음 정보가 포함된 응답 메시지 스트림을 전송한다.

- **TypedValue**: 실제 원격 측정 값이 있는 가장 중요한 필드

- **Path**: 고유한 YANG 리프 노드를 식별하는 값의 전체 gNMI 경로
- **timestamp**: 수신한 데이터를 올바른 순서로 정렬 및 처리하거나 자주 변경되지 않는 값에 대해 가장 마지막으로 변경된 값을 찾는 데 사용된다.

```
message Notification {
     int64 timestamp = 1;
     Path prefix = 2;
     string alias = 3;
     repeated Update update = 4;
     repeated Path delete = 5;
     bool atomic = 6;
}

message Update {
     Path path = 1;
     TypedValue val = 3;
     uint32 duplicates = 4;
}
```

지금까지 소개한 내용은 `Subscribe` RPC의 일부에 불과하다. `gnmi.proto` 파일을 확인하면 전체 protobuf 메시지를 확인할 수 있으며 gNMI 사양 문서[10]의 '원격 측정telemetry' 절을 읽으면 프로토콜이 제공하는 기능과 특징에 대해 좀 더 자세히 알 수 있다. 이 책에서 다루지 않은 몇 가지 기능은 다음과 같다.

- gNMI를 사용하면 원격 측정 값을 폴링하거나 인스턴트 일회성(ONCE) 스냅숏을 만들 수 있다.
- 일부 네트워크 장치는 단일 `SubscribeResponse` 메시지에 여러 개의 `Update` 메시지를 묶어 보낼 수 있다. 이 경우, 전송된 모든 값은 하나의 타임스탬프만 가지므로 타임스탬프의 정확도가 떨어진다는 단점이 있다.
- 모든 단일 값을 보고 싶지 않다면 네트워크 장치에서 해당 값을 집계할 수 있다.
- 여러 YANG 모델이 정의하는 값에 대해 사용자 정의를 지정할 수 있다.

참고

OpenConfig의 YANG 모델과 마찬가지로 구현된 기능은 공급 업체마다 다를 수 있다.

gNMI를 사용한 스트리밍 원격 측정 처리 파이프라인

gNMI 호환 네트워크 장치에서 데이터를 수신하거나 수집하려면 공식 gNMI 저장소[16]의 Go gNMI 클라이언트 구현을 사용할 수 있다. 공식 gNMI 클라이언트를 기반으로 빌드된 gNMIc[17]도 사용할 수 있는데, 데이터 변환 및 광범위한 상향 인터페이스northbound interface와 같은 많은 기능을 제공한다.

gNMIc는 네트워크 장치와 시계열 데이터베이스TSDB, Time-Series Database 또는 메시지 큐message queue 간의 링크 역할을 할 수 있으며 수신한 원격 측정 데이터를 Prometheus, InfluxDB, NATS, Kafka와 같은 오픈소스 프로젝트가 이해할 수 있는 포맷으로 변환할 수 있다. gNMIc를 명령줄 도구로 실행해 네트워크 장치와 상호작용하거나 데몬으로 원격 측정 데이터를 구독하고 메시지 큐나 데이터베이스에 게시publish할 수 있다.

이벤트 관리지 샘플 프로그램

기본 이벤트 관리자 애플리케이션primitive event-manager application 구현을 통한 원격 측정 처리 파이프라인telemetry processing pipeline의 한 가지 예제를 살펴보자. 이 프로그램의 목표는 증가하는 패킷 속도에 대응할 수 있도록 일시적으로 백업 인터페이스를 활성화해 들어오는 트래픽incoming traffic을 재분배하는 것이다. 그림 9.3은 원격 측정 처리 파이프라인의 아키텍처의 개관을 보여 주며 다음과 같은 주요 구성 요소가 포함돼 있다.

- gNMIC 프로세스: 데몬으로 실행되며 네트워크 원격 측정 데이터를 수집하고 처리한다.
- TSDB프로메테우스: 수집된 원격 측정 데이터를 저장한다.

- AlertManager[18]: 프로메테우스에서 수신한 경고를 처리하고 외부 이벤트를 발생시킨다.
- 이벤트 매니저 비즈니스 로직을 구현하는 Go 프로그램

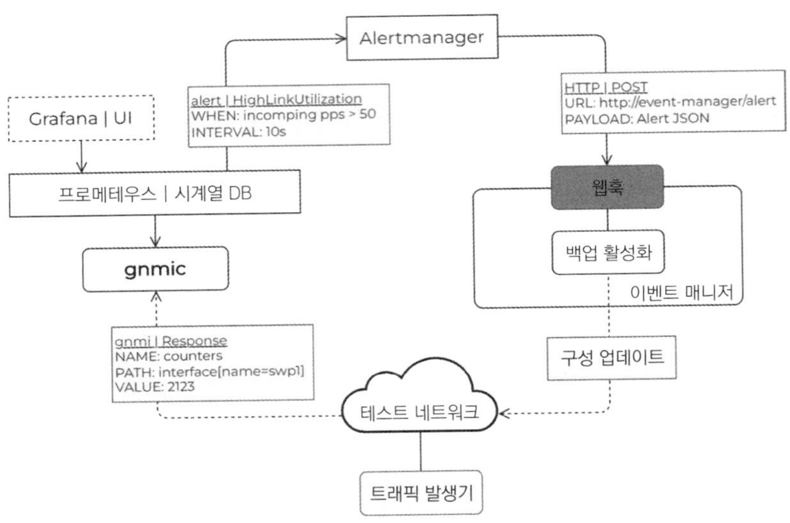

그림 9.3 이벤트 매니저 애플리케이션

이런 구성 요소는 이 책의 깃허브 저장소 루트에서 `make gnmic-start` 명령어를 사용해 돌릴 수 있다. 이 명령어는 gNMIc 데몬을 실행하고 `docker-compose`를 사용해 프로메테우스, 그라파나 및 AlertManager를 구동한다. 이제 이런 애플리케이션은 테스트 실습 환경 토폴로지와 함께 실행되며 표준 네트워크 인터페이스를 통해 상호작용한다.

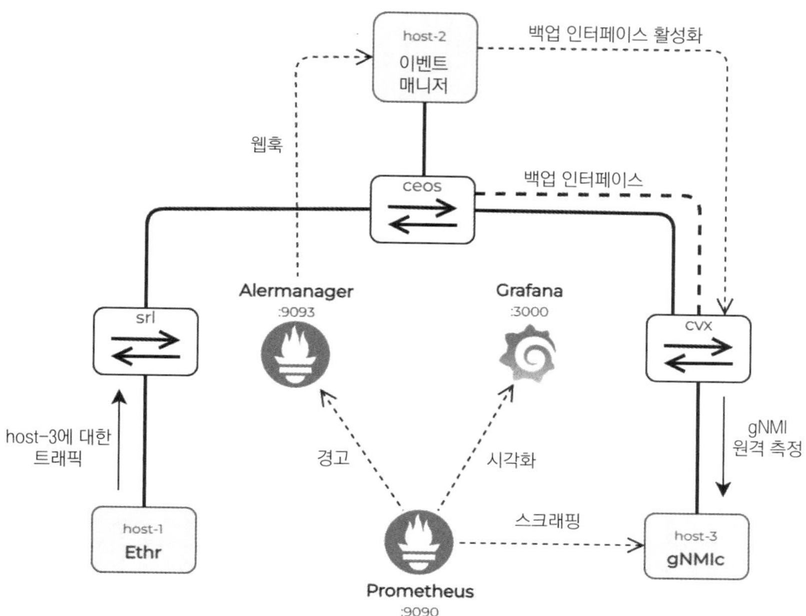

그림 9.4 이벤트 매니저 토폴로지[19]

topo-full/workdir/[20] 디렉터리에 있는 일련의 파일을 사용해 이런 애플리케이션을 구성했다. 이런 파일은 컨테이너랩(topo.yml)[21]이나 Docker Compose(docker-compose.yml)[22]에서 정의한 대로 각각의 컨테이너로 마운트된다. 이런 애플리케이션의 역할에 관한 간략한 설명은 다음과 같다.

- gNMIc 데몬 프로세스는 실습 환경 토폴로지의 Host-3에서 실행된다. 이 프로세스는 cvx 장치의 원격 측정 데이터를 구독해 프로메테우스 스타일의 측정 지표로 표시한다. 이런 설정은 다음과 같은 gnmic.yaml 파일에서 관리한다.

```
targets:
 "clab-netgo-cvx:9339":
    username: cumulus
    password: cumulus

  subscriptions:
```

```
    counters:
      target: netq
      paths:
        - /interfaces
      updates-only: true

  outputs:
    prom-output:
      type: prometheus
      listen: ":9313"
```

- 프로메테우스 구성 값은 `prometheus.yml` 파일에서 찾을 수 있다. 2초마다 gNMIc 엔드포인트를 스크래핑하고 수집된 데이터를 TSDB에 저장하도록 구성한다.

```
scrape_configs:
  - job_name: 'event-trigger'
    'scrape_interval: 2s
    static_configs:
      - targets: ['clab-netgo-host-3:9313']
```

- 같은 구성 파일에는 `alert.rules`라는 경보 정의 파일에 대한 참조와 AlertManager의 세부 연결 정보가 포함돼 있다.

```
rule_files:
  - 'alert.rules'

alerting:
  alertmanagers:
  - scheme: http
    static_configs:
    - targets:
      - "alertmanager:9093"
```

- `alert.rules` 파일의 내부에 단일 경고 `HighLinkUtilization`를 정의한다. Prometheus는 10초마다 들어오는 패킷 속도가 미리 정의된 임곗값(30초 간격당 50 패킷)을 초과했는지 확인하고, 초과했다면 경고를 발생하고 AlertManager로 전송한다.

```
groups:
- name: thebook
  interval: 10s
  rules:
  - alert: HighLinkUtilization
    expr: rate(interfaces_interface_state_counters_in_
pkts[30s]) > 50
    for: 0m
    labels:
      severity: warning
    annotations:
      summary: Transit link {{ $labels.interface_name }} is
under high load
      description: "Transit link {{ $labels.interface_name }} is
under high load LABELS = {{ $labels }}"
      value: '{{ $value }}'
```

- AlertManager에는 프로메테우스에서 들어오는 알람을 집계하고 라우팅하는 방법을 제어하는 자체 구성 파일인 `alertmanager.yml`이 있다. 여기서는 경고 타입이 하나이므로 하나의 경로만 필요하다. 기본 집계 타이머를 줄여 빠른 반응 시간을 활성화하고 이 경고를 전송할 웹훅webhook URL을 지정한다.

```
route:
  receiver: 'event-manager'
  group_wait: 5s
  group_interval: 10s

receivers:
  - name: 'event-manager'
    webhook_configs:
    - url: http://clab-netgo-host-2:10000/alert
```

- 이벤트 매니저는 경고를 파싱하고 cvx 장치로 들어가는 트래픽을 재분배하기 위해 백업 인터페이스를 전환한다. 이 동작은 매우 정적이므로 구성 파일은 필요하지 않다.

이벤트 관리자 프로그램은 들어오는 요청을 기다리고 요청을 핸들러 함수handler function로 전송하는 표준 웹 서버를 구현한다. 여기서는 수신한 프로메테우스 경고를 디코딩하고 상태에 따라 toggleBackup 함수를 호출한다.

```
func alertHandler(w http.ResponseWriter, req *http.Request) {
  log.Println("Incoming alert")
  var alerts Alerts
  err := json.NewDecoder(req.Body).Decode(&alerts)
  // 에러를 처리한다.

  for _, alert := range alerts.Alerts {
    if alert.Status == "firing" {
      if err := toggleBackup(alert.Labels.InterfaceName, "permit");
err != nil {
        w.WriteHeader(http.StatusInternalServerError)
        return
      }
      continue
    }

    if err := toggleBackup(alert.Labels.InterfaceName, "deny");
err != nil {
      w.WriteHeader(http.StatusInternalServerError)
      return
    }
  }
  w.WriteHeader(http.StatusOK)
}
```

cvx와 ceos 장치 간에는 두 개의 업링크가 있으며 기본적으로 하나만 사용한다. 백업 업링크는 BGP ASN 프리펜딩prepending을 수행하고 좀 더 구체적이거나 분리된 접두사를 알릴announce 때만 수신한다. toggleBackup 함수는 이 작업을 (cvx에서의) IP 접두사 목록에서 허용permit/거부deny 문을 전환하는 방식으로 수행하므로 BGP 분해 동작disaggregation behavior을 활성화 또는 비활성화할 수 있다.

```
var (
  backupRules = map[string][]int{
```

```
    "swp1": {10, 20},
  }
)

func toggleBackup(intf string, action string) error {
  log.Printf("%s needs to %s backup prefixes", intf, action)
  ruleIDs, ok := backupRules[intf]
  // 에러를 처리한다.

  var pl PrefixList
  pl.Rules = make(map[string]Rule)
  for _, ruleID := range ruleIDs {
    pl.Rules[strconv.Itoa(ruleID)] = Rule{
      Action: action,
    }
  }

  var payload nvue
  payload.Router.Policy.PrefixLists = map[string]PrefixList{
    plName: pl,
  }

  b, err := json.Marshal(payload)
  // 에러를 처리한다.

  return sendBytes(b)
}
```

마지막 sendBytes 함수는 6장에서 설명한 3단계 커밋 과정을 사용해 맞는 구성을 적용한다.

데이터 가시화하기

admin을 사용자 이름과 패스워드로 사용하면 :3000에서 실행 중인 그라파나의 로컬 인스턴스에 연결할 수 있으며 전체 원격 측정 기반 파이프라인을 실제로 테스트할 수 있다. 이 그라파나 인스턴스는 데이터 소스로, 프로메테우스에 미리 통합돼 있으며 ceos

에 대한 두 cvx 링크에 대해 들어오는 패킷 속도를 표시하는 event-manager 대시보드가 미리 구축돼 있다.

이 책의 깃허브 저장소 루트에서 make traffic-start를 실행해 실습 환경 토폴로지에서 트래픽을 만들 수 있다. 모든 트래픽은 처음에 cvx와 ceos 간의 기본 연결(swp1)을 통해 흘러간다.

그다음으로 이벤트 관리자 애플리케이션에서 시작해 두 연결 모두에서 트래픽의 부하를 분산한다. 이렇게 하려면 host-2 컨테이너에서 이벤트 관리자 Go 애플리케이션을 실행해야 한다. 다음 코드 스니펫에서 실행하는 명령어로 Go 애플리케이션을 실행할 수 있다.

```
$ sudo ip netns exec clab-netgo-host-2 /usr/local/go/bin/go run ch09/
event-manager/main.go
AlertManager event-triggered webhook
2022/08/01 21:51:13 Starting web server at 0.0.0.0:10000
```

새로운 터미널 창이나 탭을 열고 make traffic-start 명령어를 다시 실행하되, 이번에는 DURATION 변수를 사용해 트래픽의 생성 주기를 기본 60초(60s)에서 2분(2m)으로 늘린다.

```
$ DURATION=2m make traffic-start
```

이렇게 하면 트래픽 재분산re-balancing의 장기적인 효과를 확인할 수 있다. 로그에서는 트래픽 속도로 인해 경보가 발생하고 애플리케이션이 보정 조치corrective action를 구현했다는 것을 확인할 수 있어야 한다.

```
$ sudo ip netns exec clab-netgo-host-2 /usr/local/go/bin/go run ch09/
event-manager/main.go
AlertManager event-triggered webhook
2022/08/01 21:51:13 Starting web server at 0.0.0.0:10000 ch09/event-
manager/main.go
2022/08/01 21:53:10 Incoming alert
2022/08/01 21:53:10 swp1 needs to permit backup prefixes
2022/08/01 21:53:10 Created revisionID: changeset/
```

```
cumulus/2022-08-01_21.53.10_ASP0
{
  "state": "apply",
  "transition": {
    "issue": {},
    "progress": ""
  }
}
2022/08/01 21:54:00 Incoming alert
2022/08/01 21:54:00 swp1 needs to deny backup prefixes
2022/08/01 21:54:00 Created revisionID: changeset/
Streaming telemetry 313
cumulus/2022-08-01_21.54.00_ASP2
{
  "state": "apply",
  "transition": {
    "issue": {},
    "progress": ""
  }
}
2022/08/01 21:54:00 swp2 needs to permit backup prefixes
2022/08/01 21:54:00 Could not find a backup prefix for swp2
2022/08/01 21:54:20 Incoming alert
2022/08/01 21:54:20 swp2 needs to deny backup prefixes
2022/08/01 21:54:20 Could not find a backup prefix for swp2
2022/08/01 21:54:30 Incoming alert
2022/08/01 21:54:30 swp1 needs to permit backup prefixes
2022/08/01 21:54:30 Created revisionID: changeset/
cumulus/2022-08-01_21.54.30_ASP4
{
  "state": "apply",
  "transition": {
    "issue": {},
    "progress": ""
  }
}
2022/08/01 21:55:20 Incoming alert
2022/08/01 21:55:20 swp1 needs to deny backup prefixes
2022/08/01 21:55:20 Created revisionID: changeset/
cumulus/2022-08-01_21.55.20_ASP6
{
  "state": "apply",
```

```
    "transition": {
      "issue": {},
      "progress": ""
    }
  }
```

세 가지 테스트를 모두 수행하면 그림 9.5와 같은 그래프를 얻을 수 있다.

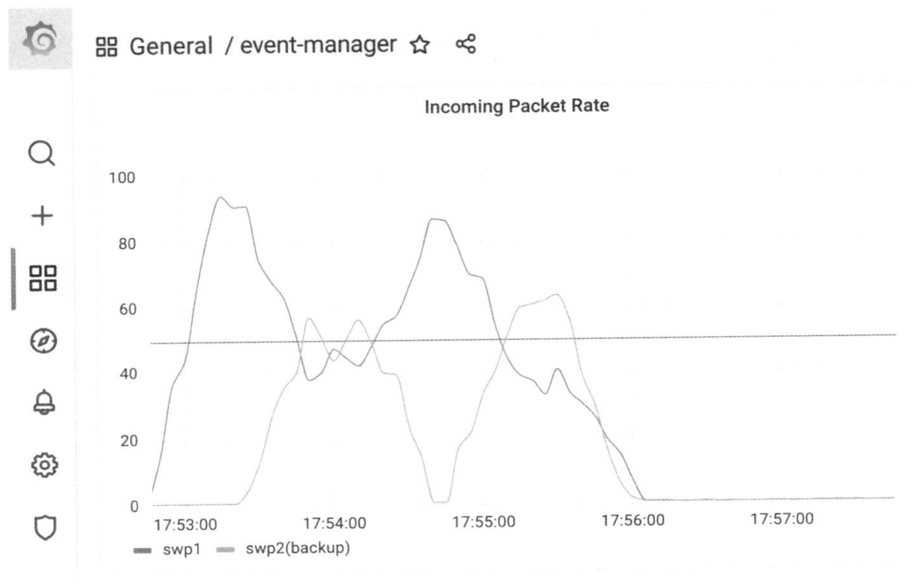

그림 9.5 이벤트 관리자 시각화

스트리밍 원격 측정은 매우 강력한 기능으로, 다양한 비즈니스 사용 사례에 적용할 수 있다. 하지만 이런 사용 사례의 대부분은 운영하는 네트워크 환경에 한정돼 있으므로 모든 네트워크에 적용할 수 있는 최고의 애플리케이션을 만드는 것은 어려운 일이다. 따라서 필요한 비즈니스 로직을 코드로 구현하는 방법을 아는 것이 중요하므로 9장에서는 이 방법을 설명하려고 노력했다.

다음 절에서는 운영 작업을 자동화하는 또 다른 OpenConfig gRPC 서비스를 살펴본다.

네트워크 운영

앞 절에서는 두 가지 일반적인 네트워크 자동화 사용 사례인 구성 관리와 작동 상태 수집에 관한 접근 방식을 살펴봤다. 이 두 가지 작업만으로도 많은 네트워크 자동화 작업을 할 수 있지만, 이 두 가지 범주에 속하지 않는 일반적인 운영 작업도 있다.

네트워크 운영의 모든 측면을 자동화하려면 네트워크 장치 재장착reload, 소프트웨어 생명주기 관리, 카운터 및 인접성 재설정adjacency reset과 같은 작업도 자동화해야 한다. 일반적으로 이런 작업은 대화식 CLI 작업 흐름interactive CLI workflow의 일부로 실행되며 작업자가 이 과정에 참여한다고 가정한 상태에서 프롬프트와 경고가 표시된다. 이로 인해 이런 작업을 자동화하려면 화면 스크래핑을 사용해야 하므로 자동화 작업은 매우 어려운 일이며 위험성도 커지게 된다.

이 문제를 해결하기 위해 OpenConfig는 대화식 명령어를 추상화하고 네트워크 운영 기능을 표준화된 공급 업체 중립적인 표준 방식으로 표현하도록 설계한 새로운 gRPC API를 제안했다.

gNOI

gNOI는 광범위한 네트워크 운영 사용 사례를 다루는 gRPC 서비스 목록을 정의한다. 각 서비스는 일련의 작업으로 구성된 하나의 운영 절차를 표현하며 표 9.1에서 gNOI가 해결하려는 몇 가지 문제를 확인할 수 있다.

표 9.1 gNOI 사용 사례의 예

서비스	설명	RPC 명령어의 예
OS	NOS 패키지 관리	Install[23], Activate[24], Verify[25]
File	파일 작업	Get[26], Transfer[27], Put[28], Remove[29]
L2	L2 프로토콜 운영	ClearNeighborDiscovery[30], ClearLLDPInterrface[31]
Cert	인증서 관리	Rotat[32], Install[33], CenerateSR[34], RevokeCertificates[35]
System	시스템 운영	Ping[36], Traceroute[37], Reboot[38], Time[39]

일부 RPC는 바로 응답하는 원샷one-shot 방식이며 일부는 작업이 완료되거나 취소될 때까지 동기식으로 응답을 스트리밍하고 일부는 비동기식으로 작동한다.

gNOI 깃허브 저장소[40]의 protobuf 파일에는 각 서비스에 대한 가장 최근 작업 목록이 있다. 이 글을 쓰는 시점에서 system.proto 파일[41]의 최상위 정의는 다음과 같다.

```
service System {
  rpc Ping(PingRequest) returns (stream PingResponse) {}
  rpc Traceroute(TracerouteRequest) returns (stream TracerouteResponse) {}
  rpc Time(TimeRequest) returns (TimeResponse) {}
  rpc SetPackage(stream SetPackageRequest) returns (SetPackageResponse) {}
  rpc SwitchControlProcessor(SwitchControlProcessorRequest)
    returns (SwitchControlProcessorResponse) {}
  rpc Reboot(RebootRequest) returns (RebootResponse) {}
  rpc RebootStatus(RebootStatusRequest) returns (RebootStatusResponse) {}
  rpc CancelReboot(CancelRebootRequest) returns (CancelRebootResponse) {}
  rpc KillProcess(KillProcessRequest) returns (KillProcessResponse) {}
}
```

이 책에서는 모든 gNOI RPC를 설명하지 않는다. 그 대신, 한 가지 gNOI RPC를 중심으로 빌드된 예제 프로그램을 알아본다.

Traceroute RPC

전부는 아니더라도 대부분의 네트워크 엔지니어는 traceroute 명령어를 잘 알고 있다. 이 명령어는 한 쌍의 네트워크 장치 간의 포워딩 경로forwarding path를 알아보는 일반적인 방법이다. 네트워크 장치의 대화형 셸에서 traceroute 명령어를 실행하면 결과가 터미널 화면에 표시된다. gNOI에서 traceroute 명령어는 TracerouteRequest 메시지가 있는 페이로드를 RPC를 통해 요청하는 작업으로, 결과는 하나 이상의 TracerouteResponse 메시지 스트림이다.

```
service System {
    rpc Traceroute(TracerouteRequest) returns (stream
```

```
TracerouteResponse) {}
}
```

traceroute 명령줄 인수 및 플래그와 마찬가지로 요청 메시지를 사용하면 출발지 주소source address와 최대 홉[42] 수 그리고 역DNS 조회reverse DNS lookup 수행 여부와 같은 옵션을 지정할 수 있다.

```
message TracerouteRequest {
    string source = 1;         // 핑할 출발지 주소
    String destination = 2;    // 핑할 대상지 주소
    Uint32 initial_ttl = 3;    // TTL 초깃값(default=1)
    int32 max_ttl = 4;         // 최대 홉 수
    Int64 wait = 5;            // 응답 대기 시간(단위: ns)
    Bool do_not_fragment = 6;
    Bool do_not_resolve = 7;
    /* ... < 생략 > ... */
}
```

각 응답 메시지에는 홉 수와 왕복 시간, 프로브probe[43] 응답에서 추출한 응답 주소가 포함된 단일 측정 사이클의 결과가 들어 있다.

```
message TracerouteResponse {
    /* ... < 생략 > ... */
    int32 hop = 5;          // Hop number. required.
    string address = 6;     // Address of responding hop.
    string name = 7;        // Name of responding hop.
    int64 rtt = 8;          // Round trip time in nanoseconds.
    /* ... < 생략 > ... */
}
```

이제 Go를 사용해 gNOI 인터페이스를 사용하는 방법을 예제를 통해 알아보자.

경로 검증기 애플리케이션

앞서 9장의 '스트리밍 원격 측정' 절에서는 기본 인터페이스를 통과하는 트래픽이 미리 정의된 임곗값을 초과할 때 백업 링크를 활성화 또는 비활성화하는 이벤트 관리자 애플리케이션 구현에 대해 알아봤다. 애플리케이션이 의도한 대로 작동하는지 확인하기 위해 그라파나를 사용해 트래픽의 속도를 그래프로 표시했다.

복잡한 작업 흐름이 포함된 실제 자동화 사용 사례에서는 시각적으로 확인하는 것이 항상 올바른 접근 방식은 아니다. 백업 링크가 이상적으로 작동하는지 확인할 수 있는 프로그래밍 방식이 필요하다. 이를 위해 다음 예제에서는 gNOI Traceroute RPC를 사용한다. 목표는 다양한 네트워크 경로를 살펴보고 일부 트래픽 흐름을 백업 인터페이스로 포워딩하는지 확인하는 것이다. 이 절의 코드 예제는 ch09/gnoi-trace 디렉터리에서 확인할 수 있다.

먼저 ceos 가상 네트워크 장치에 gRPC 세션을 설정하고 gNOI System 서비스에 대한 새 API 클라이언트를 만든다.

```
var target = "clab-netgo-ceos:6030"

import (
	"google.golang.org/grpc"
	"github.com/openconfig/gnoi/system"
)

func main() {
	conn, err := grpc.Dial(target, grpc.WithInsecure())
	// 에러를 처리한다.
	defer conn.Close()

	sysSvc := system.NewSystemClient(conn)
	ctx, cancel := context.WithCancel(context.Background())
	defer cancel()
  /* ... < 다음에 계속 > ... */
}
```

그다음으로 sync.WaitGroup을 만들어 여러 목적지[destination]에 대해 traceroute를 실행

하는 모든 고루틴을 조정한다. 이런 고루틴은 수집한 결과를 traceCh 채널을 통해 main 고루틴으로 다시 돌려보낸다. 각 traceroute의 목적지는 string으로 인코딩되며 traceroute 결과에는 네트워크 홉마다 응답된 IP 주소가 리스트로 저장된다.

Go는 기본적으로 표준 라이브러리에서 집합을 구현하지 않으므로 다음 단계에서는 IP 주소 리스트를 쉽게 비교할 수 있도록 외부 패키지인 deckarep/golang-set (mapset)를 사용한다. 홉 수는 암시적으로 []mapset.Set 배열의 인덱스로 인코딩한다.

```
var destinations = []string{
            "203.0.113.251",
            "203.0.113.252",
            "203.0.113.253",
}

func main() {
     /* ... < 이어서 계속 > ... */
     var wg sync.WaitGroup
     wg.Add(len(destinations))

     traceCh := make(chan map[string][]mapset.Set, len(destinations))
  /* ... < 다음에 계속 > ... */
}
```

각 고루틴은 하나의 traceroute를 실행하며 TracerouteRequest 메시지의 source와 destination 필드만 지정하고 나머지 옵션은 기본값을 사용한다. 응답을 받으면 결과를 route 슬라이스에 저장한다. traceroute가 멈추면, 즉 에러 타입이 io.EOF이면 traceCh 채널을 통해 누적된 응답을 보내고 wg.Done을 호출한다.

```
var source = "203.0.113.3"

func main() {
  /* ... < 이어서 계속 > ... */
  for _, dest := range destinations {
    go func(d string) {
    defer wg.Done()
    retryMax := 3
```

```
  retryCount := 0

START:
  response, err := sysSvc.Traceroute(ctx,
                    &system.TracerouteRequest{
                             Destination: d,
                             Source: source,
  })
  // 에러를 처리한다.

  var route []mapset.Set
  for {
    resp, err := response.Recv()
    if errors.Is(err, io.EOF) {
    // end of stream, traceroute completed
      break
    }
    // 에러를 처리한다.

    // timed out, restarting the traceroute
    if int(resp.Hop) > len(route)+1 {
      if retryCount > retryMax-1 {
        goto FINISH
      }
      retryCount += 1
      goto START
    }

    // first response
    if len(route) < int(resp.Hop) {
      route = append(route, mapset.NewSet())
    }
    // subsequent responses
      route[resp.Hop-1].Add(resp.Address)
    }

  FINISH:
    traceCh <- map[string][]mapset.Set{
              d: route,
            }
  }(dest)
}
```

```
  wg.Wait()
  close(traceCh)
  /* ... < 다음에 계속 > ... */
}
```

네트워크 장치에는 수신하는 모든 ICMP 패킷을 처리하지 못하도록 기본 제어 평면 보안 설정control plane security setting[44]이 있기 때문에 traceroute의 결과에 빈틈이 생길 수 있다. 이를 보완하기 위해 코드에서는 Go의 레이블과 `goto` 문을 사용해 하나의 홉에서 모든 정보를 얻을 수 없는 경우에 traceroute를 재실행한다. 이 재실행 로직 구현에 사용한 두 개의 레이블은 `START`와 `FINISH`이며 `FINISH`는 몇 번의 시도 후에도 결과를 얻지 못한 경우 폴스루fall-through[45] 역할을 한다.

모든 traceroute 요청이 완료되면 결과를 처리하고 분석할 수 있다. 코드의 로직을 간단히 하기 위해 먼저 데이터를 변환해 홉 수와 traceroute 목적지당 IP 주소 집합 간의 맵을 저장한다.

```
func main() {
  /* ... < 이어서 계속 > ... */
  routes := make(map[int]map[string]mapset.Set)

  for trace := range traceCh {
    for dest, paths := range trace {
      for hop, path := range paths {
        if _, ok := routes[hop]; !ok {
          routes[hop] = make(map[string]mapset.Set)
        }
        routes[hop][dest] = path
      }
    }
  }
  /* ... < 다음에 계속 > ... */
}
```

마지막으로 각 홉을 순회하면 서로 다른 traceroute 목적지에 대한 응답 IP 주소 집합 간에 차이가 있는지 확인할 수 있다. 차이가 있다면 패킷이 다른 경로를 거쳤다는 것을 의미한다. 차이를 감지하면 화면에 출력된다.

```
func main() {
  /* ... < 이어서 계속 > ... */
  for hop, route := range routes {
    if hop == len(routes)-1 {
      continue
    }
    found := make(map[string]string)
    for myDest, myPaths := range route {
      for otherDest, otherPaths := range route {
        if myDest == otherDest {
          continue
        }
        diff := myPaths.Difference(otherPaths)
        if diff.Cardinality() == 0 {
          continue
        }

        v, ok := found[myDest]
        if ok && v == otherDest {
          continue
        }

        log.Printf("Found different paths at hop %d", hop)
        log.Printf("Destination %s: %+v", myDest, myPaths)
        log.Printf(
                "Destination %s: %+v",
                        otherDest,
                        otherPaths,
                        )
        found[otherDest] = myDest
      }
    }
  }
  log.Println("Check complete")
}
```

이 프로그램은 ch09/gnoi-trace 디렉터리에서 실행할 수 있다. 먼저 lab-full이 실행 중인지 확인한다. 실행 결과는 다음과 같다.

```
ch09/gnoi-trace$ go run main.go
2022/06/26 16:51:10 Checking if routes have different paths
2022/06/26 16:51:16 Missed at least one hop in 203.0.113.251
2022/06/26 16:51:16 retrying 203.0.113.251
2022/06/26 16:51:17 Check complete
```

make traffic-start 명령어로 트래픽을 만들고 다시 이 프로그램을 실행한다. 다른 탭에서는 clab-netgo-host-2 호스트에서 이벤트 관리자 애플리케이션을 동시에 실행해 백업 링크를 활성화한다.

```
$ DURATION=2m make traffic-start
docker exec -d clab-netgo-cvx systemctl restart hsflowd
docker exec -d clab-netgo-host-3 ./ethr -s
docker exec -d clab-netgo-host-1 ./ethr -c 203.0.113.253 -b 900K -d 2m -p
udp -l 1KB
docker exec -d clab-netgo-host-1 ./ethr -c 203.0.113.252 -b 600K -d 2m -p
udp -l 1KB
docker exec -d clab-netgo-host-1 ./ethr -c 203.0.113.251 -b 400K -d 2m -p
udp -l 1KB

$ sudo ip netns exec clab-netgo-host-2 /usr/local/go/bin/go run ch09/
event-manager/main.go
AlertManager event-triggered webhook
2022/09/14 21:02:57 Starting web server at 0.0.0.0:10000
2022/09/14 21:02:58 Incoming alert
2022/09/14 21:02:58 swp1 needs to permit backup prefixes
2022/09/14 21:02:58 Created revisionID: changeset/
cumulus/2022-09-14_21.02.58_S4SQ
{
    "state": "apply",
    "transition": {
      "issue": {},
      "progress": ""
    }
}
2022/09/14 21:03:40 Incoming alert
2022/09/14 21:03:40 swp1 needs to deny backup prefixes
2022/09/14 21:03:40 Created revisionID: changeset/
cumulus/2022-09-14_21.03.40_S4SS
```

```
{
    "state": "apply",
    "transition": {
      "issue": {},
      "progress": ""
    }
}
2022/09/14 21:03:40 swp2 needs to permit backup prefixes
2022/09/14 21:03:40 Could not find a backup prefix for swp2
2022/09/14 21:04:10 Incoming alert
2022/09/14 21:04:10 swp1 needs to permit backup prefixes
2022/09/14 21:04:10 Created revisionID: changeset/
cumulus/2022-09-14_21.04.10_S4SV
{
    "state": "apply",
    "transition": {
      "issue": {},
      "progress": ""
    }
}
2022/09/14 21:04:10 swp2 needs to deny backup prefixes
2022/09/14 21:04:10 Could not find a backup prefix for swp2
```

프로그램의 출력은 다음과 같다.

```
ch09/gnoi-trace$ go run main.go
2022/09/14 21:03:29 Checking if routes have different paths
2022/09/14 21:03:34 Missed at least one hop in 203.0.113.253
2022/09/14 21:03:34 retrying 203.0.113.253
2022/09/14 21:03:34 Found different paths at hop 0
2022/09/14 21:03:34 Destination 203.0.113.252: Set{192.0.2.5}
2022/09/14 21:03:34 Destination 203.0.113.253: Set{192.0.2.3}
2022/09/14 21:03:34 Found different paths at hop 0
2022/09/14 21:03:34 Destination 203.0.113.251: Set{192.0.2.5}
2022/09/14 21:03:34 Destination 203.0.113.253: Set{192.0.2.3}
2022/09/14 21:03:34 Found different paths at hop 0
2022/09/14 21:03:34 Destination 203.0.113.253: Set{192.0.2.3}
2022/09/14 21:03:34 Destination 203.0.113.252: Set{192.0.2.5}
2022/09/14 21:03:34 Check complete
```

마지막 출력에서 203.0.113.252/32와 203.0.113.251/32로 가는 경로가 기본 링크인 203.0.113.253/32로 가는 경로와 다르다는 것을 알 수 있다. 이는 이벤트 관리자가 .252와 .251을 기본 203.0.113.250/30 접두사에서 분리했기 때문이다. 이제 이 두 IP 주소로 트래픽을 전달하므로 백업 링크가 예상대로 작동하고 있다는 것을 알 수 있다.

과거 네트워킹 공급 업체는 경쟁사와 차별화할 필요가 없었기 때문에 공급 업체 중립적인 API와 데이터 모델을 만들 동기를 부여받지 못했다. 또한 인터넷 엔지니어링 태스크 포스IETF, Internet Engineering Task Force와 같은 표준 단체가 네트워킹 산업의 표준을 만들기는 하지만, 공급 업체가 실제로 구현하는 제품에 항상 영향을 미칠 수는 없었다. 또한 일부 공급 업체는 여전히 기술 종속technological lock-in을 기존 고객을 유지하기 위한 효과적인 방법이라고 생각했다.

이와는 대조적으로 네트워크 운영자로 구성된 OpenConfig 커뮤니티는 네트워킹 공급 업체가 공급 업체 중립적인 데이터 모델과 API를 채택하도록 영향력을 미칠 수 있다. OpenConfig의 채택은 모델과 기능 적용 범위 모두에 있어서 아직 상대적으로 낮지만, OpenConfig 참여자들이 계속 채택되도록 노력한다면 적용 범위가 늘어날 것이고 이로 인해 광범위한 네트워킹 커뮤니티에서도 채택할 것이다.

현재 OpenConfig는 구성 관리와 모니터링 그리고 운영 등과 같은 일반적인 네트워킹 작업을 공급 업체 중립적인 방식으로 수행하는 방법을 제공한다. 9장에서는 이 책의 범위를 벗어나는 덜 일반적인 gRIBI를 제외하고 가장 많이 사용되는 두 가지 인터페이스인 gNMI와 gNOI를 설명했다. 9장에서 OpenConfig 호환 장치를 사용하고 상호작용하는 데 사용할 수 있는 도구와 작업 흐름을 보여 줄 수 있는 충분한 예제를 제공했기를 바란다.

요약

9장에서는 스트리밍 원격 측정을 소개했으며 비즈니스에 중요한 작업인 네트워크 모니터링을 살펴봤다. 네트워크 전반의 상태를 관찰하고 수집하며 데이터 평면 정보를 처리하는 기능은 네트워크의 상태를 판단하는 데 중요한 역할을 한다. 10장에서는 네트워크 모니터링 작업과 사용 사례에 관한 몇 가지 구체적인 예제를 살펴보고 Go로 이 작업을 자동화하는 방법을 알아본다.

참고 자료

[1] https://www.openconfig.net/about/participants/

[2] https://github.com/openconfig/gribi/blob/master/doc/motivation.md#grpc-service-for-rib-injection

[3] https://github.com/openconfig/ygot

[4] https://github.com/google/gnxi

[5] https://github.com/openconfig/gnmi/tree/master/cmd/gnmi_collector

[6] https://github.com/openconfig/gnmi/tree/master/cmd/gnmi_cli

[7] https://github.com/openconfig/gnmitest

[8] https://github.com/openconfig/grpctunnel

[9] https://github.com/openconfig/lsdbparse

[10] https://github.com/openconfig/reference/blob/master/rpc/gnmi/gnmi-specification.md

[11] https://gnmic.kmrd.dev/user_guide/golang_package/intro/#set-request(https://gnmic.openconfig.net/#set-request - 옮긴이)

[12] 사용자가 외부에서 내부 네트워크로 연결하는 것으로, 주로 사용자가 인터넷 서비스 제공자나 기업의 VPN(Virtual Private Network)과 같은 시스템에 접속하는 것을 의미한다. - 옮긴이

[13] 네트워크 장치가 인터넷 서버나 다른 외부 시스템에 접속하는 것으로, 네트워크 서비스나 장치가 외부 시스템에 연결하는 것을 의미한다. - 옮긴이

[14] 트리 구조에서 가장 위쪽의 주노드인 뿌리로부터 가장 먼 거리에 있는 노드를 말한다. 트리 데이터 구조에서 가지의 끝에 있으며 자신의 후손 노드를 갖고 있지 않은 노드를 '리프(잎)' 또는 '리프 노드(leaf node)'라고 한다(출처: 정보통신용어사전). - 옮긴이

[15] https://github.com/openconfig/reference/blob/master/rpc/gnmi/gnmi-path-

conventions.md

[16] https://github.com/openconfig/gnmi

[17] https://gnmic.kmrd.dev/

[18] https://prometheus.io/docs/alerting/latest/alertmanager/

[19] 컴퓨터 프로그램이나 시스템에서 데이터나 정보를 주기적으로 수집하는 작업을 의미한다. 특히, 모니터링 시스템에서 주기적으로 서버, 네트워크 장비, 애플리케이션 등의 상태나 성능 정보를 수집하는 과정을 '스크래핑'이라고 한다. - 옮긴이

[20] https://github.com/PacktPublishing/Network-Automation-with-Go/tree/main/topo-full/workdir

[21] https://github.com/PacktPublishing/Network-Automation-with-Go/blob/main/topo-full/topo.yml

[22] https://github.com/PacktPublishing/Network-Automation-with-Go/blob/main/ch09/docker-compose.yml

[23] NOS 패키지를 장치에 설치하는 명령어를 말한다. 이 명령어를 사용해 새로운 버전의 NOS를 장치에 설치할 수 있다. - 옮긴이

[24] 설치된 NOS 패키지를 활성화하는 명령어를 말한다. 설치된 패키지는 아직 활성화되지 않은 상태이며 이 명령어를 사용해 장치가 새로운 패키지로 실행되도록 변경한다. - 옮긴이

[25] 설치된 NOS 패키지가 올바르게 동작하는지 확인하는 명령어를 말한다. 패키지를 설치하고 활성화한 후 이 명령어를 사용해 NOS의 동작 상태를 확인하고 문제가 있는 경우에 조치할 수 있다. - 옮긴이

[26] 파일을 가져오는 명령어를 말한다. 이 명령어를 사용해 네트워크 장치로부터 파일을 가져올 수 있다. - 옮긴이

[27] 파일을 이동시키는 명령어를 말한다. 이 명령어를 사용해 장치 내에서 파일을 다른 위치로 이동시킬 수 있다. - 옮긴이

[28] 파일을 업로드하는 명령어를 말한다. 이 명령어를 사용해 파일을 네트워크 장치에 업로드할 수 있다. - 옮긴이

[29] 파일을 삭제하는 명령어를 말한다. 이 명령어를 사용해 네트워크 장치에서 파일을 삭제할 수 있다. - 옮긴이

[30] 인접한 장치 검색(L2 Neighbor Discovery)과 관련된 정보를 지우는 명령어를 말한다. L2 Neighbor Discovery는 인접한 네트워크 장치들 간의 MAC 주소와 IP 주소 정보를 수집

하는 프로세스이다. 이 명령어를 사용하면 해당 장치에서 인접한 장치에 대한 정보를 지울 수 있다. - 옮긴이

[31] LLDP(Link Layer Discovery Protocol) 인터페이스와 관련된 정보를 지우는 명령어를 말한다. LLDP는 네트워크 장치간의 인접성 정보를 교환하는 L2 프로토콜이다. 이 명령어를 사용하면 해당 장치의 특정 인터페이스에 대한 LLDP 관련 정보를 지울 수 있다. - 옮긴이

[32] 인증서의 롤오버 또는 갱신 작업을 수행하는 데 사용하는 명령어를 말한다. 보안 인증서는 일정 기간마다 갱신돼야 하며 이를 자동으로 수행하기 위해 Rotate 명령어를 사용한다. - 옮긴이

[33] 네트워크 장치에 새로운 인증서를 설치하는 데 사용하는 명령어를 말한다. 보안 인증서는 장치의 신뢰성과 보안을 위해 사용되며 새로운 인증서를 설치해 장치의 보안 기능을 유지하는 데 도움이 된다. - 옮긴이

[34] 서명 요청을 생성하는 데 사용하는 명령어를 말한다. 인증서의 발급 또는 갱신을 위해 인증 기관에 서명 요청을 생성하고 이를 제출해 새로운 인증서를 받을 수 있다. - 옮긴이

[35] 무효로 할 인증서를 지정하는 데 사용하는 명령어를 말한다. 보안 위험 또는 인증서의 유효 기간 만료 등으로 인해 무효로 하는 경우, 해당 명령어를 사용해 무효로 할 수 있다. - 옮긴이

[36] 지정된 대상 호스트 또는 IP 주소로 ICMP Echo 요청을 보내고 해당 호스트로부터 응답을 받아오는 명령어를 말한다. 이를 통해 네트워크 연결의 동작 여부를 확인하고 호스트 간의 네트워크 연결 상태를 테스트할 수 있다. - 옮긴이

[37] 패킷의 경로를 따라 목적지 호스트까지의 경로를 확인하는 명령어를 말한다. 각 라우터나 네트워크 장비를 거쳐 목적지까지 패킷이 어떻게 전달되는지를 파악할 수 있다. - 옮긴이

[38] 네트워크 장치를 재부팅하는 명령어를 말한다. 장치의 재부팅은 설정 변경이나 문제 해결 등과 같은 이유로 수행할 수 있다. - 옮긴이

[39] 시스템의 현재 시각을 확인하는 명령어를 말한다. 장치의 시간 동기화 상태를 확인하거나 정확한 시간 정보를 확인하는 데 사용한다. - 옮긴이

[40] https://github.com/openconfig/gnoi

[41] https://github.com/openconfig/gnoi/blob/master/system/system.proto

[42] 패킷 교환망에서 하나의 라우터에서 다른 라우터로 데이터 패킷이 이동한 길을 말한다. 인터넷에서 한 패킷이 목적지까지 가기 위해서는 다수의 네트워크를 경유하는데, 홉 수(hop count)를 패킷 머리부(packet header)에서 처리하며 홉 수가 터무니없이 많아지면 패킷은 폐기된다(출처: 정보통신용어사전). - 옮긴이

[43] 메시지 통신 처리 시스템(MHS)에서 메시지의 전달 가능성을 타진하기 위해 전송되는 정보를 말한다. 사용자를 대신해 메시지의 송수신을 대행하는 사용자 에이전트(UA)는 메시지 발신에 앞서 그 메시지의 전달 가능성을 메시지 전송 시스템(MTS)을 통해 타진하고 그 결과를 보고받을 수 있다(출처: 정보통신용어사전). – 옮긴이

[44] 네트워크 장치에서 제어 평면(control plane)에 대한 보안 설정을 의미한다. 제어 평면은 네트워크 장치의 동작과 라우팅 테이블, ARP 테이블, 라우팅 프로토콜, QoS 설정 등과 같은 핵심적인 네트워크 동작을 관리하는 부분이다. – 옮긴이

[45] 주로 프로그래밍의 스위치문(switch statement)에서 사용되는 개념으로, 일치하는 case 블록의 실행이 끝나면 다음 case 블록을 실행하도록 하는 기능이다. – 옮긴이

10

네트워크 모니터링

구성 관리configuration management가 널리 사용되고 있지만, 실제로는 네트워크를 구성하는 것보다 모니터링에 더 많은 시간을 보낸다. 네트워크가 새로운 캡슐화 및 IP 주소 변환 계층으로 인해 좀 더 복잡해지면서 고객 서비스 수준 계약SLA, Service-Level Agreements을 준수하기 위해 네트워크가 올바르게 작동하는지 파악하는 것도 점점 더 어려워지고 있다.

클라우드 인프라 분야에서 일하는 엔지니어들은 '관찰 가능성observability'이라는 용어를 고안했는데, 이는 외부 출력을 관찰해 시스템의 내부 상태를 추론할 수 있는 능력을 나타낸다. 네트워킹의 관점에서는 로그와 상태 원격 측정 수집을 통한 수동적 모니터링이나 분산 프로빙distributed probing과 데이터 처리 그리고 시각화를 사용하는 능동적 모니터링을 의미한다.

이 모든 작업의 궁극적인 목표는 평균 수리 시간MTTR, Mean Time to Repair[1]을 줄이고 고객 서비스 수준 계약을 준수하며 예방적 문제 해결로 전환하는 것이다. 10장에서 다룰 내용은 다음과 같다.

- Go로 네트워크 패킷을 캡처하고 파싱하는 방법을 살펴보면서 트래픽 모니터링에 대해 알아본다.
- 현재 네트워크 동작에 대해 의미 있는 통찰력을 얻기 위해 데이터 평면 원격 측정을 처리하고 집계하는 방법을 살펴본다.
- 네트워크의 성능을 측정하기 위해 능동적 프로빙을 사용하는 방법과 성능 측정 지표를 만들고, 수집하고, 시각화하는 방법을 설명한다.

YANG 기반 원격 측정에 대해서는 8장과 9장에서 이미 설명했으므로 10장에서는 따로 설명하지 않는다.

지금까지 다루지 않은 또 다른 분야로는 10장에서 간략히 설명할 개발자 경험developer experience이 있다. 코드를 더 많이 작성함에 따라 기존 소프트웨어를 유지 관리하는 일은 일상의 작업에서 중요한 부분이 됐다. 10장에서는 각 절마다 하나의 도구를 간략히 소개한다. 그러나 각 주제는 책 한 권 분량이 될 정도로 방대한 분량이다. 결국 우리의 목표는 모든 도구를 포괄적으로 설명하는 것이 아니라 Go 코드로 제품을 개발하는 것이 어떤 느낌인지를 전달하는 것이다.

기술 요구사항

10장의 코드는 깃허브 저장소에서 다운로드할 수 있다.

참고

> 10장의 Go 프로그램은 가상 환경에서 실행하는 것이 좋다. 가상 환경을 구축하는 방법은 12장을 참고하기 바란다.

다음 절에서 살펴볼 첫 번째 예제는 Go의 패킷 캡처 및 파싱 기능이다.

데이터 평면 원격 측정 처리

용량 계획capacity planning이나 과금billing 또는 분산 서비스 거부DDoS, Distributed Denial-of-Service 공격 모니터링과 같은 네트워크 활동에는 네트워크를 통해 흐르는 트래픽에 관한 통찰력insight이 필요하다. 이런 가시성을 제공하는 한 가지 방법은 패킷 샘플링 기술을 배포하는 것이다. 여기서의 전제 조건은 충분히 빠른 속도로 무작위 샘플링한 패킷 일부를 캡처해 전체 네트워크 트래픽의 패턴을 잘 파악할 수 있다는 것이다.

패킷을 샘플링하는 것은 하드웨어이지만, 패킷을 집계하고 내보내는 것은 소프트웨어이다. 패킷을 캡처하는 데 주로 사용하는 세 개의 프로토콜은 NetFlow와 sFlow 그리고 IPFIXIP Flow Inforamtion Export이다. 이 세 프로토콜은 페이로드의 구조체와 샘플링된 각 패킷에 포함될 메타데이터를 정의한다.

모든 원격 측정 처리 파이프라인의 첫 번째 단계 중 하나는 정보 수집information ingestion이다. 여기서는 데이터 평면 원격 측정 패킷을 수신하고 파싱해 흐름 기록을 추출하고 처리하는 것을 의미한다. 이 절에서는 `google/gopacket` 패키지[2]를 사용해 패킷을 캡처하고 처리하는 방법을 알아본다.

패킷 캡처

4장에서는 Go 표준 라이브러리의 `net` 패키지를 사용해 UDP 핑 애플리케이션을 빌드하는 방법을 설명했다. 그리고 sFlow 수집기를 빌드할 때와 비슷한 접근 방식을 취해야 하지만 다음 예제에서는 조금 다른 방법을 사용한다.

데이터 평면 원격 측정 수집기를 빌드하는 대신, 토폴로지의 네트워크 장치가 네트워크 어딘가에 있는 기존 수집기로 원격 측정 패킷을 전송한다는 가정하에 애플리케이션을 기존 원격 측정 패킷의 흐름에 태핑tapping[3]하는 것으로 설계했다. 이렇게 하면 기존 원격 측정 서비스 구성을 변경하지 않고도 여전히 원격 측정 트래픽을 캡처하고 처리할 수 있다. 이런 프로그램은 네트워크 장치에서 직접 실행할 수 있는 투명한 도구transparent tool가 필요할 때마다 짧은 시간 동안 사용할 수 있다.

테스트 실습 환경 토폴로지에서 cvx 노드는 sFlow 프로토콜을 사용해 샘플링한 측정 지표를 내보내는 에이전트를 실행한다. sFlow 트래픽은 host-2로 이동하며 태핑을 사용하는 예제 애플리케이션이 트래픽을 가로챈다.

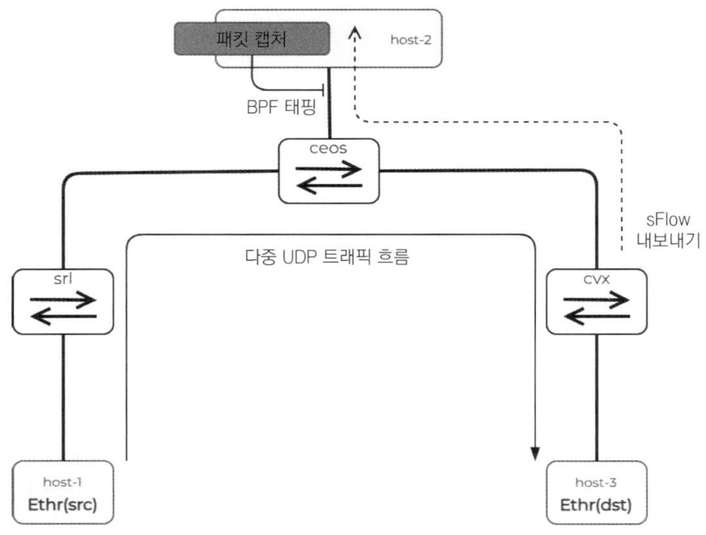

그림 10.1 sFlow 애플리케이션

google/gopacket 패키지의 패킷 캡처 기능을 알아보기 위해 리눅스의 트래픽 캡처 API를 Go로 구현한 pcapgo를 사용해 모든 sFlow 패킷을 가로챈다[intercept]. Pcapgo의 기능은 pcap 및 pfring 패키지의 기능보다 많지 않지만, pcapgo를 사용하는 이유는 외부 C 라이브러리에 의존하지 않으며 모든 리눅스 배포판에서 기본으로 사용할 수 있기 때문이다.

ch10/packet-capture 디렉터리에 있는 packet-capture 프로그램의 첫 번째 부분에서는 pcapgo.NewEthernetHandle 함수로 새로운 af_packet 소켓 핸들러를 설정하고 모니터링할 인터페이스의 이름을 전달한다.

```
import (
    "github.com/google/gopacket/pcapgo"
)
```

```
var (
    intf = flag.String("intf", "eth0", "interface")
)

func main() {
    handle, err := pcapgo.NewEthernetHandle(*intf)
    /* ... < 다음에 계속 > ... */
}
```

이 시점에서 handle은 eth0 인터페이스의 모든 패킷에 대한 액세스를 제공한다.

패킷 필터링

인터페이스를 통해 모든 패킷을 캡처할 수 있지만, 실험을 위해 Go의 버클리 패킷 필터 BPF, Berkeley Packet Filter 프로그램으로 캡처한 트래픽을 필터링하는 방법을 예제를 통해 알아본다.

먼저 IP와 UDP 패킷을 필터링하기 위해 tcpdump 명령어의 -d 옵션을 사용해 사람이 읽을 수 있는 포맷으로 컴파일된 패킷 정합 코드packet-matching code를 만든다.

```
$ sudo tcpdump -p -ni eth0 -d "ip and udp"
(000) ldh      [12]
(001) jeq      #0x800          jt 2    jf 5
(002) ldb      [23]
(003) jeq      #0x11           jt 4    jf 5
(004) ret      #262144
(005) ret      #0
```

그런 다음 앞의 각 명령어를 golang.org/x/net/bpf 패키지의 bpf.Instruction 형식으로 변환한다. 이런 명령어들을 []bpf.RawInstruction의 집합으로 만들어 BPF 가상 머신에 올릴 준비를 한다.

```
import (
  "golang.org/x/net/bpf"
```

```
)

func main() {
/* ... < 이어서 계속 > ... */

  rawInstructions, err := bpf.Assemble([]bpf.Instruction{
    // 이더넷 헤더에서 "EtherType" 필드를 불러온다.
    bpf.LoadAbsolute{Off: 12, Size: 2},
    // EtherType이 IPv4 형식이 아니면 마지막 명령어로 이동한다.
    bpf.JumpIf{Cond: bpf.JumpNotEqual, Val: 0x800, SkipTrue: 3},
    // IPv4 헤더에서 "Protocol" 필드를 불러온다.
    bpf.LoadAbsolute{Off: 23, Size: 1},
    // 프로토콜이 UDP가 아니면 마지막 명령어로 이동한다.
    bpf.JumpIf{Cond: bpf.JumpNotEqual, Val: 0x11, SkipTrue: 1},
    // "패킷을 최대 4k까지 사용자공간으로 전송한다."
    bpf.RetConstant{Val: 4096},
    // 판정 결과는 "패킷을 무시하고 스택으로 돌아간다."
    bpf.RetConstant{Val: 0},
  })

  handle.SetBPF(rawInstructions)
  /* ... < 다음에 계속 > ... */
}
```

앞에서 만든 `EthernetHandle` 함수에 결과를 첨부하면 패킷 필터 역할을 하고 애플리케이션이 수신한 패킷의 수를 줄일 수 있다.

요약하면 `0x800` EtherType과 `0x11` IP 프로토콜과 일치하는 모든 패킷을 Go 프로그램이 실행되는 사용자 공간 프로세스user space process로 복사하고 일치하는 패킷을 포함한 다른 모든 패킷은 네트워크 스택을 통과한다. 이렇게 하면 이 프로그램은 기존 모든 트래픽 흐름에 대해 완전히 투명하며 sFlow 에이전트의 구성을 변경하지 않고도 사용할 수 있게 된다.

패킷 처리

커널이 사용자 공간으로 보내는 모든 패킷은 `EthernetHandle` 함수와 이더넷 패킷 디코더[Ethernet packet decoder]를 결합해 빌드한 PacketSource 타입을 통해 Go 애플리케이션에서 사용할 수 있다.

```
func main() {
  /* ... < 이어서 계속 > ... */
     packetSource := gopacket.NewPacketSource(
           handle,
           layers.LayerTypeEthernet,
     )
     /* ... < 다음에 계속 > ... */
}
```

이 PacketSource 구조체는 수신하고 디코딩한 각 패킷을 Go 채널을 통해 보낸다. 이는 for 루프를 사용해 패킷에 대해 하나씩 반복할 수 있다는 것을 의미한다. 이 루프에서는 gopacket을 사용해 패킷 계층을 일치시키고 sFlow 페이로드와 같은 프로토콜별 세부 사항을 포함해 L2, L3, L4 네트워킹 헤더에 관한 정보를 추출한다.

```
func main() {
  /* ... < 이어서 계속 > ... */
  for packet := range packetSource.Packets() {
    sflowLayer := packet.Layer(layers.LayerTypeSFlow)
    if sflowLayer != nil {
      sflow, ok := sflowLayer.(*layers.SFlowDatagram)
      if !ok {
        continue
      }

      for _, sample := range sflow.FlowSamples {
        for _, record := range sample.GetRecords() {
          p, ok := record.(layers.SFlowRawPacketFlowRecord)
          if !ok {
            log.Println("failed to decode sflow record")
            continue
          }

          srcIP, dstIP := p.Header.
            NetworkLayer().
            NetworkFlow().
```

```
          Endpoints()
        sPort, dPort := p.Header.
          TransportLayer().
          TransportFlow().
          Endpoints()
        log.Printf("flow record: %s:%s <-> %s:%s\n",
          srcIP,
          sPort,
          dstIP,
          dPort,
        )
      }
    }
  }
}
}
```

sFlow 디코딩에 gopacket 사용하는 이점은 샘플링한 패킷 헤더를 기반으로 또 다른 gopacket.Packet을 파싱하고 만들 수 있다는 것이다.

트래픽 만들기

이 Go 애플리케이션을 테스트하려면 실습 환경 토폴로지에서 일부 트래픽을 발생시켜 cvx 장치가 트래픽에 대한 sFlow 레코드를 생성할 수 있도록 해야 한다. 여기서는 Go 기반 트래픽 생성기인 microsoft/ethr 패키지를 사용한다. 이 패키지는 iperf와 비슷한 사용자 경험과 기능을 제공한다. 또한 고정된 양의 네트워크 트래픽을 발생시키고 수신하며 대역폭bandwidth과 전달 시간latency, 손실loss 그리고 지터jitter[4]를 측정한다. 여기서는 실습 환경 네트워크를 통해 흐르는 약간의 트래픽만 발생시켜 데이터 평면 흐름 샘플링을 트리거한다.

packet-capture 애플리케이션은 기존 sFlow 트래픽에 태핑해서 흐름 레코드flow record를 파싱하고 추출한 후 화면에 해당 정보를 출력한다. 이 책의 깃허브 저장소(https://github.com/PacktPublishing/Network-Automation-with-Go)에서 소스 코드를 다운로드한 후 깃허브 저장소 디렉터리(cd Network-Automation-with-Go)에서 `make capture-start` 명령어를 실행하면 이 프로그램을 테스트할 수 있다.

```
$ make capture-start
docker exec -d clab-netgo-cvx systemctl restart hsflowd
docker exec -d clab-netgo-host-3 ./ethr -s
docker exec -d clab-netgo-host-1 ./ethr -c 203.0.113.253 -b
900K -d 60s -p udp -l 1KB
docker exec -d clab-netgo-host-1 ./ethr -c 203.0.113.252 -b
600K -d 60s -p udp -l 1KB
docker exec -d clab-netgo-host-1 ./ethr -c 203.0.113.251 -b
400K -d 60s -p udp -l 1KB
cd ch10/packet-capture; go build -o packet-capture main.go docker exec -it
clab-netgo-host-2 /workdir/packet-capture/
packet-capture
2022/02/28 21:50:25  flow record:  203.0.113.0:60087 <-> 203.0.113.252:8888
2022/02/28 21:50:25  flow record:  203.0.113.0:60087 <-> 203.0.113.252:8888
2022/02/28 21:50:27  flow record:  203.0.113.0:40986 <-> 203.0.113.252:8888
2022/02/28 21:50:29  flow record:  203.0.113.0:60087 <-> 203.0.113.252:8888
2022/02/28 21:50:29  flow record:  203.0.113.0:49138 <-> 203.0.113.251:8888
2022/02/28 21:50:30  flow record:  203.0.113.0:60087 <-> 203.0.113.252:8888
2022/02/28 21:50:30  flow record:  203.0.113.0:49138 <-> 203.0.113.251:8888
```

다음 절로 넘어가기 전에 첫 번째 개발자 경험 도구를 살펴본다.

Go 프로그램 디버깅

기존 코드를 읽고 이해하는 것은 어려운 작업이다. 이는 프로그램이 성숙하고 발전할수록 더욱 어려워진다. 이런 이유로 새로운 언어를 배울 때는 최소한 디버깅 과정에 대한 기본적인 이해가 매우 중요하다. 디버깅을 사용하면 미리 정의된 곳에서 프로그램의 실행을 중단하고 코드를 한 줄씩 살펴보면서 인메모리 변수와 데이터 구조체를 살펴볼 수 있다.

다음 예제에서는 Delve를 사용해 방금 실행한 `packet-capture` 프로그램을 디버깅한다. 시작하기 전에 `make traffic-start` 명령어로 실습 환경 토폴로지에서 약간의 트래픽을 발생시켜야 한다.

```
$ make traffic-start
docker exec -d clab-netgo-cvx systemctl restart hsflowd
docker exec -d clab-netgo-host-3 ./ethr -s
docker exec -d clab-netgo-host-1 ./ethr -c 203.0.113.253 -b 900K -d 60s -p
udp -l 1KB
docker exec -d clab-netgo-host-1 ./ethr -c 203.0.113.252 -b 600K -d 60s -p
udp -l 1KB
docker exec -d clab-netgo-host-1 ./ethr -c 203.0.113.251 -b 400K -d 60s -p
udp -l 1KB
```

Delve 바이너리 파일은 이미 host 실습 환경 컨테이너에 설치돼 있으므로 docker exec -it 명령어를 사용해 host-2 컨테이너에 연결한 후 dlv debug 명령어로 Delve 셸을 시작할 수 있다.

```
$ docker exec -it clab-netgo-host-2 bash
root@host-2:/# cd workdir/ch10/packet-capture/
root@host-2:/workdir/packet-capture# dlv debug main.go
```

대화형 dlv 셸에서는 프로그램 실행을 제어하기 위해 내장된 여러 명령어를 사용할 수 있다. help 명령어를 사용하면 전체 명령어 목록을 확인할 수 있다. main.go 파일의 49번째 줄에 중단점[breakpoint]을 설정하고 첫 번째 패킷을 받는 지점까지 프로그램을 실행한다.

```
 (dlv) break main.go:49
Breakpoint 1 set at 0x5942ce for main.main() ./main.go:49
 (dlv) continue
> main.main() ./main.go:49 (hits goroutine(1):1 total:1) (PC: 0x5942ce)
    44:     packetSource := gopacket.NewPacketSource(
    45:         handle,
    46:         layers.LayerTypeEthernet,
    47:     )
    48:     for packet := range packetSource.Packets() {
=>  49:         if l4 := packet.TransportLayer(); l4 == nil {
    50:             continue
```

```
        }

        sflowLayer := packet.Layer(layers.LayerTypeSFlow)
        if sflowLayer != nil {
```

중단점에서 실행이 멈추면 locals 명령어를 사용해 로컬 변수를 확인할 수 있다.

```
(dlv) locals
err = error nil
handle = ("*github.com/google/gopacket/pcapgo.EthernetHandle")
(0xc000162200)
rawInstructions = []golang.org/x/net/bpf.RawInstruction len: 6,
cap: 6, [...]
packetSource = ("*github.com/google/gopacket.PacketSource")
(0xc00009aab0)
packet = github.com/google/gopacket.Packet(*github.com/google/
gopacket.eagerPacket) 0xc0000c3c08
```

다음 예제처럼 packet 변수의 내용을 화면에서 출력할 수 있다.

```
(dlv) print packet
github.com/google/gopacket.Packet(*github.com/google/gopacket.
eagerPacket) *{
  packet: github.com/google/gopacket.packet {
    data: []uint8 len: 758, cap: 758, [170,193,171,140,219,204,
170,193,171,198,150,242,8,0,69,0,2,232,40,71,64,0,63,17,18,182,
192,0,2,5,203,0,113,2,132,19,24,199,2,212,147,6,0,0,0,5,0,0,0,1
,203,0,113,129,0,1,134,160,0,0,0,39,0,2,...+694 more],
    /* ... < 생략 > ... */
    last: github.com/google/gopacket.Layer(*github.com/google/gopacket.
DecodeFailure) ...,
    metadata: (*"github.com/google/gopacket.PacketMetadata")
(0xc0000c6200),
    decodeOptions: (*"github.com/google/gopacket.DecodeOptions")
(0xc0000c6250),
    link: github.com/google/gopacket.LinkLayer(*github.com/google/
gopacket/layers.Ethernet) ...,
    network: github.com/google/gopacket.NetworkLayer(*github.com/google/
gopacket/layers.IPv4) ...,
```

```
    transport: github.com/google/gopacket. TransportLayer(*github.com/
google/gopacket/layers.UDP) ...,
    application: github.com/google/gopacket.ApplicationLayer nil,
    failure: github.com/google/gopacket.ErrorLayer(*github.com/google/
gopacket.DecodeFailure) ...,},}
```

텍스트 기반의 탐색text-based navigation과 장황한 출력은 초보자에게 부담이 될 수 있지만, 다행스럽게도 대안적인 시각화 옵션이 있다.

IDE에서 디버깅하기

콘솔에서 디버깅하는 것을 좋아하지 않는다면, 널리 사용되는 IDE[5]가 Go 디버깅을 지원한다. 예를 들어, Delve는 Visual Studio CodeVSCode에 통합돼 있으며 원격 디버깅을 구성할 수도 있다.

다양한 방법으로 VSCode에서 원격 디버깅을 설정할 수 있지만, 이 예제에서는 Delve를 헤드리스 모드headless mode[6]로 컨테이너 안에서 수동으로 실행하면서 들어오는 연결을 위한 포트를 지정한다.

```
$ docker exec -it clab-netgo-host-2 bash
root@host-2:/# cd workdir/ch10/packet-capture/
root@host-2:/workdir/ch10/packet-capture# dlv debug main.go --listen=:2345
--headless --api-version=2
API server listening at: [::]:2345
```

이제 VSCode가 원격 Delve 프로세스에 연결하는 방법을 설정해야 한다. 이 작업은 main.go 파일 옆의 .vscode 디렉터리에 JSON 구성 파일config file을 포함하면 된다. 다음 예제는 ch10/packet-capture/.vscode/launch.json[7]에서 확인할 수 있다.

```
{
    "version": "0.2.0",
    "configurations": [
        {
```

```
                "name": "Connect to server",
                "type": "go",
                "request": "attach",
                "mode": "remote",
                "remotePath": "/workdir/ch10/packet-capture",
                "port": 2345,
                "host": "ec2-3-224-127-79.compute-1.amazonaws.com",
            },
        ]
    }
```

host 값을 실습 환경에서 실행 중인 값으로 바꾼 후 Go 프로그램의 루트(code ch10/packet-capture)에서 VSCode의 인스턴스를 시작해야 한다.

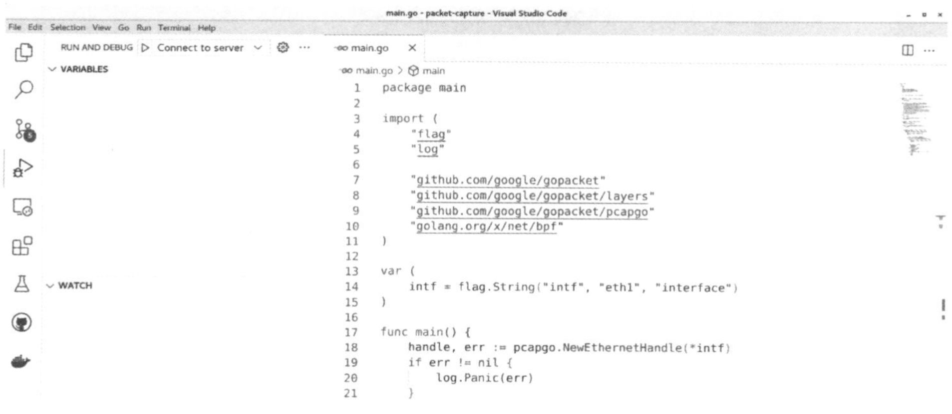

그림 10.2 VSCode 개발 환경

이제 VSCode의 왼쪽 메뉴에 있는 디버그 아이콘으로 이동해 **RUN AND DEBUG**를 선택하면 앞의 JSON 구성 파일을 읽는 **Connect to server** 옵션을 상단 메뉴 아래에서 볼 수 있다. **Connect to server** 옵션의 왼쪽에 있는 녹색 화살표를 클릭해 원격 디버깅 프로세스에 연결한다.

이 시점에서 코드를 탐색하고 디버깅 프로세스가 컨테이너 내부에서 실행되는 동안, VSCode UI 내부의 로컬 변수를 살펴볼 수 있다.

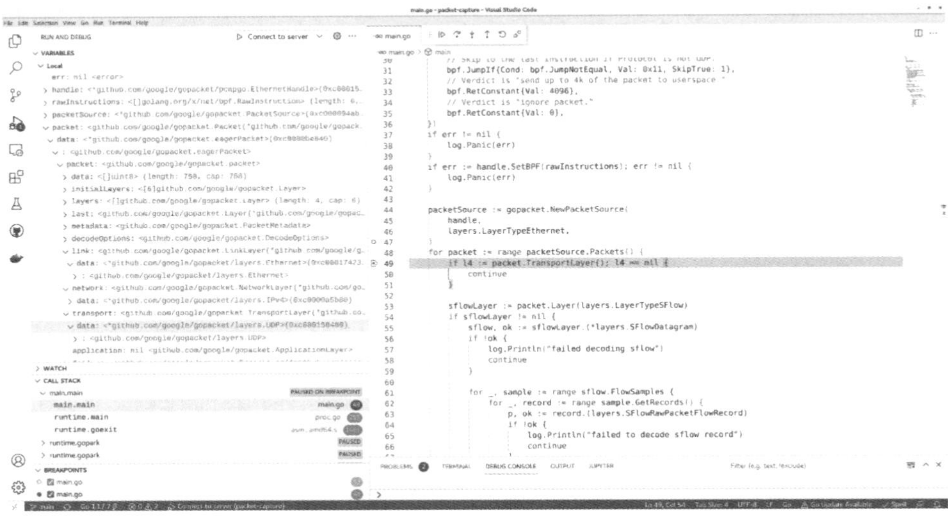

그림 10.3 VSCode 디버깅

다음 절에서는 수집하고 처리한 데이터 평면 원격 측정의 가치를 높이기 위해 데이터 평면 원격 측정을 집계해 가장 높은 대역폭을 소비한 사용자에 관한 보고서를 만드는 방법을 알아본다.

데이터 평면 원격 측정 집계

데이터 평면 원격 측정을 수집하고 파싱한 후에는 이 데이터를 어떻게 활용할 것인지를 생각해야 한다. 흐름의 수가 너무 많고 의미 있는 문맥이 부족해 원시 데이터raw data를 바로 살펴보는 것이 항상 도움이 되지는 않는다. 따라서 원격 측정 처리 파이프라인에서 논리적인 다음 단계는 데이터 강화와 집계이다.

원격 측정 강화telemetry enrichment는 외부 소스external source의 정보를 바탕으로 각 흐름에 대한 별도의 메타데이터metatdata를 추가하는 과정이다. 예를 들어, 이런 외부 소스는 공개 IP 주소와 IP 주소의 국가나 BGP ASN 간의 상관관계 또는 사설 IP 주소와 집계 서브넷aggregate subnets이나 장치 식별자device identity 간의 상관관계를 제공할 수 있다.

수집한 원격 측정에 관한 해석이나 추론에 도움이 될 수 있는 또 다른 기술로는 '집계'가 있다. IP 접두사 경계prefix boundary나 BGP ANS와 같은 '흐름 메타데이터flow metadata'를 기반으로 여러 흐름 레코드flow record를 결합하면 네트워크 운영자가 의미 있는 통찰력을 도출하고 데이터에 대한 높은 수준의 관점을 만들 수 있다.

인터넷에서 바로 사용할 수 있는 예제[8]를 사용해 오픈소스 구성 요소로 전체 원격 측정 처리 파이프라인을 만들 수 있지만, 이렇게 하면 얼마 되지 않아 특정 비즈니스 요구사항에 맞춰 일부 코드를 작성해야 할 수도 있다. 다음 절에서는 네트워크의 트래픽 패턴을 잘 이해할 수 있도록 데이터 평면 원격 측정을 집계하는 시나리오를 살펴본다.

상위 토커

원격 측정을 위한 장기 저장소가 없는 경우, 가장 높은 대역폭을 점유하는 장치highest bandwidth consumer에 스냅숏을 만드는 것이 매우 유용할 수 있다. 이런 애플리케이션을 상위 토커top talker[9]라고 하며 상대적인 인터페이스 대역폭의 사용률에 따라 정렬된 네트워크 흐름의 목록을 표시하는 방식으로 동작한다.

이 기능을 구현하는 Go 애플리케이션의 예제를 살펴보자.

원격 측정 데이터 탐색

`top-talkers` 애플리케이션에서는 sFlow나 IPFIX 또는 NetFlow 원격 측정을 수집하고 강화하며 저장하기 위해 특별히 설계된 패키지인 `netsampler/goflow2`를 사용해 sFlow 레코드를 수집한다. 이 패키지는 원시 프로토콜 데이터를 사용해 (프로토콜과 무관한) 정규화된 흐름 레코드normalized flow record를 만든다. 기본적으로 이렇게 정규화된 레코드는 파일로 저장하거나 Kafka 큐queue로 보낼 수 있다. 여기서는 추가 처리를 위해 메모리에 저장한다.

흐름 레코드를 메모리에 저장하려면 수신하는 각 흐름 레코드에서 가장 관련성이 높은 필드를 사용자 정의 데이터 구조체인 `MyFlow`에 저장한다.

```
type MyFlow struct {
    Key       string
    SrcAddr   string `json:"SrcAddr,omitempty"`
    DstAddr   string `json:"DstAddr,omitempty"`
    SrcPort   int    `json:"SrcPort,omitempty"`
    DstPort   int    `json:"DstPort,omitempty"`
    Count     int    // 이 흐름 샘플을 본 횟수
}
```

또한 각 흐름을 고유하게 식별할 수 있도록 출발지와 목적지의 포트와 IP 주소를 연결concatenation해 흐름 키flow key를 만든다.

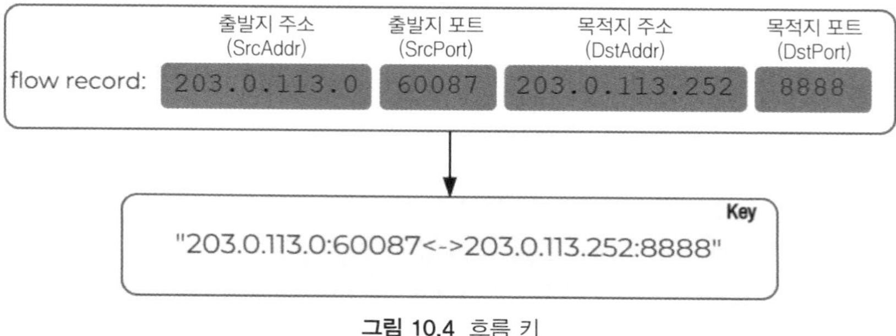

그림 10.4 흐름 키

최종 결과를 계산하는 데 도움이 되도록 두 개의 필드가 있는 또 다른 데이터 구조체 `topTalker`를 만든다.

- `flowMap`: `MyFlow-type` 흐름의 모음을 저장하는 맵이다. 위에서 만든 키를 사용해 흐름 모음을 인덱싱한다.
- `Heap`: 가장 많이 보이는 흐름을 추적하기 위한 도우미 데이터 구조체helper data structure 이다.

```
type Heap []*MyFlow

type topTalker struct {
    flowMap map[string]*MyFlow
```

```
        heap    Heap
    }
```

고수준 sFlow 패키지 goflow2를 사용하므로 UDP 리스너listener를 설정하거나 패킷을 수신하고 디코딩하는 것에 대해 걱정할 필요는 없지만, 흐름 레코드를 보고할 포맷(json)을 goflow2에게 알려 주고 sFlow 패키지가 수신한 흐름 레코드를 정규화한 후 데이터로 수행할 작업을 결정하는 사용자 정의 전송 드라이버 tt를 알려 줘야 한다.

```
import (
  "github.com/netsampler/goflow2/format"
  "github.com/netsampler/goflow2/utils"
)

func main() {
    tt := topTalker{
        flowMap: make(map[string]*MyPacket),
        heap: make(Heap, 0),
    }

    formatter, err := format.FindFormat(ctx, "json")
    // 에러를 처리한다.

    sSFlow := &utils.StateSFlow{
        Format: formatter,
        Logger: log.StandardLogger(),
        Transport: &tt,
    }

    go sSFlow.FlowRoutine(1, hostname, 6343, false)
}
```

위 코드 스니펫의 utils.StateSFlow 타입에서 Transport 필드는 TransportInterface를 구현하는 모든 타입을 허용한다. 이 인터페이스는 단일 메서드 Send()를 기대하는데, 여기서 모든 강화와 집계 작업이 이뤄질 수 있다.

```
type StateSFlow struct {
```

```
    Format          format.FormatInterface
    Transport       transport.TransportInterface
    Logger           Logger
    /* ... < 추가 필드 > ... */
}

type TransportInterface interface {
    Send(key, data []byte) error
}
```

Send 메서드는 두 개의 인수를 받는데, 하나는 sFlow 데이터그램datagram의 출발지 IP 주소를 나타내는 인수이고, 다른 하나는 실제 흐름 레코드가 포함된 인수이다.

원격 측정 처리

Send 메서드 구현에서 TransportInterface 인터페이스를 충족시키기 위해서는 가장 먼저 입력 바이너리 데이터를 파싱한 후 MyFlow 데이터 구조체로 직병렬 전환해야 한다.

```
func (c *topTalker) Send(key, data []byte) error {
    var myFlow MyFlow
    json.Unmarshal(data, &myFlow)
    /* ... < 다음에 계속 > ... */
}
```

sFlow는 방향에 상관없이 패킷을 캡처할 수 있으므로 두 흐름이 같은 인메모리 흐름 레코드로 계산되도록 해야 한다. 즉, 다음 두 조건을 만족하는 특별한 흐름 키를 만들어야 한다.

- 동일한 흐름의 수신 및 송신 패킷 모두에 대해 같은 흐름 키를 사용해야 한다.
- 모든 양방향 흐름에 대해 흐름 키는 고유해야 한다.

이 작업을 수행하기 위해 다음 코드 스니펫과 같이 양방향 흐름 키를 구성할 때 출발지 IP와 목적지 IP를 정렬한다.

```
var flowMapKey = `%s:%d<->%s:%d`

func (c *topTalker) Send(key, data []byte) error {
  /* ... < 이어서 계속 > ... */
  ips := []string{myFlow.SrcAddr, myFlow.DstAddr}
  sort.Strings(ips)
  var mapKey string
  if ips[0] != myFlow.SrcAddr {
    mapKey = fmt.Sprintf(
      flowMapKey,
      myFlow.SrcAddr,
      myFlow.SrcPort,
      myFlow.DstAddr,
      myFlow.DstPort,
    )
  } else {
    mapKey = fmt.Sprintf(
      flowMapKey,
      myFlow.DstAddr,
      myFlow.DstPort,
      myFlow.SrcAddr,
      myFlow.SrcPort,
    )
  }
  /* ... < 다음에 계속 > ... */
}
```

흐름의 양방향을 나타내는 고유 키unique key로 `flowMap`에 저장해 메모리에 올릴 수 있다. 수신한 각 흐름 레코드에 대해 `Send` 메서드는 다음과 같은 작업을 수행한다.

- 이 흐름이 처음이라면 맵에 저장하고 횟수count number를 1로 한다.
- 흐름이 이미 저장돼 있다면 횟수를 1씩 증가시켜 흐름을 업데이트한다.

```
func (c *topTalker) Send(key, data []byte) error {
  /* ... < 이어서 계속 > ... */
    myFlow.Key = mapKey
    foundFlow, ok := c.flowMap[mapKey]
```

```
    if !ok {
        myFlow.Count = 1
        c.flowMap[mapKey] = &myFlow
        heap.Push(&c.heap, &myFlow)
        return nil
    }

    c.heap.update(foundFlow)

    return nil
}
```

이제 상위 토커를 순서대로 표시하기 위해 저장한 흐름 레코드를 정렬해야 한다. 여기서는 Go 표준 라이브러리의 container/heap 패키지를 사용한다. 이 패키지는 계산 복잡도 $O(\log n)$인 정렬 알고리듬을 구현한다. 이는 데이터 추가와 삭제를 매우 효율적으로 할 수 있다는 것을 의미한다.

이 패키지를 사용하려면 항목[item]을 비교하는 방법을 알려 줘야 한다. 항목을 추가하고, 제거하고, 업데이트하면 자동으로 정렬된다. 여기서는 MyFlow 데이터 타입으로 저장된 흐름 레코드를 정렬해야 하므로 Heap을 MyFlow 레코드를 가리키는 포인터의 리스트로 정의한다. Less() 메서드는 container/heap 패키지가 흐름 레코드를 본 횟수를 저장하는 Count 필드를 기반으로 두 MyFlow 항목을 비교하도록 명령한다.

```
type Heap []*MyFlow

func (h Heap) Less(i, j int) bool {
    return h[i].Count > h[j].Count
}
```

이렇게 하면 Count에 따라 정렬된 항목이 있는 인메모리 흐름 레코드 저장소가 생긴다. 이제 Heap 슬라이스를 반복하면서 화면에 항목을 출력한다. gopacket 예제와 같이 일관된 출력을 저장하기 위해 ethr을 사용해 다른 처리량을 갖는 세 개의 UDP 흐름을 만든다. make top-talkersstart 명령어를 사용해 토폴로지에서 흐름을 발생시킨다.

```
Network-Automation-with-Go $ make top-talkers-start
docker exec -d clab-netgo-cvx systemctl restart hsflowd
docker exec -d clab-netgo-host-3 ./ethr -s
docker exec -d clab-netgo-host-1 ./ethr -c 203.0.113.253 -b 900K -d 60s -p
udp -l 1KB
docker exec -d clab-netgo-host-1 ./ethr -c 203.0.113.252 -b 600K -d 60s -p
udp -l 1KB
docker exec -d clab-netgo-host-1 ./ethr -c 203.0.113.251 -b 400K -d 60s -p
udp -l 1KB
```

그런 다음 host-2 컨테이너(clab-netgo-host-2)에서 go run main.go 명령어를 실행해 상위 토커 Go 애플리케이션을 실행하면 실시간 상위 토커 표를 얻을 수 있다.

```
$ cd ch10/top-talkers; sudo ip netns exec clab-netgo-host-2 /
usr/local/go/bin/go run main.go; cd ../../
Top Talkers
+---+-------------------+--------------------+------
| # | FROM              | TO                 | PROTO
+---+-------------------+--------------------+------
| 1 | 203.0.113.253:8888 | 203.0.113.0:48494 | UDP |
| 2 | 203.0.113.252:8888 | 203.0.113.0:42912 | UDP |
| 3 | 203.0.113.251:8888 | 203.0.113.0:42882 | UDP |
+---+-------------------+--------------------+------
```

참고로, 트래픽의 양이 많지 않고 무작위로 패킷을 샘플링했으며 테스트 기간이 제한됐기 때문에 결과는 약간 다를 수 있지만, 테스트를 몇 번 반복해 보면 비슷한 분포로 수렴하는 것을 확인할 수 있다.

Go 프로그램 테스트

코드 테스트는 제품 소프트웨어 개발 과정에서 필수적인 부분이다. 좋은 테스트 범위test coverage는 애플리케이션의 안정성을 개선하고 소프트웨어 개발의 마지막 단계에서 발생하는 버그에 대한 내성을 높인다. Go에는 표준 라이브러리의 testing 패키지와 내장 명령어 도구인 go test가 있어서 테스트를 기본적으로 지원한다. Go 도구에는 내장된 테스트 범위가 있으므로 외부 패키지를 사용해 Go 코드를 테스트하는 경우는 흔하지 않다.

테이블 기반 테스트[table-driven testing]는 Go에서 가장 널리 사용되는 테스트 방법론 중 하나이다. 이 방법론은 테스트 사례[test case]를 사용자 정의 데이터 구조체의 슬라이스로 설명하고 각각은 각 사용 사례에 대한 입력과 예상 결과를 모두 제공한다. 테스트 사례를 표로 작성하면 새로운 시나리오를 만들고, 예외 상황을 고려하고, 기존 코드의 동작을 해석하기가 쉬워진다.

흐름 레코드를 정렬하는 데 사용한 힙 구현[heap implementation]에 대한 표 테스트[table test]를 만들어 방금 살펴본 top-talkers 예제의 코드 일부를 테스트할 수 있다.

테스트 함수 하나가 포함된 테스트 파일 main_test.go를 다음과 같이 만든다.

```
package main

import (
     “container/heap”
     “testing”
)

func TestHeap(t *testing.T) {
  // 코드를 확인한다.
}
```

_test.go 파일 이름의 접미사와 Test<Name> 함수의 접두사는 모두 Go가 바이너리 컴파일 중에 테스트 코드를 감지하고 제외하는 명명 규칙이다.

각각의 테스트 사례는 다음과 같은 정보가 포함되도록 설계해야 한다.

- 에러 메시지에 사용할 이름
- 시작 카운터와 결과 위치로 설명되는 고유한 흐름의 집합

```
type testFlow struct {
     startCount    int
     timesSeen     int
     wantPosition  int
     wantCount     int
}

type testCase struct {
     name  string
     flows map[string]testFlow
}
```

이 정의에 따라 반복되지 않는 시나리오를 가능한 한 많이 만들기 위해 입력 값과 출력 값의 다양한 조합을 대상으로 하는 테스트 모음을 만든다.

```
var testCases = []testCase{
  {
    name: "single packet",
    flows: map[string]testFlow{
      "1-1": {
        startCount: 1,
        timesSeen: 0,
        wantPosition: 0,
        wantCount: 1,
      },
    },
  },{
    name: "last packet wins",
    flows: map[string]testFlow{
      "2-1": {
        startCount: 1,
        timesSeen: 1,
        wantPosition: 1,
        wantCount: 2,
      },
      "2-2": {
        startCount: 2,
        timesSeen: 1,
        wantPosition: 0,
```

```
            wantCount: 3,
          },
        },
      },
```

모든 테스트 사례를 반복하도록 TestHeap 함수의 본문에서 이 모든 것을 하나로 묶는다. 각 테스트 사례마다 사전 조건을 설정하고 모든 흐름을 힙에 푸시한 후 카운트 timeSeen를 횟수만큼 업데이트한다.

```
func TestHeap(t *testing.T) {
     for _, test := range testCases {
            h := make(Heap, 0)
            // 흐름을 힙에 푸시한다.
            for key, f := range test.flows {
                        flow := &MyFlow{
                             Count: f.startCount,
                             Key: key,
                        }
                        heap.Push(&h, flow)

                        // 패킷 카운트를 업데이트한다.
                        for j := 0; j < f.timesSeen; j++ {
                             h.update(flow)
                        }
            }
     /* ... < 다음에 계속 > ... */
}
```

모든 흐름을 업데이트하면 가장 큰 카운트를 기반으로 하나씩 힙에서 제거하고 결과 위치와 카운트가 테스트 사례에서 설명한 것과 일치하는지 확인한다. 일치하지 않는다면 테스트 패키지가 만든 *testing.T 타입을 사용해 에러 메시지를 만든다.

```
func TestHeap(t *testing.T) {
  /* ... < 이어서 계속 > ... */
  for i := 0; h.Len() > 0; i++ {
              f := heap.Pop(&h).(*MyFlow)
```

```
                tf := test.flows[f.Key]
                if tf.wantPosition != i {
                        t.Errorf(
                          "%s: unexpected position for
packet key %s: got %d, want %d", test.name, f.Key, i, tf.wantPosition)
                }

                if tf.wantCount != f.Count {
                        t.Errorf(
                              "%s: unexpected count for
packet key %s: got %d, want %d", test.name, f.Key, f.Count,
tf.wantCount)
                }
        }
}
```

지금까지는 데이터 평면 원격 측정에 대해서만 설명했지만, 이것이 네트워크 모니터링의 전부는 아니다. 다음 절에서는 완전한 장치 간 원격 측정 처리 파이프라인을 빌드하면서 네트워크 제어 평면 원격 측정을 살펴본다.

제어 평면 성능 측정

대부분의 네트워크 엔지니어는 네트워크 데이터 평면의 연결성과 도달 가능성 그리고 처리량을 확인하기 위한 ping, traceroute, iperf와 같은 도구에 익숙하다. 이와 동시에 제어 평면 성능[control plane performance]은 블랙박스 상태인 경우가 많아 네트워크가 다시 수렴[re-converge]하는 데 걸리는 시간만 추정할 수 있을 뿐이다. 이 절에서는 이 문제를 제어 평면 원격 측정 솔루션으로 해결하고자 한다.

BGP와 같은 최신 제어 평면 프로토콜[control plane protocol]은 IP 경로에서 MAC 주소 및 흐름 정의에 이르기까지 대량의 정보를 배포한다. 네트워크의 규모가 커지면 사용자와 가상 머신 그리고 애플리케이션은 다양한 위치와 네트워크 세그먼트 사이를 끊임없이 이동하면서 제어 평면 상태의 이탈률[churn rate]도 늘어난다. 따라서 네트워크 문제를 해결하고 선제적으로 조치를 취하려면 제어 평면이 얼마나 잘 작동하는지를 보여 주는 가시성 확보가 중요하다.

다음 코드 예제에서는 실습 환경 네트워크의 제어 평면 성능을 모니터링하기 위해 만든 원격 측정 처리 파이프라인을 설명한다. 이 파이프라인의 중심에는 GBP 업데이터의 왕복 시간을 측정할 수 있는 특별한 `bgp-ping` 애플리케이션이 있다. 이 솔루션에서는 다음과 같은 Go 패키지와 애플리케이션의 기능을 활용한다.

- `jwhited/corebgp`: 다양한 BGP 상태에 대해 임의 작업을 실행할 수 있는 BGP 유한 상태 머신을 플러그인할 수 있도록 한 구현이다.
- `osrg/gobgp`: Go에서 가장 널리 사용되는 BGP 구현 중 하나로, BGP 메시지를 인코딩하거나 디코딩하는 데 사용한다.
- `cloudprober/cloudprober`: 유연한 분산 프로빙과 모니터링 프레임워크
- `Prometheus` 및 `Grafana`: 널리 사용되는 모니터링 및 시각화 소프트웨어 스택

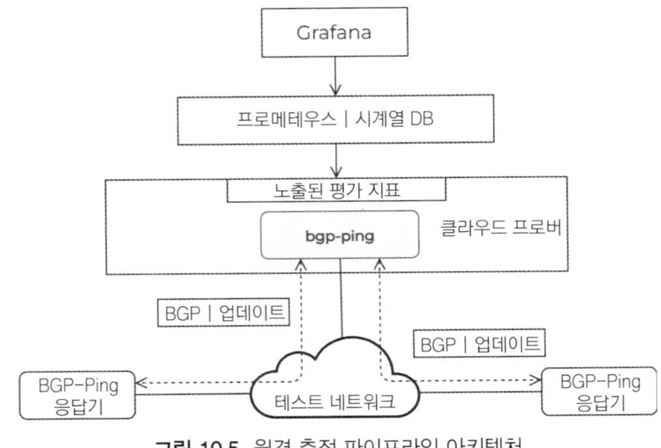

그림 10.5 원격 측정 파이프라인 아키텍처

전체 설정을 불러오려면 이 책의 깃허브 저장소 디렉터리에서 `make bgp-ping-start` 명령어를 실행하면 된다.

```
Network-Automation-with-Go $ make bgp-ping-start
cd ch10/bgp-ping; go build -o bgp-ping main.go
docker exec -d clab-netgo-host-3 /workdir/bgp-ping/bgpping -id host-3
-nlri 100.64.0.2 -laddr 203.0.113.254 -raddr 203.0.113.129 -las 65005 -ras
65002 -p
docker exec -d clab-netgo-host-1 /workdir/bgp-ping/bgp-ping -id host-1
-nlri 100.64.0.0 -laddr 203.0.113.0 -raddr 203.0.113.1 -las 65003 -ras
65000 -p
docker exec -d clab-netgo-host-2 /cloudprober -config_file /
workdir/workdir/cloudprober.cfg
cd ch10/bgp-ping; docker-compose up -d; cd ../../
Creating prometheus ... done
Creating grafana    ... done
http://localhost:3000
```

출력의 마지막 줄에는 admin을 username과 password로 사용해 배포된 그라파나 인스턴스에 액세스하는 데 사용할 수 있는 URL이 표시된다.

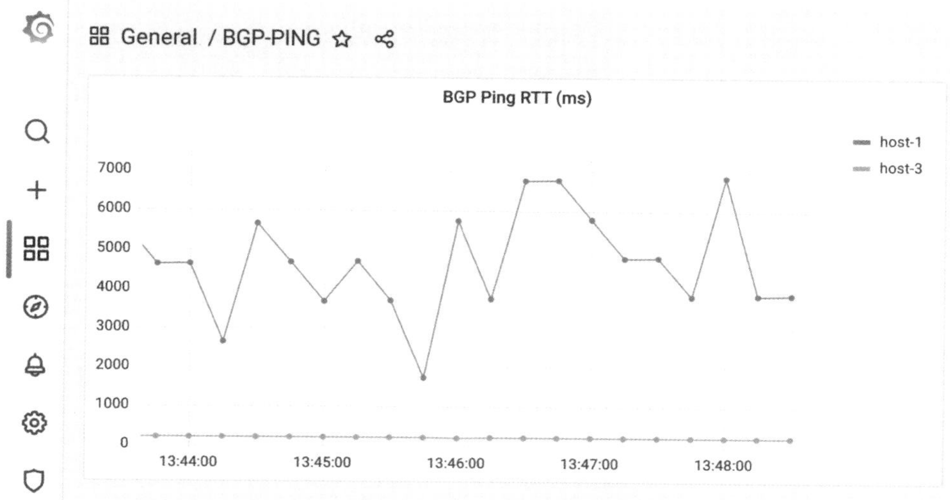

그림 10.6 BGP 핑 대시보드

이 인스턴스에는 BGP 왕복 시간 그래프를 밀리초 단위로 보여 주도록 미리 만들어진 BGP-Ping 대시보드가 있다.

이때는 업데이트 전파 시간보다 라이팅 프로토콜 수렴 및 성능이 더 높다는 점에 유의해야 한다. 다른 중요한 요소들로는 일시적인 이벤트transient event 업데이트 이탈이나 FIB 프로그래밍 시간이 포함될 수 있다. 이 예제에서는 1차원 측정 지표에 중점을 뒀지만, 실제로는 다른 성능 측정 지표를 고려해야 할 수도 있다.

BGP 업데이트 전파 시간 측정

표준 핑인 `bgp-ping` 애플리케이션은 프로브 메시지를 주고받는 식으로 작동한다. 송신기는 프로브를 BGP Update 메시지에 삽입하고 BGP 이웃에게 보낸다. 프로브는 사용자 정의 BGP 옵션 전달 속성custom BGP optional transitive attribute으로 인코딩돼 `bgp-ping` 응답기responder 중 하나에 도달할 때까지 네트워크를 통해 투명하게 전파[10]될 수 있다.

`bgp-ping` 응답기는 이 사용자 정의 전달 속성을 인식하고 이를 다시 송신기에 보낸다. 이렇게 하면 송신기는 네트워크 내에서 BGP Update 전파 지연 시간을 측정한 후 외부 측정 지표 소비자에게 보고하거나 화면에 출력할 수 있다.

`bgp-ping` 애플리케이션은 실제 BGP 스택stack과 함께 운용돼야 하므로 적어도 BGP 세션 기능을 절충해야negotiate 하고 초기 `Open` 메시지 교환과 이후 주기적인 `Keepalive` 메시지 교환을 구현해야 한다. 또한 다음과 같은 작업을 수행해야 한다.

1. 다양한 이벤트로 발생한 BGP Update 메시지를 보낸다.
2. 사용자 정의 BGP 속성을 인코딩하거나 디코딩한다.

오픈소스 Go 패키지와 애플리케이션을 사용해 이런 요구사항을 구현할 방법을 알아본다.

이벤트 기반 BGP 상태 기계

CoreBGP(jwhited/corebgp)[11]를 사용해 피어peer와의 BGP 세션을 만들고 종료될 때까지 세션을 유지한다. 이렇게 하면 방금 설명한 Open 및 Keepalive 메시지를 얻을 수 있다.

널리 사용되는 DNS 서버인 CoreDNS에서 영감을 얻은 CoreBGP는 이벤트 기반 플러그인event-driven plugin을 통해 확장할 수 있는 최소한의 BGP 서버이다.

실제로는 Plugin 인터페이스의 사용자 정의 구현을 빌드해 초기 기능을 확장한다. 이 인터페이스는 BGP 유한 상태 기계FSM, Finite State Machine[12]의 특정 지점에서 사용자 정의 동작을 구현할 수 있는 다양한 메서드를 정의한다.

```
type Plugin interface {
    GetCapabilities(...) []Capability
    OnOpenMessage(...)   *Notification
    OnEstablished(...)   handleUpdate
    OnClose(...)
}
```

bpg-ping 애플리케이션의 경우, BGP Update 메시지만 주고받으면 되므로 다음 두 가지 메서드를 구현하는 데 중점을 둔다.

- OnEstablished: BGP Update 메시지를 전송한다.
- handleUpdate: 이 메서드를 사용해 수신한 업데이트를 처리하고 핑 요청을 식별한 후 응답 메시지를 전송한다.

그림 10.7은 bpg-ping 애플리케이션의 주요 기능을 보여 준다.

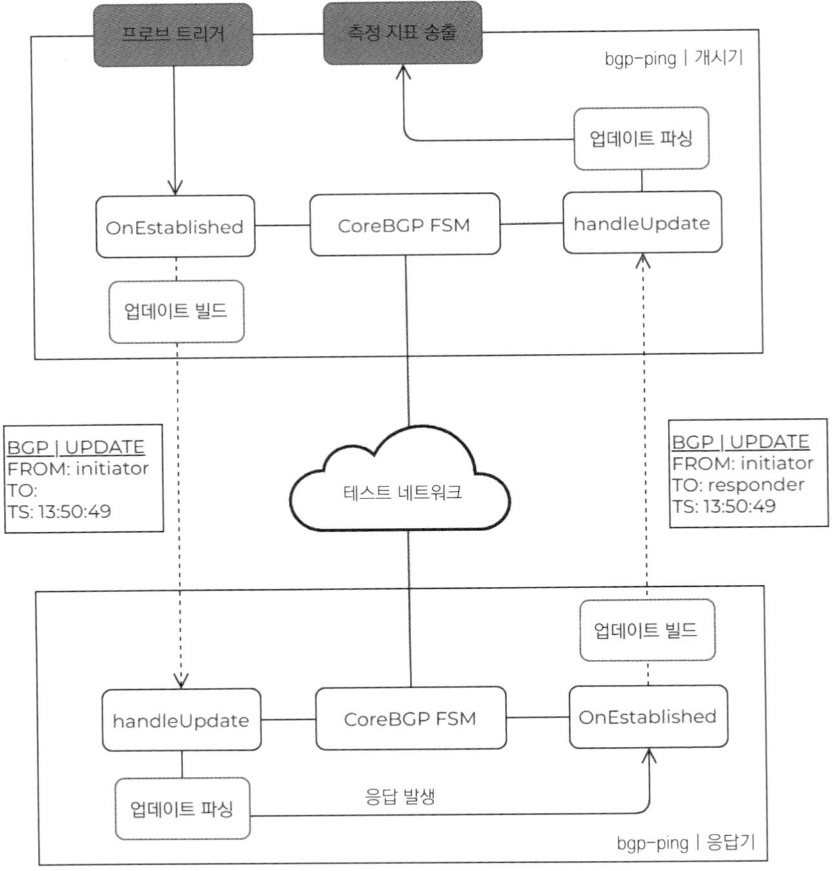

그림 10.7 BGP 핑 설계

먼저 BGP Update 처리 로직handling logic인 `handleUpdate`를 살펴보자. 우리의 목표는 BGP 핑 프로브를 파싱하고 처리하는 것이므로 코드 초반의 다른 BGP 업데이트는 무시하도록 수정한다. 수신하는 모든 BGP Update 메시지에 대해 BGP 속성에 프로브나 핑인지 알 수 있도록 우리가 만든 사용자 정의 `bgpPingType`에 전달 속성이 있는지 확인한다. 이 속성이 없는 BGP 업데이트는 `continue`문을 사용해 자동으로 무시하고 건너뛴다.

```
import bgp "github.com/osrg/gobgp/v3/pkg/packet/bgp"

const (
	bgpPingType = 42
)

func (p *plugin) handleUpdate(
	peer corebgp.PeerConfig,
	update []byte,
) *corebgp.Notification {

	msg, err := bgp.ParseBGPBody(
		&bgp.BGPHeader{Type: bgp.BGP_MSG_UPDATE},
		update,
	)
	// 에러를 처리한다.

	for _, attr := range msg.Body.
			(*bgp.BGPUpdate).PathAttributes {
		if attr.GetType() != bgpPingType {
				continue
		}
	/* ... < 다음에 계속 > ... */
}
```

BGP 핑 메시지로 판단되는 경우, 두 가지의 가능한 시나리오를 처리할 수 있다.

- **핑 응답**인 경우, `bgpPingType` 경로 속성에서 추출한 타임스탬프를 사용해 왕복 시간을 계산한다.
- **핑 요청**인 경우, 파싱한 데이터를 채널을 통해 `OnEstablished` 함수로 전송해 핑 응답을 발생시킨다.

```
func (p *plugin) handleUpdate(
  peer corebgp.PeerConfig,
  update []byte,
) *corebgp.Notification {
   /* ... < 이어서 계속 > ... */
```

```
    source, dest, ts, err := parseType42(attr)
    // 에러를 처리한다.
    sourceHost := string(bytes.Trim(source, "\x00"))
    destHost := string(bytes.Trim(dest, "\x00"))
    /* ... < 생략 > ... */

    // if src is us, may be a response. id = router-id
    if sourceHost == *id {
      rtt := time.Since(ts).Nanoseconds()
      metric := fmt.Sprintf(
        "bgp_ping_rtt_ms{device=%s} %f\n",
        destHost,
        float64(rtt)/1e6,
      )

    p.store = append(p.store, metric)
    return nil
    }

    p.pingCh <- ping{source: source, ts: ts.Unix()}
    return nil
}
```

BGP 업데이트를 전송하는 이벤트 기반 로직은 OnEstablished() 메서드에 있으며 이 메서드에는 Go 채널을 통해 트리거의 수신을 기다리는 세 가지 선택문이 있는데, bgp-ping 애플리케이션의 세 가지 다른 상태를 나타낸다.

- 수신한 핑 요청에 응답: handleUpdate 함수에서 온 요청으로 트리거된다.
- 새로운 핑 요청 발생: 외부 신호로 트리거된다.
- 예약된 철회 메시지withdraw message: 프로빙 주기가 끝날 때 전송한다.

```
func (p *plugin) OnEstablished(
  peer corebgp.PeerConfig,
  writer corebgp.UpdateMessageWriter,
) corebgp.UpdateMessageHandler {
  log.Println("peer established, starting main loop")
```

```
  go func() {
    for {
      select {
      case pingReq := <-p.pingCh:
        // Build the ping response payload
        bytes, err := p.buildUpdate(
                        type42PathAttr,
                        peer.LocalAddress,
                        peer.LocalAS,
        )
        // 에러를 처리한다.
        writer.WriteUpdate(bytes)
        /* ... < 철회 예약 > ... */

      case <-p.probeCh:
        // Build the ping request payload
        bytes, err := p.buildUpdate(
                        type42PathAttr,
                        peer.LocalAddress,
                        peer.LocalAS,
        )
        // 에러를 처리한다.
        writer.WriteUpdate(bytes)
        /* ... < 철회 예약 > ... */

      case <-withdraw.C:
        bytes, err := p.buildWithdraw()
        // 에러를 처리한다.
        writer.WriteUpdate(bytes)
      }
    }
  }()
  return p.handleUpdate
}
```

한 가지 주의해야 할 점은 CoreBGP에는 자체 BGP 메시지 파서parser나 빌더builder가 없다는 것이다. CoreBGP는 표준 BGP 스택을 혼란스럽게 하거나 충돌을 일으킬 수 있는 원시 바이트를 전송하므로 주의해서 사용해야 한다.

이제 BGP 메시지를 파싱하고 작성하는 방법이 필요하다. 이 경우, GoBGP라는 또 다른

Go 라이브러리를 사용할 수 있다.

BGP 메시지 인코딩 및 디코딩

GoBGP는 모든 특성을 갖춘 BGP 스택으로, 대부분의 BGP 주소 체계와 기능을 지원한다. 그러나 이미 BGP 상태를 관리하기 위해 CoreBGP를 사용하고 있으므로 GoBGP를 메시지 인코딩과 디코딩으로만 사용한다.

예를 들어, BGP 철회 업데이트 메시지withdraw update message를 빌드할 때마다 GoBGP를 사용하는 도우미 함수인 `buildWithdraw`를 호출한다. 이때는 네트워크 계층 도달 가능성 정보NLRI, Network Layer Reachability Information 목록과 같은 관련 정보만 포함하면 되고 GoBGP는 타입type 및 길이와 같은 나머지 필드를 채우면서 구문에 맞는 BGP 메시지를 빌드한다.

```
func (p *plugin) buildWithdraw() ([]byte, error) {
     myNLRI := bgp.NewIPAddrPrefix(32, p.probe.String())
     withdrawnRoutes := []*bgp.IPAddrPrefix{myNLRI}
     msg := bgp.NewBGPUpdateMessage(
            withdrawnRoutes,
            []bgp.PathAttributeInterface{},
            nil,
     )
     return msg.Body.Serialize()
}
```

다음은 GoBGP를 사용해 CoreBGP가 수신한 메시지를 파싱하는 또 다른 예제이다. 바이트 슬라이스를 가져온 후 `ParseBGPBody` 함수를 사용해 바이트 슬라이스를 GoBGP의 `BGPMessage` 타입으로 직병렬화한다.

```
func (p *plugin) handleUpdate(
     peer corebgp.PeerConfig,
     update []byte,
) *corebgp.Notification {
```

```
msg, err := bgp.ParseBGPBody(
      &bgp.BGPHeader{Type: bgp.BGP_MSG_UPDATE},
      update,
)
// 에러를 처리한다.

if err := bgp.ValidateBGPMessage(msg); err != nil {
      log.Fatal("validate BGP message ", err)
}
```

이제 앞의 handleUpdate 함수 개요에서 살펴본 것처럼 이 BGP 메시지를 추가로 파싱해 다양한 경로 속성과 네트워크 계층 도달 가능성에 대한 정보를 추출할 수 있다.

측정 지표 수집 및 노출

bgp-ping 애플리케이션은 자립형 프로세스standalone process로 실행하고 그 결과를 화면에 출력할 수 있다. 또한 애플리케이션을 좀 더 범용적인 시스템 모니터링 솔루션에 통합할 수 있기를 원한다. 이를 위해서는 외부 모니터링 시스템이 이해할 수 있는 표준 포맷으로 측정 결과를 노출해야 한다.

웹 서버를 추가하고 측정 지표를 게시하는 방식으로 이 기능을 구현하거나 애플리케이션 대신 기존 도구를 사용할 수도 있다. 이를 수행하는 도구 중 하나인 Cloudprober는 자동화된 분산형 프로빙 및 모니터링을 지원하며 여러 외부 프로브와 기본 Go 통합을 제공한다.

serverutils 패키지를 통해 bgp-ping 애플리케이션을 Cloudprober와 통합하면 프로브 요청을 교환하고 표준 입출력 stdin과 stdout를 통해 응답할 수 있다. -c 플래그로 bgp-ping를 시작하면 모든 프로브 트리거가 Cloudprober로 부터 나올 것을 예상하고 그 결과를 ProbeReply 메시지로 다시 돌려보낸다.

```
func main() {
  /* ... < 이어서 계속 > ... */
  probeCh := make(chan struct{})
```

```
  resultsCh := make(chan string)

  peerPlugin := &plugin{
              probeCh: probeCh,
            resultsCh: resultsCh,
  }

  if *cloudprober {
    go func() {
      serverutils.Serve(func(
        request *epb.ProbeRequest,
        reply *epb.ProbeReply,
      ) {
        probeCh <- struct{}{}
        reply.Payload = proto.String(<-resultsCh)
        if err != nil {
          reply.ErrorMessage = proto.String(err.Error())
        }
      })
    }()
  }
}
```

Cloudprober 애플리케이션은 미리 컴파일된 바이너리로 실행되며 bgp-ping 애플리케이션과 런타임 옵션에 대해 알려 줄 수 있는 최소한의 구성이 필요하다.

```
probe {
  name: "bgp_ping"
  type: EXTERNAL
  targets { dummy_targets {} }
  timeout_msec: 11000
  interval_msec: 10000
  external_probe {
    mode: SERVER
    command: "/workdir/bgp-ping/bgp-ping -id host-2 -nlri 100.64.0.1
-laddr 203.0.113.2 -raddr 203.0.113.3 -las 65004 -ras 65001 -c true"
  }
}
```

모든 측정 결과는 Cloudprober가 가장 널리 사용되는 클라우드 모니터링 시스템이 이해할 수 있는 포맷으로 자동 게시한다.

측정 지표 저장 및 시각화

이 제어 평면 원격 측정 처리 파이프라인의 마지막 단계는 측정 지표를 저장하고 시각화하는 것이다. Go는 Telegraf, InfluxDB, 프로메테우스, 그라파나와 같은 시스템에서 매우 널리 사용되고 있다.

현재 원격 측정 처리 예제에는 각각의 구성 파일과 미리 빌드된 대시보드가 있는 프로메테우스와 그라파나가 포함돼 있다. 다음 구성 스니펫은 프로메테우스가 로컬 Cloudprober 인스턴스를 가리키고 10초마다 사용할 수 있는 모든 측정 지표를 스크랩하도록 한다.

```
scrape_configs:
  - job_name: 'bgp-ping'
    scrape_interval: 10s
    static_configs:
      - targets: ['clab-netgo-host-2:9313']
```

여기에서는 거의 설명하지 않았지만, 의미 있는 대시보드와 경고를 만드는 것은 측정만큼이나 중요하다. 분산 시스템의 관찰 가능성observability은 기존 책과 온라인 리소스에서 광범위하게 다뤄지는 큰 주제이다. 우선 그라파나 대시보드에서 데이터의 시각적 표현을 보지만, 절댓값의 연속 선형 그래프만으로 충분하다는 의미는 아니다. 좀 더 합리적으로 가정하려면 데이터를 집계된 분포aggregated distribution로 제공하고 시간 경과에 따른 시스템 부하가 증가하고 추가 조치를 취하기 위한 트리거 역할을 하는 이상 값을 모니터링하는 것이 중요하다.

분산 애플리케이션 개발

bgp-ping과 같은 분산 애플리케이션을 만드는 것은 큰 작업이 될 수 있다. 단위 테스트와 디버깅은 많은 버그를 발견하고 수정하는 데 도움이 될 수 있지만, 이 과정은 시간이 많이 걸릴 수 있다. 애플리케이션에 여러 구성 요소가 있는 경우, 코드를 반복적으로 개발하려면 일부는 수동 오케스트레이션manual orchestration이 필요할 수 있다. 바이너리 파일 및 컨테이너 이미지를 만들고, 소프트웨어 과정을 시작하고, 로깅을 활성화하고, 이벤트를 발생시키는 것과 같은 단계는 이제 애플리케이션에 포함되는 모든 구성 요소를 동기화하고 반복해야 하는 작업이다.

지금부터 설명할 마지막 개발자 경험 도구는 앞의 문제들을 해결하기 위해 특별히 설계됐다. Tilt를 사용하면 개발자는 수동 단계를 자동화할 수 있으며 쿠버네티스, 도커, Compose와 같은 컨테이너와 오케스트레이션 플랫폼과 통합할 수 있다. 모니터링할 파일을 Tilt에게 알려 주면 자동으로 바이너리를 다시 빌드하고 컨테이너 이미지를 교체한 후 기존 과정을 다시 시작하면서 모든 애플리케이션의 출력 로그를 단일 화면에 표시한다.

Tilt는 빌드할 대상과 빌드 방법에 대한 명령어의 집합이 들어 있는 특수 파일 Tiltfile을 읽고 작동한다. 다음 코드는 Tiltfile의 스니펫으로, 호스트 컨테이너 중 하나에서 bgp-ping 프로세스를 자동으로 실행하고 main.go의 변경을 감지할 때마다 재시작한다.

```
local_resource('host-1',
  serve_cmd='ip netns exec clab-netgo-host-1 go run main.go -id host-1
-nlri 100.64.0.0 -laddr 203.0.113.0 -raddr 203.0.113.1 -las 65003 -ras
65000 -p',
  deps=['./main.go'])
```

전체 Tiltfile에는 실습 환경 네트워크의 다른 두 호스트에 대한 두 개의 리소스가 더 있다. sudo tilt up 명령어를 사용해 애플리케이션의 세 부분을 모두 불러올 수 있다.

```
Network-Automation-with-Go $ cd ch10/bgp-ping
Network-Automation-with-Go/ch10/bgp-ping $ sudo tilt up
```

```
Tilt started on http://localhost:10350/
```

Tilt에서는 콘솔(텍스트)과 웹 UI를 모두 사용해 모든 리소스의 로그를 확인할 수 있다.

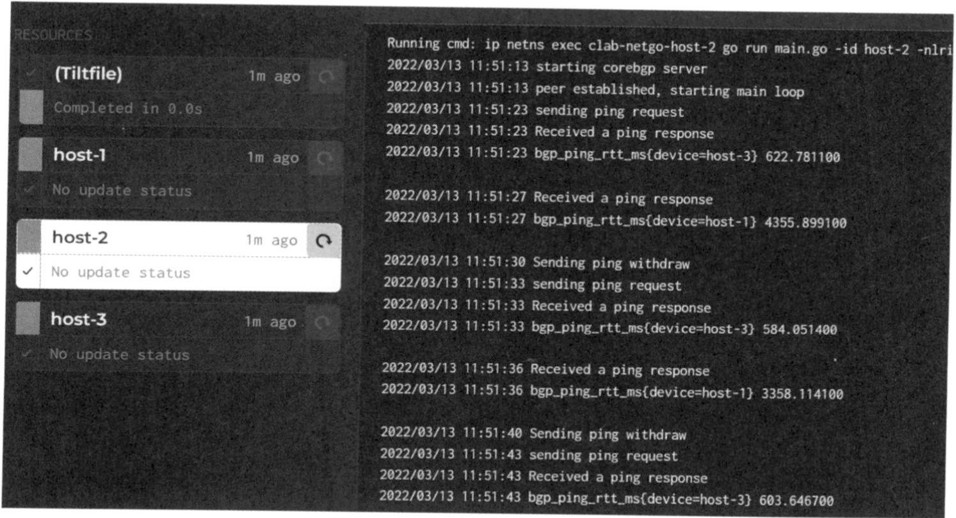

그림 10.8 Tilt

bgp-ping 애플리케이션의 소스 코드가 변경되면 영향을 받는 모든 리소스가 다시 시작된다. 많은 수작업 단계를 자동화하고 로그를 집계함으로써 모든 분산 애플리케이션의 개발 과정을 간소화할 수 있다.

요약

이것으로 네트워크 모니터링에 관한 내용을 마친다. 10장에서는 일부 주제만 설명했으며 10장의 주제는 이 책에서 설명하기에는 너무 방대하다는 것을 인정한다. 하지만 네트워크 모니터링은 네트워크 엔지니어링 분야에서 가장 활발하고 빠르게 성장하는 분야이므로 이 분야를 계속 탐구할 수 있도록 충분한 리소스와 지침 그리고 아이디어를 제공했기를 바란다.

참고 자료

[1] 신뢰도 척도 중 하나를 말한다. 기기 또는 시스템의 장해가 발생한 시점부터 장해가 발생한 곳의 수리가 끝나 가동할 수 있게 된 시점까지의 평균 시간이다. 즉, 기기 또는 시스템이 장해에 의해 가동하지 못한 상태가 계속된 평균 시간이다. 어떤 시간 내에 수리가 끝나는 확률을 지수 분포에 따르면, 평균 수리 시간(MTTR)과 수리율 μ와는 MTTR = 1/μ의 관계가 있다. 또한 기기 또는 시스템의 가동률 = MTBF/(MTBF + MTTR)가 된다(출처: 정보통신용어사전). - 옮긴이

[2] https://github.com/google/gopacket

[3] 도선을 통해 전송되는 데이터를 물리적인 방법으로 획득하는 행위를 말한다(출처: 정보통신용어사전). - 옮긴이

[4] 이상적인 기준(reference point)으로부터의 시간 변위를 말한다. 신호가 기준점보다 얼마나 빨리 또는 늦게 나타나는지를 표현하는 값으로, 이상적인 엣지 포인터와 실제 측정된 파형과의 차이인 TIE(Time Interval Error) 지터와 주기(period) 지터 그리고 사이클-사이클(Cycle-Cycle) 지터 등이 있다(출처: 정보통신용어사전). - 옮긴이

[5] https://code.visualstudio.com/docs/languages/go

[6] 시스템에 디스플레이가 없는 상태에서 실행되는 프로그램 또는 애플리케이션을 말한다. 일반적으로 GUI를 사용하는 프로그램은 사용자가 프로그램을 시각적으로 확인하고 상호작용할 수 있도록 디스플레이에 표시한다. 하지만 헤드리스 모드에서 실행되는 프로그램은 디스플레이를 사용하지 않고 명령줄 또는 다른 인터페이스를 통해 실행되며 사용자와의 직접적인 상호작용 없이 작업을 수행한다. - 옮긴이

[7] https://github.com/PacktPublishing/ Network-Automation-with-Go/blob/main/ch10/packet-capture/.vscode/launch.json

[8] https://github.com/netsampler/goflow2/tree/main/compose/kcg

[9] 네트워크에서 가장 많은 대역폭을 사용하는 사용자 또는 장치를 말한다. 네트워크에서 데이터를 주고받는 사용자나 장치를 '토커(Talker)'라고 한다. 이러한 토커들 중에서 가장 많은 데이터를 전송하거나 수신하는 사용자 또는 장치를 '상위 토커(Top talker)'라고 한다. 상위 토커는 네트워크 대역폭을 많이 사용하는 원인이 될 수 있으며 네트워크 성능을 감시하거나 대역폭의 사용량을 최적화하기 위해 중요한 정보를 제공한다. 따라서 상위 토커를 식별하는 것은 네트워크 관리와 운영에 유용하다. - 옮긴이

[10] 임의의 부호 체계 또는 비트 구성의 문자로 전송할 수 있는 방식을 '투명적 전송(transparent

transmission)'이라고 한다. 일반적인 데이터 전송에서는 일방적으로 전송을 제어하기 위한 제어 문자가 정해져 있고 이 정해진 부호 구성 문자는 제어 문자로밖에 사용할 수 없다. 2진수에서는 어떤 비트의 결합이라도 수치로서 의미가 있으므로 투명적 전송이 필요하다(출처: 정보통신용어사전). - 옮긴이

[11] https://pkg.go.dev/github.com/jwhited/corebgp#sectionreadme

[12] 상태의 수가 유한한 기계, 계산 모형 또는 추상화 모델을 말한다. 컴퓨터의 예와 같이 상태 기계(state machine)는 입력으로 다음 상태로 바뀌면서 출력한다(출처: 정보통신용어사전). - 옮긴이

11

전문가의 식견

이 책을 마무리하면서 특별한 내용을 제공하려고 한다. 전통적으로 이 책의 마지막 장은 주요 내용을 강조하고 미래를 전망하지만, 우리는 색다른 재미를 선사하기로 했다.

실제로 네트워크 자동화 실무 경험이 있거나 네트워크 관련 작업 및 활동에 Go를 사용하고 있는 전문가들에게 연락해 해당 전문가의 식견을 공유해달라고 요청했다.

이 분들의 생각과 교훈, 아이디어, 의견이 네트워킹 업계에서 자동화의 역할과 중요성에 관한 지침과 더 많은 생각할 거리를 제공하고 Go 언어가 틈새 언어가 아니라 오늘날 다양한 네트워크 관련 사용 사례에서 널리 사용되고 있는 언어라는 점을 인식시킬 수 있었으면 한다.

소개는 이쯤에서 끝내고 11장을 시작해 보자.

데이비드 바로소

데이비드 바로소David Barroso는 인프라와 소프트웨어 엔지니어링의 교차점intersection에서 일하고 있는 수석 엔지니어Principal Engineer이다. 무엇보다도 NAPALM, Nornir, Gornir과 같은 오픈소스 프로젝트의 개발을 담당하고 있다.

네트워킹 공간은 전통적으로 매우 안정적이었다. 대부분의 혁신은 비준을 받는 데 몇 년씩 걸리는 표준 단체를 통해 이뤄졌으며 공급 업체는 명확하고 체계적인 학습 방법과 과정을 통한 자격증을 홍보해 왔다. 따라서 네트워크 엔지니어는 다른 사람들이 이미 구축한 단계를 따라 경력을 시작해 인증받은 전문가가 될 수 있었다.

하지만 우리가 최근 들어 일상적으로 사용하는 용어는 MPLS-over-GRE-over-IPSec와 같은 약어들이 IaC, CI, PR, DevSecOps와 같은 용어로 바뀌었고 공급 업체를 중심으로 느리게 변화하는 안락한 삶은 더 이상 존재하지 않는다. 오히려 우리는 업계의 최신 용어와 사용하고 있는 프레임워크/라이브러리의 최신 업데이트를 따라잡아야 한다. 다행스럽게도 현재까지 자바스크립트 프레임워크는 괜찮다. 하지만 절망하지 말고 빨간색 약red pill[1]을 먹고 자신만의 길을 만들어야 한다.

끊임없이 변화하는 세상을 따라잡기 위한 나의 조언은 다음과 같다. 직무에 꼭 필요한 자격증이 아니라면 공급 업체가 주도하는 자격증을 따려고 하기보다는 지금 여러분이 읽고 있는 이 책과 같은 책을 읽기를 바란다. 사소한 세부 사항까지 알려고 하지 말고 핵심 아이디어와 개념에 익숙해져야 한다. 불가능한 실험 환경 시나리오를 설정하지 말고 오픈소스 프로젝트에 참여해 커뮤니티와 프로젝트 개발 및 유지 관리에 사용되는 도구나 프로세스, 프레임워크 또는 아이디어 등으로부터 배워야 한다. 마지막으로 압도당하지 말아야 한다. 사람들은 항상 새로운 용어나 라이브러리, 프로젝트 등을 끊임없이 만들지만, 아이디어에 집중하다 보면 이런 것이 생각만큼 획기적인 것이 아니며 업계가 광고하는 것만큼 빠르게 움직이지도 않는다는 것을 금방 알 수 있다.

스튜어트 클락

스튜어트 클락Stuart Clark은 커뮤니티 AWS의 수석 개발자이자 대변인Senior Developer Advocate으로, Cisco Press에서 저서를 출간했으며 시스코 공인 데브넷 전문가Cisco-Certified DevNet Expert(#20220005)이다.

네트워크 자동화가 없었다면 지금의 나는 없었다고 해도 과언이 아니다. 하지만 내가 "모든 것을 자동화하는" 버스에 처음 올라탄 사람은 아니다. 솔직히 말해 2014년 당시에는 내가 뒤늦게 뛰어들었다고 생각했다. 2008년 네트워킹을 시작했을 때부터 많은 사람이 일상 업무의 많은 작업을 자동화할 수 있다고 했지만, 나의 자존심은 여전히 CLI가 더 낫다고 말했다. 무엇이 나의 발목을 잡았을까? 실패가 두렵기도 하고 어디서부터 시작해야 할지도 몰랐기 때문이다. 2014년 여름이 돼서야 소매를 걷어붙이고 네트워크 자동화를 마스터해야겠다고 말했다. 네트워크에 관한 한 쉽게 할 수 있을 것 같았다. 하지만 전혀 아니었다. 네트워크 엔지니어링을 배웠던 방식으로는 코딩을 배울 수 없다는 사실을 깨닫고 겸손해질 수밖에 없었다.

나에게는 좀 더 논리적인 접근 방식이 필요했다. 이 작업은 나의 머리가 아직 맑고 고객 네트워크 문제와 네트워크 프로젝트가 시작되기 전에 오전 1시간씩만 할애하는 것부터 시작됐다. 며칠 동안 진도가 나가지 않은 때도 있었다. 실습을 완료하거나 예제를 복사할 수는 있었지만, 개념을 이해하는 데 어려움을 겪을 때도 많았기 때문에 일 단위의 미니 프로젝트를 시작했다. 미니 프로젝트는 같은 스크립트를 사용하는 때도 많았지만, 오류 처리나 유효성 검사를 추가하면서 매일 개선해 나갔다. 경험이 많은 사람으로부터 작업을 검토받고 피드백을 받는 것도 많은 도움이 된다. 시간이 지나고 나니 코드는 팀 전체가 사용하는 작업 도구로 발전했고 이로 인해 다른 흥미롭고 새로운 작업 흐름의 시발점이 됐다. 시간이 걸리겠지만 1~2년 후에 그 결실을 볼 수 있다.

다른 사람이 새로운 것을 익히거나 새로운 역할에 지원하는 것에 대해 물어볼 때마다 나는 항상 다음과 같이 되묻는다. "2년이나 5년 후에 어디에 있기를 원하나요?" 기술은 항상 연마해야 하며 이를 위해서는 기술을 연마하고 새로운 것을 배워야 한다. 우리는 오늘이 아니라 미래를 준비해야 하며 이 과정에서는 규율discipline과 일관성consistency이 요구된다. 바로 여기서 마법이 일어난다. 나는 우리가 타고난 재능이 있다고 생각하지 않는다. 물론 우리는 다른 사람들보다 빨리 배울 수 있다. 나는 우리가 원하는 사람이 될 수 있다고 믿고 열정과 욕망이 있고 기꺼이 노력한다면 무엇이든 이룰 수 있다고 믿는다.

뜻하는 모든 일에 행운이 깃들기를 바란다.

클라우디아 드 루나

클라우디아 드 루나Claudia de Luna는 스탠퍼드 대학교를 졸업한 후 NASA JPL에서 근무했는데, 처음에는 소프트웨어 개발 부서에서 일하다가 엔터프라이즈 네트워킹 분야로 옮겼다. 2006년 JPL을 떠나 생명공학, 금융 회사 등 여러 분야에서 일했다. 2015년에는 최대 규모의 시스코 VAR 중 한 곳에서 일하면서 네트워크 작업 흐름 자동화를 시작했다. 현재는 부티크 컨설팅 회사인 Enterprise Infrastructure Acceleration, Inc.에 근무하며 「포천Fortune」 선정 100대 기업이 네트워크 및 보안 프로그램을 신속하게 배포할 수 있도록 지원하고 있다.

네트워크 자동화의 진실... 지금까지...

1 – 자동화는 네트워크 엔지니어를 대체할 수 없다

네트워크 엔지니어링 분야는 사라지지 않을 것이다. 우리가 장치와 상호작용하는 방식은 혁명적인 변화를 겪고 있지만, TCP 3방향 핸드셰이크3-way handshake가 이뤄지는 방식이나 라우팅 프로토콜이 작동하는 방식과 같은 지식은 여전히 필수적이며 앞으로도 계속 필요할 것이다. 실제로 네트워킹 작업 흐름을 스크립트로 작성하려면 이런 지식이 좀 더 필요하다. 나는 시스코의 애플리케이션 중심 인프라ACI, Application Centric Infrastructure

를 제대로 이해하지 못했는데, 데이터센터 ACI 패브릭fabric을 완전히 구축해 보고 나서야 이해할 수 있었다.

2 - 텍스트와 버전 관리의 힘

이것은 자주 언급되지 않지만, 텍스트의 힘은 막강하다. 텍스트는 가장 기본적인 요소이자 작성된 언어(프로그래밍 언어나 기타)를 전달할 수 있는 풍부한 조판 출력typesetting output에 대한 입력이기도 하다. 서식이 있는 책이나 컴퓨터 스크립트를 작성하는 동안의 진행 상황을 간단한 텍스트로 스냅숏을 남길 수 있다. 이렇게 하면 모든 변경 사항의 정확한 내역을 알 수 있다. 이것이 바로 '버전 관리revision control'이다. 원래 코드 변경 사항을 추적하기 위해 개발됐지만, 오늘날에는 네트워크 자동화와 마찬가지로 구성, 구성 템플릿, 상태, 다이어그램, 문서 등 거의 모든 것을 관리할 수 있다. 스크립트를 작성하기 전에 잠시 시간을 내서 깃, 깃허브와 같은 버전 관리 시스템을 배워 보기 바란다.

텍스트와 관련된 주제로 좀 더 이야기하는 동안, 실제 텍스트 편집기를 사용해 보기를 바란다. 메모장과 텍스트 편집기는 다른 옵션이 없을 때만 유용하다. Sublime, Atom과 같은 고급 텍스트 편집기에 익숙해질 때까지 시간을 투자하라.

3 - 일단 시작하라

새롭고 낯선 것에 접근하는 것은 두려운 일일 수 있다. 일단 시작하라. 프로그래밍이 처음이라면 기본 프로그래밍 개념이나 프로그래밍 기초에 관련된 자료를 찾아보라. 변수, 범위, 연산자, 제어 구조 그리고 네임스페이스의 개념에 익숙하지 않다면 이 단계가 중요하다.

이런 개념에 익숙해졌다면 해결하고자 하는 특정 문제를 적어 두고 언어를 선택한 후 바로 시작하라. 나의 경우, 해결해야 할 문제는 구성을 만드는 것이었다. 사실 나는 새로운 프로그래밍 언어를 배울 때마다 이 문제를 가장 먼저 해결한다. 나는 실제 장치가 아닌 텍스트로만 작업하므로 큰 문제는 발생하지 않는다. 업무에서 해결할 수 있는 작은 문제가 있다면 거기서부터 시작하라. 문제를 명확하게 정의하고 원하는 결과를 자세히 설명한 후에 시작하라. 특정 단계를 적고 각 단계를 개별적으로 해결하라.

10대의 장치에 같은 VLAN을 구성하기 위한 구성 명령어를 만들고 단순하게 만들기 위해 각 장치에서 실행해야 하는 필수 명령어를 화면에 출력한다고 가정해 보자. 첫 번째 스크립트는 장치의 목록을 가져와 다음 구성을 화면에 출력하는 것처럼 간단할 것이다.

```
!Switch01 vlan 10
name Vlan10_on_Switch01
```

이 구성을 출력했다면, 그 결과를 텍스트 파일로 저장해야 한다. 그런 다음에는 각 스위치에 대한 파일이 필요하다. 그리고 다시 각 스위치를 사용자 정의한다. 모든 기능이 향상될 때마다 새로운 것을 배울 수 있다. 모든 새로운 기능은 여러분의 경험을 늘려 줄 것이다.

4 – 주변 환경을 받아들여라

새로운 것을 배우려고 노력하는 것만큼 두려운 것은 배워야 할 것이 너무 많다는 것이다. 앞에서 말한 것처럼 그냥 시작하라. 뭔가를 배웠다가 더 나은 것을 위해 버리는 것만큼 소중한 경험은 없다. 어떤 솔루션을 다른 솔루션보다 선호하는 이유나 특정 접근 방식을 추천하는 이유를 명확하게 설명할 수 있는 능력을 갖춘다면 여러분은 두각을 나타내고 신뢰를 얻게 될 것이다. 이것이 진정한 엔지니어가 되는 길이다.

나는 뭔가를 시도하고 채택하는 것만큼 뭔가를 시도하고 포기하는 것도 많은 가치가 있다고 믿는다. 이런 과정은 여러분을 신뢰할 수 있는 사람으로 만든다. "당신은 X를 사용해야 한다." "왜요?", "음…, 왜냐하면….."이라고 말하는 사람이 아니라 "당신이 하려는 일에서는 X를 사용해야 한다. 왜냐하면 X에는 이런 기능이 있다." 또는 "당신의 환경에서는 지원하기가 더 쉽다."라는 식으로 말을 하게 될 것이기 때문이다. 뭔가를 추천하는 이유와 추천하지 않는 이유를 명확하게 설명할 수 있는 능력을 키워야 한다.

이런 경험, 즉 신뢰성은 주로 남성 지배적인 업계에서 여성인 나에게 많은 도움이 됐다. 나는 남성들과 함께 일하거나 회의할 때 고객이 나의 남성 동료하고만 대화를 나누는 것을 봤다. 이런 신뢰성과 이런 사실에 기반을 둔 추천은 항상 승리한다. 고객들이 처음에는 나의 남성 동료와 대화를 시작하지만, 결국 나와 이야기하게 된다. 이는 성별에 국한되지 않고 항상 유효하다.

5 – 공유하고 패키지화하기

혼자서 코딩하고 싶을 수도 있겠지만, 팀에 도움이 될 수 있다고 생각해 보라. 이를 위해 스크립트를 작성할 때, 해당 스크립트를 공유해야 할 때 어떻게 작성할 것인지 생각해 보라. 프로그래밍이나 CLI 경험이 전혀 없는 동료가 여러분의 스크립트를 실행할 수 있도록 가르쳐야 한다고 생각해 보라. 이런 식으로 하다 보면 스크립트를 패키지화하는 방법에 관한 생각까지 하게 된다. 스크립트를 윈도우 실행 파일로 만들거나, 팀에서 다른 운영체제를 사용할 때는 스크립트를 GUI나 웹 페이지의 프론트엔드에 넣는 등 다양한 옵션이 있다.

6 – 제한은 없다

네트워크 자동화에서는 인프라 자동화에만 집중하기 쉽다. 구성에 따라 최종 문서가 자동으로 만들어지는 환경에 대해서도 생각해 보자. 비슷한 내용의 변경 제어 티켓change control ticket을 많이 발행해야 하는가? 변경 제어 정보가 스크립트로 생성되는 환경을 생각해 보라. 그리고 종료closeout도 스크립트로 생성된다. 문서에 다이어그램을 추가해야 하는가? 새로운 토폴로지에서 다이어그램이 자동으로 생성되는 환경에 대해 생각해 보라. 다른 팀과 연결하고 정보를 공유해야 하는가? 이메일 스레드나 짜증나는 엑셀 스프레드시트로 시간을 허비하지 않고 필요한 정보만 일관된 포맷으로 정보를 공유한다면 얼마나 좋을까?

7 – 데이터의 구조를 이해하라

데이터 구성 방법은 지대한 영향을 미친다. 복잡한 데이터 구조체에 익숙해져야 한다. 데이터 구조체는 리스트와 딕셔너리 그리고 이들의 조합을 의미한다. 자신에게 '딕셔너리의 리스트를 반복하거나 키의 집합에서 데이터를 선택할 때 내 코드가 명확한가?'라고 물어보라. 이런 데이터 구조가 고도로 중첩돼 있을 때 필요한 데이터를 추출하는 것에 익숙해져야 한다. 이 주제에 관한 자세한 내용은 내가 포스팅한 〈Decomposing Data Structures〉[2]를 참고하기 바란다.

8 – API를 배우고 사용하라

현재 많은 최신 네트워크 장치는 API를 제공한다. 이런 API는 일반적으로 쿼리 결과를 정형 데이터로 반환한다. 스위치에 로그인하거나, 구성을 가져오거나, 반포맷팅된 텍스트로 명령어를 표시하고 파싱할 필요가 없다면 API를 사용하라. 인프라 어플라이언스와 네트워크 장치가 제공하는 API 외에도 개방형 API와 무료 API를 통해 사용할 수 있는 데이터가 많다.

MAC 주소의 공급 업체인 OUI를 조회해야 하는가? 이를 위한 공개 API와 무료 API가 있다. IP 주소의 실제 위치를 조회해야 하는가? 이를 위한 공개 API와 무료 API가 있다. API로 데이터와 보고서, 정보를 강화할 수 있다.

9 – 리눅스와 정규 표현식

유닉스Unix에 관한 배경 지식은 매우 중요하다. 많은 인프라 장치는 유닉스나 리눅스를 기반으로 시작했다. 이런 배경 지식이 있으면 평범한 네트워크 엔지니어와 차별화할 수 있다. 리눅스 지식 중에는 정규 표현식에 관한 지식도 포함돼야 한다. 네트워크 자동화에는 반드시 파싱이 필요하므로 직접 파싱하는 데도 도움이 되고 다른 파싱 모듈로 작업할 때도 도움이 된다. 정교한 텍스트 편집기일수록 정규 표현식을 사용해 쉽게 검색할 수 있다.

10 – 배회하고 탐색하기

마지막으로 탐색할 시간을 따로 마련하라. 나는 한 달에 두 번 이상 일요일 아침마다 읽거나, 보거나, 들은 내용을 탐색하거나 문제를 갖고 솔루션을 연구한다. 목적지는 따로 정해 두지 않고 그냥 어디로 가는지 본다. 절반 정도는 한곳에서 시작하지만, 전혀 다른 곳에서 끝나기도 한다. 예를 들어, Udemy에서 MongoDB에 관한 강좌를 듣다가 IP 주소를 비교하는 데 좋은 정규 표현식을 만들게 된다. 적어도 일요일 아침에는 이것을 완성하는 것에 얽매이지 않는다.

알렉시스 드 탈루엣

알렉시스 드 탈루엣Alexis de Talhouët은 네트워크 자동화에 열정을 가진 전문가로, 오픈소스 커뮤니티에 참여해 네트워크의 복잡성을 줄이려고 노력하고 있다. 주로 리눅스 재단에서 주최하는 ODLOpenDaylight와 ONAPOpen Network Automation Paltform에 참여했으며 기술 운영 위원회 멤버로 활동했다.

나는 네트워킹에 관한 엄청난 열정으로 경력을 시작했다. 처음에는 네트워크를 제대로 이해하지 못한 상태에서 네트워크를 자동화하는 시스템을 구축하는 것이 매우 어색했다. 하지만 해를 거듭할수록 네트워킹에 충분히 숙달돼 자동화 플랫폼을 제대로 구축할 수 있게 됐다. 이런 지식은 실습 환경을 만들어 보거나, 워크숍에 참석하거나, 네트워크 운영 센터에 근무하면서 습득할 수 있었다.

나에게 가장 인상 깊었던 점 중 하나는 소프트웨어 개발자 출신과 네트워크 엔지니어 출신이 네트워크 자동화에 이르는 경로가 다르다는 것이다. 둘 다 고유한 용어와 과정, 표준 등이 있지만, 클라우드 네이티브, 코드형 인프라, 코드형 네트워크Network as Code, GitOps 등이 등장하면서 둘 모두 초기 프로비저닝을 수행하고 전체 생명주기를 자동화하기 위해 비슷한 개념과 방법론 그리고 도구를 채택하고 있다. 따라서 높은 수준에서 자동화를 수행하는 방법은 매우 공통적이지만, 자동화할 대상은 여전히 도메인에 따라 다르다. 자동화를 시작할 때는 이런 생태계를 활용해 자동화 전략을 증진하는 것이 좋다.

나의 생각에 네트워크 자동화의 기본은(타입이) 잘 정의된 매개변수와 함께 해당 구성의 (황금) 템플릿을 적용하기 위한 구성과 구성을 적용하는 데 사용하는 프로토콜이다. 서비스 보증service assurance에 필요한 또 다른 중요한 요소는 실행 중인 상태를 검색하고 상태 변경과 상태에 관한 업데이트를 얻기 위한 원격 측정의 개념이다.

개발자의 관점에서 가장 중요한 것은 네트워크 장비/네트워크 기능에 의해 노출되는 API/계약이며 이는 일반적으로 장치 YANG 모델로 표현된다. 가장 큰 문제는 주어진 네트워크가 모두 같지 않기 때문에 각 공급 업체는 자체 모델을 갖고 있고 그 기능을 더 많이 노출하거나 더 적게 노출한다. 네트워크 장비의 구성과 모니터링을 표준화하기 위해 많은 노력을 기울이고 있지만(OpenConfig, OpenROADM, IETF), 이는 아직 완전히 확정된 것이 아니어서 여전히 많은 일괄 처리가 필요하다.

네트워크 자동화 전략은 이런 점을 고려해 모든 타입의 네트워크 자동화 기술을 수용할 수 있도록 플랫폼을 설계해야 한다. 물론 플랫폼이 다른 환경을 추상화하려고 시도할수록 장치의 기본 API에서 상위 수준의 비즈니스 API로 변환하는 심 계층shim layer[3]이 장치 업그레이드와 장치 모델 변경 속도를 따라잡아야 하므로 유지 관리도 더 많이 필요하다.

따라서 전체 네트워크에 하나의 추상화 계층을 사용하고 장치와 하향southbound 통신하는 심 계층을 유지해야 하는 것인지와 같은 설계 결정을 내려야 한다.

그렇다면 해당 추상화 계층을 구축하고 유지 관리할 수 있도록 개발자와 팀을 구성하는 것이 좋다.

그렇지 않다면 네트워크 엔지니어가 각 네트워크 서비스에 대한 황금 템플릿을 만들고, 템플릿을 가져오고, 버전을 관리하고 상호작용할 수 있는 플랫폼을 만들어 문제를 해결할 수 있도록 하는 것이 좋다고 생각한다. 그리고 이런 상호작용은 셸 스크립트나 파이썬 스니펫, Go 프로그램, 앤서블 플레이북 등 해당 플랫폼에서 실행할 수 있도록 REST API를 노출하는 한 특정 팀에 맞는 방법이라면 무엇이든 상관없다. 이렇게 하면 네트워크 팀은 노출된 API를 통해 자동화할 수 있으며 플랫폼에 관한 걱정은 하지 않아도 된다. 네트워크 팀은 이런 황금 템플릿과 스크립트[scriptlet]을 유지해야 할 책임이 있다.

또 다른 중요한 측면은 이런 도메인별 API를 사용하는 작업 흐름을 정의할 수 있는 오케스트레이션 엔진을 갖는 것이다. 성숙도[maturity]와 거버넌스[governance]에 따라 사전 점검과 사후 점검 작업을 수행하는 것이 작업 흐름에서 필수 요소가 돼야 한다. 또한 사후 점검이 성공하지 못한 경우, 롤백하는 방법도 항상 고려해야 한다. 네트워크 전체에 트랜잭션을 수행할 때는 구성을 적용하고 롤백하는 것이 어려울 수 있으므로 재사용성을 높이기 위해 도우미 함수를 만드는 것도 고려해야 한다.

이런 오케스트레이션 엔진은 분산형이거나 집중식일 수 있지만, 노출된 도메인별 작업 흐름을 사용하는 장치 간 서비스 오케스트레이션이 있는 경우가 많다.

마지막으로 명심해야 할 핵심 요소 중 하나는 네트워크 요소/기능의 인벤토리이다. 작업 흐름이 어떤 것을 수행할 때마다 네트워크의 활성[active] 및 가용 상태[available state]에 따라 적절하게 작동할 수 있도록 인벤토리를 항상 최신 상태로 유지하는 것이 중요하다.

현재 대부분의 네트워크 자동화가 NETCONF나 gNxL의 하향 프로토콜[southbound protocol]을 통해 이뤄지고 있으므로 YANG 모델은 장치 구성을 정의하고 표현하는 사실상의 표준 모델이 됐으며 YANG 주변의 도구는 황금 템플릿을 위한 XML/JSON을 사용할 정도로 성숙해졌다. 또한 이런 템플릿을 렌더링하는 작업은 사용되고 있는 기술과 상관없이 YANG에 정의된 타입을 적용하더라도 쉽게 수행할 수 있다. 나는 이 모든 것을 고려해 네트워크 자동화를 시작할 때 특정 프로그래밍/스크립팅 언어를 추천하지 않으며 오히려 각 팀이 언어를 선택해 사용하는 것이 좋다. 하지만 나는 하향 프로토콜과 상호작용을 가능한 한 표준화하는 것을 권장한다. 자동화가 성숙해지고 조직이 특정 기술을 더 잘 다룰 수 있다고 생각되면 더 많은 도우미를 구축해 자동화를 위한 전사적인 실천을 시작할 수 있다.

네트워크 자동화 영역이 발전함에 따라 인프라 프로비저닝도 발전하고 있다. 쿠버네티스가 등장함에 따라 최근의 트렌드는 쿠버네티스 API[Kubernetes API]를 확장해 하드웨어 구성과 소프트웨어 구성을 추상화하고 오퍼레이터를 사용해 전체 생명주기를 지원하는 사용자 정의 리소스 정의[CRD, Custom Resource Definition]를 제공하는 것이다. 오퍼레이터는

CRD를 K8S 기본 API로 노출하며 CRD 인스턴스의 장치 간 생명주기를 관리하기 위한 로직도 포함하고 있다. 이는 운영 책임을 오퍼레이터 제공 업체로 이관시키고 의도 기반 자동화intent-driven automation를 촉진한다. 네트워크 장비 공급 업체가 이런 개념을 채택함에 따라 네트워크 자동화는 애플리케이션 생명주기 관리에 좀 더 가까워질 것이다. 그리고 이런 추세에 따라 Go가 주요 프로그래밍 언어 중 하나로 제시되고 있다.

주목해야 할 프로젝트로 중 하나는 쿠버네티스 API 확장을 사용해 네트워크 컨트롤러를 제공하는 것을 목표로 하는 최신 리눅스 재단의 네트워킹 이니셔티브인 네피오Nephio이다.

행복한 코딩을 하기 바란다!

존 도크

> 존 도크John Doak는 마이크로소프트Microsoft의 수석 소프트웨어 엔지니어 관리자이며 이전에는 구글Google 네트워크 시스템 엔지니어(SRE(Site Reliability Engineer)) 그리고 루카스아츠LucasArts/루카스필름Lucasfilm 네트워크 엔지니어로 근무했다.

나는 루카스아츠에서 IT 이사에게 내 경력의 다음 단계가 무엇인지 물어본 후 네트워킹에 입문했다. 이 분은 그 자리에서 바로 나를 네트워크 엔지니어로 임명하고 시스코의 책을 사서 새로 사들인 T1 라우터를 구성해 보라고 했다. 옷장 안에 있는 상자를 응시하면서 머리 위에 올려놓은 시스코 책이 삼투 작용을 통해 지식을 얻을 수 있기를 바라는 것처럼 특별한 경험이었다. 이후 몇 년 동안 네트워크 MAC 보안 매개변수를 재설정한 후 포트를 새 VLANs로 이동하고 라우팅 맵을 사용해 인바운트 BGP 트래픽을 자동으로 균형을 잡는auto-balanced 등 포털에서 작업을 자동화했다.

이후 구글로 자리를 옮겨 백엔드 백본B2, Backend Backbone으로 알려진 공급 업체의 백본을 자동화하는 일을 했다. 나는 다양한 라우터를 프로그래밍하는 최초의 자율 서비스

autonomous services를 작성했다. 그런 다음 매우 유능한 소프트웨어 엔지니어들(스리다르 스리니바산Sridhar Srinivasan, 벤자민 헬슬리Benjamin Helsley, 웬칭 루Wencheng Lu)과 함께 네트워크를 위한 첫 번째 작업 흐름 오케스트레이션 시스템을 만들고 바로 다음 버전을 만들었다(처음에는 항상 모든 것을 제대로 만들 수 없었기 때문이다). 첫 번째 버전과 두 번째 버전에서 가장 큰 변화는 파이썬에서 Go로 전환한 것이다. 우리는 버그를 줄이고 작업 흐름의 수를 10배로 늘릴 수 있었으며 모든 것을 망가뜨리지 않고 코드를 리팩토링할 수 있었다. 다음 몇 년 동안 모든 NetOps를 파이썬에서 Go로 마이그레이션하고 BGP 매시 배포mesh deployment, LSP 측정 지표metrics, SRLG 구성 배포configuration deployment, 에지 라우터 전송edge router turn-up, BGP-LU 업데이트, ISIS 측정 지표, LSP 최적화 등 매일 네트워크를 구성하는 자동화를 구축했다. 확장성을 위한 핵심 중 하나는 내가 작성한 또 다른 서비스로, BGP 피어 구성과 같은 변경을 위해 우리가 지원하는 모든 공급 업체의 라우터를 구성할 수 있는 RPC를 전송할 수 있게 만들었다.

지금은 마이크로소프트에서 일하고 있으며 더 이상 네트워킹 업무는 하지 않지만, Go SDK를 만들고 데이터 검증, 게이트 제어, 데이터 소스 감사 등을 위한 소프트웨어를 배포하는 소프트웨어 그룹을 관리하고 있다. 이에는 쿠버네티스 클러스터를 실행하고, 소프트웨어를 배포하고, 시스템을 실행하기 위한 도구를 구축하는 것이 포함된다.

마지막으로 나는 『Go For DevOps』(Packt Publishing, 2022)의 저자이다.

네트워크 자동화를 위해 한 가지 조언을 하자면, 중앙 집중식 작업 흐름 오케스트레이션 시스템을 사용하라는 것이다. 중앙 집중식 작업 흐름 시스템을 사용하면 네트워크에서 발생하는 일에 대한 가시성을 확보하고 긴급 제어를 사용할 수 있으며 정책을 시행할 수 있다. 이 점은 이미 반복적으로 입증됐다.

그렇다면 중앙 집중식 작업 흐름을 적용한다는 것의 의미는 무엇일까? 기존에 RPC 서비스가 있어야 하고 이 서비스가 수행할 수 있는 일련의 작업이 있어야 한다. 도구는 일련의 작업을 설명하는 RPC를 제출하고 서버에서 해당 작업의 실행을 모니터링한다.

이는 모든 것이 같은 곳에서 실행된다는 것을 의미한다. 그러면 비상 상황에서 문제가 있는 네트워크의 실행을 중단하거나 일시 중지할 수 있는 비상 도구emergency tool를 만들 수 있다. 일정 기간에 접근할 수 있는 네트워크 장치의 수는 동시성 제한으로 강제할 수 있다. 자동화를 실행하기 전에 반드시 실행해야 하는 네트워크 상태 검사를 제공할 수도 있다.

중앙 집중화는 네트워크 자동화를 제어하는 데 있어서 핵심적인 요소이다. 소규모 그룹에서는 네트워크에서 무슨 일이 일어나고 있는지 쉽게 알 수 있지만, 그룹이 5명 이상으로 늘어나면 무슨 일이 일어나고 있는지 파악하는 것이 불가능해지기 시작한다.

내가 구글에서 목격한 가장 큰 장애였던 서비스 중단 중 두 가지는 엔지니어들이 다른 시간대에서 일하면서 네트워크를 변경하는 스크립트를 자신들의 데스크톱에서 실행해 발생했다. 누가/무엇이 문제를 일으켰는지 역추적하기 위해 TACACS 로그를 검사해 범인을 찾아야만 했다. 스크립트가 계속 변경되고 있으면 보안을 위해 누군가를 찾아내 그들의 자격 증명을 비활성화하지 않고서는 누구도 이를 막을 수 없었을 것이다. 그 귀중한 시간은 전체 네트워크가 다운돼 있다는 것을 의미할 수 있으니 말이다.

네트워크 작업에 사용할 수 있는 기본적인 작업 흐름 시스템을 살펴보고 싶다면 내가 쓴『Go For DevOps』의 'Designing for Chaos' 장을 참고하기 바란다.

패킷은 계속 흘러야 한다!

로만 도딘

로만 도딘Roman Dodin은 Nokia에서 제품 관리자 역할을 맡고 있는 네트워크 자동화 엔지니어이다. 또한 네트워크 자동화 분야에서 유명한 오픈소스 리더이자 유지 관리자, 기여자이다. 이 책에서 제공하는 실습을 진행하면서 만났던 컨테이너랩 프로젝트의 관리자이기도 하다.

이미 Go에 관심이 있고 네트워크 자동화 문제 영역에 Go를 적용해 보고 싶거나 네트워크 자동화에 Go를 사용해야 하는 이유를 알고 싶은 분들이라고 생각하고 이야기해 보겠다. 내가 Go로 전환한 이유와 주된 원동력 그리고 지금이 네트워크 엔지니어가 Go를 살펴보기 시작해야 할 좋은 시기라고 생각하는 이유를 공유한다.

Go에 대해 자세히 알아보기 전에 나는 네트워크 자동화를 위한 모든 작업에 파이썬을 사용했다. 지난 수십 년 동안 일반적인 네트워크 자동화 작업 흐름은 CLI 명령어를 만들거나 템플릿을 작성하고 이를 SSH/Telent를 통해 네트워크 요소의 CLI 프로세스로 전송하고 응답을 파싱하고 이를 처리하는 과정을 중심으로 이뤄졌다. 당시에는 운이 좋아야 공급 업체에서 제공한 REST API를 사용할 수 있었다. 따라서 네트워크 자동화 프로젝트 대부분은 비정형 데이터를 임시방편으로 처리하는 데 어려움이 있는 화면 스크래핑 라이브러리를 사용했다.

한편, IT 영역에서는 컨테이너화containerization와 미세 분할micro-segmentation 그리고 코드형 인프라 패러다임의 확산과 함께 Go 언어가 확고한 기반을 갖추게 됐다. 언어 구문의 단순성, 풍부한 표준 라이브러리, 컴파일 특성, 최고 수준의 동시성 그리고 적절한 성능은 많은 개발자의 마음을 사로잡았다. 얼마 지나지 않아 애플리케이션의 배포와 실행, 상호 인터페이스 방식에 대한 새로운 요구사항과 함께 새로운 생태계인 클라우드 네이티프 컴퓨팅 재단이 등장하는 것을 목격했다. 따라서 커뮤니티는 API 우선 클라우드 네이티브 환경에서 애플리케이션을 실행하는 새로운 방식을 준수하기 위해 네트워킹 계층을 재검토했다.

시간이 지나면서 IT의 바다에서 일어난 파도가 네트워킹 섬에 도달했다. 요즘 모든 괜찮은 네트워크 OS에는 누구나 사용할 수 있도록 정형화되고 모델링된 데이터를 사용하는 관리 API 집합이 탑재돼 있다. 최신 자동화 작업 흐름은 이런 API를 동시에 고성능 클라우드 네이티브 방식으로만 활용한다고 가정한다. 그리고 당연히 Go가 네트워크 자동화 엔지니어에게 기본적으로 제공되는 클라우드 네이티브 도구와 라이브러리를 활용해 동시에 실행하면서 성능이 뛰어나고 쉽게 배포할 수 있는 애플리케이션을 작성할 수 있다.

네트워킹 분야에서는 아직 관성 수준이지만, 네트워크를 중심으로 하는 프로젝트의 생태계는 빠르게 성장하고 있다. 이 책에서 직접 확인했겠지만, 이미 많은 네트워크 관련 라이브러리가 Go를 위해 만들어졌다.

네트워크 자동화/관리 분야의 또 다른 중요한 플레이어는 OpenConfig 컨소시엄이다. 구글이 주도하고 네트워크 운영자들이 참여하는 OpenConfig는 Go를 중심으로 하는 많은 네트워크 자동화 프로젝트 goyang, ygot, kne, ondatra, featureprofiles를 구상했다. 이런 프로젝트가 제공하는 기능을 이해하려면 Go를 사용해야 한다. 종종 그렇듯이 우리가 미래에 필수품으로 여길 도구들은 오늘날 하이퍼 스케일러hyper-scaler로 만들어지고 있다.

요약하면, 네트워크 자동화 작업에 다음과 같은 속성이 있다면, Go를 해당 작업에 사용할 수 있다.

- 규모에 맞는 성능이 필요한 경우
- 동시 실행을 위한 강력한 사용 사례가 있는 경우
- YANG 모델로 생성된 데이터 클래스를 사용하는 경우
- 쿠버네티스 제어 평면을 활용하는 경우
- CNCF 도구 및 프로젝트와 통합하는 경우
- OpenConfig 프로젝트를 활용하는 경우

다른 사람들의 의견과 마찬가지로 Go는 완벽한 해답이 아니거나 파이썬, 자바 등을 대체할 수 있는 언어도 아니다. 하지만 Go는 강력한 장점과 대규모 커뮤니티 그리고 번성하는 생태계를 갖춘 프로그래밍 언어이다. 나의 생각으로는 네트워크 자동화 영역에서 Go의 장래는 밝으며 이 책은 오늘날 네트워크 자동화에 Go를 사용하는 실제 측면을 보고 싶은 사람들에게 많은 도움이 될 것이다.

데이비드 지

데이비드 지David Gee는 주니퍼 네트웍스Juniper Networks의 제품 관리 이사로, dave.dev(이전에는 ipengineer.net)에서 블로그를 운영하고 있다. 데이비드는 무엇보다도

JTAP[JUNOS Terraform Automation Framework] 등 여러 프로젝트의 창시자이다(트위터: @davedotdev).

네트워크 분야에서 지식을 쌓았다면, Cisco Press의 책을 사서 읽은 적이 있을 것이다. 이런 책의 대부분은 구성이 잘돼 있어 꽃처럼 펼쳐지는 지식을 제공한다. 하지만 자동화 지식을 쌓으려는 사람들에게는 여러 공급 업체를 아우르는 좋은 지식의 출처를 찾기 어렵다. 업계 자체가 매우 미성숙하고 네트워킹 사일로에서 수직적으로 소프트웨어 기술을 개발하는 네트워킹 엔지니어는 매우 의문스러운 결정을 내리는 경향이 있다. 이는 네트워크 자동화 엔지니어의 잘못이 아니라 업계에 존재하는 규율 부족에 따른 것이다. 일반적인 기존 네트워킹에서 BGP를 잘못 구성하면 세션이 연결되지 않을 수 있다. 접두사를 실수로 노출하면 누군가 즉시 수정해 줄 것이다. 그다음에 BGP를 구성할 때는 같은 실수를 저지르지 않을 것이다!

네트워킹 공간에서 소프트웨어 규율은 절실히 필요하며 많은 조직은 아직 네트워킹 자동화 초기 단계에 머물러 있다. 이 단계에서의 나쁜 경험은 일반적으로 자신감 수준에 치명적이면서도 너무 어렵거나 큰 도약을 위한 활주로에 불을 밝혀 준다. 여전히 많은 사람이 부트캠프에 다니고 있으며 Udemy, Pluralsight 및 기타 다양한 학습 플랫폼으로 인해 오늘날에는 그 어느 때보다도 쉽게 소프트웨어에 입문할 수 있다. 이 주제는 논쟁의 여지가 있으므로 신중하게 다뤄야 한다. 하지만 소프트웨어는 단순히 코드 몇 줄을 작성한다고 해서 제대로 작동하는 것이 아니다. 소프트웨어는 하나의 학문이고 사고방식이며 엄격함을 필요로 한다.

10년간의 Go 언어 여정

Go는 훌륭한 언어로, 많은 사람이 프로그래밍 언어이자 도구 언어로 사용하고 있다. Go는 컴파일러조차도 올바른 방식으로 코드를 작성하도록 만전을 기하는 방식[belts and braces approach]을 제공한다. 물론 코드를 엉성하게 작성할 수도 있지만, Go 생태계 전체가 그렇게 하지 않도록 서로 연결돼 도와주고 있다. 시중에 나와 있는 대부분의 IDE는 훌륭한 Go 도구를 갖추고 있어 코드를 린트lint4하고 형식을 맞춰 주므로 더 나은 개발자가 되는 데 도움이 된다. 그라파나 랩스Grafana Labs의 맷 라이어Mat Ryer는 "Go Time" 팟캐스트에서 "Go 도구로 인해 다른 사람의 코드를 읽을 수 있으며 마치 내가 작성한 것처럼 친숙하게 느껴진다."라고 말한 적이 있다. 이는 Go 커뮤니티가 모범 사례를 도구 체인toolchain에 녹여 넣었기 때문이다. 이 모든 것이 무료로 제공된다.

재미를 위해, 하지만 요점을 말씀드리기 위해 나의 과거 경험을 공유한다. 나는 과거에 C 코드(C99)를 작성할 때 마이크로소프트 윈도우Microsoft Windows의 메모장에 작성하고, 링크하고, 개발 도구를 사용해 바이너리로 컴파일한 후 임베디드 시스템용 EPROM에 넣어야 했다. 코드를 작성할 때는 어떤 기능이 작동할지 전혀 알 수 없는 상태에서 수천 줄의 일반 텍스트를 관리했다. 테스트 장비가 도움이 됐지만, 현실은 항상 진실이었다. 어느 날 내가 개발했던 시스템 중 하나가 물 저장 탱크의 뚜껑을 날려버리는 사고가 발생한 현장에 불려갔다. 긴박한 상황과 압박 속에서 버그를 발견할 수 있었던 이유는 알고리듬을 기록하고 코드에 중요한 주석을 남겨 뒀기 때문이다. 좋은 도구와 탄탄한 엔지니어링 접근 방식은 해고나 소송을 피할 수 있게 해 준다. 나의 코드가 모두 스파게티 코드였다면(일부는 그랬을지도 모른다. - 나는 영웅이 아니다), 아마 나는 감옥에 갇혔을 것이다. 이제는 좋은 IDE를 사용할 수 있으며 (나의 생각으로는) Go는 C의 가장 좋은 부분을 가져와 다른 곳에서 찾아볼 수 없는 개발 여정을 제공한다. 제품을 실행하는 데 있어서 발생할 위험을 감수하기 전에 컴파일러는 경쟁 조건race condition과 포인터 문제 그리고 내가 수십 년 동안 기다려온 여러 가지 문제를 알려 준다.

IDE와 컴파일러 그리고 Go 도구 체인 외에도 Go는 에러 처리 및 바람직한 반복desirable repetition과 같은 것으로 인해 명확하고 읽기 쉬우며 유지 관리를 할 수 있는 코드 작성에 적합하다. 마법을 피하는 것이 핵심 원칙이며 Go 커뮤니티의 규율에 따라 패키지를 임포트하고 결정론적으로 초기화할 수 있어야 한다.

Go는 많은 기능을 기본으로 제공하기 때문에 초보자는 Go에 푹 빠지는 경향이 있다. 여기저기에서 고루틴을 볼 수 있으며 채널이 필요하지 않은 상황에서도 채널이 사용되고 있다. Ardan Labs의 빌 케네디Bill Kennedy가 이와 관련된 좋은 자료를 제공하고 있으며 만약 고루틴이 필요하다고 생각했다면, 실제로는 필요하지 않을 가능성이 높다. 필요하지 않은 것을 빌드하기 전에 pprof로 코드를 프로파일링하고 Go의 테스트 기능을 통해 몇 가지 비교 분석benchmark을 해 보는 것이 좋다. 가장 간단한 형태의 Go는 아마도 여러분의 사용 사례에서 좀 더 높은 성능을 발휘할 것이며 초기에 설계를 구조적으로 단순하게 유지하는 것이 미래에 발생할 수 있는 복잡한 문제를 방지할 수 있다.

Go의 타입 체계

Go의 타입 체계는 작업하기에 엄격할 수 있지만, 반드시 필요한 엄격함과 구조를 제공한다. 네트워크 운영체제는 일반적으로 정형 데이터를 기반으로 하며 NETCONF 엔진과 같은 것들은 YANG으로 모델링된 API 스키마를 갖고 있다. NOS 데이터의 스키마를 정의하는 DSL을 사용하면 Go 코드에 대한 일대일 매핑을 만들 수 있고 YANG과 GPB를 사용해 예측할 수 있으며 신뢰할 수 있는 데이터 구조체를 얻을 수 있는데, 이는 NOS와 상호작용하기 위한 API 계약의 중요한 부분이다. 네트워크 원격 측정 추세가 성장함에 따라 GPB와 gRPC를 사용하는 것이 좋은 선택이 되고 있다. 좋은 소식은 클라이언트 코드를 빌드할 때 `.proto` 파일을 가져와 프로그래밍 방식의 계약 정렬programmatic contract alignment을 무료로 얻을 수 있다는 것이다. gRPC 및 GPB에 대한 원리가 XML에 대해서도 적용된다. 데이터 구조체를 만드는 데 사용할 수 있는 도구가 많으며 일부 IDE에는 JOSN을 구조체로 변환할 수 있는 기능이 있다. 가능한 경우 도구를 사용하되, 엔트로피entropy와 편차drift의 가능성을 무시해서는 안 된다. 이런 이유만으로도 버전 관리가 중요하다. 데이터 인코딩과 스키마에 대해 마지막으로 설명하면 XML은 풍부rich하고 프로그래밍적으로도 강력하다. JSON은 멋진 것일 수 있지만, XML은 Junos와 같은 플랫폼의 구성을 만들 때 사용하기 좋다. XML에 익숙하다면 NETCONF로 작업하는 것도 어렵지 않다. Go로 타입을 빌드할 때 XML 인코딩은 JSON만큼이나 쉽다. 이에 대한 예제는 다음과 같다.

```
package main

import (
	"encoding/json"
```

```
    "encoding/xml"
    "fmt"
)

type DataEncodingExample struct {
    /*
        Example payload
        {
            "_key": "blah",
            "_value": "42",
            "_type": "string",
        },
    */
    Key string `json:"_key",xml:"_key"`
    Value string `json:"_value",xml:"_value"`
    VType string `json:"_type",xml:"_type"`
}

func main() {
    dataInput := DataEncodingExample{
        Key: "blah",
        Value: "42",
        VType: "string",
    }

    jsonEncoded, _ := json.Marshal(dataInput)
    xmlEncoded, _ := xml.Marshal(dataInput)
    // This is example code. What errors? :)

    fmt.Println("JSON Encoded: ", string(jsonEncoded))
    fmt.Println("XML Encoded: ", string(xmlEncoded))
}
```

출력은 다음과 같다.

```
JSON Encoded: {"_key":"blah","_value":"42","_type":"string"}
XML Encoded: <DataEncodingExample><Key>blah</Key><Value>42</
Value><VType>string</VType></DataEncodingExample>
```

버전 관리에 관한 주의사항

버전 관리는 코드뿐 아니라 Go 패키지 관리 시스템에서도 중요하다. Go의 핵심 팀에서 10개 이상의 패키지를 관리하려고 시도했지만, 버전 1.13부터 Go의 모듈 시스템이 제대로 작동하는 것처럼 느껴진다. go mod 사용법에 익숙하지 않다면 익숙해질 필요가 있다. 올바른 패키지로 Go 프로그램을 결정론적으로 재빌드하는 것이 가장 중요하며 시맨틱 버전 관리와 go mod 시스템을 사용해 개발하는 습관을 들이는 것이 좋다. 데브옵스 및 SRE 분야에서는 '하나의 패치 버전이 잘못되면 코드를 완전히 예측할 수 없게 된다'라는 유명한 이야기가 있다. 이런 이야기는 모임에서 들려 줄 때는 재미있겠지만, 그 순간은 전혀 즐겁지 않고 특정 버전을 사용하도록 코드를 잠그고 CI/CD 파이프라인이나 빌드 시스템에서 빌드한다고 믿는다면 이런 상황은 피할 수 있으며 코드는 항상 개발 단계와 같은 방식으로 다시 구성될 것이다.

코드 개선하기

나는 네트워킹에 입문하기 전에 전자공학 엔지니어로 일하면서 어셈블리 언어와 C를 배운 다음 CLI를 접했다. 직렬 포트serial port가 있는 시스템을 만드는 것보다 직렬 포트에 명령어를 입력하는 것이 좀 더 많은 돈을 벌 수 있다는 사실이 이상하게 느껴졌다. 달력을 20년 전으로 돌려 보면, 나의 오래된 습관 중 상당수가 여전히 존재한다. 새로운 도구나 소프트웨어 서비스를 작성하기 시작하면 구현 없이 아이디어의 핵심을 먼저 만든다. 이렇게 하면 초기 탐색 단계에서 지루한 코드 변경 없이 문제 공간에 관한 실험과 학습이 가능해진다. 알고리듬은 저절로 성장하고 시간이 지나면서 포럼이나 블로그 등에서 찾은 유용한 API 코드나 주석이 추가된다.

```
package main

import (
	"context"
	"fmt"
	uuid2 "github.com/google/uuid"
```

```
	"github.com/sethvargo/go-envconfig"
	log "github.com/sirupsen/logrus"
)

const _VERSION = "0.0.1"

/*
이 코드는 X에 대한 인증 서비스에 로그인한 후
로컬 상태 측정 값으로 원격 측정 값을 업데이트한다.

원격 상태가 변경됐을 때 업데이트가 트리거된다.

각 호출은 ops팀이 사용할 수 있는 UUID를 생성한다.
*/

type Config struct {
	APIUser string `env:"PROG1_API_USER_ID"`
	APIKey string `env:"PROG1_API_USER_ID"`
}

// GetToken은 외부 인증 서비스에서 JWT를 가져온다.
func (c *Config) GetToken(URL, uuid string) (string, error) {
	// 초기화
	log.Info(fmt.Sprintf("system: updater, uuid: %v,
	 message: logging into device with key %v\n", uuid,
	 c.APIUser))
	// 이것이 구현됐다고 상상한다!
	return "JWT 42.42.42", nil
}

func main() {
	// 로그 수준을 설정한다. 일반적으로 config에서 가져온다.
	log.SetLevel(log.DebugLevel)

	// 이 인스턴스의 UUID를 가져온다.
	uuid := uuid2.New().String()

	// 우리가 무엇인지 외부에 알린다.
	log.Info(fmt.Sprintf("system: updater, uuid: %v,
	 version: %v, maintainer: davedotdev\n", uuid,
	 _VERSION))
```

```
    ctx := context.Background()

    // 환경 변수에서 config를 가져온다.
    var c Config
    if err := envconfig.Process(ctx, &c); err != nil {
          log.Fatal(err)
    }

    // GetToken은 업스트림에서 JWT를 가져온다.
    token, err := c.GetToken(
           "https://example.com/api/v1/auth", uuid)
    if err != nil {
           log.Fatal(err)
    }

     log.Debug(fmt.Sprintf(
     "TODO: Got token from external provider: %v\n",
     token))

    log.Debug("TODO: Got the local state")

     log.Debug(
     "TODO: Logged in to remote service with token and updated
the state")

     log.Debug(
      "TODO: Update success: ID from remote update is: 42")

     log.Debug("TODO: Our work here is done.")
}
```

출력은 다음과 같다.

```
go build
./main
INFO[0000] system: updater, uuid: 6cb60c9b-<snip>, version: 0.0.1,
maintainer: davedotdev
INFO[0000] system: updater, uuid: 6cb60c9b-<snip>, message: logging into
device with key testuser
DEBU[0000] TODO: Got token from external provider: JWT 42.42.42
```

```
DEBU[0000] TODO: Got the local state
DEBU[0000] TODO: Logged in to remote service with token and updated the
state
DEBU[0000] TODO: Update success: ID from remote update is: 42
DEBU[0000] TODO: Our work here is done. Exit Go routines cleanly if there
are any.
```

앞 코드에서 언급해야 할 몇 가지 항목이 있다.

첫 번째 항목은 외부 패키지 사용에 관한 것이다. 나는 주어진 프로젝트에서 로깅 라이브러리와 구성을 처리하는 메서드를 표준화하는 경향이 있다. 이렇게 하면 코드를 작업하기 쉽고 특성도 예측하기 쉽다. 또한 좋은 라이브러리는 계속 발전한다. Logrus가 좋은 사례이다. JSON을 원하는가? 문제 없다. 로그 대상을 변경하고 싶은가? 간단하다. 로깅은 개발에서 중요할 뿐 아니라 도구를 릴리즈하거나 소프트웨어 서비스를 제품에 반영할 때는 더욱 중요하다. 사용 빈도가 낮은 도구에 UUID 시스템을 마련하는 것이 다소 어리석어 보일 수 있겠지만, 하루에 많은 호출이 발생하는 소프트웨어 서비스인 경우, 운영팀에서 여러분이 만든 코드로 추적하는 것이 얼마나 좋은지 알려 준다면 필자에게 적절한 선물을 페이팔PayPal로 보내 줄 수 있다.

주석

주석comment의 가치는 오래된 논쟁의 주제이다. 여러분의 코드를 유지 관리해야 할 미래의 여러분이나 다른 개발자를 생각해서 친절하게 작성해야 한다. 주석이 자명한 사실을 가리킨다면 쓸모가 없으므로 나는 주석 스타일을 약간 바꿔 작성한다. 글을 쓸 때는 독자를 알아야 한다고들 하는데, 코드를 읽을 때 필요한 전문 지식은 Go에 대한 기본 지식이므로 문자열이 문자열이라고 설명할 필요가 없다. 다음은 주석에 포함할 수 있는 몇 가지 힌트이다.

- **미래의 힌트**: 알려진 병목 현상bottleneck이나 특정 사용자 기반 또는 요청률에 따라 발생할 가능성이 있지만, 현재 해결하지 않아도 되는 문제가 있는 경우

- **할 일 목록**: 문제 공간을 탐색할 때 생각을 다른 곳으로 전환할 수 있도록 작은 흔적을 남기는 것은 문제가 되지 않는다. 알고리듬이 좀 더 구체화되면서 이런 항목은 줄어들 것이기 때문에 할 일 목록to-do items을 살펴보면서 설명을 더 큰 주석 단위로 개선하는 것이 좋다.
- 일이 복잡해지면 알고리듬을 손으로 써 보자. 이는 회사 문서에서 경영진의 요약을 읽는 것과 비슷하다. 특히, 코드가 복잡하고 재귀와 같은 것을 다루는 경우, 코드를 읽는 것보다 기술 메모 주석을 통해 코드가 하는 일을 이해하기 쉽다. 코드를 읽는 사람이 주석을 바탕으로 버전을 비교할 수 있도록 항상 날짜를 남기는 것도 좋다.

Being blindsided

Go로 코드를 작성하면 좋은 습관을 기를 수 있지만, 여러분의 눈이 멀 수도 있다. Go는 엄청나게 강력하고 눈에 보이지 않는 안전 장치로 변할 수 있는 기능을 갖추고 있다. 파이썬으로 작성된 API와 상호작용하고 페이로드가 다음과 같이 각 항목이 작은 맵인 슬라이스로 인코딩돼 있다고 가정해 보자.

```
[
    {
        "key": "blah",
        "val": 42
    }
]
```

바로 마샬링과 언마샬링하는 방법을 알 수 있겠지만, 타입이 지정된 언어와 동적으로 타입이 지정되는 언어 간의 인터페이스에서 자주 발생하는 문제는 데이터 타입 관리 규율이 부실하다는 것이다. 다음 예제는 타입 체계로 인해 Go에서 마샬링할 때 에러가 발생하지만, 안타깝게도 이런 에러를 흔히 볼 수 있다.

```
[
```

```
    {
        "key": "blah1",
        "key": 42
    },
    {
        "key": "blah2",
        "val": "42",
    },
]
```

일부 소프트웨어 엔지니어는 TLV 스타일의 데이터 인코딩을 사용해 이 문제를 해결하지만, 그래도 이 문제가 해결되지 않는다면 Go의 `reflection` 기능을 사용해 데이터를 검사하고 코드 내에서 처리할 수 있도록 사용자 정의 방식으로 직병렬 전환할 수 있다. 앞 코드 예제에서 `reflection`을 사용해 다음과 같은 타입으로 인스턴스화할 수 있다. 이런 접근 방식은 나를 여러 번 구해 줬으며 특히 파이썬과 같은 언어는 위험할 정도로 실수를 쉽게 저지를 수 있는 동적 데이터 시나리오에서 유용하게 사용했다. 밑줄을 사용하는 것은 이것이 TVL 스타일의 데이터 인스턴스이며 프로세스 간의 통신에 사용된다는 것을 알려 주는 힌트이다.

```
/*
    {
        "_key": "blah",
        "_value": "42",
        "_type": "string",
    },
*/

type BadDataManagement struct {
     Key   string `json:"_key"`
     Value string `json:"_value"`
     VType string `json:"_type"`
}
```

Go는 훌륭한 언어이다. 그리고 만병통치약 같은 네트워크 API 스타일의 패키지와 미들웨어의 사용을 자제하고 NETCONF, REST, gRPC와 같은 표준 인터페이스를 사용하기를 바란다. 마법을 피하는 것과 같은 간단한 규칙은 미래에 큰 도움이 될 것이다. 필자는 기억력이 좋지 않으므로 항상 이렇게 기억하려고 노력한다.

이 절을 담당하게 돼 영광이었으며 이 책이 네트워킹 자동화를 절실히 필요로 하는 업계에서 여러분만의 규율과 엄격함 그리고 기술을 개발할 수 있도록 도와줄 것이라고 믿는다. 학습 경로를 제공하는 큰 노력이 없다면 네트워크 자동화 분야는 앞으로 수년간 크게 분열될 것이며 이 책은 이 여정에 큰 도움이 될 것이다. 이런 생각을 공유할 수 있게 해 주신 분들에게 큰 감사드린다.

다니엘 헤르츠버그

다니엘 헤르츠버그Daniel Hertzberg는 아리스타 네트웍스Arista Networks의 수석 기술 마케팅 엔지니어이다. 다니엘은 이 분야에서 10년 이상 일해 왔으며 항상 한 발은 네트워킹, 한 발은 자동화/프로그래밍에 담그고 있다. 또한 네트워크 자동화, 클라우드 네이티브 기술, OpenConfig를 통해 성공을 거뒀기 때문에 일주일에 여러 번 VSCode로 Go를 작성한다.

나는 네트워크 장치가 아닌 VMware NSX를 사용하는 네트워크 오버레이overlay와 네트워크 보안으로 자동화를 시작했다. NSX는 시스템을 망가뜨릴 수 있는 옵션을 많이 제공한다. 네트워크 담당자가 실수로 스위치를 잘못 누르는 것과 같은 방식으로 같은 네트워크에서 같은 OSPF 라우터 ID를 입력하기도 정말 쉬웠다. 이런! 이것은 XML로 인코딩된 REST API였으며 파이썬 요청을 사용해 통신했다. 당시에는 대부분 PowerShell을 사용해 이 작업을 수행했으므로 이 커뮤니티에서는 파이썬조차도 정상적이지 않은 수준이었다.

몇 년 후 공급 업체 API가 많이 사용되기 시작했다. `requests` 라이브러리를 임포트하고 요청을 보내고 응답을 받는 일반적인 RESTful 작업을 수행하는 많은 '시작하기' 예제들로 인해 나는 파이썬에 어느 정도 익숙해졌다. 일반적인 파이썬 객체인 딕셔너리와 리스트, 튜플 등으로 작업하는 것이 매우 간단하다는 사실도 알았다.

모든 여정에서는 확장 문제scaling problem에 부딪히기 시작하는데, 파이썬이 하고 있는 일에 적합하다면 아무런 문제가 없다. 나는 클라우드 네이티브 프로젝트와 쿠버네티스 그리고 OpenConfig에 더 많이 참여하기 시작했다. 결국 모든 것에 Go를 사용하게 됐다. 네트워크 커뮤니티는 파이썬에 비해 Go에 익숙하지 않기 때문에 파이썬보다 Go를 배우는 것이 좀 더 힘들었다. 하지만 Go를 사용하는 이점은 파이썬에 대해 내가 알고 있는 모든 것을 능가했다.

- 타입이 지정되는 시스템typed system
- 컴파일된 시스템compiled system
- 동시성
- 모듈(go mod는 전체 프로젝트에서 사용되는 내용을 열어보고 확인하는 데 매우 유용하다)
- 공백 없음
- 가비지 컬렉션

좀 더 추가될 수도 있겠지만, 대체로 이런 것이 내가 Go를 좋아하는 이유이다. 이 책을 먼저 접하고 예제를 살펴보니 네트워크 엔지니어가 쉽게 이해하고 파이썬에서 Go로 옮겨가겠다고 생각한다.

고객이 쿠버네티스 운영자와 네트워크 자동화 그리고 OpenConfig 스트리밍을 포함한 일반 네트워킹 프로젝트에서 점점 더 많은 코드를 Go로 작성해달라고 요청하고 있으므로 전반적으로 Go는 나의 경력에 많은 도움이 됐다. 네트워크 고퍼 여러분, 행운을 빈다!

마커스 하인즈

마커스 하인즈Marcus Hines는 네트워크 장치 테스트와 테스트 프레임워크 개발, 테스트 자동화 그리고 일반적으로 일을 다른 방식으로 할 수 없는 이유를 찾는 데 중점을 두고 경력을 쌓았다. 네트워크 엔지니어로 경력을 시작했으며 지금은 조직 전반의 엔지니어링 생산성 향상에 주력하고 있다. 마커스는 OpenConfig 조직의 저장소 대부분을 유지 관리하는 데 도움을 주고 있다.

요약

나는 다음과 같은 몇 가지 핵심적인 측면에서 일반적인 개발용 언어로 Go를 강력하게 지지하게 됐다.

- 언어가 제공하는 도구 사용의 편의성
- 프로젝트에 참여하는 엔지니어의 빠른 적응 속도
- 컴파일 속도와 다중 플랫폼 지원
- 빌드 시 타입을 검증하는 정적 분석을 지원하는 언어

자동화에 관한 고찰

- **테스트와 자동화는 기본적으로 같은 것이다.**

  테스트와 자동화는 입력 상태와 의도를 예상 출력 상태로 변환하기 위한 일련의 작업과 유효성 검사로 요약할 수 있다.

- **바이트 스트림은 API가 아니다.**

  공급 업체별 세부 정보가 포함된 SSH와 셸 스크립트는 이기종 환경에 적합하지 않다.

- 중단 없는 변경과 반복적인 버전 관리에 중점을 둔 API 정의의 유연성

  Go는 가장 널리 사용되는 프로그래밍 언어를 지원하는 풍부한 직렬화 및 RPC 프레

임워크인 gRPC를 최고 수준으로 지원한다.

- 자동화에는 항상 하나의 템플릿 계층과 하나의 구성 계층만 있어야 한다. 그 밖의 다른 모든 것은 코드여야 한다.
- 지속적으로 실행되는 자동화 테스트 한 개는 1,000개의 수동 테스트와 맞먹는다.
- 자동화 시스템 자체는 생명주기를 가져야 한다.

시스템을 위해 개발된 첫 번째 테스트는 시스템 자체를 무결하고 반복적인 방식으로 설치하고 버전을 관리하고 종료하는 방법이어야 한다.

이런 생태계가 구축되면 나머지 개발팀은 인프라를 퇴보시키지 않는다는 확신을 갖고 신속하게 개발을 반복할 수 있다.

Background

나는 지금 이 자리에 오기까지 매우 험난한 길을 걸어왔다.

나는 네트워크 자동화 스크립팅을 TCL/Expect와 펄Perl로 시작했다. 이 두 생태계 모두 최소한 일관된 반복 작업이 가능했지만, 그 밖의 것은 모두 엉망이었다. 파이썬은 라이브러리와 버전 시스템을 중심으로 강력한 생태계를 구축해 좀 더 견고하고 반복할 수 있는 세상을 만들었다. 파이썬 코드 베이스에는 유지 관리를 어렵게 하는 몇 가지 문제가 있었다. 코드 자체의 테스트는 꽤 간단했다. 하지만 타입이 부족해 많은 타입의 유효성 검사를 코드로 작성해야 했고 런타임 중에만 이러한 에러를 발견할 수 있었다. 또한 일반적으로 공개 계약을 광범위하게 테스트하지 않고 모의 테스트를 사용해 커버리지 수치를 높이는 데 집중했기 때문에 테스트가 매우 취약했고 이로 인해 장기적으로 개발 속도가 느려졌다. 이런 점 때문에 파이썬을 특별히 탓할 수는 없지만, 모범 사례를 실행할 수 있는 올바른 도구가 없으면 이런 좋지 않은 관행을 따르지 못하는 패턴에 빠지기 쉽다.

나는 2014년경 한 프로젝트에서 Go를 처음 접했고 강력한 타입 검증과 내장된 도구 그리고 컴파일 속도에 깊은 인상을 받았다. 이전에는 프로젝트에 C++ 테스트 프레임워크로 작업했다. 유연한 C++ 코드를 빌드하는 복잡성에 항상 좌절했고 모든 사용 사례를 일반적으로 지원하기 위해 템플릿으로 이뤄진 메타 프로그래밍 악몽과도 같았다. Go는 사용 사례에 대한 인터페이스 정의를 제공해 이런 문제를 해결해 줬다.

그 이후 나는 서로 다른 시스템 요구사항을 이용해 여러 조직을 위한 세 개의 Go 기반 테스트 프레임워크를 만들었다. 첫 번째 프레임워크는 솔루션 테스트에 몇 가지 독특한 과제를 제공했다. 이 프레임워크는 오픈소스로 공개할 수 있어야 했고 두 개의 다른 빌드 생태계build ecosystem에서 서로 다른 세 개의 언어로 코드를 개발하는 네 개의 다른 팀이 작성한 구성 요소를 제어해야 했다. 테스트 자체는 리눅스와 윈도우 테스트 러너test runner 모두에서 실행돼야 했다. Go를 사용하면 컴파일에 표준 Go 도구만을 사용해 이런 생태계를 개발할 수 있었다.

두 번째 프레임워크는 클라우드 기반 쿠버네티스 생태계의 솔루션 테스트에 사용됐다. k8s 기반 프로젝트를 위한 도구와 라이브러리 지원 덕분에 빠르게 진행할 수 있었다. 클러스터 가져오기와 k8s 배포, 운영자 배포 그리고 애플리케이션 생명주기에 인프라를 활용할 수 있었다.

현재 내가 참여하고 있는 프레임워크는 Ondatra[5]이다. 이 프레임워크는 네트워크 솔루션을 위한 오픈소스 기능과 통합 그리고 솔루션 테스트 프레임워크를 제공하는 데 중점을 두고 있다. 현재는 조직의 내부 팀에서 기능 프로필[6]을 통해 공급 업체에 네트워크 장치 요구사항을 설명하는 데 사용되고 있다.

업계에 영향을 미칠 수 있는 능력

마지막으로 말씀드리고 싶은 것은 개인이 업계를 변화시킬 수 있는 능력이다. 이 업계는 오랫동안 공급 업체와 IETF가 이 문제를 해결해 줄 것이라는 인식이 지배해 왔다. 자동화와 관련해서는 공급 업체가 도움을 주려고 하지 않았다. 모든 공급 업체별 손잡이knob와 API를 만들면 운영자는 공급 업체 솔루션에 더욱 종속돼 공급 업체에 구매 주문을 할 수밖에 없었다.

소프트웨어 자동화와 API를 중심으로 이 산업이 형성되기 시작하면서 우리는 네트워크를 기술^art에서 컴퓨터 과학으로 변모시키고 있다. 네트워크 장치가 멋진 네트워크 인터페이스 카드가 장착된 범용 컴퓨터에 지나지 않는 시대로 나아가고 있다. gNMI를 통한 OpenConfig와 같이 의도를 표현할 수 있는 일반 API를 사용하면 운영자는 모든 공급 업체를 지원할 수 있는 단일 구성과 원격 측정 시스템을 구축할 수 있다. 부트스트래핑과 보안, 소프트웨어 그리고 파일 관리와 관련된 추가 운영 API를 통해 운영자는 인프라를 균일하게 구축할 수 있다. 이렇게 하면 매우 일관되게 테스트할 수 있는 계층이 만들어져 단위 테스트 계층에서 상향 서비스^northbound services와 다운스트림 장치를 개별적으로 테스트하는 데 사용할 수 있다. 강력한 계층 테스트 전략^layered test strategy을 구축하면 자신감을 얻을 수 있고 개발 주기^development cycle에서 결함을 빠르게 발견할 수 있다.

다른 사람이 여러분의 요구사항을 해결해 줄 때까지 기다리지 마라. 그런 일은 절대 일어나지 않는다. 원하는 것이 있으면 공급 업체에 요구하라. 공급 업체에서 해결해 주지 않으면 표준 단체에 요구하라. 그래도 안 되면 스스로 해결해야 한다. 여러분의 아이디어가 나쁘다고 생각하거나 다른 사람이 여러분보다 생태계를 더 많이 알고 있다고 생각하지 마라. 오픈소스의 세계로 들어가 아이디어를 제시하라. 소프트웨어 개발 및 협업 모델은 지난 20년 동안 급격하게 변했다. 특히 지난 5년은 더욱 그러했다. 네트워크 자동화는 운영자의 의도와 네트워크 장치의 상태 간의 변환을 최소할 수 있는 생태계를 개발할 많은 기회를 제공한다.

스네하 인구바

> 스네하 인구바^Sneha Inguva는 Fastly 네트워크 제어 및 최적화 팀에서 소프트웨어 엔지니어로 일하고 있으며 전에는 디지털 오션^Digital Ocean에서 네트워크 엔지니어였다.

네트워킹 코드를 작성하는 나의 여정은 클라우드 호스팅 제공 업체인 디지털오션에서 내부 쿠버네티스 및 통합 가시성 팀에서 시작됐다. 네트워크 코드나 구성 로직에 손을 대 보기도 전에 전 세계 규모의 회사 뒤에는 수천 개는 아니더라도 수백 개의 서비스로 구성된 다양한 분산 시스템이 있고 수많은 엔지니어팀이 서비스를 제공하고 있다는 사실을 알게 됐다. 유지 관리를 할 수 있는 서비스를 구축하고 배포하는 과정에는 적절한 CI/CD 설정과 모니터링 그리고 대응할 수 있는 경보가 필요하다. 이는 내가 다양한 네트워크 팀에서 Go로 저수준의 네트워킹 코드를 작성하게 된 후에도 반복됐다. 전 세계의 여러 곳에 있는 수천 개의 하이퍼바이저hypervisor나 서버에 배포할 코드를 작성할 때 그리고 해당 코드가 기본 입구ingress와 출구egress 네트워크를 제어할 때는 자동화가 핵심이다. 이런 경험은 전 세계에 거점을 두고 있는 CDN 제공 업체인 패스틀리Fastly에서도 계속됐다.

나는 자체 개발한 네트워킹 소프트웨어이든, BIRD 라우팅 데몬과 같은 타사 OSS이든 변경 사항을 쉽게 롤포워드roll forward[8]하거나 롤백할 수 있어야 한다고 배웠다. 또한 나는 대응할 수 있는 경보와 운전 설명서runbook를 적극 지지한다. 경험상 특정 작업과 직접 연결되지 않은 잡음 경보noisy alerts는 절대로 호출할 수 있도록 해서는 안 된다. 또한 나는 네트워킹 코드를 작성할 때 Go가 제공하는 기능에 감사하게 됐다. C와 같은 언어에 비해 Go를 사용하면 코드를 빠르게 반복하고 애플리케이션을 다양한 플랫폼에서 교차 컴파일하기가 훨씬 쉬웠다. 또한 Go에는 유용한 네트워크 표준 라이브러리와 성장하고 있는 패키지 생태계가 있어 네트워크의 두 번째 계층과 패킷 소켓pakcket socket부터 HTTP를 사용하는 네트워크 일곱 번째 계층까지 코드를 쉽게 작성할 수 있다.

네트워킹과 Go 소프트웨어 엔지니어링 분야에 처음 입문하는 사람에게 조언한다면 다음과 같이 말하고 싶다.

- 대기업에서 소프트웨어를 작성할 때 나의 신조는 단순성을 유지하자는 것이다. 쉽게 읽을 수 있고 모듈화할 수 있으며 확장할 수 있고 문서화가 잘된 코드를 작성해 Go에는 익숙하지만, 회사 생태계에는 익숙하지 않은 신입 엔지니어가 쉽게 합류해 기여할 수 있도록 해야 한다. 나는 훌륭한 문서와 명료하고 간단한 코드가 언제나 똑똑한 코드를 이길 것이라고 믿는다.

- CI/CD 및 인프라를 코드로 구현할 때는 사용 사례에 따라 다양한 옵션을 사용할 수 있다. 소프트웨어가 호스트 머신에서 바이너리로 실행되는가? 소프트웨어를 컨테이너화할 수 있는가? Debain 패키지를 빌드하고 있는가? 어떤 것을 사용하든 서비스 버전을 쉽게 배포하고 롤백할 수 있는지 확인해야 한다.
- Go의 특수성을 이해하고 회사 저장소에 대해 합의된 모범 사례를 마련해야 한다.
- Go 네트워킹 생태계에서 외부 패키지(netaddr, gobgp 등)를 매우 고맙게 생각하지만, 나는 코드를 읽고 그 기능을 이해하고 있는지 확인하는 것도 좋아한다. 이렇게 하면 종종 버그와 업스트림 기여upstream contributions를 발견할 수 있다.
- 서비스에 대해 화이트박스 모니터링과 대응할 수 있는 경보가 설정돼 있는지 확인하라.

그리고 이런 팁을 통해 모두가 고퍼의 삶을 받아들일 수 있기를 바란다.

안토니오 오헤아

안토니오 오헤아Antonio Ojea는 레드햇의 소프트웨어 엔지니어로, 주로 클라우드 기술과 네트워킹 그리고 컨테이너에 중점을 둔 쿠버네티스 및 기타 오픈소스 프로젝트에 참여하고 있다. 현재 쿠버네티스 및 KIND 프로젝트의 유지 관리자이자 기여자로 활동 중이며 OpenStack, MidoNet과 같은 다른 프로젝트에도 기여한 바 있다.

통신 회사의 네트워크 부서에서 경력을 쌓기 시작했다. 내부 네트워크와 서비스(DNS, 이메일, WWW 등)를 담당했다. 당시 회사의 자동화는 기본적으로 다음과 같은 것들로 구성됐다.

- **구성**: 다른 구성을 적용하기 위해 네트워크 장치에 연결하는 TCL/Expect 스크립트
- **모니터링**: SNMP를 통해 네트워크 장치에 폴링하고 데이터를 라운드 로빈 데이터베

이스[RRD, Round Robin Database] 파일에 저장하는 펄 스크립트

- **로깅**: 모든 로그를 cron을 통해 주기적으로 순환되는 텍스트 파일에 덤프하는 중앙 Syslog 서버 사용
- **경고 및 보고**: 펄, cat, grep, cut, awk, sed, sort 등을 사용해 텍스트 파일을 처리하고 그 결과를 이메일로 보내기

돌이켜 보면 모든 것이 많이 개선됐다. 특히, 오픈소스 영역에서의 발전은 믿기 어려울 정도이다.

2000년대 초반에는 오픈소스 소프트웨어가 탄력을 받기 시작했으며 Apache 라이선스는 FOSS와 기업이 상호작용할 수 있는 새로운 길을 열었으며 기업에 필요한 지원과 유지보수, 보안 그리고 안정성을 제공하는 여러 종류의 안정적인 리눅스 배포판이 있었다.

2000년대 중반에는 기존 네트워크 자동화를 개선하는 몇몇 프로젝트가 번성하기 시작했다. 일부 프로젝트는 여전히 오늘날까지 살아 있다.

- **RANCID**[Really Awesome New Cisco config Differ]: 장치의 구성을 모니터링하고 CVS나 Subversion, Git과 같은 백 엔드 버전 관리를 사용해 변경 이력을 관리한다.
- **Nagios**: 모니터링과 경보를 위한 일종의 업계 표준이었다.
- **Cacti**: RRDTool의 데이터 저장 및 그래프 기능을 활용하도록 설계된 완전한 네트워크 그래프 솔루션이다.

하지만 2000년대 후반이 돼서야 오픈소스가 주목받기 시작했고 무료 소프트웨어 라이선스에 관한 규정이 명확해졌으며 오픈소스 생태계도 더욱 견고하고 안정화됐다. 기업들은 오픈소스의 성장과 변화의 잠재력 그리고 기존 비공개 소프트웨어 라이선스 모델과 대비되는 경제적 이점에 매료돼 오픈소스를 사용하고 기여하기 시작했다.

이 기간에 비즈니스와 기업이 더 민첩해지기 위해 가상 머신, 컨테이너, 소프트웨어 정

의 네트워크 등 인프라가 좀 더 유연해졌다. 이런 모든 변화가 업계의 변화를 가져왔다. 클라우드의 시대가 열리면서 네트워크 엔지니어는 OpenFlow와 같은 기술을 사용해 네트워킹 데이터 평면에 액세스하거나 API를 통해 물리적 또는 가성 장치 구성에 액세스하기 시작했다. 네트워크는 더 개방적이고 프로그래밍이 가능해지면서 소프트웨어 개발자에게는 무한한 기회가 생겼다.

나는 간단한 스크립트를 작성하고 다른 소프트웨어 프로젝트를 사용해 업무를 자동화하기 시작했다. 하지만 자신만의 도구를 만들고 다른 사람과 협업해 필요한 기능을 추가하거나 우리에게 영향을 미치는 제약사항이나 버그를 수정할 수 있다는 것을 알게 되면 멈출 수가 없다. 이것이 내가 SIG 네트워크에서 쿠버네티스 기여자이자 유지 관리자가 된 이유이다. 비결은 없다. 공부하고, 연습하고, 반복해야 한다.

요즘에는 오픈소스 프로젝트와 협업 도구가 폭발적으로 늘어남에 따라 연습하기도 쉬워졌다. 모든 프로젝트는 기꺼이 도와줄 사람을 기다리고 있으며 여러분만의 프로젝트를 만들 수도 있다. 프로젝에 관심이 있는 사람이 있을 테니 말이다. 공부하는 것도 이와 마찬가지이다. 동영상, 튜토리얼, 블로그 등 누구나 접근할 수 있는 자료가 많지만, 나는 항상 필수 서적을 곁에 두는 것을 추천한다. 단순히 읽기만 하는 것이 아니라 참고할 수 있도록 말이다. 좋은 책은 절대 낡지 않는다.

프로그래밍 언어는 단순히 도구일 뿐이라는 점을 기억해야 한다. 하나로 모든 것을 다 할 수는 없다. 어떤 종류의 작업이나 특정 문제를 해결하는 데 있어 좀 더 편하거나 적합한 도구가 있을 수는 있다. Go는 컨테이너 생태계의 핵심 언어이며 쿠버네티스, 도커와 같은 주요 프로젝트는 Go를 사용해 빌드된다. 네트워크 자동화와 컨테이너 분야에 종사할 계획이라면 Go는 확실히 해당 작업에 적합한 언어이다.

칼 몬타나리

칼 몬타나리Carl Montanari는 자신을 전(?) 네트워크 인간ex-network person이라고 정의한다. 칼은 파이썬과 Go 개발자로, 이 책에서 사용한 Go 패키지 Scrapli(go)

의 개발자이다.

내가 네트워크 자동화 커뮤니티에서 참여하기 시작했을 때, 네트워크 자동화에 파이썬 외에 다른 어떤 것을 사용하는 것은 약간 미친 짓처럼 보였다. 물론 파이썬 이외의 다른 언어를 사용하는 사람도 있다. 아마도 그들 중에는 펄, 루비를 사용하거나 C를 사용하는 미친 사람들도 있었을 것이지만, 일반적으로 파이썬은 거의 모든 것을 지배할 수 있는 마법의 반지였다. 나도 다른 사람처럼 금방 파이썬에 빠져들었다. 파이썬은 정말 깔끔한 언어였고 프로그래밍이나 컴퓨터 과학에 대한 배경 지식이 없는 나와 같은 사람에게는 소프트웨어 세계에 대한 놀라운 경험이자 매우 합리적이면서 부드러운 입문서 역할을 했다.

한동안 나는 Go를 지지하는 네트워크 자동화 전문가들은 환상의 나라에서 사는 것처럼 보였다. 파이썬 외에 다른 언어가 왜 필요한가? 확실히 파이썬의 개발 속도와 용이성은 Go의 일반적인 속도를 능가한다. 또한 확실히 좀 더 큰 파이썬의 네트워크 자동화 생태계는 Go가 따라잡을 수 없을 정도로 강력하다. 내 생각으로는 Go 네트워크 자동화 옹호자들은 rESTCONF나 gRPC로 할 수 있는 모든 것을 100% 지원하는 가장 최신의 멋진 장비만 갖고 있을 것으로 생각한다. 또한 최고의 장인이 만든 커피와 맥주만 마시고 남들이 부러워하는 콧수염이나 화려하고 멋진 머리카락을 가졌을 것이다.

물론 이는 모두 어리석은 생각으로, 결국 나는 멋진 콧수염을 기르고 Go를 배우기 시작했다. 농담이다. 나는 콧수염을 기를 수 없지만, Go로 뛰어들었다!

물론 파이썬이 모든 언어를 지배할 수 있는 단 하나의 반지라는 망상을 하지는 않았지만, 하나의 언어를 배우는 것만으로도 매우 어려웠으므로 다른 언어를 배우려고 노력하는 제정신을 보호하고 싶었던 것일 수도 있었다. 내가 제정신을 유지했는지는 다소 불분명하지만, 지난 몇 년 동안 Go에 대해 꽤 많이 배운 것 같다. 나와 같은 여정에 있는 사람 중에서 Go에 입문하고자 하는 분들에게 다음 몇 가지를 추천한다.

- 파이썬의 타입을 지정하는 생태계에 빠져 보라. `mypy`는 정말 대단하다. 몰랐던 버그도 잡아 줄 것이다. 타입 지정에 대해 많은 것을 배울 수 있으며 가장 좋은 점은 타입

이 모두 깨져도 프로그램은 계속 실행된다는 점이다. 나는 타입 힌트를 매우 좋아하는 편이어서 Go에 입문할 때 힌트가 도움이 많이 됐다고 생각한다.

- 인터페이스와 인터페이스를 관용적으로 사용하는 방법을 이해하는 데 많은 시간을 투자하라. 먼저 나의 경우, 처음에는 인터페이스는 다소 투박하고 추상적인 기본 클래스base class라고 생각했지만, 실제로는 그 이상이다. 빈 인터페이스를 이해하고, 인터페이스를 사용하고, 남용하는 방법도 익혀야 한다.
- 모든 것을 상속하려고 하지 마라. 상속이 나에게는 어려웠다. 상속에 매료됐기 때문에(어쩌면 너무 과했을지도 모른다. 요즘은 이것이 금기가 아닌가?) 해당 패턴에서 벗어나는 것이 때로는 어려웠다. 물론 여기저기에 구조체를 넣지만, 일반적으로 상속 스타일의 사고방식에서 벗어나려고 노력한다.
- 로봇(린터)이 여러분의 코드가 얼마나 나쁜지 알려 줘야 한다. 나는 코드에 대해 많은 린터를 실행하는 린터 집합인 `golangci-lint`를 좋아한다. 수많은 오류가 발생하면 검색 엔진을 통해 에러가 발생한 이유와 개선 방법을 파악할 수 있다. 귀찮기는 하겠지만, 이렇게 만들어진 모든 에러에서 많은 것을 배웠다.

네트워크 자동화 커뮤니티에서 Go가 점점 더 보편화될 것으로 생각한다. 속도, 작은 크기 그리고 컴파일된 바이너리 등과 같은 Go 언어의 장점은 무시하기 어렵다. 또한 네트워크 자동화 생태계가 확장되고 성장함에 따라 네트워크 자동화의 역할이 네트워크 중심 또는 자동화/소프트웨어가 네트워크 역할의 부수적인 개념이 아니라 점점 더 소프트웨어 중심이 될 것으로 생각한다. 만일 그렇게 된다면 이 책에서 주장하는 모든 이유로 인해 Go가 점점 더 중요해지리라 생각한다. 물론 파이썬이 모든 것을 지배하는 마법의 반지가 아니며 Go도 마찬가지이다. 두 도구 모두 반드시 도구 상자에 있어야 할 도구이다. 그렇지 않으면 다른 진부한 표현이라 생각한다. 즐거운 고퍼링을 하기를!

브렌트 솔즈베리

브렌트 솔즈베리Brent Salisbury는 네트워킹 및 컴퓨팅 경력이 20년을 넘어가는 수석 소프트웨어 엔지니어이다. 네트워크 운영과 아키텍처로 시작해 점차 네트워크 소프트웨어 개발로 전환한 브렌트는 네트워킹 업계에 입문하는 젊은 엔지니어의 미래에 대해 그 어느 때보다 낙관적이다.

우리는 네트워킹에서 유행이 왔다가 사라지는 것을 목격했고 인터넷이 짧은 역사에서 몇 차례의 혁신 주기를 겪으면서 프로젝트가 성공하고 실패하는 것도 목격했다. 이런 중요한 반복을 통해 네트워킹에서 데브옵스 관행을 도입하는 것이 패러다임의 전환이 될 것이다. 데브옵스의 핵심 구성 요소는 '자동화'이다. 네트워크 자동화를 확장하려면 운영자가 사용하기에 지나치게 복잡하지 않으면서도 강력한 도구를 갖추는 것이 중요하다. 저자들은 지난 몇 년 동안 라이브러리가 발전하고 가장 큰 오픈소스 프로젝트 중 일부가 Go로 작성되면서 Go가 인프라 프로그래밍을 하기 위한 사실상의 표준 언어가 된 이유를 훌륭하게 설명했다.

네트워크 엔지니어이거나 노련한 개발자이더라도 특정 언어는 단순히 도구일 뿐이며 특정 기술에 너무 지나치게 의존해서는 안 된다고 말하는 경우가 많다. 이런 말의 전제는 어느 정도 사실이지만, 나는 네트워킹을 위한 Go의 경우에는 작업에 맞는 적절한 도구가 매우 중요하다고 강조하고 싶다. 많은 네트워킹 전문가가 네트워크의 데브옵스 엔지니어로 옮겨갈 것이라 예상한다. 엔지니어의 기술이 변할 것으로 예상한다면 그 변화 경로를 가능한 한 쉽게 만들어야 한다. Go의 학습 곡선과 패키징, 기본 성능 모두가 다른 비슷한 언어와 비교했을 때 뛰어나므로 초보자나 숙련된 개발자 모두에게 프로그래밍이나 자동화를 위한 훌륭한 선택이 될 수 있다.

네트워크 프로그래밍과 자동화 여정을 시작하는 사람들을 위한 몇 가지 권장 사항은 다음과 같다.

- 오픈소스를 받아들여라.

- 리눅스와 리눅스 네트워킹을 배워라.
- Go와 같은 언어를 선택해서 해킹을 시작하라.
- 앤서블, 진자[Jinja]와 같은 오픈소스 자동화 도구에 익숙해져라.
- 깃을 사용하는 방법과 깃이 구성 관리에 미치는 잠재적인 영향을 배워라.
- 자동화 및 코딩에 익숙해지는 동안 네트워크에 손상을 주지 않는 읽기 전용 프로젝트로 시작하라. 네트워크 모니터링/원격 측정이나 구성 관리/백업 등이 상대적으로 안전하게 시작할 수 있는 작업이다.
- 네트워크 상태에 관한 이해를 프로그래밍 방식으로 개선하라. 백미러를 사용해 운전하지 마라!
- 최신 개발자 도구와 배포 메커니즘(쿠버네티스와 컨테이너, 인기 있는 라이브러리 등)을 배워라.
- 네트워크용 CI/CD 파이프라인을 구축하는 방법을 알아보라.

네트워크 구성을 코드라고 생각하라. 최근 문제가 됐던 몇몇 서비스 중단의 원인으로 자동화된 중단이 점점 더 많이 지목되고 있다. 운영 경험을 활용하고 네트워크에 관한 배경 지식이 없는 사람이 자동화를 수행할 때 인지하지 못하는 일반적인 실수를 방지하기 위한 테스트와 안전 장치를 만들어야 한다. 네트워크 엔지니어는 사라지는 직업이 아니며 네트워크가 작동하는 방식과 대규모로 구축하는 방법을 이해하는 데까지 몇 년이 걸린다. 프로그래밍과 같은 새로운 분야를 결합하면 오늘날 네트워크에서 점점 더 복잡해지는 환경을 연결할 수 있는 능력은 훨씬 더 높은 가치를 얻게 될 것이다.

마지막으로 네트워크가 비즈니스 속도에 방해가 되지 않도록 해야 한다. 네트워크 변경 사항을 몇 주에 걸쳐 구현하는 것은 과거의 일이 돼야 한다. 물론 네트워크 가동 시간은 네트워크 팀이 평가받을 만한 가장 중요한 지표이며 앞으로도 그럴 것이기 때문에 말처럼 쉬운 일은 아니다. 내가 수행한 프로젝트나 배포 또는 제품을 살펴봤을 때 성공적인 프로젝트는 복잡성을 단순하게 만들었을 때였다. 네트워킹 전문가도 계속 발전하고 있으므로 자동화 프로젝트와 결합한 Go와 같이 강력하면서도 사용하기 쉬운 도구가 중요한 역할을 할 것이다. 마지막으로 실패를 두려워 마라. 여러분만의 장점을 찾고 약점을 보완하라. 네트워크는 큰 배여서 조종하기 어렵지만, 자동화를 통해 올바른 방향으로 나아가고 있다고 확신할 수 있을 것이다.

막시밀리안 빌헬름

> 막시밀리안 빌헬름Maximilian Wilhelm은 전반적인 (네트워크) 자동화 전도사로, 소프트웨어 엔지니어링 방법을 네트워크 자동화에 도입하고 공급 업체 종속을 벗어나는 데 도움을 주고 있다.
>
> 그는 일찍부터 네트워킹과 IPv6 그리고 라우팅의 약점을 개발했으며 열렬한 오픈소스 애호가이자 Bio-Routing 및 ipupdown-ng의 공동 창립자, 유지 관리자, 기여자이며 오픈소스 및 네트워킹 콘퍼런스에서 정기적으로 강연하고 있다. FrOSCon Network Track[7]의 창립자이며 virtualNOG.net 미팅의 공동 주최자이다.

막시밀리안은 현재 클라우드플레어Cloudflare에서 네트워크 자동화 엔지니어로 일하고 있으며 부업으로 선임 인프라 컨설턴트를 하고 있다. 두 번째 업무는 광범위하게 자동화된 Freifunk Hochstift 커뮤니티 네트워크의 수석 아키텍트로, ifupdown2와 ifupdown-ng, VXLAN, Linux VRFs, BGP, OSPF 외에 Salt Stack을 사용한 인프라 자동화에도 손을 댔으며 그 이후 상용 SDN 솔루션에서 멀어지려고 노력하고 있다.

약력

나는 리눅스 관리자, 시스템 엔지니어링이라는 배경을 갖고 2004년 초 피터보른 대학교Paderborn University 수학연구소의 IT 센터에서 첫 직장을 다닐 때부터 수많은 서버와 클라이언트를 관리하기 위해 자체 개발한 자동화 솔루션을 사용하는 데 익숙했다.

내 기억이 맞는다면 셸로 작성된 SDevelopment라는 제품군이 있었는데, 리눅스 기반 서버와 클라이언트에 올바른 소프트웨어 패키지와 원하는 구성 파일 상태를 프로비저닝하고 원하는 상태를 유지하는 역할을 담당했다.

제대로 된 상태를 유지하도록 지원하는 이 도구는 `sshd` 바이너리를 교체한 침입자를 탐지하는 데 도움이 됐는데, Kerberos를 지원하지 않아 침입자는 1시간 후에 덮어쓰고 서비스가 더 이상 시작되지 않도록 `sshd_config`를 변경해야 했다.

당시에는 CFEngine과 같은 솔루션에 비해 구성 파일을 증분 변경incremental change할 수 있어 큰 이점이 있었지만, (위키피디아에 따르면) Puppet은 아직 나오지도 않았던 때였다.

Bcfg2, Puppet, Chef, Salt, Ansible 등이 등장하면서 업계 전반의 증분 구성 변경에서 운영자가 원하는 상태(의도)를 설명하고 전체 구성의 파일의 내용을 템플릿으로 만드는 의도 기반 구성 관리intent-based configuration management로 전환되는 것을 목격했고 이를 실현하고 유지하는 것이 구성 관리 솔루션의 임무가 됐다.

전체적인 자동화를 향한 사고의 전환

시스템 엔지니어링/SRE의 세계는 오래전에 이런 사고의 전환을 겪었지만, 네트워크 자동화 솔루션 대부분은 여전히 라우터와 스위치를 증분 변경하는 아이디어를 따르고 있으며 이와 동시에 운영자가 CLI에 명령어를 입력(또는 복사)해 수동으로 관리할 수도 있다.

이로 인해 장치 구성이 동기화 지점synchronization point이 되며 장치를 다시 확인하지 않고서는 이 구성이 전체적으로 어떤 모습일지는 알 수 없다.

나는 네트워크 (자동화) 엔지니어로서 우리도 이에 발맞춰 전체적인 접근 방식으로 사고를 전환해 펄, Shell, Expect 스크립트를 활용해 소프트웨어 엔지니어링 방법을 네트워크 자동화에 도입해야 한다고 생각한다. 이렇게 하면 당면한 문제를 추상적인 수준에서 해결하고 논리적으로 추론할 수 있는 솔루션을 구축하고 자체적으로 테스트할 수 있으며 필요에 따라 확장할 수 있는 솔루션을 구축할 수 있다(5장 참조).

구성 관리에서 가장 어려운 문제에 대한 해결책은 이런 시스템 중 일부를 함께 연결하고 전체 장치 구성을 생성하고 소유하는 솔루션을 구축하는 것이다.

자동화는 토폴로지와 운영 오버라이드operational override, 가입자subscriber 그리고 서비스에 관한 완전한 지식과 이 모든 정보에서 구성을 도출하는 규칙을 얻기 위해 다양한 입력이 필요하다.

이는 가능한 구성 변경을 최소화하고 BGP 및 BMP와 같은 프로토콜을 활용해 상태를 추출/관찰하거나 좀 더 다양한 변경이 필요한 경우, 장치 상태를 조작하는 것을 목표로 한다.

이렇게 해 보라

이 모든 것을 염두에 둔 상태에서 장치에서 필요한 API는 완전한 새 구성을 업로드하고 장치가 현재 구성에서 새 구성으로 가는 경로를 파악하도록 하는 함수이다.

제품군 전체에 걸쳐 다양한 구성을 처리하고 어떤 것을 구성하는 이전 방법을 신중하게 정리하고, 증분 변경을 수행하고, 플랫폼 API와 NETCONF의 방언dialect 그리고 YANG과 상호작용하는 방법을 알아내는 일은 모두 과거의 일이 될 것이다. 이런 점이 멋있지 않은가?

이렇게 훌륭하고 영감을 주는 이 책과 Go가 바로 그 역할을 한다!

Go를 사용하면 안정적이고 확장할 수 있으며 매우 쉽게 테스트하고 관찰할 수 있는 소프트웨어를 빌드할 수 있는 매우 견고한 기반을 갖출 수 있다. 이 밖에 프로메테우스 통합도 쉽게 할 수 있다.

이렇게 하면 (BMP나 스트리밍 원격 측정 등을 통해) 네트워크를 모니터링하거나, BGP를 통해 경로를 삽입하거나, 전체적인 네트워크 구성 생성기 및 배포 파이프라인을 구축할 수 있다.

Bio-Routing과 같은 기존 오픈소스 제품군은 (BMP/RIS를 사용하는) 첫 번째 부분에 도움이 될 수 있는데, 예를 들어 비즈니스 로직을 따르는 경로 주입기route-injector를 구축하기 위한 기반 역할을 한다.

이 글을 읽고 있다는 것은 조직의 요구사항에 대처하기 위해 자체 자동화 솔루션 구축을 검토하고 있다는 뜻이니 정말 다행이다.

가능하다면 오픈소스로 공유하고 지역 NOG나 VirtualNOG에 발표해서 다른 사람들도 혜택을 받고 배울 수 있도록 하라. 행운을 빈다!

매트 오스왈트

> 매트 오스왈트Matt Oswalt는 Cloudflare의 시스템 엔지니어로, 프록시와 제어 평면 시스템을 담당하고 있다. 블로그(https://oswalt.dev)를 운영하고 있으며 트위터(@Mierdin)에 가끔 글을 올린다.

나는 소프트웨어 개발과 네트워킹과 같은 인프라 기술을 거의 같은 시기에 접하게 된 것을 감사하게 생각한다. 고등학교 때 TI-82 계산기에서 BASIC과 비슷한 언어를 갖고 놀았고(놀았다는 것은 과장이고 기하학에서 낙제하면서 간단한 갤러그galaga 게임을 만들었다), 한 학기 동안 비주얼 베이직Visual Basic 프로그래밍을 공부한 적은 있지만, 대학에서 리눅스와 네트워킹 그리고 최신 프로그래밍 환경을 처음 접했다.

이후 몇 년 동안 나는 어느 정도 격리된 것처럼 보이는 기술 영역 사이를 왔다갔다 했다. 이렇게 하다 보니 모든 것에 초보자일 뿐, 전문가라고는 느껴지지 않았다. 나의 경력에서 올바른 일을 하는 것인지 걱정하는 순간이 한두 번이 아니었다. 하지만 돌이켜보면 이보다 더 좋은 경험은 없었다. 이런 경험으로 인해 내가 무엇보다 소중하게 여기는 학습 능력을 키웠다. 이 기술은 눈덩이 효과를 일으켰다. 체계적인 학습 시스템을 통해 기술을 연마하면 새롭고 좀 더 도전적인 일을 시도할 수 있다는 자신감이 생겨 학습 과정을 좀 더 엄격하고 효율적으로 진행하게 된다.

요즘에는 배워야 할 것이 너무 많아서 모든 것을 배우고 싶어도 그럴 수 없다. 내가 여전히 노력하고 있는 것은 나의 경력과 업계에 실질적인 영향을 미칠 수 있는 기술을 찾는 능력을 갖추는 것이다. 나의 경험에 비춰 볼 때, 지속력이 있는 기술과 스킬은 항상 소셜 미디어에서 화제가 되거나 깃허브에서 별을 받는 것이 아니라 최신 아이디어가 무엇이든 좀 더 빨리 이해할 수 있게 해 주는 근본적인 기술이나 사고방식인 경우가 많았다.

경력을 시작한 지 얼마 되지 않았거나 다소 정체된 것 같지만 어디로 가야 할지 모르겠다면 다음 조언이 도움이 될 것이다.

- 호기심을 유지하라. 배움은 절대로 끝나는 법이 없다. 어떤 자격증을 취득하거나 어떤 기술을 이력서에 추가하는 데 너무 집중하지 마라. 이런 목표는 한순간일 뿐이다. 그보다는 지속적으로 개선할 수 있는 학습 체계를 갖추는 데 자부심을 갖고 새로운 기술을 효율적으로 습득할 수 있는 자신만의 능력을 갖춰야 한다.
- 우리가 삶과 경력에서 집착하는 많은 것이 오히려 방해가 될 수 있다. 사소한 일과 중요한 일을 구분하고 가장 높은 수준으로 기여할 수 있는 일에 집중하라. 평범한 일을 많이 하는 것보다 몇 가지 일을 탁월하게 잘하는 것이 훨씬 좋은 결과를 가져온다.
- 여러분이 들어본 적도 없는 효율적이고 확장 가능한 시스템을 구축하는 고도로 숙련된 엔지니어들이 더 많지만, 한편으로는 소셜 미디어에 어떤 기술에 대해 게시하고 '좋아요'를 받는 사람들도 있다. 소셜미디어에 올라오는 대부분의 핫한 기술은 전달할 가치가 없다.
- 학습 곡선이 가장 가파른 기술은 (항상 그런 것은 아니지만) 종종 가장 큰 보상을 가져다 줄 수 있다. 기술을 얼마나 채택할 수 있는지, 접근할 수 있는지에 따라 경력을 제한하는 기술적 결정career-limiting technical decision을 내리지 않도록 조심해야 한다. 업계를 바꾸는 혁신은 처음에는 완벽한 사용자 경험을 제공하지 않는 경우가 많으며 다듬어진 사용자 설명서를 기다리지 않는 사람들에게 더 많은 기회가 있다. 복잡하거나 배우기 어려울수록 더 좋은 기술이라고 믿는 함정에 빠지지 마라. 인생과 마찬가지로 진실은 그 중간 어디쯤 있을 것이다.
- 어떤 기술도 만병통치약은 아니다. Go를 포함한 모든 기술은 특정한 절충점trade-off을 염두에 두고 설계됐다. 여러분이 이런 절충점을 찾지 못했다면, 열심히 찾아보지 않은 것이다. 엔지니어로서 여러분의 역할은 이런 절충점을 이해하고 현재 상황에서 원하는 절충점에 가장 적합한 기술을 선택하는 것이다.

즐겁게 학습하기를 바란다!

참고 자료

[1] 불편한 진실을 알게 하는 빨간색 약을 말한다. 불편한 진실을 대면하게 하는 것으로, 영화 '매트릭스'에서 빨간색 약을 먹으면 가상 공간을 벗어나 현실로 돌아가게 되는 데서 나온 말이다(출처: 네이버 영어사전). - 옮긴이

[2] https://gratuitous-arp.net/decomposing-complex-json-data-structures/

[3] 두 개의 다른 계층 사이에 위치해 두 계층 간의 호출을 변환하는 소프트웨어 계층을 말한다. 두 계층이 서로 다른 프로토콜이나 데이터 형식을 사용하는 경우에 유용하다. 네트워크 자동화의 맥락에서 심 계층은 서로 다른 네트워크 장치의 기본 API 간의 호출을 변환하는 데 사용할 수 있으며 이를 통해 이질적인 네트워크에서 작업을 자동화하는 것이 쉬워진다. - 옮긴이

[4] 소스 코드를 정적으로 분석해 잠재적인 오류, 버그, 스타일 문제를 식별하고 표시하는 도구 또는 서비스를 말한다. 린트 도구는 코드의 구조, 문법, 코딩 스타일 및 일반적인 버그에 대한 규칙을 적용해 코드의 품질을 개선하고 일관성을 유지하는 데 도움이 된다. - 옮긴이

[5] https://github.com/openconfig/ondatra - 옮긴이

[6] https://github.com/openconfig/featureprofiles

[7] https://myfirst.network

[8] 트랜잭션 처리 중 한 파일이 손상돼 읽을 수 없을 때 이전의 상태로 돌아가 해당 파일에 대한 복사본과 트랜잭션 로그파일을 통해 파일을 복구한 후 다시 트랜잭션을 계속 수행하는 기법을 말한다(출처: 정보통신용어사전). - 옮긴이

12

부록: 테스트 환경 구축

이 책의 모든 장에는 본문에서 몇 가지 요점을 설명하기 위한 Go 코드 예제가 포함돼 있다. 이 모든 예제 코드는 이 책의 깃허브 저장소에서 확인할 수 있다. 모든 코드를 실행할 필요는 없지만, 코드를 직접 실행하고 결과를 관찰한다면 학습 내용을 보강하고 세부적인 내용을 이해하는 데 도움이 될 것이다.

이 책의 첫 부분인 1~5장에는 Go Playground[1]나 Go가 설치된 컴퓨터에서 실행할 수 있는 간단한 코드가 포함돼 있다. Go를 설치하는 방법은 1장을 참고하거나 공식 문서[2]를 참고하기 바란다.

이 책의 나머지 부분인 6장부터는 컨테이너랩[3]의 컨테이너에서 실행할 수 있는 가상 토폴로지virtual topology와 상호작용할 수 있다고 가정한다. 부록에서는 이 책의 모든 장에서 예제를 원활하게 실행할 수 있도록 호환되는 컨테이너랩 버전과 관련 종속성을 포함하는 테스트 환경을 구축하는 과정을 설명한다.

테스트 환경이란?

주된 목표는 코드 예제를 실행하기 위한 최소 요구사항을 충족하는 적절한 하드웨어와 소프트웨어를 갖춘 환경을 구축하는 것이다. 이 환경을 전용 베어메탈 서버dedicated bare-metal server4에 배포하지 않을 수 있으므로 가상 머신에 배포한다는 가정에 맞춰 요구사항을 제시한다.

테스트용 VM(테스트베드)을 배포하는 데는 다음과 같은 두 가지 옵션이 있는데, 두가지 옵션 모두 나중에 설명한다.

- 테스트용 VM을 VMware나 커널 기반 가상 머신KVM, Kernel-based Virtual Machine과 같은 자체 호스팅 환경self-hosted environment에 배포할 수 있다.
- 아마존 웹 서비스AWS, Amazon Web Services와 같은 클라우드 호스팅 환경을 사용할 수 있다.

하드웨어 관점에서 기본 CPU 아키텍처는 64비트 x86이라 가정하며 VM에 최소 두 개의 vCPU와 4GB RAM를 할당하는 것이 좋다. 좀 더 빠르게 하려면 vCPU와 RAM을 두 배로 늘리는 것이 이상적이다.

모든 소프트웨어 프로비저닝과 구성은 이 책의 깃허브 저장소 코드에 포함돼 있다. 이 책의 코드 예제를 실행하는 데 필요한 모든 종속성을 설치할 수 있도록 미리 준비해 둔 자동화 절차를 따르는 것이 좋다.

이런 패키지들은 Linux version 2용 윈도우 하위 시스템WSL 2, Windows Subsystem for Linux version 2과 같은 모든 리눅스 배포판에 설치할 수 있다. 수동으로 설치하려면 다음 종속성 목록을 참고하기 바란다.

표 12.1 소프트웨어 종속성

패키지	버전
GO	1.18.1
컨테이너 랩	0.25.1
도커	20.10.14
ansible-core(7장에서만 필요)	2.12.5
테라폼(7장에서만 필요)	1.1.9

1단계 - 테스트 환경 구축하기

다음 절에서는 테스트 환경을 구축하는 두 가지 자동화 방법을 설명한다. 어떤 방법이 좋은지 모르겠다면 외부 종속성이 최소이며 클라우드 서비스 제공 업체가 전부 관리하는 첫 번째 방법을 추천한다. 또한 이는 저자들이 테스트하고 검증할 수 있는 유일한 옵션으로, 가장 일관된 경험을 제공할 것이다.

옵션 1 - 클라우드 호스팅

클라우드 서비스를 AWS로 선택한 이유는 업계에서 널리 사용되고 있기 때문이다. 이 책의 깃허브 저장소에는 AWS에서 VM을 만드는 데 필요한 모든 작업을 완전히 자동으로 수행하는 앤서블 플레이북이 포함돼 있다. 다른 클라우드 서비스에서도 사용할 수 있지만, 직접 프로비저닝을 해야 한다.

테스트 환경은 컨테이너 기반의 네트워크 토폴로지를 만들기 위해 컨테이너랩을 실행하는 AWS의 단일 Linux VM이다. 그림 12.1은 AWS 환경을 보여 준다.

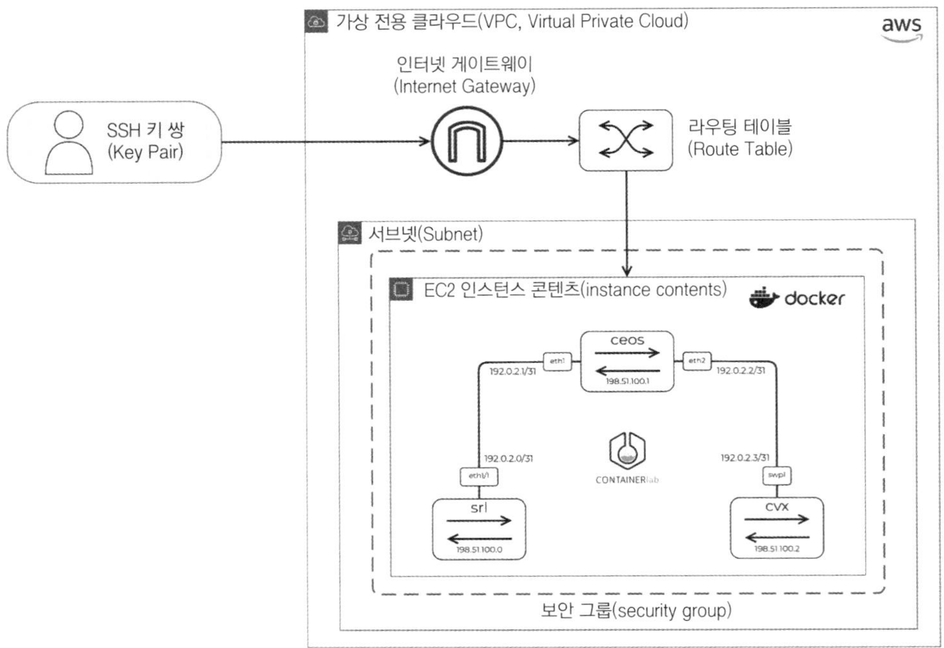

그림 12.1 대상 환경

앞에서 언급한 하드웨어 요구사항을 충족시키려면 적어도 `t2.medium-` 이상의 크기, 이상적으로는 `t2.large` 크기의 VM(EC2Elastic Compute Cloud 인스턴스)에서 실행하는 것이 좋다. 그러나 AWS 무료 티어 요금제Free Tier plan[5]에서는 이런 타입의 인스턴스를 지원하지 않으므로 VM을 실행하는 것과 관련해 약간의 비용을 내야 한다. 이 책에서는 AWS의 비용과 청구 방식에 익숙하고 클라우드 호스팅 환경에서 작업할 때는 비용 관련 내용을 알고 있다고 가정한다.

플레이북을 실행하기 전에 다음 요구사항을 충족하는지 확인한다.

1. AWS 계정(AWS 무료 티어)[5]을 만든다.
2. AWS 액세스 키access key(AWS Programmatic access)[6]를 만든다.
3. 다음 패키지가 포함된 리눅스 운영체제

- Git
- 도커
- GNU Make

준비를 마쳤으면 `git clone` 명령어를 사용해 이 책의 깃허브 저장소를 복제한다.

```
$ git clone https://github.com/PacktPublishing/Network-Automation-with-Go
```

저장소를 복제한 후 해당 디렉터리로 이동한다.

입력 변수

배포하기 전에 AWS 계정 자격 증명account credential(AWS_ACCESS_KEY_ID, AWS_SECRET_ACCESS_KEY)을 제공해야 한다. 다음과 같이 키 ID와 비밀 값이 포함된 한 쌍의 환경 변수를 내 보내면 된다. 액세스 키를 만드는 방법은 AWS 프로그래밍 액세스[6]를 참고하기 바란다.

```
$ export AWS_ACCESS_KEY_ID='…'
$ export AWS_SECRET_ACCESS_KEY='…'
```

이런 필수 변수 외에도 다음과 같이 배포 환경을 세밀하게 조정할 수 있는 다른 세 개의 입력 변수가 있다.

표 12.2 테스트 VM 옵션

이름	값
`AWS_DISTRO`	fedora 또는 ubuntu(기본값: fedora)
`AWS_REGION`	AWS 지역(Regions) 중 하나(기본값: us-east-1)
`VM_SIZE`	AWS 인스턴스 타입 중 하나(기본값: t2.large)

표 12.2의 기본값 중 하나를 변경하려면 다음과 같이 AWS 액세스 키와 같은 방법을 사용할 수 있다.

```
$ export AWS_DISTRO=fedora
$ export AWS_REGION=eu-west-2
```

이 시나리오에서는 VM의 리눅스 배포판으로 우분투Ubuntu, 배포를 위한 AWS 지역으로는 런던London(eu-west-2)을 선택했다.

배포 과정

필요한 입력 변수를 모두 설정했다면 테스트 환경을 배포할 수 있다. 이 책의 저장소 디렉터리에서 make env-build 명령어를 실행하면 VM이 배포되고 필요한 모든 소프트웨어 패키지가 설치된다.

```
Network-Automation-with-Go$ make env-build
AWS_ACCESS_KEY_ID is AKIAVFPUEFZCFVFGXXXX
AWS_SECRET_ACCESS_KEY is **************************
Using /etc/ansible/ansible.cfg as config file

PLAY [Create EC2 instance] ************************************
**************************************************************
*********************************************************

TASK [Gathering Facts] ****************************************
**************************************************************
*********************************************************
ok: [localhost]

### ... < 생략 > ... ###

TASK [Print out instance information for the user] ************
**************************************************************
*********************************************************
ok: [testbed] => {}

MSG:

['SSH: ssh -i lab-state/id_rsa fedora@ec2-54-86-51-96.
compute-1.amazonaws.com\n', 'To upload cEOS image: scp -i labstate/
```

```
id_rsa ~/Downloads/cEOS64-lab-4.28.0F.tar fedora@ec2-54-
86-51-96.compute-1.amazonaws.com:./network-automation-withgo\
n']

PLAY RECAP *****************************************************
***************************************************************
**********************************************************
localhost :
ok=28   changed=9   unreachable=0   failed=0    skipped=3
rescued=0   ignored=0
testbed :
ok=36   changed=24  unreachable=0   failed=0    skipped=11
rescued=0   ignored=0
```

플레이북이 성공적으로 설치됐다면 로그에서 위의 출력과 같은 VM 액세스 세부 정보access detail를 확인할 수 있다. 또한 환경을 배포한 후 언제라도 make env-show 명령어를 실행하면 세부 연결 정보connection detail를 확인할 수 있다.

```
Network-Automation-with-Go$ make env-show
fedora@ec2-54-86-51-96.compute-1.amazonaws.com
```

이제 이 정보를 사용해 프로비저닝된 VM에 연결할 수 있다. 플레이북은 SSH 개인 키private key(lab-state/id_rsa)를 생성하므로 SSH 인증마다 해당 개인 키를 사용해야 한다는 것을 잊어서는 안 된다.

```
Network-Automation-with-Go$ ssh -i lab-state/id_rsa fedora@ec2-
54-86-51-96.compute-1.amazonaws.com
fedora@testbed:~$ go version
go version go1.18.1 linux/amd64
fedora@testbed:~$ ls network-automation-with-go/
LICENSE Makefile    README.
md  ch01  ch02  ch03  ch04  ch05  ch06
ch07  ch08  ch09
ch10  ch12  lab-state  topo-base  topo-full
```

VM에 연결해 설치된 Go 버전을 확인하고 이 책의 저장소에 있는 파일을 살펴볼 수 있다.

옵션 2 - 자체 호스팅

또 다른 옵션으로는 전용 환경에서 VM을 만드는 것이다. 랩 토폴로지lab topology를 실행하는 데 필요한 CPU와 메모리를 VM에 할당할 수 있다면 VirtualBox나 ESXi 서버, OpenStack 클러스터 또는 다른 어떤 것이든 될 수 있다. VM의 운영체제는 Ubuntu 22.04나 Fedora 35여야 한다.

SSH가 활성화된 VM을 만들었다면 VM의 IP 주소에 SSH로 연결해 해당 자격 증명으로 액세스할 수 있는지 확인해야 한다. 그런 다음 컴퓨터에 저장한 이 책의 깃허브 저장소 중 `ch12/testbed` 디렉터리[7]에 있는 앤서블 인벤토리 파일 `inventory`가 VM을 가리키도록 변경해야 한다. 그 내용은 다음과 같아야 한다.

```
# inventory
[local-vm]
192.168.122.18

[local-vm:vars]
ansible_user=fedora
ansible_password=fedora
ansible_sudo_pass=fedora
```

적어도 VM에 연결할 수 있는 IP 주소(`ansible_host`)와 `ansible_user`나 `ansible_password` 또는 `ansible_ssh_private_key_file` 사용자 자격 증명이 포함돼야 한다.

`ch12/testbed` 디렉터리[8]에 `configure_instance` 역할을 호출하는 앤서블 플레이북이 있다.

```
# configure-local-vm.yml
- name: Configure Instance(s)
  hosts: local-vm
  gather_facts: true
  vars_files:
```

```
    - ./vars/go_inputs.yml
    - ./vars/clab_inputs.yml
    - ./vars/aws_common.yml

  roles:
    - {role: configure_instance, become: true}
```

플레이북의 파일 이름은 `configure-local-vm.yml`, 인벤토리의 파일 이름은 `inventory`이므로 `ch12/testbed` 디렉터리[8]에서 `ansible-playbook configurelocal-vm.yml -i inventory -v`를 실행하면 VM을 준비할 수 있다.

2단계 - 컨테이너 이미지 업로드하기

모든 네트워킹 공급 업체의 컨테이너 기반container-based NOS에 쉽게 액세스할 수 있는 것은 아니다. 도커 허브Docker Hub와 같은 컨테이너 레지스트리container registry에서 이미지를 직접 가져올 수 없다면 공급 업체의 웹 사이트에서 이미지를 다운로드한 후 테스트 VM에 업로드해야 한다. 이 책을 저술하는 시점에서 공개 레지스트리에서 가져올 수 없는 컨테이너 이미지는 Arista의 cEOS 이미지밖에 없었다. 여기서는 이 이미지를 테스트 환경에 업로드하는 과정을 설명한다.

가장 먼저 해야 할 일은 `arista.com`[9]에서 이미지를 다운로드하는 것이다. 4.28(F) train에서 64-bit cEOS 이미지 `cEOS64-lab-4.28.0F.tar`를 선택해야 한다. 생성된 SSH 개인 키와 `scp` 명령어를 사용하면 이미지를 테스트 VM에 복사할 수 있다.

```
Network-Automation-with-Go$ scp -i lab-state/id_rsa ~/
Downloads/cEOS64-lab-4.28.0F.tar fedora@ec2-54-86-51-96.
compute-1.amazonaws.com:./network-automation-with-go cEOS64-lab-4.28.0F.
tar                          100%  434MB  26.6MB/s   00:16
```

그런 다음 SSH로 인스턴스에 접속해 `docker` 명령어로 이미지를 가져온다.

```
Network-Automation-with-Go$ ssh -i lab-state/id_rsa fedora@ec2-54-86-51-
```

```
96.compute-1.amazonaws.com
fedora@testbed:~$ cd network-automation-with-go
fedora@testbed:~$ docker import cEOS64-lab-4.28.0F.tar ceos:4.28
sha256:dcdc721054804ed4ea92f970b5923d8501c28526ef175242cfab0d158ac0085c
```

이제 토폴로지 파일에 있는 하나 이상의 라우터 이미지 섹션에서 이 이미지 ceos:4.28을 사용할 수 있다.

3단계 – 테스트 환경과 상호작용하기

6장부터 8장까지는 가상 네트워크 토폴로지를 새로 빌드하는 것이 좋다. 토폴로지를 오케스트레이션하기 위해 테스트 환경에서 사용할 수 있는 컨테이너랩을 사용한다. 컨테이너랩은 사람이 읽을 수 있는 YAML 파일로 제공된 정의를 바탕으로 임의의 네트워크 토폴로지를 빠르게 실행하는 방법을 제공한다.

참고

> 컨테이너랩이 Go로 작성된 것은 로컬 컨테이너 자원(local container resource)을 오케스트레이션하는 상호작용 CLI 프로그램의 좋은 예이다.

다음 base 토폴로지 정의 파일은 이 책 깃허브 저장소의 `topo-base` 디렉터리[10]에 있다.

```
name: netgo

topology:
  nodes:
    srl:
      kind: srl
      image: ghcr.io/nokia/srlinux:21.6.4
    ceos:
      kind: ceos
      image: ceos:4.28
      startup-config: ceos-startup
      binds:
      - secure/ssl:/persist/secure/ssl
```

```
  cvx:
    kind: cvx
    image: networkop/cx:5.0.0
    runtime: docker

links:
  - endpoints: ["srl:e1-1", "ceos:eth1"]
  - endpoints: ["cvx:swp1", "ceos:eth2"]
```

이 YAML 파일은 그림 12.2와 같이 세 개의 노드가 있는 토폴로지를 정의한다. 한 노드는 Nokia SR Linux, 다른 하나는 NVIDIA Cumulus Linux, 마지막 하나는 Arista cEOS를 실행한다. 이 시나리오에서 세 개의 네트워크 장치는 기본 시작 구성default startup configuration으로 제공되며 각 장에서는 세 장치 간의 완전한 장치 간 도달성을 설정하는 방법을 설명한다.

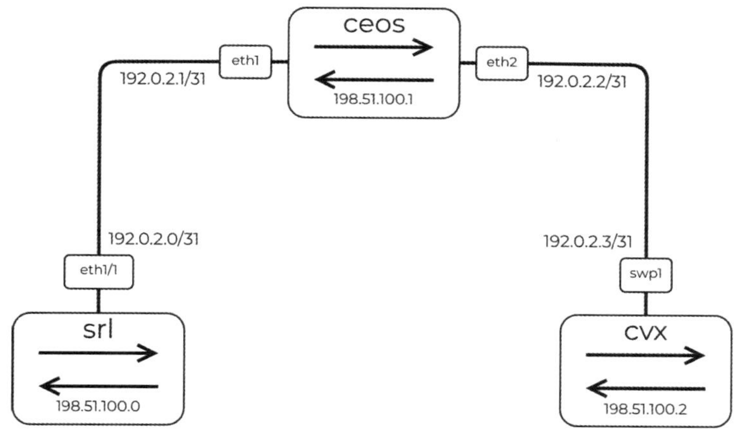

그림 12.2 "base" 네트워크 토폴로지

9장과 10장은 그림 12.2의 토폴로지와 약간 다른 버전의 토폴로지를 사용한다. `full` 토폴로지는 base 토폴로지와 달리, 완벽하게 설정돼 있으며 네트워크 장치에 연결된 물리적 서버를 모방emulate하기 위한 추가 노드 집합이 들어 있다.

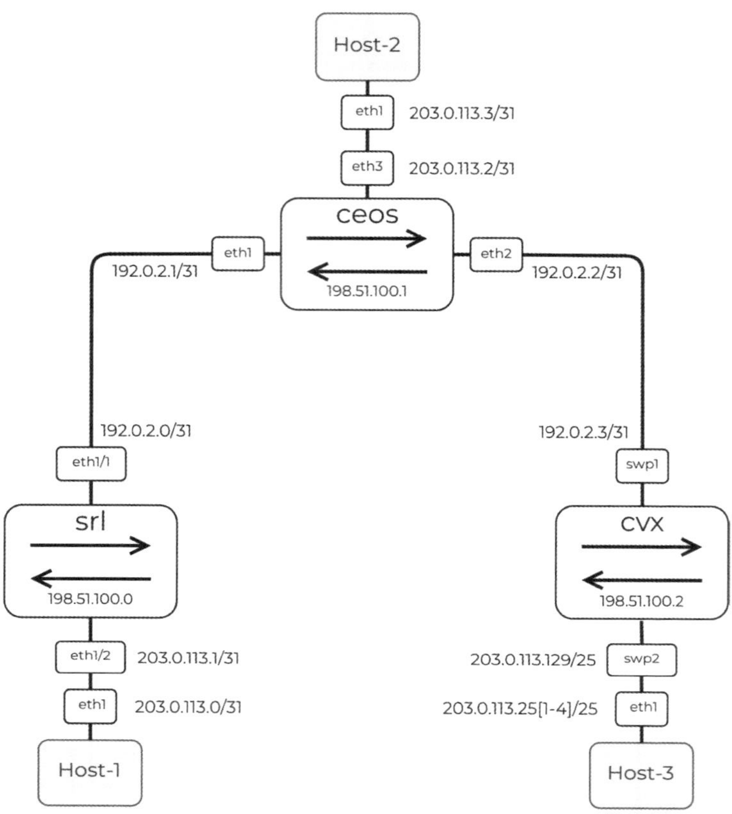

그림 12.3 "full" 네트워크 토폴로지

이런 최종 호스트end host는 기존 네트워크 토폴로지와 상호작용하는 다양한 애플리케이션application을 실행한다.

가상 네트워크 토폴로지 시작하기

컨테이너랩 라이브러리를 사용해 테스트 토폴로지를 배포할 수 있다. 편의상 사용할 수 있는 몇 가지 `make` 대상을 포함했다.

- `make lab-base`: 6장부터 8장까지 사용하는 `base` 토폴로지를 만든다.

- make lab-full: 9장과 10장에서 사용하는 efull 토폴로지를 만든다.

다음 예는 테스트 VM 내부에서 base 토폴로지를 만드는 방법을 보여 준다.

```
fedora@testbed network-automation-with-go$ make lab-base
...
+---+-----------------+-------------+--------------
| # | Name            | Container ID | Image
+---+-----------------+-------------+--------------
| 1 | clab-netgo-ceos  | fe422727f351 | ceos:4.28.0F
| 2 | clab-netgo-cvx   | 85e5b9135e1b | cx:5.0.0
| 3 | clab-netgo-srl   | 00106bef1d4e |srlinux:21.6.4
+---+-----------------+-------------+---------------
```

이제 clab-netgo-ceos와 clab-netgo-cvx 그리고 clab-netgo-srl 라우터를 사용할 수 있게 됐다.

장치에 연결하기

컨테이너랩은 도커를 사용해 컨테이너를 실행한다. 따라서 표준 도커 기능을 사용해 장치에 연결할 수 있다. 예를 들어, docekr exec 명령어를 사용하면 컨테이너 내부의 모든 프로세스를 구동할 수 있다.

```
fedora@testbed:~$ docker exec -it clab-netgo-srl sr_cli
Welcome to the srlinux CLI.
A:srl# show version | grep Software
Software Version : v21.6.4
```

위 예에서 sr_cli는 SR Linux 장치의 CLI 프로세스이다. 표 12.3은 각 가상 네트워크 장치에 대한 "기본 셸default shell" 프로세스를 보여 준다.

표 12.3 장치의 기본 셸

NOS	명령어
Cumulus Linux	bash 또는 vtysh
SR Linux	sr_cli
EOS	Cli

SSH를 사용해 기본 셸에 연결할 수도 있다. 표 12.4는 각 장치에 연결할 때 사용할 수 있는 호스트 이름과 해당 자격 증명을 보여 준다.

표 12.4 장치에 대한 자격 증명

장치	사용자 계정	패스워드
clab-netgo-srl	admin	admin
clab-netgo-ceos	admin	admin
clab-netgo-cvx	cumulus	cumulus

다음 예는 Arista cEOS와 Cumulus Linux에 연결하는 방법을 보여 준다.

```
fedora@testbed:~$ ssh admin@clab-netgo-ceos
(admin@clab-netgo-ceos) Password: admin
ceos>en
ceos#exit
fedora@testbed:~$
fedora@testbed:~$ ssh cumulus@clab-netgo-cvx
cumulus@clab-netgo-cvx's password: cumulus

Welcome to NVIDIA Cumulus (R) Linux (R)

cumulus@cvx:mgmt:~$
```

각 장을 끝낼 때마다 해당 토폴로지를 배포할 수 있다.

네트워크 토폴로지 삭제하기

make cleanup 명령어를 사용해 가상 네트워크 토폴로지를 모두 삭제할 수 있다.

```
fedora@testbed:~/network-automation-with-go$ make cleanup
```

make cleanup 명령어는 모든 클라우드 자원이 실행 중인 상태에서 가상 네트워크 토폴로지만 삭제한다.

4단계 - 클라우드 호스팅 환경 정리하기

클라우드 호스팅 테스트 환경에서 작업이 끝나면 더 이상 필요하지 않은 항목에 대해 비용을 지불하지 않도록 다음과 같이 테스트 환경을 정리할 수 있다.

```
etwork-Automation-with-Go$ make env-delete
AWS_ACCESS_KEY_ID is AKIAVFPUEFZCFVFGXXXX
AWS_SECRET_ACCESS_KEY is **************************

PLAY [Delete EC2 instance] ************************************
***************************************************************
**********************************************************

TASK [Gathering Facts] ****************************************
***************************************************************
**********************************************************
ok: [localhost]

### ... < 생략 > ... ###

TASK [Cleanup state files] ************************************
***************************************************************
**********************************************************
changed: [localhost] => (item=.region)
changed: [localhost] => (item=.vm)

PLAY RECAP ****************************************************
```

```
*******************************************************************
*************************************************************
localhost                    : ok=21    changed=8
 unreachable=0    failed=0    skipped=3
rescued=0    ignored=0
```

참고 자료

[1] https://play.golang.org/

[2] https://golang.org/doc/install#install

[3] https://containerlab.dev/

[4] '베어메탈(Bare Metal)'이라는 용어는 원래 하드웨어상에 어떤 소프트웨어도 설치돼 있지 않은 상태를 뜻한다. 즉, 베어메탈 서버는 가상화를 위한 하이퍼바이저 OS 없이 물리 서버를 그대로 제공하는 것이다. 따라서 하드웨어에 대한 직접 제어 및 OS 설정까지 가능하다(출처: gabia.라이브러리 중 '베어메탈 서버란?'(https://library.gabia.com/contents/infrahosting/9300/)). - 옮긴이

[5] https://aws.amazon.com/free/

[6] https://docs.aws.amazon.com/general/latest/gr/aws-sec-cred-types.html#access-keys-and-secret-access-keys

[7] https://github.com/PacktPublishing/Network-Automation-with-Go/blob/main/ch12/testbed/inventory

[8] https://github.com/PacktPublishing/Network-Automation-with-Go/blob/main/ch12/testbed

[9] https://www.arista.com/en/support/software-download

[10] https://github.com/PacktPublishing/Network-Automation-with-Go/blob/main/ch12/topo-base/ - 옮긴이

- Beginner's Guide—Downloading Python: https://wiki.python.org/moin/BeginnersGuide/Download
- Installing Ansible with pip: https://docs.ansible.com/ansible/latest/installation_guide/intro_installation.html#installing-ansible-with-pip

- Getting Started - Installing Git: https://git-scm.com/book/en/v2/Getting-Started-Installing-Git
- Installing pip—Supported Methods: https://pip.pypa.io/en/stable/installation/#supported-methods
- Get Arista cEOS: https://github.com/PacktPublishing/Network-Automation-with-Go/blob/main/ch12/testbed/get_arista_ceos.md
- AWS access keys: https://docs.aws.amazon.com/general/latest/gr/aws-sec-cred-types.html#access-keys-and-secret-access-keys
- AWS Regions: https://docs.aws.amazon.com/AWSEC2/latest/UserGuide/using-regions-availability-zones.html
- AWS instance types: https://aws.amazon.com/ec2/instance-types/

찾아보기

ㄱ

ㄴ

ㄷ

ㄹ

ㅁ

ㅂ

ㅅ

ㅇ

ㅈ

ㅊ

ㅋ

ㅌ

ㅍ

ㅎ

A

B

C

D

E

F

G

H

I

N

O

P

Q

R

S

T

Go를 활용한 네트워크 자동화

Golang의 기초부터 네트워크 자동화까지

발　행 | 2024년 6월 20일

지은이 | 니콜라스 레이바 · 마이클 카신
옮긴이 | 엄 진 국 · 서 태 진 · 김 우 석 · 장 기 식

펴낸이 | 옥 경 석
편집장 | 황 영 주
편　집 | 김 진 아
임 지 원
김 은 비
디자인 | 윤 서 빈

에이콘출판주식회사
서울특별시 양천구 국회대로 287 (목동)
전화 02-2653-7600, 팩스 02-2653-0433
www.acornpub.co.kr / editor@acornpub.co.kr

ISBN 979-11-6175-846-6
http://www.acornpub.co.kr/book/network-automation-go

책값은 뒤표지에 있습니다.